Στο Δρόμο για την Ελευθερία

Ένα προσκύνημα στην Ινδία

Τόμος 1

Σουάμι Παραμάτμανάντα Πούρι

Mata Amritanandamayi Center, San Ramon
Καλιφόρνια, Ηνωμένες Πολιτείες

Στο δρόμο για την ελευθερία
Ένα προσκύνημα στην Ινδία
Τόμος 1

Σουάμι Παραμάτμανάντα Πούρι

Εκδόθηκε από το
Mata Amritanandamayi Center
P.O. Box 613
San Ramon, CA 94583
Ηνωμένες Πολιτείες

——————— *On the Road to Freedom Volume 1 (Greek)* ———————

Πρώτη ελληνική έκδοση: Δεκέμβριος 2023

Στην Ινδία
www.amritapuri.org
inform@amritapuri.org

Στην Ελλάδα:
www.amma-greece.gr

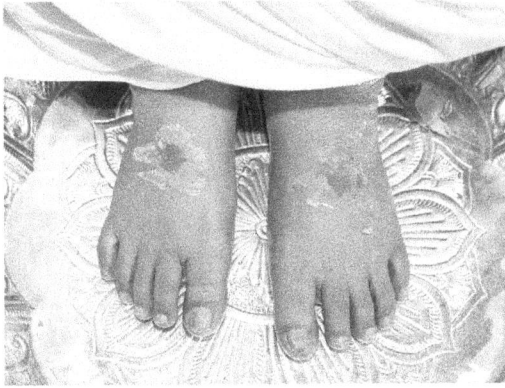

Αυτό το βιβλίο αφιερώνεται ταπεινά στην
Σρι Ματα Αμριταναντσμαϊ Ντεβι
την ενσάρκωση της Θεϊκής Μητέρας
με βαθιά αφοσίωση, σεβασμό
και ευλαβικούς χαιρετισμούς

---

gurucaraṇāmbuja nirbhara bhaktaḥ
saṁsārād acirād bhava muktaḥ |
sendriya mānasa niyamād evaṁ
drakṣyasi nijahṛdayasthaṁ devam ||

Αφοσιωμένος πλήρως στα ιερά πόδια του Δασκάλου,
απελευθερώνεσαι σύντομα από τον τροχό της ζωής
και του θανάτου. Έτσι, μέσω της πειθαρχίας των
αισθήσεων και τον έλεγχο του νου, θα αντικρίσεις
την Θεότητα που κατοικεί μέσα στην καρδιά σου.

Bhaja Govindam v. 31

Περιεχόμενα

Εισαγωγή

Το βιβλίο αυτό γράφτηκε χάρη στην επιμονή μερικών συνο-
δοιπόρων στην πνευματική αναζήτηση, οι οποίοι πίστεψαν
ότι η ζωή μου και οι εμπειρίες μου με ορισμένους από τους
αληθινούς αγίους της Ινδίας τα τελευταία είκοσι οχτώ χρόνια,
θα είχαν ενδιαφέρον και θα ήταν χρήσιμα και σε άλλους αναζη-
τητές στο πνευματικό μονοπάτι. Όταν άκουσα την παράκλησή
τους, ήρθαν αμέσως στο νου μου τα λόγια ενός από εκείνους
τους αγίους που μου είχε πει ότι μόνο μια Φωτισμένη Ψυχή
θα έπρεπε να γράψει ένα βιβλίο για την πνευματικότητα. Αν
ένας άνθρωπος σε κατάσταση άγνοιας (κάποιος που δεν έχει
συνειδητοποιήσει την Αλήθεια) επιχειρήσει να το κάνει, απλά
θα πιαστεί στην παγίδα του εγωισμού και θα έχει πνευματική
πτώση. Το είπα αυτό σε εκείνους που με παρότρυναν, αλλά
συνέχισαν να μου το ζητούν. Στο τέλος τους είπα ότι, αν η
πνευματική μου Δασκάλα, η Μάτα Αμριτάνανταμαΐ, μου
έλεγε να γράψω ένα βιβλίο, μόνο τότε θα το έκανα, ξέροντας
ότι θα με προστάτευε και θα με καθοδηγούσε η Χάρη της. Οι
φίλοι πήγαν και της μίλησαν και εκείνη μου είπε ότι έπρεπε
να γράψω το βιβλίο ως υπηρεσία στους άλλους αναζητητές.

Παρόλο που αυτό το βιβλίο έχει τη μορφή αυτοβιογραφίας,
ο μοναδικός σκοπός του είναι να αναδείξει το μεγαλείο και
τις μεθόδους διδασκαλίας των μαχάτμα (αγίων) της Ινδίας. Αν
ο αναγνώστης εμπνευστεί, αφού το διαβάσει, να αναζητήσει
την ιερή συντροφιά τους και να γευτεί τους καρπούς της, τότε
θα έχει εκπληρώσει το σκοπό του με το παραπάνω. Όπως ο

αρχαίος άγιος Νάραντα λέει στα Νάραντα Μπάκτι Σούτρας, τα Αποφθέγματα για την Αφοσίωση:

«Σπάνια είναι η συντροφιά των μεγάλων αγίων, δυσεύρετη, αλλά με σίγουρα αποτελέσματα και κερδίζεται με τη Χάρη του Θεού και μόνο.» (στ. 39-40)

Αν και είναι αλήθεια ότι πάντοτε υπήρχαν και θα υπάρχουν τσαρλατάνοι που εμφανίζονται ως άγιοι, και ίσως είναι περισσότεροι σήμερα από ότι στο παρελθόν, αν κάποιος είναι ειλικρινής και επίμονος στην αναζήτησή του για την Αλήθεια, σίγουρα θα βρει έναν αληθινό μαχάτμα να τον καθοδηγήσει και να τον προστατέψει στο πνευματικό μονοπάτι, που έχει παρομοιαστεί με την κόψη του ξυραφιού, λόγω άλλους δυσκολίας να το περπατήσει κανείς χωρίς να αποτύχει. Όσο υπάρχουν άνθρωποι πάνω σ΄ αυτή τη γη, θα υπάρχουν τέτοιες συνειδητοποιημένες Ψυχές να άλλους καθοδηγούν και να ικανοποιούν τη δίψα άλλους για πνευματικές εμπειρίες και νοητική γαλήνη. Άλλους μη νομίζει κανείς πως μόνο αυτοί που είναι πολύ γνωστοί είναι σπουδαίοι. Πραγματικά, πολλοί μαχάτμα είναι σχετικά άγνωστοι στον έξω κόσμο. Ευλογημένοι είναι πράγματι οι άγιοι που βιώνουν την ευδαιμονία και βοηθούν κι άλλους να την βιώσουν.

Σουάμι Παραματμανάντα Πούρι
Αμριταπούρι, Ινδία 1987

Μάτα Αμριτάνανταμαΐ

Κεφάλαιο 1

Το ξεκίνημα:
Από το Σικάγο στην Ινδία

«Έχω διαβάσει ότι πολλοί άνθρωποι στο πνευματικό μονοπάτι βιώνουν αυτό που μπορεί να ονομαστεί μια ματιά στην Κοσμική Συνείδηση. Μπορείς, σε παρακαλώ, να μου εξηγήσεις πώς ακριβώς είναι αυτή η εμπειρία;» ρώτησα.

Ο Ράτναμτζι, ένας ελάχιστα γνωστός αλλά μεγάλος μύστης της Ινδίας, με ένα ελαφρά σκανταλιάρικο χαμόγελο στο λαμπερό του πρόσωπο, απάντησε χωρίς δισταγμό: «Όταν κατά τη διάρκεια μιας σκοτεινής νύχτας, ξαφνικά αστράψει ο ουρανός, και εσύ βρίσκεσαι πάνω σε ένα λόφο όπως αυτός εδώ, όλη η περιοχή γύρω σου, που πριν ένα λεπτό δεν φαινόταν, εμφανίζεται και λάμπει μόνο για λίγα δευτερόλεπτα. Το επόμενο λεπτό όμως, σκοτεινιάζει ξανά.»

Μόλις τέλειωσε την πρότασή του, μια αστραπή διέσχισε τον ουρανό! Ολόκληρη η περιοχή για μίλια γύρω από μας φωτίστηκε για ένα δευτερόλεπτο και μετά απλώθηκε ξανά σκοτάδι. Αν και υπήρχαν σύννεφα στον ουρανό, δεν είχε αστράψει καθόλου μέχρι τότε. Έμεινα άφωνος βλέποντας τη Μητέρα Φύση να επιδεικνύει το παράδειγμά του τόσο άμεσα και τόσο θεαματικά κι αναρωτήθηκα ποιος είναι αυτός που η Φύση τον υπηρετεί! Δεν ρώτησα τίποτα άλλο. Σαστισμένος γύρισα πίσω στο δωμάτιό μου και ξάπλωσα να κοιμηθώ.

Αναρωτιόμουν αν θα μπορούσα να συναντήσω αυτόν το θαυμαστό άνθρωπο ξανά. Ήταν όμως αδύνατο να κοιμηθώ. Δεν μπορούσα να πιστέψω πως ήμουν τόσο τυχερός, ώστε να βρεθώ μπροστά σε έναν πραγματικό άγιο χωρίς καν να τον έχω αναζητήσει. Μήπως ονειρευόμουν; Πώς είχα βρεθεί σ' αυτό το ιερό μέρος από την άλλη άκρη του κόσμου; Ο νους μου πέταξε στα γεγονότα του παρελθόντος που με είχαν οδηγήσει να αφήσω την Αμερική και να βρεθώ στην Ινδία. Όλα είχαν αρχίσει με το θάνατο του πατέρα μου, περίπου επτά χρόνια πριν...

«Ω, Θεέ μου! Νιλ, έλα γρήγορα! Ο πατέρας σου δεν είναι καλά!»

Όταν μπήκα τρέχοντας στο δωμάτιο των γονιών μου, βρήκα τον πατέρα μου αναίσθητο, με ένα ρόγχο να βγαίνει από το λαιμό του. Ήρεμα αλλά γρήγορα τον ξάπλωσα στο κρεβάτι και άρχισα να κάνω μασάζ στην καρδιά του, πιέζοντας την κατά διαστήματα με δύναμη, όπως είχα δει σε ένα τηλεοπτικό πρόγραμμα να κάνουν σε ανθρώπους που είχαν πάθει καρδιακή προσβολή. Δεν φαινόταν να ανταποκρίνεται καθόλου κι έτσι τηλεφώνησα γρήγορα στον οικογενειακό μας γιατρό και στην αστυνομία. Η μητέρα μου και η αδελφή μου είχαν πάθει υστερία· τις έβγαλα από το δωμάτιο και περίμενα την αστυνομία. Η βοήθεια έφτασε γρήγορα, αλλά ο πατέρας μου δεν συνήλθε ποτέ —καρδιακή προσβολή στην ηλικία των σαράντα τεσσάρων χρόνων. Ήταν ένας επιτυχημένος επιχειρηματίας, σχεδόν εκατομμυριούχος. Ποτέ δεν είχε αρρωστήσει σοβαρά, αλλά ο θάνατος τον πήρε ξαφνικά.

Οι συγγενείς άρχισαν να καταφθάνουν και προσπαθούσαν να παρηγορήσουν τη μητέρα και την αδελφή μου, αλλά χωρίς αποτέλεσμα. Μετά στράφηκαν σ' εμένα, το νεότερο μέλος της οικογένειας, που τότε ήμουν μόλις δώδεκα χρόνων. Ένιωθα τελείως ήρεμος και αποστασιοποιημένος, χωρίς την

9

παραμικρή διάθεση για κλάματα και ίσως αυτό σόκαρε τους συγγενείς μου. Βγήκα να περπατήσω και προσπαθούσα να πιάσω το νόημα αυτού που είχε συμβεί. Πού είχε πάει ο πατέρας μου; Το σώμα του βρισκόταν στην κρεβατοκάμαρα και σύντομα θα το έθαβαν. Δεν θα τον έβλεπα ποτέ ξανά. Είχα μια αδιόρατη αίσθηση κενού, αλλά τίποτα περισσότερο. Πιο πολύ από οτιδήποτε άλλο ένιωθα εκτός τόπου· όλοι έκλαιγαν, αλλά εγώ ήμουν ο συνηθισμένος μου εαυτός. Σε όλη τη διάρκεια της κηδείας έβαλα τα δυνατά μου να κλάψω, επειδή ένιωθα ενοχή που όλοι οι άλλοι έκλαιγαν, αλλά μάταια. Τα δάκρυα απλά δεν εμφανίστηκαν. Δεν ήταν πως δεν αγαπούσα τον πατέρα μου, αλλά το στοιχείο της προσκόλλησης για κάποιο λόγο δεν υπήρχε.

Σύντομα, μετά το θάνατο του πατέρα μου, οι αναπόφευκτες επιθυμίες της νεότητας άρχισαν να εμφανίζονται στο νου μου. Συνειδητοποιούσα, κατά κάποιο τρόπο, τον κόσμο γύρω μου. Αν και συνέχισα το σχολείο, η μοναδική μου σκέψη ήταν πώς να βγω έξω στον κόσμο και να τον απολαύσω. Η μητέρα μου δεν στεκόταν εμπόδιο σ' αυτό, γιατί δίσταζε να μου ασκήσει έλεγχο, θεωρώντας πως είχα βιώσει μια μεγάλη απώλεια με το θάνατο του πατέρα μου. Ίσως πίστευε πως η επιβεβλημένη πειθαρχία θα ήταν ακόμα μια πηγή στεναχώριας για μένα ή απλά δεν είχε την αυστηρή φύση του πατέρα. Αν είχε βρει έναν τρόπο να με ελέγξει εκείνη την εποχή που ήμουν ακόμη εύπλαστος, η πνευματική μου ζωή αργότερα θα ήταν πιο ομαλή. Από τη μια ο εγωισμός και η αλαζονεία μου και από την άλλη ο επιεικής χαρακτήρας της μητέρας μου είχαν σαν αποτέλεσμα να μεγαλώσω σαν αγριόχορτο.

Η ελευθερία ήταν η παντιέρα μου. Εκείνη την εποχή δεν ήξερα ότι, αν και στην εμφάνιση μοιάζουν, η ελευθερία και η αναρχία στην πραγματικότητα απέχουν μίλια μεταξύ τους. Η αληθινή ελευθερία είναι αποτέλεσμα εσωτερικής πειθαρχίας και χαρακτηρίζεται από ηρεμία που δεν επηρεάζεται από τους αναπόφευκτους κλυδωνισμούς της ζωής. Αναρχία από την άλλη σημαίνει να χορεύεις στο σκοπό των διαθέσεων και των επιθυμιών του νου, χωρίς επίγνωση των συνεπειών. Όντας πολύ μακριά από την ευδαιμονία και τη γαλήνη της ελευθερίας, ο αναρχικός νους δεν είναι ποτέ ήσυχος, αλλά είναι σκλάβος και έρμαιο στα εναλλασσόμενα κύματα της ευχαρίστησης και του πόνου που συνθέτουν τη ζωή. Αν δεν πειθαρχήσουμε συστηματικά το νου μας, η αληθινή ελευθερία είναι αδύνατη. Εκείνο τον καιρό, όπως ήταν φυσικό, ούτε ήξερα ούτε νοιαζόμουν για τη διαφορά της ελευθερίας από την αναρχία.

Όταν τελείωσα το Λύκειο, η μητέρα μου με ρώτησε τι δώρο ήθελα να μου κάνει για την αποφοίτησή μου. Της είπα πως θα ήθελα πολύ να περάσω το καλοκαίρι στην Ευρώπη πριν αποφασίσω τι θα κάνω στη συνέχεια με τις σπουδές μου. Συμφώνησε και πολύ γρήγορα βρέθηκα να περιδιαβαίνω την Ευρώπη μόνος μου. Γεμάτος με προσδοκίες πήγαινα από μέρος σε μέρος και επισκέφθηκα πολλά διάσημα ιστορικά μνημεία και έργα τέχνης, όπως ο πύργος του Άιφελ, το αβαείο του Γουεστμίνστερ και τα γλυπτά του Λεονάρντο ντα Βίντσι. Για κάποιο λόγο όλα μου φαίνονταν τα ίδια, τούβλα, τσιμέντο, ξύλο ή σίδερο επεξεργασμένα με διάφορους τρόπους. Τίποτα δεν με άγγιξε. Το ταξίδι που περίμενα να με συναρπάσει αποδείχτηκε βαρετό.

Σκεφτόμουν πως ίσως κάτι δεν πήγαινε καλά με εμένα. Πώς ήταν δυνατόν αυτά τα αξιοθέατα που μάγευαν εκατομμύρια επισκέπτες εμένα να με αφήνουν ασυγκίνητο; Αν και τότε ήμουν μόνο δεκαεπτά χρόνων, άρχισα να αναρωτιέμαι σοβαρά για το σκοπό της ζωής μου. Δεν έβρισκα ικανοποιητική απάντηση. Οι άμεσοι στόχοι της ζωής μου φαινόταν να είναι η απόλαυση και η ευχαρίστηση, αλλά είχα βιώσει την *πρώτη* απογοήτευση με αυτό το ταξίδι. Η αναζήτηση της ευχαρίστησης ίσως θα έφερνε καλύτερα αποτελέσματα στο μέλλον ή όλα ήταν μόνο μια προβολή του νου μου; Αυτό που ήταν αιτία τόσο μεγάλης ευτυχίας για τόσους πολλούς ανθρώπους δεν μου έδινε καμιά χαρά. Γύρισα στην Αμερική απογοητευμένος και λίγο μπερδεμένος, αλλά αποφασισμένος να βρω αυτό που θα με έκανε ευτυχισμένο.

Όταν γύρισα από την Ευρώπη, ο μεγάλος μου αδελφός, ο Έρλ, με προσκάλεσε να τον επισκεφτώ στο Αν Άρμπορ του Μίσιγκαν, όπου έκανε το μεταπτυχιακό του. Έκανα τη διαδρομή από το Σικάγο μέχρι εκεί με αυτοκίνητο κι έφτασα την ώρα του βραδινού φαγητού. Με έκπληξη ανακάλυψα ότι ο αδελφός μου είχε γίνει χορτοφάγος. Φαινόταν αισθητά πιο ευπρεπής, πιο υγιής και πιο ήρεμος από την τελευταία φορά που τον είχα δει. Τον ρώτησα τι τον είχε κάνει να αλλάξει τις διατροφικές του συνήθειες.

«Πριν από έξι μήνες άρχισα να μαθαίνω και να ασκώ την χάθα γιόγκα. Βρήκα μια δασκάλα εδώ στο Αν Άρμπορ, που έχει περάσει αρκετά χρόνια στην Ινδία μαθαίνοντας γιόγκα από έναν δάσκαλο. Είναι πολύ ασυνήθιστος άνθρωπος. Θέλω να την συναντήσεις. Εκείνη μου εξήγησε ότι το φαγητό έχει διπλή φύση, τη λεπτοφυή και την υλική. Το υλικό μέρος χτίζει το σώμα και η λεπτότερη ουσία έχει επίδραση στη φύση του νου. Τα λεπτά συστατικά της χορτοφαγικής διατροφής είναι πιο ωφέλιμα για την υγεία και σταδιακά κάνουν λεπτότερο το νου. Αυτό με τη σειρά του διευκολύνει τον διαλογισμό. Με τον διαλογισμό μπορεί κανείς να γνωρίσει την ευδαιμονία της Συνειδητοποίησης του Εαυτού, μια ευδαιμονία που, αν οι εγκόσμιες απολαύσεις συγκριθούν μαζί της, θα φανούν εντελώς ανούσιες. Το να γνωρίσει κανείς μέσα από άμεση βιωματική εμπειρία ότι δεν είναι το φυσικό σώμα, ούτε ο αεικίνητος νους, αλλά η άφθαρτη ουσία της Αγνής Ύπαρξης και της Ευδαιμονίας, αυτό είναι η Συνειδητοποίηση του Εαυτού ή η γνώση της Αληθινής μας Φύσης. Υπάρχουν πολλοί που έχουν φτάσει σ' αυτή την κατάσταση και έχουν πει ότι ο αληθινός σκοπός της ανθρώπινης ύπαρξης είναι αυτή η εμπειρία. Μπορούμε να πάμε να τη δούμε αύριο.»

Ινδία, γιόγκα, διαλογισμός …μια σπίθα άρχισε να σιγοκαίει στη μέχρι τότε νεκρή καρδιά μου. Ήμουν ανυπόμονος και συγχρόνως φοβισμένος με την προοπτική της συνάντησης με μια «γιογκίνι». Φανταζόμουν πως θα ήταν ένα ον από την τέταρτη διάσταση!

Το πρωί ο αδελφός μου με πήγε στο σπίτι της δασκάλας του. Τι έκπληξη! Τελικά ήταν ένα ανθρώπινο ον! Η Μπάρμπαρα ήταν μια γυναίκα μέσης ηλικίας, ζωντανή, γλυκιά και φυσική. Ανακουφίστηκα! Περίμενα να δω μια σοβαρή μορφή να στέκεται πάνω στο κεφάλι της και να είναι υπερυψωμένη τέσσερα πόδια πάνω από το πάτωμα! Γίναμε αμέσως φίλοι. Μου έδωσε ένα αντίγραφο της Μπαγκαβάτ Γκίτα, ένα πολύ γνωστό βιβλίο με θέμα τη γιόγκα και μου είπε να το διαβάσω. Φάγαμε μεσημεριανό μαζί, μιλήσαμε για άλλα συνηθισμένα πράγματα και γυρίσαμε στο σπίτι του Ερλ. Μια σύντομη συνάντηση, αλλά ίσως η πιο σημαδιακή στη ζωή μου! Πολύ λίγο μπορούσα να συνειδητοποιήσω τότε ότι ο σπόρος της πνευματικότητας είχε μπει μέσα μου και ότι σύντομα θα βλάσταινε και θα γινόταν ένα μεγάλο δέντρο βαθιάς, εσωτερικής γαλήνης!

Το βράδυ πήρα στα χέρια μου τη Μπαγκαβάτ Γκίτα. Είναι ίσως το βιβλίο που εμπνέει το μεγαλύτερο σεβασμό από όλες τις ινδουιστικές γραφές και περιέχει το απόσταγμα από όλες. Είναι μέρος ενός πολύ μεγαλύτερου έργου, της Μαχαμπαράτα και περιέχει τη φιλοσοφία της επιστήμης της Αυτογνωσίας, όπως διδάχτηκε από τον Σρι Κρίσνα, μια ενσάρκωση του Θεού, στον πιστό του Αρτζούνα, ενώ βρίσκονταν στο πεδίο της μάχης. Έχει διακηρυχτεί από σπουδαίους λόγιους σε ολόκληρο τον κόσμο ότι περιέχει την υψηλότερη σοφία που μπορεί να επιτευχθεί από τον άνθρωπο. Δεν μπορούσα καλά καλά ούτε να προφέρω τον τίτλο, αλλά ελπίζοντας για το καλύτερο, άρχισα το διάβασμα.

Καθώς διάβαζα, η κάθε λέξη δημιουργούσε ένα κύμα χαράς στην καρδιά μου. Ένιωθα σαν να ήμουν ο Αρτζούνα και ο Σρι Κρίσνα να μιλούσε κατευθείαν σε μένα. Όλες οι ερωτήσεις που βάραιναν το νου μου λάβαιναν απάντηση, ερωτήσεις που δεν είχαν ακόμη σχηματιστεί φωτίζονταν και οι αμφιβολίες διαλύονταν. Μέχρι που διάβασα τη Μπαγκαβάτ Γκίτα δεν ήξερα τι σημαίνει η λέξη «σοφία». Η φύση του νου και ο σκοπός της ζωής μού αποκαλύπτονταν σε μια ξεκάθαρη γλώσσα. Προφανώς, ή έτσι τουλάχιστον μου φαινόταν, ο σκοπός της ζωής δεν ήταν να κυνηγάει κανείς ακατάπαυστα τις απολαύσεις των αισθήσεων μέχρι να πεθάνει. Ήταν να κατανοήσει ξεκάθαρα το νου, να τον εξαγνίσει και να τον υπερβεί για να βιώσει την Πραγματικότητα, την κατάσταση εκείνη όπου βασιλεύει η Απόλυτη Ευδαιμονία. Έκλαψα για πρώτη φορά μετά από πάρα πολλά χρόνια. Τα δάκρυα αυτά δεν προέρχονταν από θλίψη ή από εγωισμό, αλλά από χαρά! Δεν κοιμήθηκα εκείνη τη νύχτα, ήταν μεγάλη η δίψα μου να τελειώσω το βιβλίο. Ο αδελφός μου ερχόταν κάθε τόσο να δει τι συμβαίνει. Τι να του πω; Είχα μπει κυριολεκτικά σε έναν καινούργιο κόσμο εκείνο το βράδυ!

Την επόμενη μέρα αποφάσισα να αρχίσω χορτοφαγική διατροφή. Πίστευα με όλη μου την αφέλεια πως αυτό θα ήταν αρκετό για να επιτύχω τη Συνειδητοποίηση του Εαυτού. Φαντάζομουν πως θα πετύχαινα την ύψιστη κατάσταση του σαμάντι ή της ταύτισης με την Υπέρτατη Πραγματικότητα μέσα σε λίγες μέρες! Έμεινα λίγο ακόμα με τον αδελφό μου και γύρισα στο Σικάγο, ευτυχισμένος που είχα βρει μια κατεύθυνση στη ζωή μου.

Αποφάσισα πως δεν ήθελα να πάω αμέσως στο κολέγιο. Μου φαινόταν ότι ο απώτατος στόχος μιας τέτοιου είδους ακαδημαϊκής μόρφωσης ήταν να κάνει κάποιον ικανό να κερδίζει χρήματα, ώστε να μπορεί να έχει αυτά που θεωρούνται απολαύσεις στη ζωή. Αισθανόμουν πως μια πολύ απλή ζωή που δεν θα απαιτούσε πολλά χρήματα ήταν αρκετή για μένα κι έτσι μια ταπεινή δουλειά θα ήταν ότι έπρεπε. Γιατί να χάσω τέσσερα ή έξι χρόνια από τη ζωή μου σε ένα κολέγιο;

Η απόφαση αυτή ήταν φυσικά απογοητευτική για τη μητέρα μου. Περίμενε από μένα να ζήσω μια πιο φυσιολογική ζωή και να πάω στο κολέγιο, αλλά συμφώνησε με την απόφασή μου. Ήλπιζε πως θα μετάνιωνα σε λίγο κι έτσι με άφησε να κάνω αυτό που ήθελα. Πούλησα το τηλεσκόπιό μου, τη συλλογή νομισμάτων μου, το αυτοκίνητό μου και άλλα αντικείμενα που συνήθως έχει ένας τυπικός Αμερικανός έφηβος της ανώτερης μεσαίας τάξης και αποφάσισα να πάω στη δυτική ακτή και να βρω ένα ήσυχο μέρος στην εξοχή, όπου θα ζούσα ως χορτοφάγος και θα διαλογιζόμουν! Επιπλέον, οι ορέξεις των αισθήσεών μου δεν είχαν ακόμη πλήρως ικανοποιηθεί. Αν και είχα διαβάσει τη Μπαγκαβάτ Γκίτα, δεν είχα ακόμη καταλάβει ότι αν οι αισθήσεις δεν μπουν κάτω από έλεγχο, ο νους δεν θα γαληνέψει ποτέ. Χωρίς ένα γαλήνιο νου ο επιτυχής διαλογισμός και η επακόλουθη Συνειδητοποίηση του Εαυτού ήταν αδύνατη. Όπως και οποιαδήποτε άλλη επιστήμη, έτσι και η επιστήμη της γιόγκα πρέπει να εφαρμοστεί σύμφωνα με τους κανόνες και τις διαδικασίες που έχουν τεθεί, αν θέλουμε να έχουμε τα επιθυμητά αποτελέσματα. Εγώ πίστευα, λανθασμένα, ότι θα πετύχαινα τη Συνειδητοποίηση του Εαυτού, την Υπέρτατη Ευδαιμονία με κάποιες τυχαίες προσπάθειες και λίγη καλή τύχη, ακριβώς όπως πετυχαίνουμε τις χαρές και τις απολαύσεις του κόσμου.

Με τη συντροφιά λίγων φίλων οδήγησα το αυτοκίνητο της

αδελφής μου στο Μπέρκλεϋ της Καλιφόρνιας το φθινόπωρο του 1967. Η χορτοφαγία δεν ήταν δημοφιλής εκείνο τον καιρό στην Αμερική και ήταν πραγματικά δύσκολο να βρεις κάτι να φας στη διάρκεια ενός ταξιδιού. Πόσο καιρό μπορούσε κανείς να ζήσει με σάντουιτς τυριού και σαλάτα; Σ 'εκείνη τη φάση σκέφτηκα πως η πνευματική ζωή ίσως δεν ήταν για μένα, αλλά ντρεπόμουν να παραδεχτώ την ήττα μου τόσο σύντομα κι έτσι συνέχισα. Όταν φτάσαμε στο Μπέρκλεϋ, ξεκίνησα να ψάχνω το ιδανικό σπίτι στο κατάλληλο περιβάλλον. Δεν ήταν τόσο εύκολο όσο είχα φανταστεί. Αφού έψαξα για πολλές μέρες και οδήγησα για μίλια προς όλες τις κατευθύνσεις γύρω από το Μπέρκλεϋ, ένα αίσθημα ήττας και παραίτησης άρχισε να αναδύεται από μέσα μου. Ακριβώς εκείνη τη στιγμή, χωρίς να χρειαστεί να ψάξω άλλο, το ιδανικό σπίτι εμφανίστηκε και το νοικιάσαμε. Ήταν αρκετά μεγάλο για να μας χωρέσει όλους κι ακόμα περισσότερο. Έγραψα στο αδελφό μου και στη αδελφή μου κι εκείνοι αποφάσισαν να μετακομίσουν στην Καλιφόρνια, έτσι σύντομα ήταν εκεί.

Ένα από τα κύρια ενδιαφέροντα στη ζωή μου έγινε η επίτευξη της συνειδητοποίησης του Εαυτού, αλλά για να είμαι απολύτως ειλικρινής, ακόμα μεγαλύτερο και από αυτό ήταν η επιθυμία να ζήσω με μια γυναίκα. Αυτή είναι μια εντελώς φυσιολογική επιθυμία για κάθε νεαρό Αμερικανό, αλλά αν ζούσα στο σπίτι με τη μητέρα μου θα ήταν δύσκολο, αν όχι αδύνατο. Αυτός ήταν αναμφίβολα ένας από τους λόγους που με έκαναν να φύγω από το Σικάγο και να πάω στην Καλιφόρνια, μέρος που πολλοί άνθρωποι όπως εγώ, θεωρούσαν τότε παράδεισο. Αφού τακτοποιήθηκα στο καινούργιο μου σπίτι, οι σκέψεις μου επικεντρώθηκαν στην επίτευξη του άμεσου στόχου. Επειδή είμαι μάλλον συνεσταλμένος από τη φύση μου, αποφάσισα ότι αν ήταν να βρω την κατάλληλη σύντροφο, θα έπρεπε να γίνει με τον ίδιο τρόπο που είχα βρει το σπίτι μου- δηλαδή από τη Θεία Πρόνοια. Έτσι δεν θα έκανα προσπάθειες να βρω κορίτσι. Όσο παράξενο κι αν φανεί, ακριβώς την επόμενη μέρα ένα κορίτσι εμφανίστηκε στην πόρτα μου. Με έψαχνε! Είχε ακούσει για μένα στο Σικάγο και ήρθε στην Καλιφόρνια να με βρει. Δεν ήξερα αν έλεγε την αλήθεια και ούτε με ένοιαζε να ξέρω, μιας και η επιθυμία μου είχε πραγματοποιηθεί από μόνη της!

Η επίδραση αυτής της εμπειρίας στο νου μου ήταν τέτοια, που άρχισα να πιστεύω σοβαρά πως οτιδήποτε χρειαζόμουν πραγματικά θα ερχόταν στη ζωή μου μόνο του. Για να είμαι ειλικρινής, αυτή η αλήθεια έχει επιβεβαιωθεί στη ζωή μου αμέτρητες φορές. Φυσικά, αυτό που κάθε φορά είναι απαραίτητο είναι διαφορετικό, ανάλογα με τον τόπο και το χρόνο και μπορεί να είναι εξίσου ευχάριστο όσο και οδυνηρό. Παρόλα αυτά, αν κανείς είναι υπομονετικός και σταθερός στο στόχο της Συνειδητοποίησης του Θεού, θα ανακαλύψει ότι οι καταστάσεις διαμορφώνονται έτσι ώστε να οδηγήσουν στην πνευματική πρόοδο. Εκείνη τη στιγμή χρειαζόμουν ένα κορίτσι. Αργότερα, ήταν απαραίτητη η συντροφιά των αγίων. Ακόμα πιο μετά ήταν απαραίτητη η αρρώστια και ο πόνος. Για την ακρίβεια, στα μάτια των πνευματικών αναζητητών ό,τι συμβαίνει την παρούσα στιγμή είναι για το καλύτερο και εμφανίζεται στον κατάλληλο χρόνο, με τον πιο μυστηριώδη τρόπο χάρη στο πλέον ελεήμον Ον.

Όταν ήρθε ο Ερλ, μου έδωσε ένα καινούργιο βιβλίο να διαβάσω. Ήταν η ζωή και οι διδασκαλίες ενός μεγάλου αγίου της Ινδίας, του Ραμάνα Μαχάρσι. Ο Ραμάνα, όταν ήταν δεκαέξι χρονών, καταλήφθηκε ξαφνικά από το φόβο του θανάτου. Δεν είχε κανένα πρόβλημα υγείας και ούτε υπήρχε κάποιος λόγος για να εμφανιστεί αυτός ο φόβος εκείνη τη στιγμή. Παρόλα αυτά ένιωθε πως θα πεθάνει κι έπρεπε να λύσει το πρόβλημα αμέσως, χωρίς αναβολή. Ξάπλωσε κάτω και αφέθηκε να πεθάνει. Τότε του ήρθε η σκέψη, «Τώρα το σώμα είναι νεκρό, αλλά ακόμα η αίσθηση του Εγώ λάμπει μέσα μου. Επομένως είμαι το αθάνατο πνεύμα και όχι το ακίνητο σώμα.» Αυτή η σκέψη δεν του ήρθε ως λογικό συμπέρασμα, αλλά ως μια αστραπή ενόρασης και άμεσης εμπειρίας. Δεν ήταν απλά μια φευγαλέα ματιά στην Αλήθεια που καλύφθηκε σύντομα από το σκοτάδι της άγνοιας. Από εκείνη τη στιγμή, η επίγνωση του εαυτού του ως καθαρό Πνεύμα παρέμεινε ανέγγιχτη μέχρι την αναχώρησή του από το σώμα περίπου πενήντα τρία χρόνια αργότερα, το 1950. Λίγο πριν από το θάνατό του ο Ραμάνα διαβεβαίωσε τους πιστούς του ότι θα συνέχιζε να είναι μαζί τους και να τους καθοδηγεί, παρά το θάνατο του φυσικού σώματος. Είχε επιτύχει τη Συνειδητοποίηση μέσα από μια αυθόρμητη πράξη εσωτερικής διερεύνησης του ερωτήματος «Ποιος είμαι;». Έτσι εξάλειψε την ταύτιση με το σώμα και το νου συνειδητοποιώντας την αληθινή του Ύπαρξη και έχοντας την ξεκάθαρη εμπειρία του Εαυτού του ως Αγνή Συνειδητό-τητα, που τα υπερβαίνει όλα. Ελευθερώθηκε έτσι από όλες τις επιθυμίες και τους φόβους, ακόμα και από τον φόβο του θανάτου και παρέμεινε εδραιωμένος στην τέλεια γαλήνη. Ο Ραμάνα έζησε σε ένα ιερό βουνό, το Αρουνάτσαλα, στο νότιο τμήμα της Ινδίας, ακτινοβολώντας πνευματικό φως και γαλήνη. Έγινε το ζωντανό παράδειγμα της ιδεώδους συμπεριφοράς ενός Συνειδητοποιημένου στον Εαυτό αγίου στην καθημερινή ζωή. Ως μέσον για την επίτευξη αυτής της κατάστασης συνι-στούσε είτε τη συνεχή καθοδήγηση και την παράδοση σε ένα Φωτισμένο Ον ή την ανεξάρτητη αναζήτηση στο μονοπάτι της Αυτογνωσίας. Υιοθετώντας τη μία από τις δύο προσεγγίσεις, θα μπορέσει κανείς να αποκτήσει την απαραίτητη γαλήνη και τη συγκέντρωση για να βρει την εσωτερική του Αλήθεια.

Οι διδασκαλίες του και η ζωή του μου έκαναν μεγάλη εντύπωση και αποφάσισα να εξασκήσω και τις δύο μεθόδους.

Η εσωτερική αναζήτηση πήρε τη μορφή του να κάθομαι ήσυχα και να επαναλαμβάνω «εγώ, εγώ, εγώ ....», ενώ προσπαθούσα να προσηλώσω το νου μου στη σημασία των λέξεων, σε εκείνο που λάμπει μέσα μου ως «Εγώ». Στην καθημερινή μου ζωή προσπαθούσα να ασκήσω την παράδοση στον Ραμάνα, τον οποίο θεωρούσα δάσκαλό μου, με την αποδοχή των καταστάσεων που εμφανίζονταν, χωρίς να αντιδρώ ούτε θετικά στις ευχάριστες καταστάσεις ούτε αρνητικά στις οδυνηρές. Ο αδελφός μου μού δίδαξε μερικές στάσεις χάθα γιόγκα για τη βελτίωση της υγείας μου και τον εξαγνισμό του νευρικού συστήματος. Όλα αυτά με βοήθησαν να βάλω ένα είδος πειθαρχίας στην κατά τα άλλα απρογραμμάτιστη ζωή μου. Εκείνο τον καιρό, πίστευα ότι θα παντρευτώ και θα ζω μια ζωή που θα ήταν συνδυασμός πνευματικότητας και εγκόσμιων ασχολιών ή μια πνευματικοποιημένη εγκόσμια ζωή. Τα πράγματα όμως θα εξελίσσονταν διαφορετικά.

Μια μέρα ήρθε στον Ερλ ένα γράμμα από τη Μπάρμπαρα, τη δασκάλα του της γιόγκα στο Μίσιγκαν. Σε αυτό έλεγε: «Χαίρομαι πολύ που μαθαίνω ότι ο Νιλ εφαρμόζει τις ασκήσεις που του δίδαξες. Είναι ακόμα πολύ νέος. Γιατί να μην γίνει μοναχός και να αφιερωθεί πλήρως στην επίτευξη του Εαυτού;» Ο Ερλ μου έδειξε το γράμμα. Καθώς το διάβαζα ένιωθα όπως νιώθει ένας άνθρωπος που ενώ τρώει γλυκιά πουτίγκα του δίνουν ένα πικρό βότανο. Ήμουν ευτυχισμένος με το κορίτσι μου και με την άσκηση του διαλογισμού και δεν είχα σκοπό να αφήσω κανένα από τα δύο. Έδιωξα την πιθανότητα από το νου μου και συνέχισα το συνηθισμένο μου πρόγραμμα.

Λίγες μέρες αργότερα, ενώ διαλογιζόμουν, η συγκέντρωσή μου ξαφνικά δυνάμωσε και ο σκόρπιος νους μου εστιάστηκε από μόνος του σε ένα μοναδικό σημείο. Ο νους, σαν ένα μικρό φως, έσβησε και την ίδια στιγμή έμεινε μόνο το άπειρο Φως, η Τέλεια Ευδαιμονία και η Ενότητα που διαπερνούσε τα πάντα.

Κάθε αίσθηση ατομικότητας και αντικειμενικότητας χάθηκε. Η εμπειρία ήταν απερίγραπτη! Μετά, σαν ένας ανελκυστήρας που κατεβαίνει, ο νους μου μπήκε στην κατάσταση της ύπαρξης ξανά και ξαναβρήκα την επίγνωση του σώματος και του κόσμου, αλλά το επόμενο λεπτό συγχωνεύτηκε ξανά με εκείνο το Φως. Αυτό επαναλήφθηκε τρεις ή τέσσερις φορές και μετά έμεινα να κλαίω με αναφιλητά, σαν μικρό παιδί, στην ενθύμηση αυτής της τεράστιας Ειρήνης και Απεραντοσύνης. Η αποκάλυψη ότι θα γινόμουν ένα για πάντα με αυτό το Υπέρτατο Φως, αφού θα περνούσα πολλά οδυνηρά μαθήματα στη ζωή εμφανίστηκε μέσα μου ως βεβαιότητα.

Ένιωσα ότι ο Ραμάνα ήταν κατά έναν ανεξήγητο τρόπο υπεύθυνος γι' αυτή την εξαιρετική εμπειρία, μια και είχα νοερά παραδώσει τη ζωή μου σ' εκείνον. Είχε διαβεβαιώσει τους πιστούς του ότι θα ήταν μαζί τους και μετά από το θάνατο του σώματός του κι έτσι σίγουρα ήταν και μαζί μου. Όμως, ζούσα μια μεγάλη πλάνη, γιατί πίστευα ότι επειδή είχα μια εξαιρετική εμπειρία μόλις μετά από λίγες μέρες διαλογισμού, αυτό σήμαινε ότι η ίδια εμπειρία θα ερχόταν ξανά και ξανά μέχρι που θα γινόταν μόνιμη και όλα αυτά μέσα σε λίγες το πολύ εβδομάδες! Δεν χρειάζεται να πω ότι δεν υπήρχε τέτοια περίπτωση, αν και η ενθύμηση και η γεύση αυτής της ευδαιμονίας δεν χάθηκαν ποτέ. Κατά κάποιον τρόπο μου παραχωρήθηκε μια φευγαλέα ματιά του Σκοπού και τώρα ήταν η σειρά μου να βαδίσω το απόκρημνο μονοπάτι που οδηγούσε Εκεί.

Από εκείνη την ώρα και μετά άρχισε να συμβαίνει μια σταδιακή μεταμόρφωση στο νου μου. Αισθανόμουν μια πολύ λεπτή ελαφριά μέθη μετά από τη γιόγκα. Δεν ήταν απλά μια αναζωογόνηση του σώματος, αλλά μάλλον ένα αίσθημα αποστασιοποίησης από το σώμα και από τον κόσμο. Επίσης, ανακάλυψα ότι η σεξουαλική επαφή είχε ως αποτέλεσμα αυτή η ευδαιμονία να χάνεται σχεδόν εντελώς, μέχρι που θα έκανα ξανά ασκήσεις γιόγκα. Αν και οι ζωώδεις απολαύσεις του σεξ ήταν πολύ ελκυστικές, φαίνονταν πραγματικά χοντροκομμένες σε σύγκριση με τη λεπτή πνευματική ευδαιμονία. Δεν μπορούσα, όμως, απλά να εγκαταλείψω το σεξ κι ούτε ήμουν διατεθειμένος να χάσω το θησαυρό της πνευματικής εμπειρίας που μόλις είχα ανακαλύψει. Αποφάσισα, λοιπόν, να αποφεύγω τη συντροφιά της κοπέλας μου όσο ήταν δυνατό κι έτσι μετά από τη γιόγκα, το πρωί, έπαιρνα το αυτοκίνητο και ανέβαινα στους λόφους, πέρα από το Μπέρκλεϋ. Διάβαζα πνευματικά βιβλία, διαλογιζόμουν και ατένιζα τους λόφους και τις κοιλάδες μέχρι τη δύση του ήλιου. Και μόνο η σκέψη ότι θα επέστρεφα στο κορίτσι μου το βράδυ μού έφερνε θλίψη και με μεγάλη απροθυμία επέστρεφα. Αυτό το πρόγραμμα συνεχίστηκε για λίγες μέρες, αλλά δε φαινόταν να δίνει λύση στο πρόβλημα. Το κορίτσι μου άρχισε να υποπτεύεται ότι συναντούσα κάποια άλλη στη διάρκεια της μέρας κι αυτό την έκανε αποφασισμένη να με κατέχει πιο δυναμικά στη διάρκεια της νύχτας.

Η κατάσταση αυτή με έκανε να συνειδητοποιήσω ότι η σχέση ανάμεσα στον άντρα και στη γυναίκα βασίζεται κυρίως στον εγωισμό. Αν η κοπέλα με αγαπούσε πραγματικά, όπως έλεγε, δεν θα προσπαθούσε να με κάνει ευτυχισμένο αντί να με ταλαιπωρεί; Της είχα εξηγήσει τις πνευματικές μου εμπειρίες και τους λόγους για τους οποίους κατέφευγα στα βουνά κάθε μέρα και της είχα μιλήσει επίσης για την επίδραση της σεξουαλικής συνεύρεσης στην εσωτερική μου ευδαιμονία. Για την ακρίβεια, με την εμπιστοσύνη ενός αθώου παιδιού, δεν της είχα κρύψει τίποτα, αλλά εκείνη δεν μπορούσε να σκεφτεί τίποτα άλλο εκτός από τη δική της ευχαρίστηση. Τη ρώτησα μια μέρα: «Αν ξύριζα το κεφάλι μου και τα γένια μου, θα με αγαπούσες ακόμη; Ή αν δεν μπορούσα πια να κάνω σεξ μαζί σου, θα εξακολουθούσες να μ' αγαπάς;» Φάνηκε να σοκάρεται, αλλά δεν απάντησε στην ερώτησή μου. Από αυτό το περιστατικό έφτασα στο συμπέρασμα ότι αυτό που αποκαλούμε αγάπη δεν είναι τίποτα άλλο παρά η αμοιβαία ικανοποίηση εγωιστικών επιθυμιών, σωματικών και νοητικών. Κατά κύριο λόγο αυτό που νιώθαμε βασιζόταν μόνο στη σωματική έλξη που αισθανόμασταν ο ένας για τον άλλο, καθώς επίσης και σε κάποιου βαθμού νοητική εγγύτητα. Αυτή η αποκαλούμενη αγάπη ήταν πολύ ρηχή και η παραμικρή διαφωνία θα την έκανε να καταρρεύσει.

Δεν γνώριζα εκείνο τον καιρό για τη Θεϊκή Αγάπη που εξαλείφει το εγώ, αυτήν που όλοι οι μεγάλοι άγιοι έχουν νιώσει για τη βασανισμένη ανθρωπότητα, αλλά γνώριζα ότι η επιφανειακή αγάπη δεν είχε αξία για μένα. Αναρωτιόμουν πώς θα μπορούσα να απαλλαγώ από την κατάσταση που βρισκόμουν χωρίς να πληγώσω τον ήδη ταραγμένο νου της κοπέλας. Επιπλέον, τα λόγια της δασκάλας του αδελφού μου «Γίνε μοναχός, γίνε μοναχός» άρχισαν να με στοιχειώνουν και μέσα μου γεννιόταν η αίσθηση ότι αυτό έπρεπε να κάνω. Αλλά πώς;

Εκείνη την εποχή η Μπάρμπαρα, η δασκάλα της γιόγκα του Ερλ, είχε μετακομίσει στο Νεπάλ με τον σύζυγό της, ο οποίος είχε μετατεθεί εκεί ως αρχηγός των ειρηνευτικών δυνάμεων. Ο αδελφός μου με ρώτησε αν ήθελα να συνοδέψω εκείνον, τη σύζυγό του και το μωρό τους στο Νεπάλ, γιατί ήθελε πολύ να συναντήσει τη Μπάρμπαρα και να δει την Ινδία. Μου είπε ότι στο δρόμο προς τα εκεί θα μπορούσα να πάω σε ένα μοναστήρι Ζεν και να γίνω μοναχός Ζεν αν μου ταίριαζε. Το θεώρησα αυτό ως τη χρυσή ευκαιρία να ξεφύγω από τη δύσκολη κατάστασή μου και αμέσως συμφώνησα να τους συνοδέψω. Κανόνισα μια προσωρινή οικονομική διευθέτηση για το κορίτσι μου. Υποσχέθηκα να της γράψω και, αν ήταν δυνατό, να την καλέσω εκεί που θα ήμουν. Ήθελα ο

22

χωρισμός μας να είναι όσο πιο ανώδυνος γινόταν για εκείνην. Ούτε καν είχα σκεφτεί την ανοησία όσων έλεγα, αλλά το σκέφτηκε εκείνη. «Τι θα μπορούσα να κάνω σε ένα μοναστήρι αν ερχόμουν;» με ρώτησε λίγο θυμωμένη με το φανερό ψέμα μου. Ήταν η σειρά μου να μην ξέρω τι να απαντήσω.

Τελικά έφτασε η μέρα της αναχώρησής μου και μετά από ένα σύντομο αντίο στην αποβάθρα, είπα αντίο στη μητέρα μου, στο κορίτσι μου και σε λίγους φίλους που είχαν έρθει να μας αποχαιρετήσουν. Όταν τελικά το πλοίο άρχισε να απομακρύνεται από την αποβάθρα, ένας βαθύς αναστεναγμός ανακούφισης βγήκε από μέσα μου. Άφηνα πίσω μου όλα όσα μου ήταν οικεία κι όμως, κατά κάποιο τρόπο ένιωθα αδιαφορία για όλα αυτά. Θυμόμουν ότι είχα το ίδιο αίσθημα αποστασιοποίησης όταν πέθανε ο πατέρας μου. Καθώς η πλώρη του καραβιού έσχιζε τα κύματα, αναρωτιόμουν πώς θα ήταν η ζωή μου από δω κι εμπρός.

Όταν το πλοίο βγήκε έξω από τον κόλπο του Σαν Φρανσίσκο, ανέβηκα στο επάνω κατάστρωμα και κάθισα, αισθανόμουν σαν να είχα περάσει μέσα από μια μακριά έγγαμη ζωή κι ένιωθα σαν άνθρωπος που έχει αναδυθεί από μια άβυσσο. Η πίστη μου στον Ραμάνα δεν είχε μειωθεί. Αισθανόμουν ότι κατά κάποιον τρόπο με είχε βγάλει από μια πολύ δύσκολη κατάσταση. Όπως καθόμουν εκεί και κοίταζα το κάτω κατάστρωμα, ξαφνικά ένιωσα σαν κάτι να με πίεζε πολύ απαλά στην κορυφή του κεφαλιού μου και μια βαθιά γαλήνη απλωνόταν στο νου μου. Η κίνηση στο νου σταμάτησε και, καθώς κοίταζα κάτω, μπορούσα να δω τους άνδρες και τις γυναίκες που μιλούσαν μεταξύ τους στο κατάστρωμα. Θα πω «μου αποκαλύφθηκε», γιατί δεν μπορώ να βρω μια πιο κατάλληλη λέξη, ότι η έλξη ανάμεσα στα φύλα ήταν η πιο μεγάλη κινητήρια δύναμη στη φύση κι ήταν υπεύθυνη για όλη αυτή την ασταμάτητη δραστηριότητα του ανθρώπινου γένους. Μπορεί να φαίνεται μια πολύ στοιχειώδης συνειδητοποίηση, και οφείλω να ομολογήσω ότι έτσι είναι, αλλά εκείνη τη στιγμή για μένα ήταν πραγματική αποκάλυψη. Εκείνη τη στιγμή ήξερα ότι δεν θα ακολουθούσα το μονοπάτι του συνηθισμένου ανθρώπου, το μονοπάτι της ευχαρίστησης, αλλά ότι θα αγωνιζόμουν να επιτύχω την ατελεύτητη ευδαιμονία του Εαυτού ή θα πέθαινα προσπαθώντας. Αν και δεν γνώριζα τίποτα για την ορθόδοξη μοναστική ζωή, ούτε ακόμα και για την αγαμία που συνιστάται ως βασική πειθαρχία για την επίτευξη της Φώτισης, με κάποιο τρόπο ένιωθα την ανάγκη για μια αγνή ζωή αφιερωμένη σε έναν υψηλό σκοπό. Δεν είχα διαβάσει ούτε και είχα ακούσει ότι η σεξουαλική ενέργεια πρέπει να τιθασευτεί και να εκλεπτυνθεί. Κατέληξα σ' αυτό το συμπέρασμα μέσα από την εμπειρία μου.

Ο Ερλ κι εγώ αποφασίσαμε να πάρουμε το πλοίο κι όχι το αεροπλάνο, γιατί θέλαμε να συνεχίσουμε την πρακτική μας στη γιόγκα με ακρίβεια, χωρίς καμία διακοπή. Ασκούμασταν τακτικά στις στάσεις για μια ώρα το πρωί και μια το βράδυ. Επίσης υπήρχε συγκεκριμένος χρόνος για διαλογισμό και για μελέτη πνευματικών βιβλίων. Δεν βιαζόμασταν να φτάσουμε στην Ιαπωνία και η αργή ταχύτητα του ταξιδιού με πλοίο ταίριαζε με τον τρόπο της ζωής μας. Όταν ακόμα όλοι κοιμούνταν το πρωί, εγώ σηκωνόμουν στις τέσσερις και μισή, έκανα ένα ντους και ξεκινούσα γιόγκα και διαλογισμό στο κατάστρωμα. Ο καθαρός αέρας, η σιωπή της απέραντης θάλασσας και η δύναμη της μεγαλοπρεπούς ανατολής του ήλιου ηρεμούσαν το νου μου. Όμως η ανυπομονησία να βιώσω την πνευματική Συνειδητοποίηση έκαιγε συνεχώς σαν φωτιά στην καρδιά μου.

Μια παιδική πίστη σε έναν μαχάτμα είχε με κάποιο τρόπο βλαστήσει στην καρδιά μου. Ποτέ στη ζωή μου δεν είχα σκεφτεί τον Θεό, εκτός από μια δυο φορές στην παιδική μου ηλικία, όταν δεν μπορούσα να βρω κανέναν άλλο τρόπο για να αποκτήσω κάτι που ήθελα πολύ και τότε προσευχήθηκα σε Εκείνον σαν πείραμα. Τι δέος ένιωσα όταν η επιθυμία μου πραγματοποιήθηκε! Οι γονείς μου ήταν και οι δύο αγνωστικιστές και με είχαν στείλει στο κατηχητικό, πιθανόν για τον απλό λόγο ότι όλα τα παιδιά της κοινότητάς μας πήγαιναν και όχι από πίστη στο Θεό ή από φόβο. Ο Θεός φαινόταν να είναι απλά μια λέξη σε συνδυασμό με άλλες λέξεις, όπως στις φράσεις «Θεός φυλάξοι» ή «ο Θεός μόνο ξέρει» και «ο Θεός να τον τιμωρήσει»!

Ακόμα και στο σημείο που βρισκόμουν τώρα ποτέ δεν σκεφτόμουν το Θεό, την Συμπαντική Οντότητα, ως κάποιον που καθοδηγούσε τη ζωή μου, αλλά σκεφτόμουν τον Ραμάνα, που είχε υποσχεθεί να καθοδηγεί τους πιστούς του, ανάμεσα στους οποίους τώρα ήμουν κι εγώ. Ποτέ δεν κάθισα να σκεφτώ λογικά πώς μπορούσε να συμβαίνει αυτό. Πώς μπορούσε ένας άνθρωπος να ασκεί έλεγχο πάνω στις συνθήκες της ζωής ενός άλλου ανθρώπου; Ειδικά ένας άνθρωπος που είχε ζήσει δώδεκα χιλιάδες μίλια μακριά και είχε πεθάνει δεκαοχτώ χρόνια πριν. Ο Ραμάνα είχε συνειδητοποιήσει τον Εαυτό και επομένως δεν ήταν και δεν είναι διαφορετικός από το Υπέρτατο Ον, που δεν υπόκειται σε γέννηση ούτε σε θάνατο. Έχοντας αυτή την αλήθεια σαν ευαγγέλιο είχα και την αντίστοιχη εμπειρία κάθε στιγμή από τότε και μετά.

Η προσωπικότητά μου περνούσε βαθιά και γρήγορη αλλαγή. Όταν μιλούσα με τους ανθρώπους στο πλοίο, άκουγα τα προβλήματά τους με ένα καινούργιο αίσθημα συμπόνιας. Άρχισα να συνειδητοποιώ ότι όλοι, όσο ευτυχισμένοι κι αν ήταν, αναζητούσαν ακόμη μεγαλύτερη και καλύτερη ευτυχία. Η ικανοποίηση μιας επιθυμίας απλά άνοιγε το δρόμο για την επόμενη. Οι άνθρωποι δεν φαίνονταν να γνωρίζουν ούτε και να ενδιαφέρονται για τίποτα άλλο πέρα από την εγκόσμια ευτυχία. Η μοναδική τους έννοια φαινόταν να είναι το χρήμα, το σεξ, η φήμη και η υγεία. Στο κυνήγι αυτών των στόχων, κέρδιζαν μόνο μιας δεκάρας ευτυχία με αντίτιμο ένα κιλό ιδρώτα. Πριν καλά καλά το συνειδητοποιήσουν έρχονταν τα γηρατειά και ο θάνατος, που παίρνει τους ανθρώπους μακριά.

Η καρδιά μου βάραινε όταν σκεφτόμουν: «Αυτή είναι όλη κι όλη η ζωή του συνηθισμένου ανθρώπου; Η γέννηση, το κυνήγι της απόλαυσης και μετά ο θάνατος;» Είχα πάρει μια φευγαλέα γεύση της ευτυχίας που βρίσκεται πέρα από το όριο των αισθήσεων και του νου. Ήμουν στο πνευματικό μονοπάτι της αναζήτησης, αλλά τι θα γίνονταν όλοι οι άλλοι; Καθώς δεν μπορούσα να βρω ικανοποιητικές απαντήσεις στα ερωτήματά μου, άρχισα να βλέπω τη ζωή του ανθρώπου και τα προβλήματά της με συμπονετική ματιά, μην επιθυμώντας τίποτα από κανέναν, αλλά θέλοντας να δώσω ό,τι μπορούσα. Μου φαινόταν ότι ο εγωισμός τύφλωνε τους ανθρώπους και δεν τους άφηνε να δουν τίποτα άλλο εκτός από τον περίκλειστο κόσμο τους, ακριβώς όπως στο μύθο ο βάτραχος μέσα στο πηγάδι.

Μια μέρα, καθώς φυλλομετρούσα βιβλία στη βιβλιοθήκη του πλοίου, βρήκα ένα βιβλίο γραμμένο από τον σουάμι Σιβανάντα του Ρισικές, ενός χωριού στους πρόποδες των Ιμαλαίων. Προφανώς, ο μαθητής του, ο σουάμι Τσιντανάντα, είχε πάρει το ίδιο πλοίο κάποια άλλη φορά και είχε δωρίσει το βιβλίο στη βιβλιοθήκη. Άγγιζε όλες τις πλευρές της πνευματικής ζωής. Καθώς το διάβαζα, συνάντησα τη φράση ότι όποιος κι αν είναι ο πνευματικός αναζητητής, για να επιτύχει τη συνειδητοποίηση του Εαυτού, είναι απαραίτητο να είναι κοντά σε ένα ζωντανό Δάσκαλο. Άρχισα να σκέφτομαι τι θα μπορούσα να κάνω. Δεν ήταν αρκετός ο Ραμάνα; Τη νύχτα, όταν όλοι είχαν κοιμηθεί, ανέβηκα στο κατάστρωμα του πλοίου με την καρδιά γεμάτη πόνο. Για πρώτη φορά στη ζωή μου έκλαψα από τα βάθη της ψυχής μου, φωνάζοντας μέσα στη σκοτεινή νύχτα «Ω, Ραμάνα! Πες μου τι να κάνω; Χωρίς Δάσκαλο πώς θα μπορέσω να φτάσω στο στόχο μου; Ποιος θα μου δείξει το δρόμο και ποιος θα με διδάξει να ζω μια πνευματική ζωή; Είναι δυνατό να υπάρχει άλλος ένας άγιος μεγάλος σαν κι εσένα; Δεν θα δεχτώ κανέναν λιγότερο σπουδαίο από εσένα. Θα μου δείξεις το δρόμο;» Έκλαιγα κι έκλαιγα σαν μικρό παιδί. Ποτέ δεν είχα νιώσει τέτοια λύπη και ποτέ δεν είχα νιώσει την ευδαιμονία που υπήρχε σ' αυτή την κατάσταση – να κλαις με όλη σου την καρδιά για το Θεό, για τον Δάσκαλο. Μέσα στους επόμενους μήνες διαπίστωσα ότι η προσευχή μου είχε πραγματικά εισακουστεί!

Το πλοίο σταμάτησε στη Χαβάη και αφιερώσαμε μια μέρα να δούμε τα αξιοθέατα. Νοικιάσαμε ένα αυτοκίνητο και κάναμε το γύρο του νησιού. Βρεθήκαμε σε μια παραλία με τυρκουάζ νερά, γαλάζιο ουρανό και απότομα αιχμηρά βράχια που αναδύονταν από τη θάλασσα. Το τοπίο ήταν πραγματικά μαγευτικό, αλλά ο νους μου ήταν αλλού. Δεν μπορούσα να απολαύσω τίποτα, ήμουν κάπως σαν ένας άνδρας που πενθεί την αγαπημένη του, αφηρημένος κι ανίκανος να συμμετέχω σε οτιδήποτε ολόψυχα. Ο Ερλ και η σύζυγός του απολάμβαναν το μέρος με όλη τους την καρδιά και εγώ προσποιούμουν ότι μου άρεσε και με ενδιέφερε, για να μην τους κάνω να νιώθουν άσχημα για μένα.

Μετά από λίγες ακόμα μέρες στη θάλασσα φτάσαμε στην Ιαπωνία. Ξεμπαρκάραμε στη Γιοκοχάμα και ο Ερλ αποφάσισε ότι θα ήταν ωραίο να πάρουμε το τρένο και να πάμε στο Κιότο, την Πόλη των Ναών. Μετά από λίγες ώρες φτάσαμε στο μέρος όπου επρόκειτο να γίνει το καινούργιο μου σπίτι για τους επόμενους τέσσερις μήνες.

Αφού εγκατασταθήκαμε σε ένα άνετο πανδοχείο, ο Ερλ σκέφτηκε πως το πρώτο πράγμα που έπρεπε να κάνει ήταν να αναζητήσει τον Γκάρι Σνάιντερ, έναν πολύ γνωστό Αμερικανό ποιητή, που ήξερε ότι ζει στο Κιότο. Είχε επισκεφθεί το άσραμ του Ραμάνα Μαχάρσι στην Ινδία και είχε δημοσιεύσει μερικά ποιήματα του στο τριμηνιαίο περιοδικό του άσραμ. Ως πιστοί του Ραμάνα σκεφτήκαμε ότι μπορούσαμε να τον προσεγγίσουμε για να μας συμβουλέψει πού να μείνουμε και ποια αξιοθέατα να επισκεφτούμε. Μετά από τρεις – τέσσερις ώρες και όταν πια είχαμε πάψει να ελπίζουμε ότι θα τον βρίσκαμε, ένας κύριος που μιλούσε αγγλικά μας έδειξε το σπίτι του.

Ο Γκάρι ήταν πολύ φιλικός και φιλόξενος. Μας κάλεσε στο σπίτι του και είπε στη σύζυγό του να ετοιμάσει τσάι για όλους μας. Μας είπε ότι είχε ζήσει ως μοναχός Ζεν σε ένα μοναστήρι για οχτώ χρόνια και μετά αποφάσισε να παντρευτεί. Παντρεύτηκε μια Γιαπωνέζα και πρόσφατα είχαν αποκτήσει ένα μωρό. Ασχολούταν με τη μετάφραση βουδιστικών ιερών κειμένων στα αγγλικά και με την ποίηση. Για την ακρίβεια σχεδίαζε να επιστρέψει στην Αμερική και να δημιουργήσει μια πνευματική κοινότητα. Θα μας παραχωρούσε με χαρά το σπίτι του όταν θα έφευγε, αλλά το είχε ήδη υποσχεθεί σε κάποιον άλλο. Μας διαβεβαίωσε ότι θα μας έβρισκε ένα κατάλληλο μέρος την επόμενη μέρα και θα μας συναντούσε στο πανδοχείο μας.

Ο Γκάρι τότε γύρισε σε μένα και με ρώτησε ποια ήταν τα σχέδιά μου. Του είπα ότι είχα αποφασίσει να γίνω μοναχός, ίσως ένας μοναχός Ζεν, δεν ήμουν ακόμη σίγουρος. Τον ρώτησα αν υπήρχε κάποιο μέρος όπου θα μπορούσα να πάρω μια γεύση της ζωής αυτού του είδους. Φάνηκε ικανοποιημένος που άκουσε ότι είχα αυτή την έφεση και είπε ότι θα μου έδειχνε ένα τέτοιο μέρος όταν θα είχαμε τακτοποιηθεί. Αισθανόμουν μεγάλη γαλήνη και άνεση στην παρουσία του και σκεφτόμουν ότι θα είχε σίγουρα επιτύχει ένα καλό επίπεδο πνευματικότητας μέσα από την Ζεν εκπαίδευσή του. Ήλπιζα ότι θα μου έδινε κάποια καθοδήγηση στο πνευματικό μονοπάτι και δεν απογοητεύθηκα. Όταν φεύγαμε μας συνόδεψε μέχρι την πόρτα. Σε όλες τις χώρες της Ανατολής οι άνθρωποι βγάζουν τα παπούτσια τους πριν μπουν στα σπίτια. Είχαμε όλοι αφήσει τα παπούτσια μας έξω από την πόρτα. Ο Γκάρι τους έριξε μια ματιά. Ένα ζευγάρι ήταν προσεκτικά τοποθετημένο, ενώ όλα τα άλλα ήταν πεταμένα τυχαία εδώ κι εκεί. Περίμενε να δει ποια παπούτσια ανήκαν σε ποιον. Όταν είδε ότι εγώ φορούσα το πρώτο ζευγάρι παπούτσια, χαμογέλασε και είπε: «Μπορώ να καταλάβω σε τι κατάσταση βρίσκεται ο νους ενός ανθρώπου από ένα απλό πράγμα σαν κι αυτό. Κάποιος που ενδιαφέρεται για το διαλογισμό θα πρέπει να είναι πάντα προσεκτικός και να ζει μια τακτική και συγκεντρωμένη ζωή. Μόνο τότε θα μπορέσει να εστιάσει την προσοχή του εκεί που πρέπει κατά το διαλογισμό.»

Ήμουν ευτυχισμένος που άκουσα αυτή τη συμβουλή κι ακόμα και σήμερα τη σκέφτομαι όταν βγάζω τα παπούτσια μου πριν μπω σε ένα μέρος. Η ποιότητα του να ακούω με την καρδιά μου την κατάλληλη συμβουλή και να τη βάζω σε εφαρμογή μέχρι που οι καρποί της να γίνουν εμφανείς, ξεκίνησε από εκείνην τη στιγμή. Αν και η συμβουλή ήταν μικρής σημασίας, οι επιπτώσεις της ήταν τεράστιες. Όχι μόνο η τοποθέτηση των παπουτσιών, αλλά κάθε πράξη θα έπρεπε να γίνεται με συγκέντρωση και φροντίδα. Αποφάσισα να κάνω ό,τι μπορώ για να ακολουθήσω τη συμβουλή του.

Το επόμενο πρωί ο Γκάρι ήρθε στο πανδοχείο μας και μετά το πρωινό βγήκαμε να ψάξουμε για σπίτι. Ένιωθα την ευτυχία του ανθρώπου που ξαναβρίσκει έναν φίλο χαμένο από καιρό. Για κάποιο ανεξήγητο λόγο άρχισα να αισθάνομαι ότι είχα πνευματική σύνδεση με τον Γκάρι. Ήταν μια καινούργια εμπειρία που έμελλε να επαναληφθεί πολλές φορές αργότερα με άλλους ανθρώπους.

Ο Γκάρι μας πήγε σε διάφορα σπίτια. Στην Ιαπωνία ένας

άγνωστος δεν πλησιάζει κανέναν άμεσα αν πρόκειται για σοβαρή υπόθεση. Πρέπει κανείς να πλησιάσει μέσω ενός διαμεσολαβητή. Αν και είναι λίγο δύσκολο στην εφαρμογή του, εξασφαλίζει τη βεβαιότητα και στις δύο πλευρές ότι ο άλλος είναι άξιος εμπιστοσύνης, με άλλα λόγια καλύτερα να προλαμβάνεις παρά να θεραπεύεις. Αυτή η στερεή πρακτική ισχύει σε ολόκληρη την Ανατολή. Τελικά βρήκε ένα πολύ άνετο διώροφο σπίτι με λογικό ενοίκιο. Εγκατασταθήκαμε μέσα στις επόμενες μέρες.

Ένα βράδυ, ο Γκάρι μας προσκάλεσε να πάμε μαζί του σε ένα ναό Ζεν εκεί κοντά. Μου είπε ότι ένας Δάσκαλος του Ζεν διατηρούσε ένα μικρό κέντρο διαλογισμού δίπλα στο ναό. Επιτρεπόταν σε κοσμικούς ανθρώπους να πηγαίνουν εκεί για διαλογισμό τρία ή τέσσερα βράδια την εβδομάδα κάτω από την επίβλεψη του Ρόσι ή Δασκάλου και του βοηθού του. Με ρώτησε αν ήθελα να δοκιμάσω τον διαλογισμό εκεί κι εγώ απάντησα ναι με προθυμία.

Φτάσαμε εκεί περίπου στις πέντε και μισή το απόγευμα. Το κέντρο ήταν ένα μικρό οίκημα δίπλα στον εξωτερικό τοίχο του κυρίως ναού Ζεν. Περιλάμβανε έναν όμορφο μικρό Γιαπωνέζικο κήπο, μια βιβλιοθήκη και καθιστικό, έναν χώρο για τον Ρόσι και τον χώρο του διαλογισμού ή ζέντο. Αφού αντάλλαξε λίγα λόγια με τον Ρόσι, ο Γκάρι οδήγησε τον Ερλ κι εμένα μέσα στο ζέντο και πήραμε και οι τρεις τη θέση μας σε μια υπερυψωμένη πλατφόρμα. Δεν ήξερα τι να περιμένω κι έτσι παρατηρούσα τι έκαναν οι υπόλοιποι είκοσι άνθρωποι. Ένα γκονγκ ήχησε και όλοι κάθισαν ευθυτενείς στα μαξιλάρια τους. Κάθισα στη στάση του μισού λωτού και προσπάθησα να διαλογιστώ στο «Εγώ» που έλαμπε μέσα μου. Μπορούσα να δω τον βοηθό του Ρόσι που περπατούσε αργά πάνω κάτω στο δωμάτιο με ένα πλατύ ραβδί στα χέρια του και αναρωτιόμουν ποια ήταν η χρήση του. Η απορία μου λύθηκε σύντομα. Ήρθε κοντά στον άνθρωπο που καθόταν δίπλα μου και τον χτύπησε απαλά στον ώμο με το ραβδί. Αφού χαιρέτησαν ο ένας τον άλλο με ενωμένες παλάμες με τον τρόπο της Ανατολής, ο άνθρωπος που καθόταν δίπλα μου έσκυψε και δέχτηκε δύο δυνατά χτυπήματα με το ραβδί στην πλάτη του. Πετάχτηκα πάνω τρομαγμένος!

Φοβόμουν το χτύπημα και δεν μπορούσα πια να συγκεντρωθώ. Το μυαλό μου ήταν στον άνθρωπο με το ραβδί! Μετά από μισή ώρα τα πόδια μου είχαν μουδιάσει και η πλάτη μου άρχισε να γέρνει. Δεν τολμούσα να κινηθώ, για να μη δεχτώ κι εγώ το χτύπημα. Νόμιζα ότι τα πόδια μου θα μου έπεφταν ή τουλάχιστον δεν θα ζωντάνευαν ποτέ ξανά. Ο βοηθός εξακολουθούσε να βηματίζει αργά στο δωμάτιο. Κάποια στιγμή, προς μεγάλη μου στενοχώρια, ήρθε και στάθηκε μπροστά μου και με χτύπησε απαλά στον ώμο με το ραβδί. Με τον ιδρώτα να με περιλούζει τον χαιρέτησα, έσκυψα μπροστά και - ΜΠΑΜ! Είχε τελειώσει πριν καλά καλά το πάρω είδηση. Υπήρχε μια αίσθηση καψίματος, αλλά όχι πόνος. Από την άλλη αμέσως μετά ένιωσα ενδυναμωμένος και κάθισα με την πλάτη ίσια. Συνέχισα όμως να νιώθω τα πόδια μου ξύλινα.

Μετά από σαράντα λεπτά το γκονγκ ήχησε ξανά. Όλοι οι άνθρωποι που συμμετείχαν στο διαλογισμό σηκώθηκαν από τα μαξιλάρια τους, βγήκαν ένας ένας από το ζέντο και περπατούσαν ζωηρά αλλά χωρίς να μιλούν γύρω από αυτό για πέντε λεπτά προσπαθώντας να συνεχίσουν το διαλογισμό τους. Μετά επέστρεψαν στο ζέντο και συνέχισαν. Η δραστηριότητα αυτή επαναλήφθηκε ακόμα μια φορά. Μετά μερικοί μοναχοί έψαλαν την Πραζναπαραμίτα Σούτρα με επαναλαμβανόμενες φωνές και όλοι έκαναν μετάνοιες. Μετά από όλα αυτά πήγαν στο καθιστικό να βρεθούν με τον Ρόσι για λίγα λεπτά και να πιούν τσάι. Ο Ρόσι, αν και ήταν εξήντα χρόνων, ακτινοβολούσε παιδική αθωότητα. Τον ρώτησα πώς είχε κατορθώσει να βρίσκεται σε μια τέτοια κατάσταση ευτυχίας.

«Έγινα μοναχός στην ηλικία των οκτώ ετών. Η αλήθεια της διδασκαλίας του Βούδα με έπεισε και αφιέρωσα πλήρως τον εαυτό μου στην επίτευξη της Φώτισης. Όταν ξέσπασε ο δεύτερος παγκόσμιος πόλεμος, ακόμα και οι μοναχοί κλήθηκαν να υπηρετήσουν στο στρατό, αλλά υπήρχαν δυο τρεις που εξαιρέθηκαν εξαιτίας της αφιέρωσής τους στη μοναστική ζωή. Ήμουν ένας από αυτούς. Έχω εργαστεί τόσο σκληρά για να φτάσω σ' αυτή την τωρινή ευτυχισμένη κατάσταση που πολλές φορές ένιωσα ότι τα κόκκαλά μου θα σπάσουν. Αν επιθυμείς κι εσύ να βρεθείς σ' αυτή την κατάσταση πρέπει να είσαι έτοιμος να σπάσεις τα κόκκαλα σου.» Οι λέξεις αυτές άφησαν βαθιά εντύπωση στο νου μου!

Μετά από το τσάι επιστρέψαμε στο σπίτι. Ο Γκάρι τράβηξε για το σπίτι του, αφού μας είπε ότι μπορούσαμε να πηγαίνουμε στο ζέντο για διαλογισμό τέσσερις φορές την εβδομάδα, την ίδια ώρα. Στο δρόμο για το σπίτι ένιωθα ταπεινωμένος, όχι με οδυνηρό τρόπο, αλλά με ένα τρόπο που ήταν αναζωογονητικός. Υποσυνείδητα μέχρι τότε είχα μεγάλη ιδέα για τον εαυτό μου, αλλά η αλαζονεία και η υπεροψία μου είχαν λάβει ένα γενναίο χτύπημα από το ραβδί του βοηθού μοναχού. Τα λόγια του Ρόσι ηχούσαν στα αυτιά μου. Αποφάσισα πως ό,τι κι αν συνέβαινε, θα ξαναπήγαινα στο ζέντο την επόμενη φορά που θα είχε διαλογισμό και «θα έσπαζα τα κόκκαλα μου».

Μετά από δύο μέρες ο Ερλ κι εγώ ξαναπήγαμε στο κέντρο του διαλογισμού. Μπήκα κατευθείαν μέσα στο ζέντο και βρήκα ένα μέρος να καθίσω. Η καλοκαιρινή ζέστη ήταν ανυπόφορη και τα κουνούπια είχαν πάρτι. Δεν φυσούσε ούτε η ελάχιστη αύρα εκεί μέσα. Αλλά είχα έρθει για να σπάσω τα κόκκαλά μου, έτσι δεν ήταν; Ο διαλογισμός άρχισε με το χτύπημα του γκονγκ. Είχα αρχίσει να διαλογίζομαι, όταν ο νους μου βρέθηκε σε βαθιά συγκέντρωση. Οι σκέψεις υποχώρησαν και η αίσθηση του «Εγώ Είμαι» εκδηλώθηκε σαν μια λεπτή φώτιση ή σαν ένα ρεύμα από φως εντός μου. Ένιωσα τελείως ξεκάθαρα ότι δεν ήμουν ούτε το σώμα ούτε ο νους, αλλά μόνο αυτή η ροή του φωτός. Ήμουν ενθουσιασμένος. Ακόμα και στο τέλος του διαλογισμού αυτή η αίσθηση παρέμενε σταθερή. Όταν ο Ερλ κι εγώ φύγαμε από το ζέντο στο τέλος του διαλογισμού, σχεδόν έπεσα πάνω σε ένα περαστικό λεωφορείο. Μου ήταν τελείως αδύνατο να δώσω την προσοχή μου σε εξωτερικά πράγματα κι επομένως δεν με ενδιέφεραν οι συνέπειες. Ευτυχώς ο Ερλ με άρπαξε από το μπράτσο και με ρώτησε τι μου συνέβαινε. Σκέφτηκα ότι μάλλον δεν θα με πίστευε ή θα φαινόταν πως υπάρχει ένα ίχνος αλαζονείας στη φωνή μου. Αφού σκέφτηκα λίγο, είπα πολύ προσεκτικά: «Ενώ διαλογιζόμουν εκεί μέσα, ξαφνικά ένιωσα σαν να ήμουν ξαφνικά το «Εγώ» και όχι το σώμα. Για την ακρίβεια το σώμα ήταν σαν ένα ξένο αντικείμενο, διαφορετικό από μένα. Ακόμα και τώρα αυτή η αίσθηση επιμένει. Επίσης ο νους μου είναι σαν να ξεπλύθηκε με κρύο νερό και έχει μια γαλήνια και αγνή αίσθηση. Τώρα μόνο αρχίζω να καταλαβαίνω λίγο τη σημασία της διδασκαλίας του Ραμάνα.»

Ο Ερλ φαινόταν βυθισμένος στις δικές του σκέψεις και φτάσαμε στο σπίτι χωρίς να μιλήσουμε άλλο. Για περίπου μισή ώρα παρέμεινε αυτό το αίσθημα της φώτισης, μετά έσβησε σταδιακά. Ανυπομονούσα, φυσικά, να ξανανιώσω αυτή την αίσθηση κι έτσι περίμενα με λαχτάρα να ξαναπάω στο ζέντο. Κάθε φορά που πήγαινα να διαλογιστώ εκεί, είχα την ίδια εμπειρία καθαρότητας και δροσερού αγνού φωτός. Η ζέστη, τα κουνούπια και οι πόνοι στα πόδια με έκαναν να γαντζώνομαι πιο σφιχτά στην εσωτερική γαλήνη. Μετά από κάθε διαλογισμό αισθανόμουν ότι ο νους μου είχε δεχτεί ένα δροσερό ντους και, αν και η καλοκαιρινή ζέστη ήταν ανυπόφορη, εγώ είχα την εντύπωση ότι ο καιρός ήταν πολύ ευχάριστος. Αυτή η αίσθηση του εσωτερικού φωτός έμενε για λίγη ώρα μετά το διαλογισμό και μετά, όπως και τις άλλες φορές έσβηνε.

Μια μέρα ο Γκάρι μας κάλεσε στο σπίτι του για πικνίκ. Όταν φτάσαμε εκεί βρήκαμε περίπου οχτώ με δέκα άλλους Δυτικούς ανθρώπους, οι οποίοι προφανώς ήταν φίλοι του. Πήγαμε όλοι σε ένα λόφο κοντά στο σπίτι και καθίσαμε σε ένα κύκλο με τον Γκάρι στη μέση. Εκείνος τότε άρχισε να τραγουδάει:

«Χάρε Κρίσνα Χάρε Κρίσνα, Κρίσνα Κρίσνα Χάρε Χάρε, Χάρε Ράμα Χάρε Ράμα, Ράμα Ράμα Χάρε Χάρε.»

Τραγουδούσε με όλη του την καρδιά και φαινόταν έτοιμος να κλάψει. Συγκινήθηκα πολύ και ήμουν περίεργος να μάθω τι τραγουδούσε. Όταν τελείωσε καθίσαμε όλοι σιωπηλοί για λίγη ώρα. Μετά τον ρώτησα για το τραγούδι.

«Ένας φίλος μου, ο Άλπερτ (τώρα γνωστός ως Ραμντάς), που έζησε ένα διάστημα στην Ινδία, μού έμαθε αυτό το τραγούδι. Αποτελείται από τα διάφορα ονόματα του Θεού. Στην Ινδία η Ύψιστη Θεότητα έχει διάφορα ονόματα. Εδώ μπορεί να της δίνουμε το Όνομα Φύση του Βούδα, αλλά εκεί οι άνθρωποι την ονομάζουν Κρίσνα, Ράμα ή Χάρι. Η ψαλμωδία του Θεικού Ονόματος δίνει μοναδική ευλογία. Πρέπει κανείς να προσπαθεί να συγχωνευθεί και να γίνει ένα με Αυτό ενώ ψάλλει.»

Όταν άκουσα όλα αυτά, το ενδιαφέρον μου να πάω στην Ινδία αναζωπυρώθηκε. Αν και, χωρίς αμφιβολία, απολάμβανα πνευματική ειρήνη του νου με τον διαλογισμό μου στο ζέντο, η αίσθηση ότι δεν ανήκω στην Ιαπωνία πάντοτε βρισκόταν στο πίσω μέρος του μυαλού μου. Ο βουδιστικός πολιτισμός μου φαινόταν ξένος. Καταλάβαινα πως δεν θα μπορούσα ποτέ να τον νιώσω δικό μου. Είχαμε ζήσει τέσσερις μήνες στην Ιαπωνία και ο Ερλ επίσης ανυπομονούσε να συνεχίσουμε για την Ινδία.

Κλείσαμε εισιτήρια με το πρώτο καράβι για τη Μπανγκόκ, χαιρετίσαμε τον Γκάρι και την οικογένειά του και ξεκινήσαμε. Σταματήσαμε στη Μανίλα, στο Χονγκ Κονγκ και σε λίγα ακόμη μέρη πριν φτάσουμε στη Μπανγκόκ. Εκεί βρήκαμε ένα φθηνό δωμάτιο κι αποφασίσαμε να πάμε να δούμε τα αξιοθέατα. Ενώ ο Ερλ και η σύζυγός του βγήκαν έξω να πάρουν πληροφορίες για τα πιο ενδιαφέροντα μέρη, εγώ αποφάσισα να ασκηθώ λίγο στη γιόγκα. Είχα μόλις τελειώσει και καθόμουν στη στάση του λωτού για να διαλογιστώ, όταν η πόρτα χτύπησε. Μια γυναικεία φωνή ρώτησε αν μπορούσε να μπει μέσα. Όταν είπα ναι, η πόρτα άνοιξε και μπήκε μέσα μια γοητευτική, αλλά ελάχιστα ντυμένη κυρία. Στην αρχή δεν κατάλαβα τι ήθελε γιατί μιλούσε ταϊλανδέζικα και νόμισα ότι ανήκε στο προσωπικό του ξενοδοχείου. Τελικά παρατηρώντας τις χειρονομίες της, μου ήρθε η ιδέα ότι θα πρέπει να ήταν πόρνη που αναζητούσε δουλειά. Δεν είχα ποτέ δει μια πόρνη πριν ή αν είχα δει, δεν την είχα αναγνωρίσει. Για μια στιγμή ένιωσα να μπαίνω σε πειρασμό. Μετά, συνειδητοποιώντας ότι κάθομαι στη στάση του λωτού, πήρα δύναμη και της είπα «κάνω γιόγκα, δεν το βλέπεις;» Εκείνη, φυσικά, δεν μπορούσε να καταλάβει τι της λέω ούτε είχε πιθανόν δει ποτέ πριν κάποιον να κάνει γιόγκα. Συνέχισε να με ρωτάει αν ήθελα να μείνει κι εγώ συνέχισα να της λέω «γιόγκα, γιόγκα», μέχρι που τελικά έχασε την υπομονή της και βγήκε θυμωμένη έξω. Τέλος πάντων είχα σώσει τον εαυτό μου από μια πτώση, αλλά αισθανόμουν άσχημα με την έλλειψη από μέρους μου της νοητικής δύναμης να πω απλά: «Φύγε!»

Τα αξιοθέατα που επισκεφτήκαμε στην Ταϊλάνδη ήταν ο ένας βουδιστικός ναός μετά τον άλλον. Αυτό με έκανε όλο και πιο ανυπόμονο να φτάσω στην Ινδία, τη χώρα που γέννησε το βουδισμό. Λίγες μέρες αργότερα πήραμε ένα αεροπλάνο και φτάσαμε στην Ινδία, την ευλογημένη γη των σοφών. Όση ώρα καθόμασταν στο αεροδρόμιο της Καλκούτας περιμένοντας το αεροπλάνο για το Νεπάλ, δεν είχα καν την αίσθηση ότι βρισκόμουν σε αεροδρόμιο. Κάθε πόντος γης, κάθε δέντρο και κάθε πρόσωπο μου φαινόταν γεμάτο ιερότητα. Σκεφτόμουν ξανά και ξανά ότι αυτή είναι η ιερή γη όπου ο Κρίσνα είχε γεννηθεί και είχε διδάξει τη Μπαγκαβάτ Γκίτα στον Αρτζούνα, εδώ ο Βούδας γεννήθηκε και διέδωσε το ευαγγέλιο της Φώτισης, εδώ ο Ραμάνα πέτυχε την Αυτογνωσία. Κάθε άνθρωπος με γενειάδα μου φαινόταν ένας άγιος. Μπορείτε να σκεφτείτε ότι ήμουν αφελής, αλλά ακόμα και τώρα, μετά από είκοσι οχτώ χρόνια ζωής στην Ινδία, αισθάνομαι ότι είναι το πιο ιερό μέρος πάνω στη γη. Η ευτυχία μου που βρισκόμουν στην Ινδία ήταν ανείπωτη, αλλά πολύ γρήγορα μετά την άφιξή μας φύγαμε για το Νεπάλ.

Μόλις φτάσαμε στο Κατμαντού, ξεκινήσαμε για το σπίτι της Μπάρμπαρα, της δασκάλας της γιόγκα του αδελφού μου όταν ήταν στην Αμερική. Ήδη είχε υπάρξει η αιτία για πολλές σημαντικές αλλαγές στη ζωή μου, καθώς μου είχε δώσει να διαβάσω τη Μπαγκαβάτ Γκίτα και μου είχε υποδείξει να γίνω μοναχός. Αναρωτιόμουν τι θα μπορούσα να μάθω από εκείνην τώρα. Η κυβέρνηση του Νεπάλ τους είχε δώσει ένα ωραίο και μεγάλο τριώροφο σπίτι για να μένουν. Ήταν πολύ κοντά στην Ινδική Πρεσβεία και μόλις λίγα λεπτά με τα πόδια από τους ορυζώνες. Τις μέρες που η ατμόσφαιρα ήταν καθαρή, μπορούσαμε να δούμε στο βάθος τα χιονοσκέπαστα Ιμαλάια. Η Μπάρμπαρα είχε διαμορφώσει το επάνω πάτωμα έτσι ώστε να ασκείται και να διδάσκει γιόγκα. Ήταν ευάερο, με άπλετο φως και ωραία θέα από όλες τις μεριές. Μου έδωσε ένα ξεχωριστό δωμάτιο.

Η Μπάρμπαρα είχε μόλις γυρίσει στο Νεπάλ μετά από ένα ταξίδι στην Ινδία. Είχε ταξιδέψει στο νότιο τμήμα της Ινδίας για να επισκεφτεί το άσραμ του Ραμάνα Μαχάρσι. Ξεχείλιζε από χαρά και μου είπε ότι είχε νιώσει ξεκάθαρα την παρουσία του Ραμάνα εκεί. Έλεγε ότι η πνευματική γαλήνη ήταν τόσο χειροπιαστή σ' αυτό το μέρος, που μπορούσες να την κόψεις με το μαχαίρι. Δεν ήταν η γαλήνη ενός νεκροταφείου, αλλά η ακτινοβόλα γαλήνη που περιβάλλει έναν Φωτισμένο σοφό. Ο ιερός λόφος Αρουνάτσαλα φαινόταν στην Μπάρμπαρα ζωντανός και είχε περπατήσει πάνω του και γύρω του πολλές φορές, με την αίσθηση βαθιάς συγκέντρωσης του νου. Μου είπε επίσης ότι υπήρχε ένας μαθητής του Ραμάνα στο άσραμ, που λεγόταν Ράτναμτζι, ο οποίος ήταν πραγματικά η ζωή του άσραμ. Για την ακρίβεια, είχε τη γνώμη ότι χωρίς αυτόν, το άσραμ, αν και ήταν τόπος γαλήνης, θα ήταν άδειο από ζωή. Ο Ράτναμτζι είχε πάει στον Ραμάνα το 1942, στη νεαρή ηλικία των είκοσι ετών και είχε γίνει ο προσωπικός βοηθός του μέχρι το 1950, όταν ο Ραμάνα άφησε το σώμα του. Ο Ράτναμτζι τότε είχε ταξιδέψει σε όλη την Ινδία, διατηρώντας στενή επαφή με τους μεγαλύτερους σοφούς της χώρας και υπηρετώντας πολλούς από αυτούς. Είχε αφιερώσει τριάντα χρόνια σε εντατική πνευματική πρακτική και μελέτη. Είχε μια ορατή λάμψη γύρω του, μια τεράστια γνώση των γραφών και πάνω από όλα μια δύναμη στα λόγια του που μπορούσε να ανυψώσει τον ακροατή σε μεγαλειώδη ύψη κατανόησης και εμπειρίας. Μου είπε ότι θα έπρεπε οπωσδήποτε να τον συναντήσω. Αυτό φυσικά ήταν πολύ περισσότερο από όσο μπορούσα να αντέξω. Ήμουν ήδη ανυπόμονος να βρεθώ στο άσραμ και όλα όσα άκουσα έκαναν την επιθυμία μου να δυναμώσει. Στο νου μου κυριάρχησε η λαχτάρα να μαζέψω τα πράγματά μου και να τρέξω για να βρεθώ στην ιερή παρουσία του Ραμάνα. Ο Ερλ ήθελε να δούμε τα αξιοθέατα και επίσης πρότεινε να μείνουμε λίγο καιρό στα Ιμαλάια. Όσο για μένα, τα μάτια μου ήταν προσηλωμένα στο χώμα προσπαθώντας να βρίσκομαι σε διαλογισμό μέρα και νύχτα. Του είπα ότι τα Ιμαλάια θα ήταν εκεί για πάντα, ενώ εμείς δεν θα ήμασταν, η πνευματική συνειδητοποίηση έπρεπε να κατακτηθεί αμέσως. Ξαφνιάστηκε από τα λόγια μου. Του είπα ότι θα προτιμούσα να πάω στην Ινδία και να φτάσω στο άσραμ του Ραμάνα όσο το δυνατό πιο σύντομα.

Με ένα μίγμα από πληγωμένα συναισθήματα και λίγο θυμό ο Ερλ μου είπε ότι μπορούσα να κάνω ό,τι ήθελα, ότι δεν χρειαζόταν να πάω μαζί του. Μέχρι τότε ήταν ο οδηγός μου, αυτός που πάντα νοιαζόταν για το καλό μου, για την ευτυχία μου. Είχε οργανώσει το ταξίδι και είχε πάρει όλη την ευθύνη για να κυλά ομαλά η ζωή μας. Ήταν πολύ φυσικό να πληγωθεί με την ξαφνική μου απόφαση για ανεξαρτησία, αλλά τι μπορούσα να κάνω; Αισθανόμουν σαν ένα ρίνισμα σιδήρου που έλκεται από ένα μεγάλο μαγνήτη μακριά από οτιδήποτε άλλο εκτός από τον εαυτό του. Του το είπα, και πήγα να βγάλω ένα εισιτήριο για την Ινδία.

Η επόμενη μέρα με βρήκε στο αεροδρόμιο με τον Ερλ, την Μπάρμπαρα και το σύζυγο της, που είχαν έρθει να με αποχαιρετήσουν. Είχα μείνει λίγες μέρες μόνο στο Νεπάλ. Ένιωθα λίγο αβέβαιος για τον εαυτό μου. Έβγαινα μόνος στη ζωή στην ηλικία των δεκαεννιά. Βρισκόμουν χιλιάδες μίλια μακριά από τη χώρα μου και ήμουν έτοιμος να βουτήξω με το κεφάλι σε έναν καινούργιο και τελείως άγνωστο για μένα πολιτισμό. Δεν είχα κανένα σχέδιο για το μέλλον, εκτός του ότι έπρεπε κατά κάποιον τρόπο να φτάσω στο άσραμ του Ραμάνα και να επιτύχω τη Συνειδητοποίηση του Εαυτού. Δεν υπήρχε πραγματικά καμιά αμφισβήτηση στο εσωτερικό μου κάλεσμα να αφήσω τους πάντες και τα πάντα. Αυτό ήταν τόσο ξεκάθαρο για μένα όσο και ο ήλιος στο κέντρο του ουρανού, αλλά η αβεβαιότητα για το μέλλον με τρόμαζε λίγο.

Μόλις άφησα το Νεπάλ και έφτασα ξανά στην Καλκούτα, πήρα το πρώτο αεροπλάνο που βρήκα για το Μαντράς στη νότια Ινδία, το κοντινότερο αεροδρόμιο στο Τιρουβαναμαλάι, που ήταν ο προορισμός μου. Βρήκα ένα ξενοδοχείο, έβαλα τις τσάντες μου σε ένα δωμάτιο και βγήκα να περπατήσω. Είδα πως οι περισσότεροι άνθρωποι περπατούσαν ξυπόλυτοι. Δεν φαινόταν να υπάρχει ανάγκη για παπούτσια σε τέτοιο κλίμα. Επίσης, αντί για παντελόνια οι άνδρες φορούσαν ένα κομμάτι ύφασμα τυλιγμένο γύρω από τη μέση τους που έφτανε μέχρι τα πόδια και ονομαζόταν ντότι. Ήταν εύκολο να πλυθεί και να στεγνώσει, ήταν φτηνό και ταίριαζε στο ζεστό κλίμα. Αποφάσισα να εγκαταλείψω το δυτικό μου ντύσιμο, μαζί και τα παπούτσια μου. Αγόρασα ένα ντότι και ζήτησα από τον διευθυντή του ξενοδοχείου να μου δείξει πώς να το φοράω. Εκείνος μου έδειξε κι εγώ προσπάθησα πολλές φορές να το δέσω γύρω από τη μέση μου, αλλά μόλις άρχισα να περπατάω, γλίστρησε από πάνω μου και βρέθηκα να στέκομαι στη ρεσεψιόν του ξενοδοχείου μόνο με το εσώρουχό μου! Με αρκετή προσπάθεια τελικά κατάφερα να το κάνω να μένει στη θέση του για αρκετή ώρα.

Ακολούθησε η προσπάθεια να συνηθίσω το ινδικό φαγητό. Δεν είχα φάει ποτέ πριν στη ζωή μου κόκκινο τσίλι. Αν και το όνομα σημαίνει παγωμένο, κάθε άλλο παρά κάτι τέτοιο είναι! Επίσης, όλοι οι άνθρωποι στην Ινδία τρώνε με τα χέρια τους, όχι με κουτάλια και πιρούνια. Λένε ότι το να χρησιμοποιείς μαχαιροπήρουνα για να φας είναι σαν να χρησιμοποιείς ένα διαμεσολαβητή σε μια ερωτική υπόθεση! Ο σερβιτόρος στο εστιατόριο με ρώτησε αν ήθελα κουτάλι, αλλά αρνήθηκα. Παρατηρούσα ντροπαλά πώς έτρωγαν οι άλλοι άνθρωποι και προσπαθούσα να το κάνω κι εγώ. Πρέπει να πω ότι κατάφερα να βάλω περισσότερο φαγητό στο στόμα μου από ό,τι με τα ξυλάκια, αλλά αυτό δεν σημαίνει ότι κατάφερα να φάω. Ο σερβιτόρος επανειλημμένα με πίεσε να χρησιμοποιήσω κουτάλι, αλλά εγώ ήμουν αμετάπειστος. Αυτό που ο διπλανός μου χρειάστηκε δέκα λεπτά για να το φάει, εμένα μου πήρε μισή ώρα, για να μην πω τι ακαταστασία δημιουργήθηκε στο τραπέζι και στα ρούχα μου. Μισοπεθαμένος από αμηχανία τελικά σηκώθηκα από το πεδίο της μάχης του φαγητού και πήγα θριαμβευτικά να πλύνω τα χέρια μου, χαρούμενος που το χειρότερο είχε περάσει και ελπίζοντας πως την επόμενη φορά τα πράγματα θα ήταν ευκολότερα!

Την άλλη μέρα το πρωί ο διευθυντής του ξενοδοχείου με πληροφόρησε ότι από τις έξι το πρωί και μετά το λεωφορείο για το Τιρουβαναμαλάι θα αναχωρούσε ανά μία ώρα. Ευτυχώς μου έγραψε το όνομα της πόλης στην τοπική διάλεκτο σε ένα κομμάτι χαρτί, επειδή, όπως είπε, η προφορά μου ήταν τόσο αστεία που πιθανόν θα κατέληγα στο Πακιστάν! Πλήρωσα το λογαριασμό μου, πήρα ένα ποδήλατο–ρίκσο και πήγα στο σταθμό των λεωφορείων. Έδειχνα παντού το χαρτί που κρατούσα στο χέρι μου και οι άνθρωποι με κατεύθυναν σε ένα λεωφορείο. Με τη βαλίτσα μου στο ένα χέρι, τις οδηγίες στο άλλο και το ντότι μου να πέφτει κάθε τόσο πρέπει να ήμουν ένα μοναδικό θέαμα για τους συνταξιδιώτες μου! Τελικά το λεωφορείο ξεκίνησε και εγώ εγκαταστάθηκα σε έναν άβολο πάγκο–κάθισμα περιμένοντας να αντικρύσω το ιερό βουνό Αρουνάτσαλα! ✎❧

Κεφάλαιο 2

Αδειάζοντας το δοχείο – Τιρουβαναμαλάι - 1968

Εκατόν είκοσι μίλια και πέντε ώρες αργότερα ήμουν στους πρόποδες του ιερού βουνού. Σύμφωνα με τους αρχαίους ινδουιστικούς θρύλους αυτό το βουνό ήταν το πρώτο μέρος πάνω στο πρόσωπο της γης όπου ο Θεός, μετά τη δημιουργία, εκδηλώθηκε ως στήλη από εκτυφλωτικό φως, που εκτεινόταν ατέλειωτα μέχρι τον ουρανό. Οι πιστοί του Τον παρακάλεσαν να πάρει μια πιο υλική μορφή και τότε Εκείνος έγινε βουνό, το Αρουνάτσαλα, που σημαίνει Κόκκινο ή Πύρινο βουνό, γιατί το κόκκινο θεωρείται το Φως του Θεού. Μέσα στα χρόνια αμέτρητοι πνευματικοί αναζητητές έκαναν το Αρουνάτσαλα κατοικία τους, γιατί διαπίστωσαν ότι ο τόπος διευκολύνει την πνευματική πρακτική. Έχουν αφήσει πίσω τους έναν ανεκτίμητο ποιητικό πλούτο που επαινεί την ικανότητα του λόφου να διαλύσει την πνευματική άγνοια και να αποκαλύπτει την Αλήθεια που λάμπει μέσα μας. Στα πιο πρόσφατα χρόνια, ο Ραμάνα Μαχάρσι ένιωθε τεράστια έλξη προς αυτό το λόφο ακόμα και μετά τη Φώτισή του και έζησε εδώ για περισσότερα από πενήντα χρόνια. Μέσα από τη δική του εμπειρία, έλεγε στους πιστούς του ότι αν και η Υπέρτατη Αλήθεια διαπερνά τα πάντα, εκδηλώνεται με ιδιαίτερη ένταση σε κάποια συγκεκριμένα μέρη της γης. Η επίδραση αυτών των τόπων μπορεί να γίνει αισθητή σε προχωρημένους αναζητητές και να αξιοποιηθεί για πνευματική πρόοδο.

Εμποτισμένο με τα συσσωρευμένα αποτελέσματα της άσκησης των αμέτρητων αγίων που έχουν ζήσει εδώ, το Αρουνάτσαλα ήταν ένα ιδανικό μέρος για να πειθαρχηθεί ο νους και να προετοιμαστεί ώστε να απορροφηθεί στην αλήθεια. Και πραγματικά λίγα χρόνια πριν, όταν μια ομάδα Αμερικανών γεωλόγων πήρε δείγματα πετρωμάτων από το λόφο, βρήκαν ότι έχει σχηματιστεί την ίδια εποχή με το φλοιό της γης. Παρά τις ανακατατάξεις και τις πλημμύρες που έχουν συμβεί στη γη μέσα στους αιώνες, το Αρουνάτσαλα έχει μείνει ανέγγιχτο!

Από το σταθμό του λεωφορείου μπορούσα να δω την πόλη ακουμπισμένη στους πρόποδες του λόφου. Στο κέντρο της πόλης βρισκόταν το πελώριο οικοδομικό συγκρότημα ενός ναού, ο οποίος, πριν από την άφιξη του κινηματογράφου, ήταν το σημείο αναφοράς για την κοινωνική και τη θρησκευτική ζωή των ανθρώπων. Γίνονταν πολλές γιορτές κάθε χρόνο, όπου μπορούσε κανείς να βρει μουσική, χορό και θεατρικά δρώμενα. Οι άνθρωποι έστηναν πάγκους όπου πουλούσαν φαγητό, είδη σπιτιού και παιδικά παιχνίδια. Για να εκπαιδεύεται και να φωτίζεται ο μέσος άνθρωπος στην ηθική και σε άλλα υψηλά θέματα και να είναι ικανός να έχει επίγνωση του νοήματος και του σκοπού της ζωής, κάθε βράδυ, μετά από τη δύση του ήλιου, ένας σοφός, καλά καταρτισμένος στις αρχαίες γραφές, διάβαζε μερικούς στίχους και τους ανέλυε στο συγκεντρωμένο πλήθος. Γνώστες των γραφών από άλλα μέρη επίσης έρχονταν μετά από πρόσκληση να κάνουν ομιλίες και οργανώνονταν συζητήσεις. Με αυτό τον τρόπο οι αρχαίοι προσπαθούσαν να ενσταλάξουν μεγαλείο στο νου των κοινών ανθρώπων, οι οποίοι κατά τα άλλα θα περνούσαν όλο το χρόνο τους με τις εγκόσμιες ασχολίες. Ακόμα και σήμερα αυτές οι δραστηριότητες απαντώνται στους ινδουιστικούς ναούς, αλλά

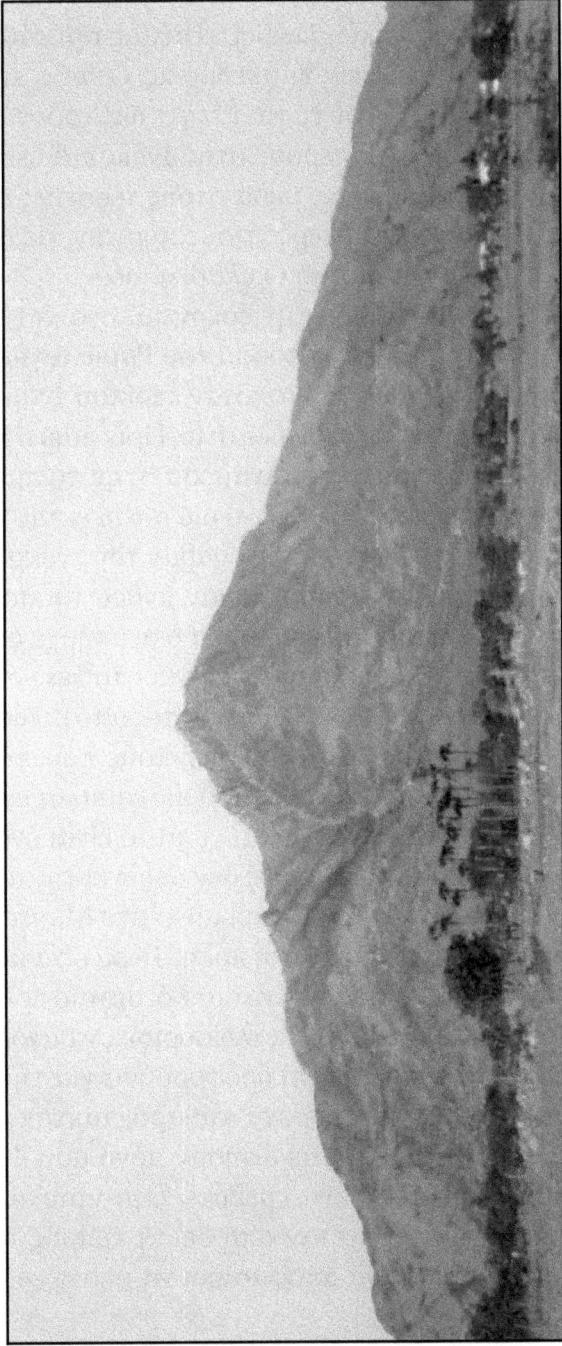
Το ιερό βουνό Αρουνάτσαλα

η συμμετοχή έχει δραματικά μειωθεί, εξαιτίας του πάθους για τις σύγχρονες απολαύσεις και διασκεδάσεις. Ο ναός, που είναι αφιερωμένος στον Κύριο που εμφανίστηκε ως Αρουνάτσαλα, είναι ένας από τους μεγαλύτερους στην Ινδία και εκτείνεται σε είκοσι τέσσερα στρέμματα, μέσα στους τέσσερις πελώριους εξωτερικούς τοίχους με τεράστιους πύργους σε όλες τις πλευρές. Το μέγεθός του εμπνέει ευλαβικό δέος!

Μπήκα σε μια άμαξα που την έσερνε άλογο και έφτασα στο Σρι Ραμανάσραμαμ, την κατοικία του Ραμάνα για περισσότερα από πενήντα χρόνια. Βρισκόταν περίπου ενάμισι μίλι έξω από την πόλη σε ένα ήσυχο προάστιο. Πριν πάει ο Ραμάνα εκεί δεν υπήρχε ούτε προάστιο. Ανάμεσα στην πόλη και στο άσραμ ή στο ερημητήριο υπήρχε μόνο μια άδεια έκταση. Πέρα από το άσραμ ήταν η περιοχή όπου έθαβαν τους νεκρούς της πόλης· η μόνη περίσταση που πήγαιναν άνθρωποι σε εκείνο το μέρος ήταν για κάποια κηδεία. Τώρα δεν υπήρχε ούτε μια σπιθαμή γης άδεια ανάμεσα στην πόλη και στο νεκροταφείο. Ο δρόμος προς το άσραμ ήταν πάντα γεμάτος από βοϊδάμαξες, ανθρώπους πάνω σε ποδήλατα και χωρικούς που πήγαιναν στην πόλη ή έφευγαν από εκεί. Το Τιρουβαναμαλάι έχει βροχές μόνο ένα δυο μήνες το χρόνο και γι' αυτό είναι ένα ζεστό και γεμάτο σκόνη μέρος, αυτό όμως δεν μειώνει την αίσθηση της αρχαίας του ιερότητας. Είχα πάει μόνο στο Μαντράς, μια μεγάλη και σχεδόν δυτικοποιημένη πόλη. Τώρα είχα μπροστά μου την αληθινή Ινδία –χωριά με έναν απλό, αρχαίο πολιτισμό.

Όταν έφτασα στο άσραμ, με καλωσόρισε ένα αγόρι. Είχα στείλει τηλεγράφημα και τους πληροφορούσα για την άφιξή μου. Με οδήγησαν αμέσως σε ένα καθαρό, τακτοποιημένο δωμάτιο μέσα στο άσραμ και με άφησαν μόνο μου. Κοίταξα γύρω. Το δωμάτιο περιείχε ένα κρεβάτι, λίγα ντουλάπια και έναν ανεμιστήρα. Αυτό θα ήταν από δω κι εμπρός το σπίτι μου. Ό,τι κι αν γινόταν, είχα αποφασίσει να μείνω εδώ μέχρι που να επιτύχω τη Συνειδητοποίηση του Εαυτού. Σκεφτόμουν πόση θλίψη έπρεπε να νιώθει η μητέρα μου, καθώς με ένιωθε τόσο μακριά. Η μορφή της εμφανιζόταν στο νου μου ξανά και ξανά. Αργότερα έμαθα ότι ακόμα κι αν κάποιος αποδεσμεύσει τον εαυτό του από συγγενείς, φίλους και άλλες ανθρώπινες σχέσεις, αν οι άλλοι άνθρωποι τον σκέφτονται συνεχώς, μπορεί να αποσπάται από το διαλογισμό του. Αφού πάλεψα με αυτές τις αποσπάσεις για ένα διάστημα, παρακάλεσα τον Ραμάνα να γεμίσει το νου μου με την παρουσία του και μόνο. Έτσι οι σκέψεις του παρελθόντος σιγά σιγά υποχώρησαν.

Ενώ καθόμουν στο δωμάτιο και αναρωτιόμουν τι να κάνω, εμφανίστηκε το ίδιο αγόρι και με ρώτησε αν ήθελα να δω το άσραμ. Απάντησα πρόθυμα «ναι». Το συγκρότημα του άσραμ απλωνόταν σε μια έκταση τριάντα, τριανταπέντε στρεμμάτων. Οι εγκαταστάσεις περιλάμβαναν μια μεγάλη τραπεζαρία και κουζίνα, ένα γραφείο και πωλητήριο βιβλίων, τον στάβλο των αγελάδων, ένα σχολείο για τη διδασκαλία των Βεδών και των ινδουιστικών γραφών, καταλύματα για τους άνδρες και ένα μικρό νοσοκομείο. Οι γυναίκες και οι οικογένειες έμεναν σε καταλύματα έξω από το άσραμ, μικρά σπιτάκια κατασκευασμένα γι' αυτό το σκοπό. Σε αυτή την κατοικία του Ραμάνα, οι γυναίκες έπρεπε να φεύγουν από τον χώρο του άσραμ το βράδυ και να κοιμούνται έξω από αυτό για να αποκλειστούν οποιαδήποτε προβλήματα θα μπορούσαν να δημιουργηθούν από πειρασμούς και στα δύο φύλα. Αν και η αντιμετώπιση του Ραμάνα προς τα δύο φύλα ήταν ακριβώς η ίδια, γνώριζε πολύ καλά τις ανθρώπινες αδυναμίες. Οι άνθρωποι που έρχονταν κοντά του προφανώς σκόπευαν να αφιερώσουν τη ζωή τους στην προσπάθεια να χαλιναγωγήσουν το νου και τις αισθήσεις τους και να τις υπερβούν για να φτάσουν στον αληθινό Εαυτό. Γνωρίζοντας ότι το σεξ είναι η πιο δυνατή ενέργεια που αποσπά τον ανθρώπινο νου, έπρεπε να δημιουργηθεί η κατάλληλη ατμόσφαιρα για να ελαχιστοποιηθούν αυτές οι πιθανότητες. Ο καλύτερος τρόπος ήταν να απομακρύνονται οι άνδρες από τις γυναίκες τη νύχτα.

Αυτό που με τράβηξε περισσότερο ήταν ο τάφος του Σρι Ραμάνα ή, όπως λέγεται, το Σαμάντι. Την πρώτη φορά που το αντίκρισα γινόταν μια λατρευτική τελετή εκεί. Το Σαμάντι ήταν ανοιχτό από όλες τις πλευρές και ήταν περιτριγυρισμένο από ένα σιδερένιο φράχτη. Πάνω στον τάφο ήταν τοποθετημένος ένας μεγάλος λωτός από λευκό μάρμαρο και επάνω στον λωτό ήταν ένα Σιβαλίνγκαμ, μια μαύρη, οβάλ πέτρα με μήκος περίπου πέντε ίντσες. Οι ινδουιστές σοφοί διαπίστωσαν μέσα στους αιώνες ότι το στρογγυλό ή το οβάλ σχήμα αντιπροσωπεύει καλύτερα την άμορφη Αλήθεια, καθώς δεν έχει ούτε αρχή ούτε τέλος. Επειδή η άμορφη Αλήθεια είναι πέρα από την αντίληψη εξαιτίας της μεγάλης λεπτότητάς της, οι αρχαίοι σοφοί κατάλαβαν ότι η συγκέντρωση θα ήταν πολύ δύσκολη αν δεν υπήρχε μια εικόνα για το νου. Με τη συγκέντρωση πάνω σε μια μορφή που αντιπροσώπευε τη θεότητα, ο νους σιγά σιγά θα άρχιζε να κατακτά τη γαλήνη και τη λεπτότητα και θα άρχιζε να αντιλαμβάνεται την εσωτερική Θεϊκότητα. Σε αυτό το στάδιο όλες οι μορφές του σύμπαντος εμφανίζονται εμποτισμένες από τη Θεϊκότητα, καθώς ο νους έχει χρωματιστεί από αυτήν, όπως όταν κάποιος φοράει πράσινα γυαλιά τα βλέπει όλα πράσινα. Είναι γενικά γνωστό ότι η αντίληψη του κόσμου για τον καθένα καθορίζεται από τη φύση της ψυχής του. Όταν ο νους εμποτιστεί από τη Θεία Παρουσία, θα αναδυθεί ως φυσικό επακόλουθο η αντίστοιχη αντίληψη, πράγμα που σημαίνει ότι θα αντιλαμβάνεται παντού το Θεό. Αυτό φυσικά δεν μπορεί να συμβεί αν δεν επιτύχει κανείς την τέλεια συγκέντρωση. Η επιλογή μιας μορφής μέσα από τον απέραντο κόσμο των μορφών και ο οραματισμός της Θεότητας μέσα σε αυτή τη μορφή είναι ένας τρόπος για την επιτυχία της συγκέντρωσης, όπως πολλοί μαχάτμα έχουν αναγνωρίσει και βιώσει.

Στην ινδουιστική λατρεία οι άνθρωποι θεωρούν τον Θεό έναν αγαπημένο φιλοξενούμενο και Του προσφέρουν με αφοσίωση διάφορα πράγματα, όπως νερό, τροφή, λουλούδια και ύμνους. Η τελευταία προσφορά είναι το κάψιμο της καμφοράς μπροστά στη Μορφή. Η καμφορά όταν καίγεται δεν αφήνει υπόλοιπα ή στάχτες. Απλά εξατμίζεται πλήρως. Ενώ καίγεται μπροστά στο Θεό, ο άνθρωπος πρέπει να νιώθει ότι Του προσφέρει την ατομικότητά του. Αν η ατομικότητα προσφερθεί και γίνει δεκτή, αυτό που μένει είναι ο Θεός μόνο, ως η Ουσία μέσα στον καθένα. Αυτό είναι η Συνειδητοποίηση του Θεού ή η Συνειδητοποίηση του Εαυτού. Ενώ παρακολουθούσα τον ιερέα να καίει την καμφορά μπροστά στο Σαμάντι, ένιωθα καθαρά μια ζωντανή παρουσία να ακτινοβολεί από εκεί, παρόμοια με το ρεύμα από φως που ένιωθα κατά τη διάρκεια του διαλογισμού, μόνο που αυτή η ακτινοβολία προερχόταν έξω από μένα. Βίωνα βαθιά γαλήνη και ήταν για μένα μια ευχάριστη έκπληξη όταν ανακάλυψα ότι αυτό ήταν το μέρος που θάφτηκαν τα ιερά λείψανα του Ραμάνα.

Από εκείνη τη μέρα και μετά, για τα επόμενα δώδεκα χρόνια, ο τάφος του έγινε το εστιακό σημείο της ζωής μου. Αυτό ήταν το μέρος όπου ένιωθα τη ζωντανή παρουσία του και λάβαινα απαντήσεις στις πολλές αμφιβολίες μου, απλά και μόνο με την παρουσία του. Εκείνη την εποχή δεν με ενδιέφερε ακόμα αν υπήρχε ο Θεός ή όχι. Ήξερα ότι ο Ραμάνα θα με φρόντιζε πάντα. Σιγά σιγά συνειδητοποίησα ότι η οντότητα που εγώ ονόμαζα Ραμάνα ονομαζόταν Θεός, Αλλάχ, Χριστός ή Κρίσνα από τους πιστούς των διάφορων θρησκειών. Η απέραντη Πραγματικότητα μπορούσε να πάρει αναρίθμητα ονόματα και μορφές, έτσι ώστε να ταιριάζει στον χώρο και στον χρόνο για να ευλογεί και να καθοδηγεί τους πιστούς.

Εκείνη τη νύχτα είδα, για πρώτη φορά στη ζωή μου, αυτό που θα μπορούσα να αποκαλέσω όραμα. Είχα μόλις αποκοιμηθεί. Είδα ότι ήμουν καθισμένος στο κρεβάτι μου, όταν ο Ραμάνα μπήκε στο δωμάτιό μου. Κάθισε δίπλα μου, με χτύπησε τρυφερά στο γόνατο και είπε: «Χαίρομαι που ήρθες!» Το πρόσωπό του είχε μια θεϊκή λάμψη και μια απαλή, γεμάτη ευλογία παρουσία ακτινοβολούσε από μέσα του. Ένιωσα όπως ένα παιδί κοντά στη μητέρα του. Ξαφνικά ξύπνησα εντελώς, χωρίς ίχνος νύστας να παραμένει. Ο αβέβαιος νους μου είχε λάβει διαβεβαίωση ότι είχα κάνει πολύ καλά που τα άφησα όλα και ήρθα σε εκείνον. Αυτό ήταν το πρώτο από πολλά οράματα τέτοιου είδους.

Αρχίζοντας από την επόμενη μέρα ακολούθησα ένα καθημερινό πρόγραμμα που περιλάμβανε κυρίως διαλογισμό σε συνδυασμό με μελέτη και γιόγκα. Ένιωθα ότι χρειαζόμουν οχτώ ώρες ύπνο, έτσι πήγαινα στο κρεβάτι στις εννιά η ώρα και σηκωνόμουν στις πέντε το πρωί. Δειπνούσα στις επτά και μισή και κατά τις εννέα άρχιζα πάντα να νυστάζω, εκτός κι αν υπήρχε κάτι που πραγματικά απαιτούσε την προσοχή μου. Αργότερα κατάλαβα ότι αν τρως βαριά το βράδυ, αυτό φέρνει νύστα εξαιτίας του φορτίου στο πεπτικό σύστημα και αν κανείς φάει ελαφρά ή καθόλου το βράδυ, πέντε με έξι ώρες ύπνου είναι παραπάνω από αρκετές.

Την περισσότερη ώρα μου την περνούσα στην αίθουσα που ο Ραμάνα είχε ζήσει τα τελευταία είκοσι πέντε χρόνια της ζωής του, μέσα σε ένα κύκλο πιστών που συνεχώς μεγάλωνε. Το δωμάτιο είχε μετατραπεί σε χώρο διαλογισμού μετά το θάνατό του και μπορούσες να δεις ανθρώπους να διαλογίζονται εκεί όλες τις ώρες, από τις τέσσερις το πρωί μέχρι τις δέκα το βράδυ. Εγώ έμενα εκεί περίπου οχτώ ώρες κάθε μέρα προσπαθώντας να διαλογιστώ.

Είχε περάσει ένας μήνας από τότε που εγκαταστάθηκα

48

Σρι Ραμάνα Μαχάρσι

στο άσραμ, όταν συνέβη ένα πολύ σπουδαίο γεγονός. Καθώς πήγαινα από το δωμάτιό μου στην αίθουσα του διαλογισμού κάποια μέρα με τα μάτια μου καρφωμένα στο έδαφος, όπως συνήθως, κάποιος που ερχόταν από την αντίθετη κατεύθυνση με φώναξε: «Ε, αδελφέ, τα πας καλά με το διαλογισμό; Σε βλέπω να διαλογίζεσαι κάθε μέρα στην αίθουσα για πολλές ώρες.» Όταν σήκωσα τα μάτια μου είδα έναν άνθρωπο με γενειάδα. Είχε μια τόσο ορατή λάμψη γύρω του που με κατέκλυσε δέος και απλά μουρμούρισα «μμ...» Κι εκείνος πήγαινε επίσης κάπου κι έτσι δεν σταμάτησε να μου μιλήσει. Αν και θυμόμουν αμυδρά ότι κάπου είχα διαβάσει πως οι άγιοι έχουν μια θεϊκή λάμψη γύρω τους, δεν είχα ποτέ δει ο ίδιος κάτι τέτοιο, ή μήπως είχα δει; Όταν ο Ραμάνα είχε εμφανιστεί στο όνειρό μου ένα μήνα πριν, είχε μια παρόμοια λάμψη στο πρόσωπό του! Αναρωτιόμουν ποιος θα μπορούσε να ήταν αυτός ο γνώριμος ξένος, αλλά το θέαμα της λάμψης του είχε τόσο πολύ ζαλίσει το μυαλό μου, ώστε δεν μπορούσα να σκεφτώ καθαρά. Κάθισα στο δωμάτιο του διαλογισμού σαν ναρκωμένος.

Το απόγευμα, ένα ζευγάρι Αμερικανών που είχαν έρθει στο άσραμ, με ρώτησαν αν ήθελα να ακούσω έναν από τους μαθητές του Ραμάνα να μιλάει εκείνο το βράδυ. Συμφώνησα να τους συναντήσω μετά το δείπνο στο λόφο πίσω από το άσραμ. Όταν έφτασα σε εκείνο το σημείο περίπου στις οχτώ, έμεινα έκπληκτος· ο μαθητής δεν ήταν άλλος από εκείνο τον άνθρωπο με τη γενειάδα που μου μίλησε το πρωί. Με χαιρέτησε με ένα μεγάλο χαμόγελο και μου ζήτησε να καθίσω δίπλα του. Μιλούσε για κάποια φιλοσοφικά ζητήματα. Τον ρώτησα σχετικά με τη φύση της εμπειρίας της Κοσμικής Συνειδητότητας και έλαβα μια δραματική απάντηση με τη μορφή μιας εκτυφλωτικής αστραπής που φώτισε το τοπίο για λίγα δευτερόλεπτα. Όταν γύρισα στο δωμάτιό μου, έμεινα άγρυπνος όλη τη νύχτα από τη λαχτάρα να τον ξανασυναντήσω!

50

Την επόμενη μέρα πήγα ξανά στο λόφο με τους φίλους μου και περιμέναμε τον Ράτναμτζι, όπως τον έλεγαν. Πού είχα ακούσει αυτό το όνομα; Αφού το σκέφτηκα για πολλή ώρα, συνειδητοποίησα ότι θα έπρεπε να ήταν ο Ράτναμτζι για τον οποίο μου είχε μιλήσει η Μπάρμπαρα όταν ήμουν στο Νεπάλ. Όλα άρχιζαν να αποκτούν νόημα. Ο Ράτναμτζι έφτασε σε λίγο, με το πρόσωπο να ακτινοβολεί όπως πάντα. Δεν είχα δει ποτέ μέχρι τότε κανέναν άνθρωπο να είναι πάντα πλήρως ευτυχισμένος, μέχρι που συνάντησα τον Ράτναμτζι. Ακτινοβολούσε ευτυχία! Ανυπομονούσα να τον ρωτήσω για κάτι που με απασχολούσε από τότε που έφυγα από την Αμερική.

«Ράτναμτζι, μπορώ να κάνω μια ερώτηση;»

«Ναι, ποια είναι;» με ρώτησε χαμογελώντας.

«Από τότε που έφυγα από την Αμερική, εδώ και έξι μήνες, νιώθω πως τα χρήματα είναι ένα βάρος. Θέλω να γίνω μοναχός, αλλά συγχρόνως κρατάω τα χρήματά μου στην τσέπη μου. Δεν θα ήταν καλύτερα να δώσω όλα μου τα χρήματα σε ένα άσραμ και να ζήσω εκεί ειρηνικά το υπόλοιπο της ζωής μου;» ρώτησα.

«Αδελφέ, μόλις τώρα αρχίζεις την πνευματική σου ζωή και δεν έχεις τον εσωτερικό πλούτο της πνευματικής πρακτικής. Όταν θα έχεις αυτόν τον πλούτο, θα σε φροντίζει πάντα ο Θεός. Ακόμα κι αν έδινες τα χρήματά σου σε ένα άσραμ, για πόσο καιρό θα σε άφηναν να μείνεις εκεί; Ίσως για λίγους μήνες και μετά θα σου ζητούσαν κι άλλα και, αν δεν είχες, θα σου έλεγαν να φύγεις. Τι θα έκανες τότε; Παρόλα αυτά είναι πολύ εύκολο να ζεις χωρίς χρήματα. Πρέπει απλά να το συνηθίσεις και να προσαρμόζεις τις ανάγκες σου ανάλογα με το τι διαθέτεις. Δεν υπάρχει τίποτα σπουδαίο ή δύσκολο σ' αυτό. Αλλά είναι πολύ πιο δύσκολο να κρατάς κάποια χρήματα και να τα ξοδεύεις με ελευθερία, χωρίς να υπολογίζεις πόσα σου μένουν και πόσα θα έρθουν. Η ανάγκη της επιβίωσης κάνει την τροφή απαραίτητη και τα χρήματα χρειάζονται για να αγοράζεις τροφή. Η προσκόλληση στα χρήματα είναι σαν την προσκόλληση στη ζωή. Για την ακρίβεια, μπορούμε να ονομάσουμε τα χρήματα την εξωτερική αναπνοή του κοσμικού ανθρώπου. Αν δεν τα έχει, νιώθει πως δεν μπορεί να αναπνεύσει. Αν όμως κανείς ξοδεύει χωρίς προσκόλληση, μπορεί να παρατηρήσει πώς λειτουργεί ο νους και σιγά σιγά να ξεριζώσει κάθε προσκόλληση που μπορεί να υποβόσκει. Αν εγώ ήμουν στη θέση σου, θα συνέχιζα το διαλογισμό και συγχρόνως θα χρησιμοποιούσα τα χρήματα χωρίς να ανησυχώ για το μέλλον.»

Εντυπωσιάστηκα από την πρακτική του γνώση σχετικά με την πνευματική ζωή και τα δημιουργήματα του νου! Ανακουφίστηκα από το φορτίο μου. Βαθύς σεβασμός και αγάπη αναδύθηκαν από την καρδιά μου για αυτόν το σοφό άνθρωπο, απλό και ευτυχισμένο σαν παιδί κι όμως με τη βαθιά σύνεση του σοφού! Απολάμβανα τη συντροφιά του σαν τον πεινασμένο που βρίσκει ένα πλούσιο γεύμα. Αναρωτιόμουν πώς θα μπορούσα να δημιουργήσω μια πιο στενή σχέση μαζί του. Δεν ήξερα ακόμη ούτε πού έμενε, ούτε πώς περνούσε τον καιρό του. Παρακολούθησα επίσης αυτά που είπε στους φίλους μου και μετά φύγαμε.

Το επόμενο βράδυ πήγα για ύπνο στις εννιά. Γύρω στις έντεκα άκουσα ένα χτύπημα στην πόρτα. Δεν ήθελα να με ενοχλήσει κανείς κι έτσι δεν σηκώθηκα, ούτε απάντησα. Μετά από λίγα λεπτά το χτύπημα ακούστηκε στο παράθυρο που ήταν δίπλα στο κρεβάτι μου.

«Νιλ, Νιλ! Είσαι ξύπνιος;»

«Όχι!» απάντησα λίγο ενοχλημένος.

«Άνοιξε την πόρτα. Πεινάω.» είπε η φωνή.

Σηκώθηκα και άνοιξα απρόθυμα. Ο Ράτναμτζι μπήκε μέσα.

«Χρειάστηκε να πάω στην πόλη απόψε να συναντήσω κάποιους πιστούς. Ο πατέρας τους πέθανε πρόσφατα και

Σρι Ράτναμτζι

ήθελαν να πάω να ψάλλω το Θείο Όνομα και να τους παρηγορήσω λίγο. Έχω ένα πεπτικό πρόβλημα και αν δεν φάω κάτι κάθε τόσο, χειροτερεύει. Έχεις τίποτα φαγώσιμο εδώ;» Με κοίταζε έντονα και κατάλαβα πως ήταν για να διαπιστώσει αν είχα θυμώσει που με ξύπνησε.

Είχα λίγα φιστίκια και ακατέργαστη ζάχαρη στο δωμάτιό μου. Τα έφερα και του έδωσα λίγα κρατώντας τα υπόλοιπα για τον εαυτό μου. Φαίνεται πως ήταν το αγαπημένο του φαγητό! Συνέχισε να μου ζητάει κι άλλα, μέχρι που διαπίστωσα με λύπη ότι είχαν τελειώσει. Συνέχισε να μου λέει τι είχε πει στους ανθρώπους στην πόλη για να τους παρηγορήσει και άλλες απλές, αλλά πολύ παιδαγωγικές κουβέντες. Όλη την ώρα με παρακολουθούσε προσεκτικά. Εγώ συνέχισα να σκέφτομαι πώς θα συνέχιζα τον ύπνο μου, αλλά εκείνος δεν μετακινήθηκε παρά μόνο μετά τη μία. Αισθανόμουν μια ασυνήθιστη ευδαιμονία καθώς καθόμουν εκεί κοντά του, αλλά ο θυμός για την ενόχληση καθώς και η επιθυμία να ξανακοιμηθώ την κατέστρεφε.

Δεν υποψιαζόμουν ότι με δοκίμαζε για να αξιολογήσει τη νοητική μου συγκρότηση. Ήθελα πραγματικά να γίνω μοναχός ή ήθελα να μείνω προσκολλημένος σε άλλα πράγματα εκτός της Αλήθειας, όπως ο ύπνος; Ήξερε τον τρόπο που θα το ανακάλυπτε. Μόλις την προηγούμενη μέρα έκανα ερωτήσεις για την απάρνηση των χρημάτων και τώρα ανησυχούσα γιατί εκείνος είχε φάει το απόθεμά μου από φιστίκια. Ήδη έκανα λογαριασμούς μέσα στο μυαλό μου πόσα χρήματα θα έπρεπε να ξοδεύω για φιστίκια και ακατέργαστη ζάχαρη αν εκείνος είχε σκοπό να με επισκέπτεται κάθε βράδυ και πόσα χρήματα θα μου έμεναν! Αυτό ήταν λοιπόν το πρώτο μου βιωματικό μάθημα στο πώς να ξοδεύω χωρίς προσκόλληση και φυσικά είχα αποτύχει οικτρά.

Ο Ράτναμτζι έμενε σε ένα δωμάτιο στο νοσοκομείο του

άσραμ. Βοηθούσε τον επικεφαλής ιερέα στην καθημερινή λατρεία που γινόταν στο Σαμάντι του Ραμάνα. Εξαιτίας αυτής της υπηρεσίας του είχαν δώσει ένα δωμάτιο κι έτσι δεν χρειαζόταν να φεύγει από το άσραμ πολλές φορές για να ξεκουραστεί. Η λατρεία γινόταν τρεις φορές την ημέρα, πράγμα το οποίο σήμαινε ότι το μεγαλύτερο μέρος της ημέρας το περνούσε καθαρίζοντας, φέρνοντας νερό, τακτοποιώντας τις προσφορές και προετοιμάζοντας το κάθε τι για την επόμενη τελετή.

Την επόμενη μέρα από τότε που ο Ράτναμτζι είχε φάει τα φιστίκια μου, ήρθε στο δωμάτιό μου και ξάπλωσε στο πάτωμα. Δεν υπήρχε ανεμιστήρας στο δωμάτιό του και η ζέστη της μέρας ήταν ανυπόφορη. Σκέφτηκε πως θα μπορούσε να χρησιμοποιήσει τον ανεμιστήρα μου και να περάσουμε λίγη ώρα μαζί. Μια ψεύτικη αίσθηση ανωτερότητας που είχα με έκανε να ενοχλούμαι από την παραβίαση της ιδιωτικότητάς μου, αλλά συγχρόνως απολάμβανα πολύ τη συντροφιά του. Εγώ ήμουν ξαπλωμένος στο κρεβάτι κι εκείνος στο πάτωμα. Ήμουν τόσο ανόητος και ασεβής εκείνο τον καιρό, που ούτε σκέφτηκα να του προσφέρω το κρεβάτι μου. Ήταν περίπου σαράντα οχτώ χρόνων τότε κι εγώ ήμουν δεκαεννιά. Είχα, όμως, μεγαλώσει στην Αμερική και δεν είχα μάθει πώς να συμπεριφέρομαι στους μεγαλύτερους και στους αγίους ή κι αν ήξερα, πιθανόν δεν θα συμπεριφερόμουν σωστά εξαιτίας της αλαζονείας και της τεμπελιάς.

Εκείνη την εποχή είχα μεγάλη ιδέα για τον εαυτό μου, γιατί είχα φύγει από το σπίτι μου. Κι ακόμη, επειδή μπορούσα να κάνω μερικές ασκήσεις γιόγκα και λίγο διαλογισμό, ένιωθα ήδη σαν ολοκληρωμένος γιόγκι! Ποτέ δεν είχε έρθει στο νου μου η σκέψη ότι ένας αληθινός γιόγκι είναι γεμάτος ταπεινότητα, γιατί βιώνει την παρουσία της απρόσωπης Αλήθειας μέσα του. ένας τέτοιος γιόγκι έχει συνειδητοποιήσει ότι η προσωπικότητά του ή η ατομικότητά του δεν είναι τίποτα παρά μια απλή σκιά που υπόκειται σε συνεχή αλλαγή και ότι το απρόσωπο Ον, που είναι η βάση ένας ατομικότητας, είναι το μόνο αληθινό και αμετάβλητο. Τα κύματα ανήκουν στον ωκεανό και όχι το αντίθετο. Τα κύματα έρχονται και φεύγουν, αλλά ο ωκεανός παραμένει ο ίδιος. Ένας αληθινός μαχάτμα, ή μεγάλη ψυχή, είναι εκείνος που νιώθει ότι είναι τίποτα και ότι μόνο ο Θεός, ο Συμπαντικός Εαυτός είναι αληθινός.

Ρώτησα τον Ράτναμτζι πώς είχε έρθει στον Ραμάνα. Η απάντησή του είχε τη μορφή μιας απίστευτης ιστορίας. Έβλεπα όμως την ειλικρίνειά του και δεν μπορούσα να αμφισβητήσω την αλήθεια της.

«Όταν ήμουν δεκαοχτώ», άρχισε, «είχα μόλις τελειώσει το σχολείο, είχα λάβει ένα μεταπτυχιακό φυσικών επιστημών και μια υποτροφία για να συνεχίσω τις σπουδές μου. Ήμουν πολύ καλός μαθητής. Εκείνο τον καιρό άρχισα να υποφέρω από μια μυστηριώδη ασθένεια. Άρχισα να νιώθω ανεξέλεγκτη δίψα και έπρεπε συνέχεια να πίνω τεράστιες ποσότητες νερού. Όταν λέω τεράστιες εννοώ περίπου δεκαπέντε με είκοσι γαλόνια ή περίπου τρεις με τέσσερις κουβάδες νερό το εικοσιτετράωρο. Αυτό ήταν από μόνο του πολύ παράξενο, αλλά το ακόμα πιο παράξενο ήταν ότι έβγαζα μόνο μια συνηθισμένη ποσότητα ούρων. Αν και έπινα είκοσι γαλόνια νερό την ημέρα, έβγαζα περίπου μισό κιλό ούρα. Επίσης είχα ένα ισχυρό πόνο στο κάτω μέρος της σπονδυλικής μου στήλης. Οι συγγενείς μου με είχαν πάει σε κάθε είδους γιατρό –βοτανολόγο, ομοιοπαθητικό, αλλοπαθητικό και σε διάφορους άλλους γιατρούς στα χωριά– αλλά χωρίς αποτέλεσμα. Δεν μπορούσαν να βρουν ούτε την αιτία, ούτε τη θεραπεία. Τελικά μπήκα στο Κρατικό Νοσοκομείο του Μαντράς, περίπου πεντακόσια μίλια μακριά από το χωριό μου. Ένας εξάδελφός μου με συνόδεψε εκεί.

«Έμεινα δυο μήνες και έφυγα στην ίδια κατάσταση. Οι

γιατροί είχαν έρθει σε αδιέξοδο με την κατάστασή μου. Αδυνάτιζα μέρα με τη μέρα και στο τέλος αποφάσισα να πάω στο σπίτι μου και να περιμένω το θάνατό. Ο εξάδελφός μου κι εγώ πήραμε το τρένο και ταξιδέψαμε σε ένα μέρος περίπου εκατό πενήντα μίλια από το χωριό μου, όπου ζούσε ένας άλλος εξάδελφος. Αποφασίσαμε να φάμε μεσημεριανό εκεί, να κοιμηθούμε το βράδυ και να συνεχίσουμε για το χωριό μας την επόμενη μέρα. Όταν φτάσαμε στο σπίτι, ο εξάδελφος μάς χαιρέτησε και ρώτησε να μάθει γιατί είχαμε πάει στο Μαντράς. Όταν άκουσε για την κατάστασή μου, είπε: "Υπάρχει ένα άνθρωπος, που αυτό τον καιρό βρίσκεται στην πόλη μας και ο κόσμος λέει ότι θεραπεύει διαφόρων ειδών ανίατες ασθένειες. Θέλεις να πάμε να τον δούμε πριν φύγετε; Δεν είναι γιατρός, αλλά έχω ακούσει ότι πέφτει σε έκσταση και τότε συστήνει τρόπους θεραπείας." Έχοντας δοκιμάσει τόσα άλλα πράγματα, σκέφτηκα "'Γιατί όχι; Τι έχω να χάσω;" Μετά το φαγητό ξεκινήσαμε να πάμε σ' αυτόν τον άνθρωπο.

«Μόλις μπήκα στο δωμάτιο, ο άνδρας αυτός φώναξε δυνατά: "'Ο Ράτναμτζι ήρθε! Έλα εδώ αμέσως!'" Το λιγότερο που μπορώ να πω είναι πως έμεινα έκπληκτος! Πώς μπορούσε να ξέρει το όνομά μου; Κανείς δεν μας περίμενε και κανείς δεν μας ήξερε σε εκείνο το μέρος. Πήγα κοντά του και είδα ότι καθόταν στο έδαφος με ένα είδωλο του Χάνουμαν μπροστά του. Το αγαλματάκι ήταν στολισμένο με λουλούδια κι ένα σωρό από φύλλα ινδοκαρυδιάς.

«Ποιος είναι ο Χάνουμαν;» ρώτησα.

«Υπάρχει ένα αρχαίο έπος που λέγεται Ραμαγιάνα και είναι η ιστορία του Κυρίου Ράμα, που θεωρείται η ενσάρκωση του Θεού στην Ινδία, ακριβώς όπως ο Χριστός στη Δύση. Οι ινδουιστές πιστεύουν ότι ο Θεός ενσαρκώνεται αναρίθμητες φορές στην πορεία της ανθρώπινης ιστορίας για να βάλει τον άνθρωπο στο σωστό μονοπάτι που οδηγεί στην Συνειδητοποίησή

Του. Διορθώνει αυτούς που πράττουν το κακό και βοηθά τους ενάρετους. Ενσαρκώνεται σε όλα τα μέρη του κόσμου, όπου Εκείνος κρίνει ότι υπάρχει ανάγκη, ή στέλνει του πιστούς Του και τους αγίους Του σ' αυτόν τον κόσμο για να κάνουν την εργασία, προικίζοντάς τους με θεϊκή δύναμη. Πριν από χιλιάδες χρόνια, ο Κύριος Ράμα γεννήθηκε στη βόρεια Ινδία και εκτέλεσε την αποστολή Του. Ο Χάνουμαν ήταν ένας από τους πιστούς και αφοσιωμένους υπηρέτες του, αλλά δεν ανήκε στο ανθρώπινο βασίλειο. Ήταν πίθηκος, αλλά ένα πολύ νοήμον και πιστό ον. Για την ακρίβεια, σύμφωνα με τη Ραμαγιάνα, ήταν ένα κομμάτι του ίδιου του Θεού, που κατέβηκε στη γη για να πάρει μέρος στο θεϊκό δράμα της ζωής του Κυρίου Ράμα και λατρεύεται ως τέτοιος ακόμα και σήμερα. Έχει διαπιστωθεί ότι η λατρεία του είναι πολύ αποτελεσματική για την εξουδετέρωση κακών πνευμάτων.»

«Τι εννοείς όταν λες κακά πνεύματα;» ρώτησα τον Ράτναμτζι. «Πιστεύεις στα αλήθεια πως υπάρχουν τέτοια πράγματα;»

«Λοιπόν, όπως κι εσύ, ήμουν πολύ λογικός σε ότι είχε σχέση με πνευματικές και θρησκευτικές υποθέσεις εκείνο τον καιρό. Αν δεν είχα την άμεση εμπειρία, δεν θεωρούσα τίποτα δεδομένο. Είχα γράψει ακόμα και μια εργασία, στην οποία καταδίκαζα την παραδοσιακή άποψη ορισμένων ινδουιστικών πεποιθήσεων και εθίμων. Όμως, όλα όσα συνέβησαν μετά από λίγο με έπεισαν για το γεγονός ότι υπάρχουν πολύ περισσότερα πράγματα από ό,τι βλέπουν τα μάτια. Ο Χανουμαντάς, όπως ονομαζόταν αυτός ο άνθρωπος, μου έγνεψε να πάω κοντά του. Έκλεισε τα μάτια του και μετά αργά, ψιθυριστά μου είπε ότι δεν είχα κάποια ασθένεια, αλλά το πρόβλημα ήταν κάτι άλλο και ότι με τη χάρη του Χάνουμαν θα λυνόταν. Υπήρχε ένας καινούργιος ναός του Χάνουμαν στην πόλη. Μου είπε να περπατάω γύρω του εκατόν οχτώ φορές κάθε μέρα, ανελλιπώς για ένα μήνα και μετά να έρθω να τον ξαναδώ. Όταν μου σύστησε να κάνω τον κύκλο του ναού, είπε: «Περπάτα γύρω από το ναό μου», έτσι ώστε να καταλάβω ότι μου μιλάει ο ίδιος ο Χάνουμαν.

«Φύγαμε από εκείνο το μέρος και επιστρέψαμε στο σπίτι του εξαδέλφου μου. Δεν ήμασταν και πολύ εντυπωσιασμένοι. Είχα ήδη ξοδέψει τόσο χρόνο σε γιατρούς και νοσοκομεία, ώστε σκεφτόμουν: "Τι πειράζει αν το δοκιμάσω κι αυτό για ένα μήνα; Ακόμα κι αν δεν βγει τίποτα, θα έχω περάσει τον καιρό μου με ένα καλό τρόπο, λατρεύοντας τον Θεό με τη μορφή του Χάνουμαν." Αποφάσισα να αρχίσω να περπατώ γύρω από το ναό την επόμενη μέρα.

«Η επόμενη μέρα με βρήκε στο ναό του Χάνουμαν. Υπήρχε ένα μονοπάτι γύρω του σχεδιασμένο ειδικά για όσους ήθελαν να λατρέψουν τον Θεό περπατώντας κυκλικά γύρω από το ναό. Προσευχήθηκα στον Χάνουμαν να έχει το εγχείρημά μου αίσια έκβαση, έκανα τους εκατόν οχτώ γύρους και επέστρεψα στο σπίτι. Εκείνη τη νύχτα, μόλις με πήρε ο ύπνος, ονειρεύτηκα ότι ο Χάνουμαν, σαν μια μικρή μορφή, στεκόταν δίπλα στο κρεβάτι μου! Χαμογελούσε και έδειχνε στην απέναντι μεριά. Κοίταξα προς τα εκεί και είδα μια λεπτή μορφή σαν φάντασμα. Τρόμαξα λίγο, αλλά η μορφή εξαφανίστηκε. Ξύπνησα και είδα ότι ο Χάνουμαν στεκόταν ακόμη δίπλα στο κρεβάτι μου! Μέσα σε λίγα δευτερόλεπτα και η δική του μορφή άρχισε να σβήνει. Δεν μπόρεσα να κοιμηθώ την υπόλοιπη νύχτα, έμεινα άγρυπνος επαναλαμβάνοντας το όνομα του Χάνουμαν και κάνοντας διαλογισμό!

«Όταν βγήκε ο ήλιος, πήγα στο σπίτι του Χανουμαντάς και του μίλησα για την εμπειρία της προηγούμενης νύχτας. Δεν βρισκόταν σε έκσταση και μου είπε πως δεν έπρεπε να ανησυχώ για τίποτα. Με είχε καταλάβει ένα φάντασμα, που χρησιμοποιούσε το σώμα μου για να ικανοποιεί την ακόρεστη δίψα του. Με την εμφάνιση σε μένα της μορφής του, ο Χάνουμαν με διαβεβαίωνε ότι θα απομάκρυνε αυτό το παράσιτο. Μου είπε ότι έτσι είχε συμβεί με πολλούς.

«Συνέχισα να περιφέρομαι γύρω από το ναό για είκοσι εννιά ημέρες, αλλά η δίψα δεν είχε ελαττωθεί καθόλου. Η πίστη μου άρχισε να κλονίζεται. Όμως όταν ξύπνησα την τριακοστή μέρα, είχε εξαφανιστεί. Ολόκληρη τη μέρα περίμενα να δω τι θα συμβεί, αλλά αισθανόμουν εντελώς φυσιολογικά. Ακόμα και ο πόνος στη σπονδυλική μου στήλη είχε υποχωρήσει! Ένιωθα ψυχική ανάταση! Πήγα πρώτα στο ναό και μετά στον Χανουμαντάς και του είπα τα καλά νέα. Τον ρώτησα αν θα με μυούσε στη λατρεία και στο μάντρα του Χάνουμαν και συμφώνησε. Έζησα μαζί με εκείνον και τη σύζυγό του σχεδόν σαν παιδί τους. Ταξίδεψα μαζί του σε διάφορα χωριά και τον βοηθούσα στην εργασία του να ελευθερώνει τους ανθρώπους από τα κακά πνεύματα. Βοηθούσα στην καθημερινή λατρεία μαγειρεύοντας το φαγητό που προοριζόταν για προσφορά και έκανα ότι άλλο μου επέτρεπαν να κάνω.

«Μια μέρα μας ζήτησαν να πάμε σε ένα χωριό, όπου ζούσε μια νέα γυναίκα, περίπου είκοσι έξι χρόνων, που φαινόταν να έχει καταληφθεί από κακό πνεύμα. Συχνά μιλούσε άπταιστα αγγλικά, μια γλώσσα που της ήταν άγνωστη. Όταν φτάσαμε, μας πήραν στο σπίτι της κοπέλας και την οδήγησαν μέσα. Ο Χανουμαντάς τη ρώτησε ποια ήταν. Δεν απάντησε. Επανέλαβε την ερώτηση και τη διαβεβαίωσε ότι δεν είχε έρθει για να της κάνει κακό. Εκείνη άρχισε να μιλάει σε τέλεια αγγλικά!

«Αυτή είπε: "Ήμουν φοιτητής σε κολλέγιο και περνούσα κάθε μέρα έξω από το σπίτι πηγαίνοντας στο σχολείο. Είχα ερωτευτεί αυτή την κοπέλα για την ομορφιά της. Είχα μια δυνατή επιθυμία να απολαύσω τη συντροφιά της. Αυτό φυσικά αποκλειόταν εκτός κι αν την παντρευόμουν. Ξαφνικά μια μέρα μου συνέβη ένα ατύχημα και πέθανα. Τώρα την απολαμβάνω σε μια λεπτή μορφή. Αν νομίζετε ότι ο Χάνουμαν μπορεί να την απαλλάξει από μένα, κάνετε λάθος. Εγώ δεν θα φύγω τόσο εύκολα όσο έφυγε ο φίλος μου από το σώμα του Ράτναμτζι."

«Το λιγότερο που μπορώ να πω ήταν ότι έμεινα άφωνος όταν άκουσα αυτά τα λόγια! Προφανώς αυτά τα όντα ζουν σε έναν κοινό κόσμο, αόρατο στους ανθρώπους. Ο Χανουμαντάς, όμως, κάνοντας κάποιες τελετουργίες, απάλλαξε σύντομα την κοπέλα από την κατοχή του πνεύματος.

«Είχα περάσει περίπου δυο χρόνια με τον Χανουμαντάς, όταν κάποια μέρα με κάλεσε ενώ βρισκόταν σε έκσταση. Μου είπε ότι στη νότια Ινδία ζούσε ένας μεγάλος σοφός που ονομαζόταν Ραμάνα Μαχάρσι και ότι θα έπρεπε να πάω εκεί, να ζήσω κοντά του και υπηρετώντας τον θα επιτύγχανα τον πραγματικό σκοπό της ζωής, την Συνειδητοποίηση της Αληθινής μου Φύσης. Ούτε ο Χανουμαντάς ούτε εγώ είχαμε ακούσει γι' αυτόν το σοφό. Αρχίσαμε να ρωτάμε και τελικά μάθαμε ότι έμενε στους πρόποδες του λόφου Αρουνάτσαλα, σε μια πόλη που λεγόταν Τιρουβαναμαλάι. Αποχαιρέτησα τον πρώτο μου Γκουρού και τη σύζυγό του και ξεκίνησα για το Αρουνάτσαλα.

«Όταν έφτασα εδώ, πήγα κατευθείαν στην αίθουσα όπου ο Ραμάνα καθόταν στον καναπέ του. Μου έγνεψε να καθίσω. Υποκλίθηκα μπροστά του και κάθισα στο πάτωμα. Έκλεισα τα μάτια μου και προσπάθησα να αρχίσω να επαναλαμβάνω το μάντρα που είχα μάθει από τον Χανουμαντάς, αλλά τι παράξενο, δεν μπορούσα να το θυμηθώ! Το είχα επαναλάβει χιλιάδες φορές τα τελευταία δυο χρόνια και να που τώρα το είχα ξεχάσει τελείως. Την επόμενη στιγμή αισθάνθηκα τη συνειδητότητα του σώματός μου να εξαφανίζεται και στη θέση της αναδύθηκε ένας ωκεανός λαμπερού φωτός. Ο νους μου ήταν τέλεια ακίνητος και γεμάτος από άφατη γαλήνη και φως! Δεν ξέρω για πόση ώρα έμεινα έτσι.

«Τελικά, μετά από κάποια ώρα, άνοιξα τα μάτια μου και βρήκα τον Ραμάνα να με κοιτάζει με ένα χαμόγελο στα χείλη του. Υποκλίθηκα μπροστά του και βγήκα από την αίθουσα. Όποτε καθόμουν για διαλογισμό στην παρουσία του τις επόμενες μέρες, επαναλαμβανόταν η ίδια εμπειρία! Αισθανόμουν ότι ανήκα εκεί και ήθελα να κάνω αυτό το μέρος μόνιμη κατοικία μου. Έλπιζα πως θα μπορούσα να εγκατασταθώ στο άσραμ. Ένιωθα όμως ότι χρειαζόμουν την άδεια της μητέρας μου πριν εγκατασταθώ εδώ μόνιμα. Έφυγα από τον Μαχάρσι και επέστρεψα στο σπίτι μου με το τρένο. Όση ώρα ήμουν μέσα στο τρένο ένιωθα την ίδια γαλήνη και το φως που είχα νιώσει στην αίθουσα του άσραμ. Έφτασα στο χωριό μου και είπα στη μητέρα μου τι είχε συμβεί. Άρχισε να κλαίει από χαρά και είπε: "Παιδί μου, κι εγώ ήθελα να ζήσω μια ζωή απάρνησης και πνευματικότητας, αλλά τα πράγματα ήρθαν αλλιώς και παντρεύτηκα. Ήμουν απογοητευμένη γιατί κανένα από τα παιδιά μου δεν είχε αυτή την επιθυμία. Όλοι είναι ικανοποιημένοι με την εγκόσμια ζωή τους. Μόνο εσύ, ο μικρότερος, είσαι η απάντηση στις προσευχές μου. Η επιθυμία της ζωής μου να γίνω μοναχή θα εκπληρωθεί μέσα από σένα! Πήγαινε, γιε μου. Ο πατέρας σου είναι ο Ραμάνα και το πραγματικό σου σπίτι το Αρουνάτσαλα. Εκείνος σε καλεί. Σου δίνω όλες μου τις ευλογίες!"

«Γύρισα τότε εδώ και σιγά σιγά έγινα δεκτός στην προσωπική υπηρεσία του Ραμάνα. Αυτό συνέβη περίπου είκοσι χρόνια πριν.»

Όταν ο Ράτναμτζι τελείωσε τη διήγηση αυτής της ιστορίας, ήταν ώρα να φύγει, γιατί ακολουθούσε αυστηρό πρόγραμμα. Σηκώθηκε και έφυγε. Τον ακολούθησα. Ήθελα να δω πώς περνούσε τον καιρό του. Το βράδυ καθάριζε το ναό του Σαμάντι, συμμετείχε στην απαγγελία των Βεδών, έπαιρνε μέρος στη λατρεία και μετά έφευγε για να διαλογιστεί δυο ώρες μόνος του. Μετά το βραδινό φαγητό συναντούσε τους πιστούς που είχαν έρθει να επισκεφτούν το άσραμ, μελετούσε ή περπατούσε γύρω από το λόφο Αρουνάτσαλα μόνος ή με τη συντροφιά άλλων ανθρώπων. Ποτέ δεν κοιμόταν πριν τις έντεκα. Ξυπνούσε κάθε πρωί στις τρεις και μισή και ακολουθούσε ένα παρόμοιο πρόγραμμα με καθάρισμα του προσκυνήματος, λατρεία και διαλογισμό μέχρι το μεσημεριανό φαγητό. Επίσης έκανε τη δική του ιδιωτική λατρεία ή πούτζα όπως λέγεται, την οποία εκτελούσε στο δωμάτιό του. Τον παρακολουθούσα αρκετές μέρες και αναρωτιόμουν πώς τα κατάφερνε με μόνο τεσσερισήμισι ώρες ύπνο! Τελικά τον πλησίασα με μια παράκληση, που χωρίς να το φανταστώ, θα άλλαζε ολόκληρη τη ζωή μου.

«Ράτναμτζι, φαίνεσαι να υποβάλλεις σε μεγάλη κούραση τον εαυτό σου. Υπάρχει κάποια εργασία που θα μπορούσα να κάνω για να σε ελαφρώσω από το φορτίο σου;» τον ρώτησα.

«Λοιπόν, γιατί δεν αρχίζεις να μαζεύεις λουλούδια για την πρωινή λατρεία; Πρέπει να μου τα δίνεις στις έξι. Για να έχεις τελειώσει έγκαιρα, πρέπει να ξεκινάς τη δουλειά στις τέσσερις και μισή. Πριν ξεκινήσεις, το καλύτερο για σένα είναι να ανταποκρίνεσαι στο κάλεσμα της φύσης, να πλένεις τα δόντια σου και να κάνεις το μπάνιο σου. Τότε θα είσαι στην κατάλληλη κατάσταση για να προσφέρεις την υπηρεσία σου στο Θεό.»

Η εργασία πρέπει να αρχίζει στις τέσσερις και μισή; Αυτό σημαίνει ότι πρέπει να σηκώνομαι στις τέσσερις. Προκαλεί έκπληξη η ανακάλυψη του πόσο εύκολο είναι να εγκαταλειφθεί ο φαινομενικά απαραίτητος και τόσο αγαπητός ύπνος της αυγής, όταν εμφανιστεί ανάγκη. Αν κάποιος πρέπει να προλάβει ένα αεροπλάνο στις πέντε, δεν θα σηκωθεί στις τρεις και μισή; Πραγματικά, πολλά από αυτά που θεωρούμε αναγκαία δεν είναι παρά άχρηστες συνήθειες. Οι περισσότεροι από μας

Στον ανθόκηπο στο Τιρουβαναμαλάι

κοιμόμαστε πάρα πολύ, τρώμε πάρα πολύ, μιλάμε πάρα πολύ και ανησυχούμε πάρα πολύ, νομίζοντας πως όλα αυτά είναι εντελώς απαραίτητα.

Έμαθα γρήγορα ότι μπορεί κανείς να μειώσει τις ανάγκες της ζωής στα εντελώς ελάχιστα κι έτσι να εξοικονομήσει ενέργεια χωρίς να κάνει καθόλου κακό στο σώμα του. Ο χρόνος που διαθέτουμε και η ενέργειά μας, αν χρησιμοποιηθούν σωστά, μπορούν να μας βοηθήσουν να πετύχουμε τον πνευματικό μας στόχο σε αυτήν εδώ τη ζωή. Όμως, επειδή σπαταλάμε τη ζωτική μας ενέργεια σε υπερβολικό ύπνο και άλλες άχρηστες δραστηριότητες, δεν καταφέρνουμε να πετύχουμε το στόχο μας. Δεν είναι ασυνήθιστο να συναντήσει κανείς ανθρώπους που ασκούν το διαλογισμό για είκοσι ή τριάντα χρόνια και δεν έχουν κάνει καμιά αξιοσημείωτη πρόοδο, ούτε έχουν κερδίσει κάποια πνευματική εμπειρία, εκτός από λίγη γαλήνη στο νου κι αυτήν εξαιρετικά εύθραυστη. Αν κανείς κοιτάξει προσεκτικά την εσωτερική τους ζωή, θα δει ότι έχουν σπαταλήσει την ενέργειά τους εξαιτίας της άγνοιας ή της απερισκεψίας και έχουν ματαιώσει το σκοπό τους. Αν θέλουμε το νερό να φτάσει γρήγορα στα ψηλότερα πατώματα ενός κτιρίου, πρέπει να βεβαιωθούμε ότι οι βρύσες στα χαμηλότερα πατώματα είναι κλειστές. Παρομοίως, αν θέλουμε να έχουμε γρήγορη πνευματική πρόοδο, πρέπει να κάνουμε οικονομία, έτσι ώστε η ζωτική μας ενέργεια να ανεβαίνει ψηλότερα και ψηλότερα προς την κορυφή του κεφαλιού μέσω της συγκέντρωσης, επιφέροντας τελικά τη συγχώνευση με την Υπέρτατη Πραγματικότητα.

Ήμασταν στη μέση του χειμώνα και αν και έκανε ζέστη τη μέρα, η νύχτα ήταν πολύ δροσερή. Τα ξημερώματα η θερμοκρασία ήταν ίσως πενήντα βαθμοί Φαρενάιτ. Δεν ήξερα ότι υπήρχε ζεστό νερό στο μπάνιο του άσραμ κι έτσι γέμιζα αποβραδίς ένα κουβά που υπήρχε στο μπάνιο του δωματίου μου. Το ντους με το παγωμένο αυτό νερό μέσα στο δροσερό

65

αεράκι τα ξημερώματα, ήταν ο πιο σύντομος τρόπος για να χάσω τη συνειδητότητα του σώματος! Αφού πλενόμουν και ντυνόμουν, έπαιρνα ένα καλάθι και πήγαινα στο μεγάλο ανθόκηπο του άσραμ. Αν και ήταν ευχάριστο να μαζεύω λουλούδια σ' αυτόν το μεγάλο κήπο νωρίς το πρωί, υπήρχε και μια δυσκολία. Ολόκληρη η περιοχή έβριθε από σκορπιούς και διάφορα είδη φιδιών, από ακίνδυνα νερόφιδα μέχρι κόμπρες. Ήταν αδύνατο να κρατώ φακό, γιατί χρειαζόμουν και τα δυο μου χέρια για την εργασία και το μόνο φως που υπήρχε ήταν μια αδύνατη λάμπα είκοσι πέντε βατ στη βεράντα, περίπου σαράντα μακριά.

Ήταν μια πραγματική ευκαιρία να παραδοθώ στον Δάσκαλο. Είχα το μυαλό μου στα λουλούδια ή στα φίδια; Σταδιακά αναπτύχθηκε μέσα μου τέτοια πίστη στο Ραμάνα, που ούτε καν σκεφτόμουν τα φίδια και τους σκορπιούς. Τίποτα πιο δηλητηριώδες από μια μέλισσα ή ένα κουνούπι δεν με τσίμπησε ποτέ. Κάποια πρωινά έβρεχε ραγδαία, γιατί μόλις είχε αρχίσει η εποχή των μουσώνων. Ακόμα κι αν είχε κατακλυσμό, όμως, τα λουλούδια έπρεπε να βρίσκονται στο προσκύνημα στις έξι ακριβώς. Σκέφτηκα να αγοράσω μια ομπρέλα, αλλά ο Ράτναμτζι δεν ήθελε ούτε να το ακούσει. Έλεγε ότι αφού ήθελα να γίνω μοναχός, έπρεπε να αρκούμαι στα εντελώς απαραίτητα. Μου έδειξε πώς να δένω ένα ντότι με τέτοιο τρόπο που λειτουργούσε σαν ομπρέλα, κάτι σαν πόντσο, αλλά βαμβακερό.

Ενώ μάζευα τα λουλούδια, παρατήρησα ένα περίεργο γεγονός, σχετικά με τον τρόπο που λειτουργούσε ο νους μου. Πριν ακόμα κόψω το ένα λουλούδι, τα μάτια μου βρίσκονταν στο επόμενο. Ήμουν έκπληκτος με την έλλειψη συγκέντρωσης. Έτσι το κόψιμο των λουλουδιών έγινε μάθημα συγκέντρωσης και παράδοσης, για να μην αναφέρω και την υπομονή. Αφού παρέδιδα τα λουλούδια στο Σαμάντι, είχα ακόμη διάθεση για περισσότερη εργασία. Ο Ράτναμτζι είπε ότι μπορούσα να σκουπίζω το χώρο γύρω από το ναό και να σφουγγαρίζω τα εμπρός σκαλοπάτια που οδηγούσαν εκεί. Είμαι αριστερόχειρας και έτσι, όταν έπιασα τη σκούπα και άρχισα να σκουπίζω, εκείνος παρατήρησε ότι χρησιμοποιούσα αυτό που ονόμαζε το λάθος χέρι και παρά τις διαμαρτυρίες μου, επέμενε να χρησιμοποιώ μόνο το δεξί, τουλάχιστον όταν έκανα Θεϊκή υπηρεσία. Τον ρώτησα μήπως ήταν λίγο παλιομοδίτικη η άποψη ότι το αριστερό είναι το λάθος χέρι. Μου απάντησε ότι οι αρχαίοι σοφοί δεν ήταν ανόητοι. Η όραση τους είχε το χαρακτηριστικό της παντογνωσίας. Πίστευαν ότι το αριστερό χέρι έχει αρνητική δόνηση και πρέπει να χρησιμοποιείται μόνο ως βοηθητικό στο δεξί. Αν αμφισβητούσα τους αγίους, μπορούσα, φυσικά, να κάνω ό,τι θέλω.

Καθώς δεν ήμουν τόσο τολμηρός για να το κάνω αυτό, αγωνιζόμουν να μάθω να σκουπίζω με το δεξί χέρι. Ένα άλλο πρόβλημα ήταν ότι η σκούπα δεν είχε ύψος ούτε μισό μέτρο. Ήταν πολύ παλιά κι έσκυβα όλη την ώρα για να μπορώ να σκουπίζω καλά. Ο χώρος μπροστά από το ναό ήταν μεγάλος. Ακόμα και με μια καλή σκούπα θα μου έπαιρνε μισή ώρα να τον καθαρίσω. Με την κοντή σκούπα μου έπαιρνε σχεδόν σαράντα πέντε λεπτά και όταν τελείωνα είχα λαχανιάσει. Τόλμησα να ζητήσω μια καινούργια σκούπα.

«Είμαστε φτωχοί μοναχοί και πρέπει να πορευόμαστε με τα ελάχιστα. Αν είναι απαραίτητη, ο Ραμάνα θα μας προμηθεύσει μια καινούργια χωρίς να το ζητήσουμε. Μέχρι τότε θα εργάζεσαι με αυτήν,» ήταν η απάντηση.

Άρχισα να αναρωτιέμαι πού είχα μπλέξει με την πρότασή μου να βοηθήσω τον Ράτναμτζι στην εργασία του, αλλά δεν μπορούσα να κάνω πίσω τόσο γρήγορα κι έτσι συνέχισα.

Όποτε είχε λίγα λεπτά ελεύθερο χρόνο ο Ράτναμτζι ερχόταν στο δωμάτιό μου να μιλήσουμε. Μου έλεγε για τη ζωή του με το Ραμάνα και σε πόσο αυστηρή πειθαρχία υπέβαλλε τους στενούς του μαθητές. Φυσικά, έδειχνε επίσης σε όλους πολλή στοργή και μεγάλο ενδιαφέρον για την πνευματική τους πρόοδο. Για εκείνους που ήταν πολύ σοβαροί στην πνευματική τους άσκηση, ήταν πολύ αυστηρός σε όλες τις λεπτομέρειες. Ούτε ένα υπόλειμμα μολυβιού δεν έπρεπε να πεταχτεί, ακόμα κι αν ένα καινούργιο μολύβι ήταν διαθέσιμο, γιατί όλα ήταν δώρα του Θεού και έπρεπε να αξιοποιούνται σωστά και να χρησιμοποιούνται πλήρως. Ακόμα και τα άχρηστα χαρτιά δεν έπρεπε να πετιούνται, γιατί μπορούσαν τουλάχιστον να χρησιμοποιηθούν για προσάναμμα. Ο Ραμάνα έκοβε τα άγραφα περιθώρια των εφημερίδων και αφού τα έδενε όλα μαζί, τα χρησιμοποιούσε για να γράφει στίχους ή μικρά σημειώματα. Δίδασκε με το παράδειγμά του ότι πρέπει να κρατάμε τα ελάχιστα για τον εαυτό μας και να δίνουμε όσο περισσότερα μπορούμε στους άλλους. Ακόμα και όταν βρισκόταν κοντά στην τελευταία του αναπνοή, επέμενε να επιτρέπουν σε όσους πήγαιναν να τον δουν να πλησιάζουν κοντά του. Ζούσε μια ζωή χωρίς εγώ και χωρίς επιθυμίες και προσδοκούσε το ίδιο κι από τους μαθητές του.

Εκείνες τις μέρες υπήρχαν τέσσερις ή πέντε άνδρες που έμεναν κοντά στο Ραμάνα με βάρδιες. Όταν ο Ράτναμτζι μπήκε στην υπηρεσία του Ραμάνα, τον ρώτησαν ποια βάρδια προτιμούσε. Απάντησε ότι θα δεχόταν ό,τι περίσσευε, αφού όλοι οι άλλοι είχαν επιλέξει. Φυσικά, κανείς δεν ήθελε τη νυχτερινή βάρδια από τις δέκα το βράδυ μέχρι τις τέσσερις το πρωί, γιατί αυτό θα σήμαινε πως θα έμενε ξάγρυπνος. Αυτή η βάρδια δόθηκε στον Ράτναμτζι. Μου έλεγε ότι επειδή έβαλε τον εαυτό του τελευταίο και ήταν έτοιμος να πάρει την πιο δύσκολη βάρδια, τελικά του έτυχε η καλύτερη, γιατί τη νύχτα δεν ήταν κανείς στο άσραμ και ήταν μόνος με το Ραμάνα στην αίθουσα. Ο Ραμάνα κοιμόταν πολύ λίγο κι έτσι δίδασκε τον Ράτναμτζι πολλά πράγματα. Σε πολύ λίγο χρόνο έμαθε πράγματα για τα οποία αλλιώς θα χρειαζόταν πολλά χρόνια.

Με τον τρόπο που ο Ράτναμτζι μιλούσε μαζί μου και μοιραζόταν τις εμπειρίες του με έκανε να νιώθω πως ήμουν παιδί του ή ο μικρότερος αδελφός του! Με ρωτούσε επίσης για το παρελθόν μου και μου έδινε πολλές συμβουλές που είχαν σχέση με τη διατροφή, τις ασκήσεις γιόγκα και τον διαλογισμό. Σταδιακά η σχέση μας γινόταν πιο βαθιά κι εγώ συνειδητοποιούσα σιγά σιγά πως ο Ράτναμτζι ήταν η απάντηση στην προσευχή μου για έναν Γκουρού. Είχε εκπαιδευτεί με κάθε λεπτομέρεια από το Ραμάνα και ήταν με την αξία του και ο ίδιος σοφός. Πήγα μια μέρα και του είπα: «Πιστεύω πως είσαι ο Γκουρού μου.»

«Κάνεις λάθος.» μου είπε. «Εσύ κι εγώ έχουμε τον ίδιο Γκουρού και αυτός είναι ο Ραμάνα Μαχάρσι. Όσον αφορά εμένα, είσαι ο νεότερος πνευματικός αδελφός μου!»

Ένιωσα απογοήτευση και φαίνεται πως εκφράστηκε στο πρόσωπό μου.

«Λοιπόν, αν αυτό σε θα σε κάνει να νιώσεις καλύτερα, μπορείς να με θεωρείς ένα όργανο του Ραμάνα, που σου δόθηκε από Εκείνον για να σου δείχνει το δρόμο. Αλλά πρέπει να σε προειδοποιήσω. Στα είκοσι οχτώ χρόνια που βρίσκομαι εδώ δεν βρέθηκε κανένας που να μπορέσει να με ακολουθήσει. Πρέπει να διατηρήσω το επίπεδο που μου έδειξε ο Γκουρού μου και όσοι θέλουν να βαδίσουν μαζί μου θα πρέπει να κάνουν το ίδιο. Εγώ δεν έδιωξα ποτέ κανέναν, αλλά οι περισσότεροι έφυγαν από μόνοι τους, γιατί δεν μπορούσαν να ακολουθήσουν το ρυθμό μου.»

Αποφάσισα τότε, εκείνη τη στιγμή ότι ακόμα κι αν πέθαινα στην προσπάθεια, δεν θα τον άφηνα ποτέ ούτε και θα εγκατέλειπα αυτόν τον δρόμο. Τον ρώτησα ποια ήταν τα καθήκοντα ενός μαθητή.

«Όταν ο μαθητής αναπτύξει την πίστη στον Δάσκαλο τότε πρέπει να τον υπακούει κυριολεκτικά σε ό,τι κι αν του πει, γιατί εκείνος έχει μόνο την πνευματική σου πρόοδο στο νου του, όταν σου ζητά να κάνεις κάτι με ένα συγκεκριμένο τρόπο. Αν δεν έχεις πλήρη πίστη σε έναν άγιο, είναι καλύτερα να μην τον δεχτείς ως Δάσκαλο, αλλά αν το κάνεις, πρέπει να τον υπακούς χωρίς να αμφιβάλεις. Ακόμα και σε ό,τι έχει σχέση με την εγκόσμια γνώση, πρέπει να ακολουθείς τις οδηγίες του δασκάλου σου για να μπορέσεις να μάθεις και να έχεις τα επιθυμητά αποτελέσματα. Κι αυτό ισχύει ακόμα περισσότερο αν θέλεις την πνευματική εμπειρία που είναι πολύ πιο λεπτή και σύνθετη από την εγκόσμια γνώση».

Υπακοή. Αν και γνώριζα τη σημασία της λέξης, δεν είχα πρακτική εμπειρία. Από την παιδική μου ηλικία και σε όλη την υπόλοιπη ζωή μου ήμουν συστηματικά ανυπάκουος στη μητέρα μου, στους δασκάλους μου και στην κοινωνία. Η ζωή μου ήταν μια ζωή αναρχίας –να κάνω ό,τι ήθελα, όταν και όπως ήθελα. Μπορούσα όμως να καταλάβω ότι κάποιος έπρεπε να ακολουθήσει συγκεκριμένους κανόνες για να επιτύχει ένα συγκεκριμένο στόχο. Ήθελα την εμπειρία της Απόλυτης Ευδαιμονίας και ήμουν σίγουρος πως ο Ράτναμτζι την είχε και ήταν πρόθυμος να μου δείξει το δρόμο για να την αποκτήσω κι εγώ. Σίγουρα δεν θα ήταν και πολύ δύσκολο να τον υπακούσω. Όμως, τα επόμενα οχτώ χρόνια της σχέσης μας μέχρι το θάνατό του, η υπακοή ήταν η κύρια πνευματική πρακτική μου και ο αγώνας μου.

Όποιος κάνει υπακοή σε έναν αληθινό άγιο σταδιακά αποκτά διαρκή νοητική γαλήνη. Σιγά σιγά αποκτά την εμπειρία της επίγνωσης του Θεού που έχει ο άγιος. Είναι σαν να συντονίζεις το ραδιόφωνο με ένα σταθμό. Τα διάφορα ραδιοφωνικά κύματα διαπερνούν την ατμόσφαιρα, αλλά εμείς ακούμε μόνο αυτά με τα οποία είμαστε συντονισμένοι. Ο νους μας είναι σαν ένα ραδιόφωνο που συνεχώς λαμβάνει χονδροειδή ερεθίσματα μέσω των πέντε αισθήσεων και λεπτότερα μέσω του νου και των δονήσεων των άλλων ζωντανών όντων. Η πιο λεπτή αρχή από όλες είναι, φυσικά, η Αλήθεια του Θεού. Εκείνοι που έχουν βιώσει αυτή την κατάσταση μας έχουν πει ότι ο Θεός μπορεί να γίνει αντιληπτός μόνο όταν ο νους γίνει εξαιρετικά λεπτός, αγνός και γαλήνιος. Για να φτάσουμε σε αυτή την κατάσταση απαιτείται συνεχής άσκηση και ασυμβίβαστη επίβλεψη από κάποιον που γνωρίζει τέλεια τον Θεό. Οι πράξεις και τα λόγια μας ακολουθούν τις υπαγορεύσεις του νου μας. Μπορούμε να εκτιμήσουμε με ακρίβεια τη νοητική κατάσταση ενός ανθρώπου αν παρατηρήσουμε τα λόγια και τις πράξεις του, αν και υπάρχει και η περίπτωση των κρυμμένων κινήτρων, αλλά αυτό δεν θα το εξετάσουμε τώρα. Οι πνευματικοί ασκητές μέσα στους αιώνες έχουν επίσης μάθει ότι μπορεί κάποιος να αλλάξει τη νοητική του κατάσταση αν αλλάξει τις πράξεις και τα λόγια του.

Αυτή είναι η ουσία της σχέσης ανάμεσα σε έναν αληθινό άγιο και σε έναν ειλικρινή μαθητή. Ο μαθητής επιθυμεί την εμπειρία της Αλήθειας, αλλά εξαιτίας λανθασμένων σκέψεων και πράξεων αυτή η εμπειρία δεν είναι δυνατό να επιτευχθεί, εκτός και αν τα λάθη του επισημανθούν και διορθωθούν. Όταν ο νους εξαγνιστεί, η ενοικούσα αλήθεια θα λάμψει αυθόρμητα, ελεύθερη από περιοριστικές δυνάμεις. Ένας αληθινός άγιος απλά υποδεικνύει τα λάθη και βοηθά τον μαθητή να διορθωθεί μόνος του. Όταν ο νους φτάσει στην αγνή του κατάσταση, όλα θα γίνουν χωρίς προσπάθεια μέσα σε ένα λεπτό. Οι συμβουλές του Δασκάλου μερικές φορές φαίνονται να μην έχουν νόημα, αλλά όσο η πνευματική μας εμπειρία βαθαίνει, μπορούμε να κατανοήσουμε πλήρως τη σπουδαιότητα τους. Μέχρι τότε, η υπακοή είναι ο μόνος δρόμος.

Στη σημερινή εποχή υπάρχουν πολλά είδη λατρείας και

αυτοαποκαλούμενοι Γκουρού. Δεν αναφέρομαι σ' αυτούς. Το ενδιαφέρον μου εστιάζεται μόνο στους ειλικρινείς αναζητητές και στους γνήσιους αγίους που βιώνουν ήδη αυτή την κατάσταση. Φυσικά, ο καθένας πρέπει να παρατηρεί και να προσπαθεί να διαπιστώσει αν ένα συγκεκριμένο άτομο είναι κατάλληλο να γίνει οδηγός στο πνευματικό μονοπάτι, αν και, κατά γενική ομολογία, είναι πολύ δύσκολο να κρίνουμε αν κάποιος είναι φωτισμένος ή όχι. Αν και η έλλειψη φόβου, η ανιδιοτέλεια, ο έλεγχος των αισθήσεων και μια αίσθηση ισότητας προς όλους είναι μερικά από τα κύρια χαρακτηριστικά μιας Συνειδητοποιημένης Ψυχής, αυτά μπορεί να μην εκδηλώνονται πάντοτε με έναν προφανή τρόπο. Τελικά, αυτό που θα αποφασίσει είναι η διαίσθησή μας. Φαίνεται πως είναι φυσικός νόμος ότι ο ειλικρινής αναζητητής τελικά θα κερδίσει τη συντροφιά ενός αληθινού αγίου, αν και ίσως μερικές φορές καθυστερήσει.

Περίπου ένα μήνα αφού είχα συναντήσει τον Ράτναμτζι συνειδητοποίησα ότι το καθημερινό μου πρόγραμμα είχε αλλάξει ριζικά. Αυτό που είχε ξεκινήσει ως μια μικρή βοήθεια που θα τον ανακούφιζε από τον φόρτο της εργασίας, κατέληξε να είναι για μένα πλήρης απασχόληση. Στην ουσία δεν είχα χρόνο να καθίσω να διαλογιστώ. Όσο η αγάπη μου και ο θαυμασμός μου γι' αυτόν μεγάλωναν, τόσο αυξανόταν και ο χρόνος που περνούσα μαζί του, ώσπου στο τέλος τον ακολουθούσα είκοσι τέσσερις ώρες το εικοσιτετράωρο. Παρατηρούσα προσεκτικά τον τρόπο της ζωής του και τα λόγια του προς τους άλλους και προς εμένα. Μου είχε πει πολλές φορές ότι δεν έπρεπε να δέχομαι κάτι μόνο και μόνο επειδή το έλεγε εκείνος. Θα έπρεπε να στοχάζομαι βαθιά αν αυτό ήταν σωστό ή όχι και αν είχα κάποια αμφιβολία θα έπρεπε να τον ρωτώ. Με αυτόν τον θαυμάσιο άνθρωπο δεν υπήρχε ούτε ντάντεμα ούτε αυταρχισμός.

Ήθελε να αναπτυχθώ μέσα από τη δική μου νοημοσύνη. Ήταν ο καθοδηγητής μου, αλλά το όχημα το οδηγούσα εγώ.

Αν και ποτέ δεν μου ζήτησε να κάνω κάτι, εγώ από μόνος μου επέκτεινα την εργασία μου από το μάζεμα των λουλουδιών και το σκούπισμα στο καθάρισμα του δωματίου του, στην προετοιμασία της προσωπικής του λατρείας, στο να του φέρνω ζεστό νερό για το μπάνιο του το πρωί, στο να ασχολούμαι με την αγγλική του αλληλογραφία και να κάνω πολλές άλλες εργασίες. Μείωσα τις ώρες του ύπνου μου σε πέντε, αλλά εξακολουθούσα να νιώθω το ίδιο καλά. Για να πω την αλήθεια αισθανόμουν ακόμη πιο φρέσκος και περισσότερο σε εγρήγορση. Επίσης ανακάλυψα ότι το να τρώω δύο πλήρη γεύματα τη μέρα χωρίς τίποτα άλλο στα ενδιάμεσα ήταν παραπάνω από αρκετό και με βοηθούσε να νιώθω το σώμα μου ελαφρό. Αν ένιωθα ότι ο Ράτναμτζι χρειαζόταν κάτι συμπληρωματικό για τη διατροφή του, το αγόραζα χωρίς να τον ρωτήσω. Οι ανάγκες του ήταν κυριολεκτικά ελάχιστες.

Άρχισα να κοιμάμαι στο πάτωμα, όπως έκανε κι εκείνος, και το έβρισκα πιο αναπαυτικό από το κρεβάτι. Αν κανείς συνηθίσει στην απλή ζωή, μπορεί να ζήσει παντού ευτυχισμένος, ακόμη κι αν δεν έχει τίποτα. Όταν δεν μπορούμε να ικανοποιήσουμε κάποιες από αυτές που θεωρούμε ανάγκες μας, υποφέρουμε ατελείωτα από αγωνία και ανησυχία. Αν δεν υπάρχει διαθέσιμο ένα πολυτελές δωμάτιο με αναπαυτικό στρώμα, τηλεόραση και μπάνιο, πολλοί από εμάς νιώθουν ότι η ζωή είναι ανυπόφορη! Στην πραγματικότητα όμως, δυο περίπου μέτρα οπουδήποτε, ακόμη και κάτω από ένα δέντρο, είναι εντελώς αρκετά για κάθε υγιή άνθρωπο. Η στάση του νου είναι που κάνει όλη τη διαφορά!

Μια μέρα ήρθε μια καρτ ποστάλ για τον Ράτναμτζι που τον προσκαλούσε να παρακολουθήσει ένα φεστιβάλ σε ένα άσραμ στη βόρεια Ινδία. Στο πάνω μέρος της κάρτας ήταν τυπωμένο ένα μάντρα του θείου ονόματος. Κάτω από αυτό ήταν ένα απόσπασμα από μια ιερή ινδουιστική γραφή που υμνούσε τη δύναμη αυτού του μάντρα. Έλεγε ότι αν κανείς το επαναλάβει τριάντα πέντε εκατομμύρια φορές, ο νους του θα αποκτήσει τέλεια αγνότητα και θα συγχωνευθεί με το Θεό. Ρώτησα τον Ράτναμτζι αν αυτό ίσχυε.

«Φυσικά και ισχύει! Οι γραφές γράφτηκαν από τους αρχαίους σοφούς που είχαν όλοι συνειδητοποιήσει το Θεό με διάφορους τρόπους. Ήταν επιστήμονες που πειραματίστηκαν με διάφορες πνευματικές πρακτικές και είχαν ως αποτέλεσμα τη συνειδητοποίηση του Θεού. Μετέδωσαν τις πληροφορίες στους μαθητές τους κι εκείνοι με τη σειρά τους τις μετέδωσαν στους δικούς τους μαθητές και ούτω καθεξής. Όλη αυτή η διαδικασία έγινε προφορικά. Στα αρχαία χρόνια δεν υπήρχε έντυπος λόγος και η γνώση μεταβιβαζόταν μέσα από την προφορική παράδοση. Οι άνθρωποι εκείνοι ζούσαν πειθαρχημένη ζωή και γι' αυτό είχαν τεράστια ικανότητα μνήμης και μπορούσαν να θυμούνται ό,τι μάθαιναν, ακόμα κι αν αυτό ήταν χιλιάδες στίχοι.

«Οι ιερές γραφές είναι η καταγραφή των πνευματικών εμπειριών εκείνων των σοφών. Φυσικά, πολλά χρόνια πριν αυτοί οι στίχοι συγκεντρώθηκαν, καταγράφτηκαν και δόθηκαν στον κόσμο. Πριν από μερικά χρόνια άκουσα ο ίδιος έναν διανοούμενο της Βεδάντα να απαγγέλει απέξω ένα μέρος των Βεδών , για το οποίο χρειάστηκαν είκοσι οχτώ ώρες! Όχι μόνο είναι απαραίτητο να είναι σωστοί οι στίχοι, αλλά και κάθε συλλαβή πρέπει να έχει το σωστό τονισμό, αλλιώς το νόημα αλλάζει. Ακόμα και στη σημερινή εποχή υπάρχουν διανοούμενοι με αυτήν την εξαιρετική ικανότητα μνήμης.»

Όταν άκουσα αυτά τα λόγια, αποφάσισα να επαναλάβω αυτό το μάντρα τριάντα πέντε εκατομμύρια φορές. Υπολόγισα ότι αν το επαναλάμβανα με ένα μέτριο ρυθμό για περίπου δέκα οχτώ ώρες την ημέρα, ακόμα και όση ώρα ασχολούμουν με άλλα πράγματα, θα μου έπαιρνε είκοσι πέντε χρόνια να το ολοκληρώσω. Ρώτησα τον Ράτναμτζι αν του φαινόταν καλή η ιδέα και το ενέκρινε. Από εκείνη τη στιγμή και μετά το θεώρησα ως την κύρια πρακτική μου για τη συνειδητοποίηση του Θεού.

Μετά από δυο μήνες παραμονή στο άσραμ άρχισαν να εμφανίζονται δυσκολίες. Κάποιοι από τους άλλους σαντού ή μοναχούς που κατοικούσαν εκεί άρχισαν να ζηλεύουν τον Ράτναμτζι, νομίζοντας ότι εγώ του έδινα τεράστια χρηματικά ποσά. Στην Ινδία οι άνθρωποι συνήθως θεωρούν τους Δυτικούς πλούσιους και ίσως να είναι σε σύγκριση με τους Ινδούς. Η αλήθεια ήταν ότι δεν είχα δώσει ποτέ χρήματα στον Ράτναμτζι και εκτός από λίγα τρόφιμα δεν αγόρασα ποτέ τίποτα γι' αυτόν. Κάθε τόσο δεχόμουν προειδοποιήσεις να μην κάνω παρέα μαζί του, κάτι στο οποίο εγώ αντιδρούσα έντονα. Αυτό σταδιακά έκανε τα πράγματα χειρότερα μέχρι που μια μέρα μου ζήτησαν να αφήσω το δωμάτιό μου και να μετακομίσω στο χώρο γενικής υποδοχής με τους υπόλοιπους επισκέπτες μοναχούς. Το είπα στον Ράτναμτζι και μου υπέδειξε να ψάξω για δωμάτιο έξω από το άσραμ, γιατί ήταν μόνο ζήτημα χρόνου να μου πουν να φύγω. Έψαξα σε όλη την κοινότητα γύρω από το άσραμ και βρήκα ένα μεγάλο δωμάτιο σε πολύ λογική τιμή στο πρώτο ακριβώς σπίτι που πήγα να ρωτήσω. Την ίδια μέρα μετέφερα τα ελάχιστα υπάρχοντά μου στο καινούργιο δωμάτιο κι έτσι ξεκίνησε ένα καινούργιο κεφάλαιο στην εκπαίδευσή μου.

Αυτό το σπίτι ανήκε σε έναν από τους παλαιότερους πιστούς του Ραμάνα. Είχε ζήσει εκεί από τη δεκαετία του 1930 μαζί με την οικογένειά του. Τύχαινε επίσης να είναι στενός φίλος του Ράτναμτζι, ο οποίος είχε μείνει στο σπίτι του περίπου είκοσι χρόνια πριν. Ο άνθρωπος αυτός ήταν σαν παιδί και απέπνεε αγιότητα. Ήταν πάντα έτοιμος να διηγηθεί συναρπαστικές ιστορίες για τη ζωή του με τον Ραμάνα. Το σπίτι ήταν πέντε λεπτά περπάτημα από το άσραμ και ήταν περιτριγυρισμένο από ένα μεγάλο κήπο, περίπου τέσσερα στρέμματα με φρουτόδεντρα και λουλούδια. Ήταν το ιδανικό μέρος για να ζήσεις με περισυλλογή και πνευματική άσκηση. Ο Ναράγιανα, όπως λεγόταν, μου διηγήθηκε ότι όταν ήθελε να ανοίξει ένα πηγάδι για το σπίτι, πήρε το σχέδιο του οικοπέδου στον Μαχάρσι και τον ρώτησε πού έπρεπε να σκάψει. Ο Ραμάνα ακούμπησε το δάχτυλό του σε ένα σημείο και το πηγάδι σκάφτηκε εκεί. Κατά τη διάρκεια της ζεστής εποχής σχεδόν όλα τα πηγάδια στην περιοχή στέγνωναν, εκτός από αυτό το πηγάδι και το πηγάδι στο άσραμ, που παρέμενε τουλάχιστον μισογεμάτο, γιατί και τα δυο τροφοδοτούνταν από αστείρευτη πηγή.

Ο Ναράγιανα είχε έρθει ως σκεπτικιστής απέναντι στον Μαχάρσι, μόνο και μόνο επειδή επέμενε ένας φίλος του. Όταν μπήκε στην αίθουσα, ο Ραμάνα ανέλυε ένα σημείο από τις Βεδικές γραφές, που μιλάει για την ενότητα του Θεού με τη δημιουργία Του. Έλεγε ότι αν κάποιος, με τον εξαγνισμό του νου, έχει επιτύχει την ένωση με το Θεό, αν και έχει σώμα, δεν διαφέρει σε τίποτα από το Άμορφο Απόλυτο. Η δύναμη του Υπέρτατου Όντος εκδηλώνεται μέσα από έναν τέτοιο άνθρωπο.

Ο Ναράγιανα περίμενε μέχρι που ο Ραμάνα έφυγε από την αίθουσα να πάει για φαγητό και τον ρώτησε ενώ περπατούσε: «Μιλούσες για την ένωση με το Θεό και για τον άνθρωπο που έχει επιτύχει την Απελευθέρωση. Μιλάς από τη δική σου εμπειρία;» Ο Ραμάνα του χαμογέλασε απαλά και του είπε: «Θα μιλούσα για κάτι τέτοιο χωρίς να το έχω βιώσει;» Όταν άκουσε αυτά τα λόγια ο Ναράγιανα κατακλύστηκε από αίσθημα σεβασμού και προσκύνησε τον Μαχάρσι πέφτοντας στο έδαφος σαν κορμός δέντρου! Από τότε μπήκε στο στενό κύκλο των πιστών του.

Λίγες μέρες αφότου μετακόμισα στο καινούργιο μου δωμάτιο ο Ράτναμτζι ήρθε να δει το μέρος. Αφού αντάλλαξαν χαιρετισμούς με τον Ναράγιανα, έκανε ένα γύρο να δει το δωμάτιο. Είπε ότι θα ήταν καλύτερα να μαγειρεύω μόνος μου το φαγητό μου παρά να το παίρνω από την οικογένεια. Θα ήταν φθηνότερο και θα ήταν μεγάλη βοήθεια για την πνευματική μου ζωή. Σύμφωνα με τον Ράτναμτζι, το φαγητό, όταν μαγειρεύεται, επηρεάζεται από αυτούς που το προετοιμάζουν. Προσελκύει και διατηρεί τις δονήσεις σαν μαγνήτης. Αν αυτοί που προετοιμάζουν το φαγητό είναι γεμάτοι από αρνητικές ή εγκόσμιες σκέψεις, μερικές από αυτές θα βρουν το δρόμο τους για το νου, αφού πρώτα περάσουν από το στομάχι. Οι λεπτοφυείς σκέψεις επηρεάζουν το λεπτοφυές μέρος του σώματός μας, δηλαδή το νου, ενώ το υλικό μέρος πηγαίνει να χτίσει το φυσικό σώμα. Αυτό έχει μικρή σημασία για τους ανθρώπους του κόσμου, γιατί δεν τους απασχολεί το περιεχόμενο του νου τους.

Ένας πνευματικός αναζητητής, όμως, πρέπει να δώσει μεγάλη προσοχή στην ελάττωση και στον εξαγνισμό των σκέψεών του. Μόνο στο νου που είναι τελείως άδειος από σκέψεις μπορεί να λάμψει ο Αληθινός Εαυτός ανεμπόδιστα. Μαγειρεύοντας κανείς για τον εαυτό του μπορεί σταδιακά να εξακριβώσει ποιες σκέψεις είναι δικές του και ποιες των άλλων. Όταν ξοδεύεται τόσος πολύς χρόνος για να εξημερωθεί και να συγκεντρωθεί ο νους, συνειδητοποιούμε πόση αξία έχει αυτή η διαδικασία. Είπε επίσης ότι δεν πρέπει να διστάζουμε καθόλου να δεχόμαστε φαγητό από κάποιον που έχει επιτύχει πνευματικότητα υψηλότερη από τη δική μας, γιατί αυτό θα μας βοηθήσει πνευματικά. Μου είπε να αγοράσω μια φθηνή γκαζιέρα κηροζίνης, μερικά πήλινα σκεύη και υλικά για μαγείρεμα.

Την επόμενη μέρα πήγα στην αγορά και αγόρασα όλα τα χρειαζούμενα. Ο Ράτναμτζι εμφανίστηκε κατά τις δέκα, αφού είχε τελειώσει την εργασία του στο άσραμ. Μου είπε να φέρω νερό και να το βάλω πάνω στη γκαζιέρα. Μετά μου έδειξε πώς να κόβω τα λαχανικά. Είπε: «Στην Ινδία χρησιμοποιούμε μόνο ένα συνοδευτικό λαχανικό την ημέρα και το αλλάζουμε κάθε μέρα. Το ρύζι και το σιτάρι είναι τα βασικά συστατικά κι έτσι το μαγείρεμα είναι πολύ εύκολο. Απλά θα μαγειρεύεις το ρύζι σε ένα δοχείο. Μετά θα βάζεις λίγες φακές σε ένα άλλο δοχείο και αφού τις βράσεις μέχρι να μαλακώσουν, θα ρίχνεις μέσα το λαχανικό και θα προσθέτεις μπαχαρικά και αλάτι. Αν θέλεις, αγόραζε λίγο γάλα και φτιάχνε γιαούρτι για να το αναμιγνύεις μέσα στο φαγητό. Για ποικιλία μπορείς να αλλάζεις το λαχανικό κάθε μέρα. Αυτός μπορεί να μην είναι ο τρόπος που μαγειρεύουν οι οικογένειες, γιατί είναι εξαιρετικά απλός, αλλά είναι αρκετός για μας. Αν θέλεις να απλοποιήσεις το νου σου, πρέπει να απλοποιήσεις όλα όσα έχουν σχέση με την εξωτερική σου ζωή. Ίσως είναι βαρετό για τους συνηθισμένους ανθρώπους, αλλά είναι μια λεπτό προς λεπτό περιπέτεια για τον αναζητητή, να παρατηρεί πώς μπορεί να ελαττώσει τη ροή των σκέψεων.»

«Γιατί κόβεις τα λαχανικά τόσο αργά; Αν πας μ' αυτό το ρυθμό, το φαγητό σου θα είναι έτοιμο αύριο το μεσημέρι», αναφώνησε.

Εγώ νόμιζα ότι τα έκοβα αρκετά γρήγορα και του το είπα. Πήρε το μαχαίρι από τα χέρια μου και τελείωσε τη δουλειά στο μισό χρόνο από ό,τι θα την είχα κάνει εγώ.

«Μπορεί κανείς να είναι γρήγορος και συγχρόνως προσεκτικός. Δεν πρέπει να χρονοτριβεί με τη δικαιολογία της προσεκτικής δουλειάς. Η ηρεμία και η νωθρότητα μοιάζουν εξωτερικά στα μάτια ενός επιπόλαιου παρατηρητή. Πρέπει να κατανοήσεις τη διαφορά ανάμεσα σε αυτά τα δύο και να αποβάλεις τη νωθρότητα. Ένας πιστός πρέπει να είναι σβέλτος και άξιος και συγχρόνως να διατηρεί τη γαλήνη του νου του. Πρέπει να μπορεί να παράγει την ίδια ή και περισσότερη

78

εργασία από τους άλλους, χωρίς να νιώθει νοητική κούραση. Θυμάμαι μια μέρα που έκανα μασάζ στις αρθρώσεις του Μαχάρσι με ένα θεραπευτικό έλαιο. Είχε σοβαρή ρευματοπάθεια και χρειαζόταν εντριβές καθημερινά. Καθώς έτριβα τα γόνατά του, άρχισα να φουσκώνω και να ξεφυσάω. Μου είπε να σταματήσω. «Επειδή ταυτίζεσαι πολύ με την εργασία η αναπνοή σου γίνεται ανήσυχη. Όταν κάνεις μια εργασία, μην αφήνεις το νου σου να προσκολλάται σ' αυτήν. Προσπάθησε να μείνεις νοητικά αποσπασμένος σαν ένας μάρτυρας του γεγονότος, ήρεμος και ψύχραιμος εσωτερικά, ακόμα κι αν εξωτερικά δουλεύεις σαν τρελός», με συμβούλεψε.

«Το δοκίμασα τότε και τώρα μπορώ να κάνω όση δουλειά χρειαστεί χωρίς νοητική κούραση ή αύξηση των σκέψεων. Μόλις καθίσω για διαλογισμό, ο νους μου αμέσως βυθίζεται τελείως και γίνεται ένα με την πηγή του. Αν εργαζόμαστε με προσκόλληση και άγχος, ο διαλογισμός γίνεται αδύνατος για πολλές ώρες μετά, μέχρι που η ορμή των κυμάτων της σκέψης να καταλαγιάσει. Αν δεν μπορείς να αποστασιοποιηθείς προς το παρόν, τουλάχιστον επανάλαμβανε το Θεϊκό Όνομα ενώ εργάζεσαι. Σιγά σιγά, ακόμα και όταν εργάζεσαι, ο νους σου θα προσκολλάται στο όνομα και όχι στην εργασία και έτσι η γαλήνη σου δεν θα διαταράσσεται».

Μου ζήτησε να πάω κοντά του και, δείχνοντάς μου το δοχείο με τα κομμάτια του λαχανικού που έβραζαν, είπε: «Κοίταξε πώς πηδούν και χορεύουν τα κομμάτια εξαιτίας της θερμότητας. Αν μετακινήσω το δοχείο, θα ησυχάσουν. Έτσι είναι και ο νους. Όταν προσκολλάσαι στην εργασία που κάνεις, ο νους θερμαίνεται και οι σκέψεις σου αρχίζουν να πηδούν και να χορεύουν. Αν δεν υπάρχει θερμότητα, ο χορός τελειώνει».

Για τον Ράτναμτζι το καθετί ήταν μια ευκαιρία να με διδάξει μια πνευματική αρχή. Το να είσαι κοντά του ήταν μια συνεχής διαδικασία μάθησης. Είχα κάνει κοπάνα από το σχολείο πολλές φορές όταν ήμουν μικρότερος. Τώρα πλήρωνα γι' αυτό με μαθήματα μέρα και νύχτα!

Κάθισα σε μια γωνιά και περίμενα να δω το επόμενο βήμα. Κατέβασε τα σκεύη από τη φωτιά, έβαλε λίγο φαγητό στο πιάτο μου και μετά σε ένα άλλο πιάτο για τον εαυτό του. Μετά με ρώτησε αν είχα κάποια φωτογραφία του Ραμάνα. Είχα ένα βιβλίο με μια φωτογραφία του μέσα και του το έφερα. Το τοποθέτησε κοντά στο φαγητό και με αργές κινήσεις προσποιούνταν ότι τάιζε τη φωτογραφία. Αυτό συνεχίστηκε για περίπου δεκαπέντε δευτερόλεπτα και μετά βγήκε έξω με λίγο φαγητό και το έδωσε σε κάποιους πεινασμένους σκύλους και κουρούνες που περίμεναν εκεί. Μετά από αυτό καθίσαμε να φάμε.

«Τι ήταν όλα αυτά;» τον ρώτησα.

«Θεωρούμε τον Ραμάνα Γκουρού και Θεό μας. Με την προσφορά της τροφής σε εκείνον πρώτα, η τροφή αγιάζεται και θα μας βοηθήσει να νικήσουμε το νου μας. Οι περισσότεροι δυτικοί άνθρωποι δεν συμφωνούν με την ιδέα να λατρεύεται ένας άνθρωπος ως Θεός ή να αποδίδεται μορφή σε Εκείνον που είναι πέρα από μορφές. Αυτό πιθανόν έχει προέλθει από την Παλαιά Διαθήκη, που διδάσκει ότι ο Θεός δεν πρέπει να λατρεύεται σε καμία μορφή, ότι ο Θεός έχει προσωπικότητα, αλλά όχι μορφή. Στη Βεδική θρησκεία ο Θεός στην απόλυτη εκδοχή του δεν έχει ούτε μορφή, ούτε προσωπικότητα. Είναι Αγνή Ύπαρξη και αποδίδεται καλύτερα με τη φράση «Είμαι εκείνο που είμαι», όπως ο ίδιος ο Θεός είπε στον Μωυσή επάνω στο όρος Σινά. Όμως, για λόγους λατρείας και επικοινωνίας με τους πιστούς του, εκδηλώνει την παρουσία Του σε όλα τα αντικείμενα της δημιουργίας. Αν η αφοσίωση ενός ανθρώπου και οι σκέψεις του είναι αρκετά δυνατές, μπορεί να βλέπει τον Θεό να διαπερνά κάθε μόριο της δημιουργίας.

«Όπως εκείνος που σκέπτεται διαπερνά τις σκέψεις του, ο

Θεός διαπερνά τη δημιουργία, η οποία δεν είναι τίποτα άλλο παρά το προϊόν της Θέλησής Του ή της Σκέψης Του. Αν θέλουμε να δούμε το Θεό μέσα μας και να ενώσουμε το νου μας με εκείνον, έτσι ώστε να αποκτήσουμε τη Θεϊκή Ευδαιμονία, χρειάζεται να συγκεντρώσουμε και να εκλεπτύνουμε το νου μας. Πώς μπορεί ένας άνθρωπος να συγκεντρωθεί σε ένα Ον χωρίς μορφή και απέραντο σαν τον ουρανό; Ο νους μας είναι συνεχώς απασχολημένος με μορφές και ήχους. Πρέπει να διαλέξουμε μια μορφή και να προσπαθήσουμε να δούμε το Θεό μέσα σ' αυτήν. Σταδιακά θα επιτευχθεί η συγκέντρωση και θα μπορούμε να Τον βλέπουμε στα πάντα, ως την Ουσία που διαπερνά τα πάντα. Γι' αυτό πρόσφερα πρώτα τροφή στο Θεό με τη μορφή του Γκουρού και μετά στο Θεό με τη μορφή των πεινασμένων ζώων. Θα αποκτήσουμε ένα αίσθημα συμπόνιας και ενότητας με τα άλλα όντα, το οποίο τελικά θα διευρύνει τη συνηθισμένη μας όραση σε Συμπαντική Όραση του Θεού σε όλα. Κατάλαβες;»

Ο Ράτναμτζι για να απαντήσει σε μια απλή ερώτηση είχε χωρέσει όλη τη δυτική και την ανατολική φιλοσοφία σε ένα κέλυφος καρυδιού! Θαύμαζα το βάθος της γνώσης του και την ευρύτητα της σκέψης του!

Όταν τελειώσαμε το φαγητό μας, εκείνος ξάπλωσε σε μια ψάθα να ξεκουραστεί. Εγώ ξεκίνησα να καθαρίζω τη γωνιά του δωματίου που είχαμε χρησιμοποιήσει ως κουζίνα. Καθόμουν στα πόδια μου καθώς μάζευα τα πιάτα και τα άλλα σκεύη.

«Γιατί κάθεσαι με αυτόν τον τρόπο;» με ρώτησε.

«Αν σηκωθείς όρθιος και λυγίσεις τη μέση σου για να κάνεις μια εργασία στο έδαφος, τεντώνονται οι μυς των ποδιών και δυναμώνουν τα νεύρα και αυτό με τη σειρά του θα διώξει τη νωθρότητα από το νευρικό σου σύστημα. Αν απομακρυνθούν το άγχος και η νωθρότητα, ο διαλογισμός θα κυλά ευκολότερα.» Έκανα ό,τι μου είπε και βγήκα έξω να πλύνω τα πιάτα.

81

Πήρα λίγο σαπούνι σε σκόνη και άρχισα να τρίβω τα σκεύη, φυσικά όρθιος και λυγίζοντας τη μέση μου προς τα κάτω.

«Κοίταξε, εμείς είμαστε μοναχοί και δεν έχουμε την πολυτέλεια να χρησιμοποιούμε το σαπούνι τόσο σπάταλα. Αν πάρεις λίγη στεγνή, μαλακή άμμο και την χρησιμοποιείς αντί για σαπούνι, το λάδι και η βρωμιά θα καθαρίζονται και δεν θα μας κοστίζει τίποτα. Χτες σε είδα να καθαρίζεις ένα μπουκάλι που είχε αδειάσει από λάδι. Σπατάλησες ένα σωρό σαπούνι. Αν απλά έριχνες μέσα στεγνή άμμο και το κουνούσες και μετά έβαζες μέσα ένα κλαράκι από θάμνο και το στριφογύριζες, όλο το λάδι που ήταν κολλημένο στο μπουκάλι θα είχε φύγει. Μετά θα έβαζες λίγο σαπούνι για να ολοκληρωθεί το καθάρισμα.»

Είχα αρχίσει να μπουχτίζω. Έμοιαζε σαν να μην ήξερα να κάνω τίποτα με το σωστό τρόπο και ότι εκείνος ήξερε τα πάντα. Φοβόμουν να κάνω δυο βήματα, γιατί μπορεί να αποδεικνυόταν ότι είχα περπατήσει λάθος! Τέλειωσα το πλύσιμο των σκευών και τα έβαλα πάνω στο ράφι. Εκείνος κοίταξε αν τα είχα τοποθετήσει με το στόμιο προς τα κάτω. Ευτυχώς είχα αυτή την κοινή λογική. Ξάπλωσα κάτω και με πήρε ο ύπνος.

«Ε, Νιλ! Κοιμάσαι; Δεν είναι και τόσο καλό να κοιμάσαι στη διάρκεια της μέρας. Αν κοιμάσαι μετά την ανατολή του ήλιου ή πριν από τη δύση του, το σώμα υπερθερμαίνεται και αντί να νιώθεις αναζωογονημένος, θα νιώθεις βαρύς και νυσταγμένος. Αν νιώθεις κούραση, μπορείς να πλένεις το πρόσωπό σου και τα χέρια σου μέχρι πάνω και να ξαπλώνεις για λίγο επαναλαμβάνοντας το Θείο Όνομα, αλλά μην κλείνεις τα μάτια σου.»

Ίσως θα έπρεπε και να μην αναπνέω, σκέφτηκα.

Το απόγευμα ο Ράτναμτζι επέστρεψε στο άσραμ να συνεχίσει την εργασία του εκεί. Μετά από λίγη ώρα τον ακολούθησα και αφού παρακολούθησα την απαγγελία των Βεδών και τη βραδινή λατρεία στο Σαμάντι, πήγα να διαλογιστώ. Όταν κάθισα για διαλογισμό, ένιωθα ανεξέλεγκτη νύστα και το κεφάλι μου κύλησε προς τα κάτω λίγα λεπτά αφού είχα κλείσει τα μάτια μου. Προσπάθησα να τινάξω από πάνω μου τον ύπνο, αλλά δεν μπόρεσα. Απογοητευμένος πήγα στο δωμάτιό μου και έφαγα ό,τι είχε μείνει από το μεσημέρι. Ο Ράτναμτζι είχε φτιάξει αρκετό φαγητό και δεν χρειαζόταν να μαγειρέψω ξανά το βράδυ.

Ήρθε στο δωμάτιο κατά τις οχτώ, αφού είχε τελειώσει το γεύμα του στο άσραμ. Έφερε μαζί του ένα φίλο. Έναν ψηλό, γεροδεμένο άνδρα με ένα λαμπερό χαμόγελο στο πρόσωπό του, έτοιμο να γελάσει κάθε στιγμή σαν παιδί. Έμοιαζε να ήταν κοντά στα εβδομήντα.

«Από δω ο Μπαϊτζί,» είπε. «Ο Μπαϊτζί ήταν από τους πρώτους ανθρώπους που συνάντησα όταν ήρθα εδώ το 1942. Είναι συνταξιούχος καθηγητής φιλοσοφίας από το πανεπιστήμιο του Χαϊντεραμπάντ, μια μεγάλη πόλη περίπου πεντακόσια μίλια βόρεια από δω. Από τη δεκαετία του '30 συνηθίζει να έρχεται στον Μαχάρσι όποτε βρίσκει λίγο χρόνο από τα επαγγελματικά και τα οικογενειακά του καθήκοντα. Από τότε που συναντηθήκαμε, εκτιμήσαμε ο ένας τον άλλο και όλα αυτά τα χρόνια είναι για μένα πατέρας, μητέρα, μεγαλύτερος αδελφός και οδηγός μου, κάτι σαν τη σχέση μου μαζί σου. Μπαϊτζί, πες στον Νιλ πώς ήρθες στον Ραμάνα.»

«Δίδασκα φιλοσοφία στο μεγαλύτερο πανεπιστήμιο της πολιτείας εκείνο τον καιρό,» είπε ο Μπαϊτζί. «Ήμουν περίπου σαράντα δύο χρόνων. Αν και είχα ενδιαφέρον για την πνευματική ζωή από μικρός, δεν ήμουν αφοσιωμένος με την καρδιά και την ψυχή. Μια μέρα, ενώ έκανα ντους στο σπίτι μου, άκουσα ένα θόρυβο και γύρισα προς τα εκεί. Είδα έναν άνδρα να στέκεται μέσα στο μπάνιο και να με κοιτάει χαμογελώντας. Ήμουν σίγουρος πως είχα κλειδώσει την πόρτα του μπάνιου. Ο άνδρας φορούσε μόνο ένα ρούχο γύρω από τη μέση του και κρατούσε ένα ραβδί για περπάτημα. Τρόμαξα, έβαλα τις φωνές και βγήκα τρέχοντας από το μπάνιο. Η οικογένειά μου ήρθαν τρέχοντας. Όταν άκουσαν την αιτία της φασαρίας, πήγαν στο μπάνιο κι έψαξαν, αλλά δεν βρήκαν ούτε ίχνος από τον άγνωστο.

Μια βδομάδα αργότερα, ενώ κοίταζα ένα βιβλίο σχετικά με τη φιλοσοφία της Βεδάντα, είδα κατάπληκτος στην πρώτη σελίδα τη φωτογραφία του ανθρώπου που είχα δει στο μπάνιο μου, με το ρούχο γύρω από τη μέση, το ραβδί του βαδίσματος και όλα. Κάτω από τη φωτογραφία ήταν το όνομά του, Σρι Ραμάνα Μαχάρσι. Στον πρόλογο του βιβλίου αναφερόταν ότι ήταν ένας φωτισμένος άγιος που ζούσε στους πρόποδες του λόφου Αρουνάτσαλα. Μόλις μπόρεσα να πάρω άδεια από τη δουλειά μου, έφυγα για το Αρουνάτσαλα.

Μόλις έφτασα στο άσραμ, πήγα αμέσως στην αίθουσα. Ο Μαχάρσι καθόταν στον καναπέ εκπέμποντας χειροπιαστή γαλήνη γύρω του. Μου έριξε μια διαπεραστική αλλά τρυφερή ματιά και γελώντας είπε: «Αυτός έχει δει τον Ραμάνα, πριν έρθει εδώ!» Από εκείνη τη στιγμή αφοσιώθηκα με όλη μου την καρδιά στην επίτευξη του πνευματικού στόχου και αφοσιώθηκα σε εκείνον ως οδηγό και Γκουρού μου.»

Πριν φύγει ο Μπαϊτζί, με πήρε πιο πέρα και μου είπε πόσο πολύ τυχερός ήμουν που είχα τον Ράτναμτζι οδηγό μου στο πνευματικό μονοπάτι. Μου εξήγησε ότι ο Ράτναμτζι ήταν ένας άγιος υψηλού επιπέδου και δεν έπρεπε να με ξεγελά η ταπεινότητα της εμφάνισης και των πράξεών του. Μετά μας αποχαιρέτησε και επέστρεψε στο άσραμ. Ήταν περίπου έντεκα εκείνη την ώρα. Νύσταζα πολύ και ήμουν έτοιμος να ξαπλώσω. Ο Ράτναμτζι, που είχε ήδη ξαπλώσει, με φώναξε και μου είπε ότι θα ήταν καλύτερα να πλύνω τώρα ένα δυο σκεύη που είχαν μείνει, για να υπάρχει περισσότερος διαθέσιμος χρόνος το πρωί. Έκανα με το ζόρι ό,τι μου είπε και ετοιμαζόμουν να ξαπλώσω με τη σκέψη ότι πρέπει να σηκωθώ στις τρεις και μισή το επόμενο πρωί. Είχα μόλις καθίσει στην ψάθα μου όταν με φώναξε και με ρώτησε αν μπορούσα να πιέσω τα πόδια του, γιατί πονούσαν. Είχα διαβάσει ότι είναι μεγάλη ευλογία να επιτραπεί σε κάποιον να αγγίξει το σώμα των μεγάλων αγίων και μερικοί άγιοι, ως ένδειξη εύνοιας, ζητούν από τους πιστούς τους να πιέσουν τα πόδια τους. Ένιωσα ευτυχισμένος που μου δινόταν αυτή η ευκαιρία, αλλά συγχρόνως με έπαιρνε ο ύπνος. Τελικά φάνηκε ότι ο Ράτναμτζι κοιμήθηκε κι έτσι σηκώθηκα κι εγώ ήσυχα και πήγα να ξαπλώσω.

«Γιατί σταμάτησες; Τα πόδια μου πονούν ακόμη,» μου είπε.

Σηκώθηκα ξανά, αυτή τη φορά όχι τόσο πρόθυμα. Κάπως τα κατάφερα να παραμείνω ξύπνιος μέχρι την ώρα που μου είπε να πάω να ξαπλώσω. Μόλις το κεφάλι μου άγγιξε το μαξιλάρι, αποκοιμήθηκα. Γύρω στη μία ο Ράτναμτζι με φώναξε.

«Κρυώνω. Υπάρχει καμιά κουβέρτα εδώ;»

Φυσικά ήξερε ότι είχα μόνο μια βαμβακερή κουβέρτα, αυτήν που χρησιμοποιούσα. Τον σκέπασα μ' αυτήν και ξάπλωσα ξανά. Έβγαλα το ντότι μου και σκέπασα όλο το σώμα μου με αυτό. Είναι απορίας άξιο πόσο ζεστό μπορεί να είναι ένα τόσο λεπτό ρούχο, όταν κρυώνεις. Για προσκέφαλο χρησιμοποιούσα ένα μικρό μπόγο από τα τυλιγμένα ρούχα μου ή έβαζα το χέρι μου κάτω από το κεφάλι μου. Αν και δεν ήταν πολύ άνετο στην αρχή, το συνήθισα και μετά από λίγο καιρό ήμουν ευτυχισμένος που τα κατάφερνα με τόσο λίγα. Ήταν ένα σημαντικό βήμα προς την κατεύθυνση της αποστασιοποίησης από τις εξωτερικές συνθήκες.

Η μισή γαλήνη του νου μας χάνεται εξαιτίας της αντίδρασής μας στις εξωτερικές συνθήκες, εξαιτίας της έλλειψης προσαρμοστικότητας. Ένας άνθρωπος που δεν θέλει τίποτα ή που είναι έτοιμος να περάσει με ό,τι υπάρχει διαθέσιμο, θα είναι ευτυχισμένος παντού. Ο Ράτναμτζι προσπαθούσε να με διδάξει αυτό το μάθημα μέσα από την πρακτική εμπειρία. Αν μου είχε πει ότι πρέπει να τα καταφέρνω με τα ελάχιστα, αλλά δεν είχε ποτέ δημιουργήσει την αντίστοιχη κατάσταση, πώς εγώ θα είχα την άμεση γνώση, την εμπειρία; Και αν δεν είχα ασκήσει αυτή την ικανότητα και αν δεν είχα αυτήν την εμπειρία ξανά και ξανά, πώς θα μπορούσα να κατανοήσω την επίδρασή της στο νου και την ακόλουθη πνευματική πρόοδο; Υποχρεώνοντάς με να παραμείνω ξύπνιος ενώ ήμουν έτοιμος να κοιμηθώ, προσπαθούσε να με διδάξει πώς να υπερβώ την προσκόλλησή μου στον ύπνο. Επίσης, η κάθε κατάσταση ήταν μια ευκαιρία να επιλέξω αν θα συμπεριφερθώ εγωιστικά ή χωρίς εγώ, να αναπτύξω υπομονή και να ελέγξω το θυμό μου.

Όλες οι αρνητικές τάσεις από τις οποίες είναι γεμάτος ο νους μπορούν να εκδηλωθούν κατά περίσταση στην καθημερινή μας ζωή, αλλά στη συναναστροφή μας με τους αγίους ό,τι καλό ή κακό υπάρχει μέσα μας βγαίνει στο φως πολύ γρήγορα! Φυσικά, είναι στη διάκριση του μαθητή να χρησιμοποιήσει αυτό το γεγονός για την πνευματική του εξέλιξη, ελέγχοντας τις αρνητικές ποιότητες και καλλιεργώντας τις θετικές. Αν ένας άνθρωπος, στη συντροφιά ενός αγίου, καταφέρει να κατανοήσει πώς λειτουργεί ο νους και μάθει να τον ελέγχει, τότε μπορεί να ζήσει γαλήνια ακόμη και στον κόσμο της καθημερινότητας. Αν κανείς τα βγάλει πέρα στο πεδίο της μάχης, όπου και να πάει μετά, συγκριτικά, του φαίνεται παράδεισος!

Ξύπνησα στις τρεις και μισή, έκανα το μπάνιο μου και στις τέσσερις ήμουν έτοιμος να βοηθήσω τον Ράτναμτζι σε οποιαδήποτε δουλειά. Το προηγούμενο βράδυ και μπροστά στον Μπαϊτζί είχα παραπονεθεί ότι δεν είχα πια αρκετό χρόνο για διαλογισμό. Ακόμα κι αν καθόμουν να διαλογιστώ, με έπαιρνε ο ύπνος και πίστευα ότι ευθυνόταν γι' αυτό η υπερβολική εργασία μέρα νύχτα. Δεν ήξερα ότι σε ένα συγκεκριμένο στάδιο του διαλογισμού η ενυπάρχουσα στο νου νωθρότητα εκδηλώνεται ως ύπνος ή υπνηλία. Ο Ράτναμτζι και ο Μπαϊτζί κοίταξαν ο ένας τον άλλον και γέλασαν. «Από αύριο θα έχεις πραγματικό διαλογισμό, ακόμα και χωρίς να καθίσεις για να διαλογιστείς», είπε ο Ράτναμτζι. Δεν κατάλαβα τι εννοούσε.

Εκείνο το πρωί, ενώ έπλενα τα ρούχα μου, ένιωσα καθαρά ότι ήμουν ένας ακίνητος παρατηρητής, έξω από το σώμα μου και ότι μόνο το σώμα εκτελούσε την εργασία. Η αίσθηση δεν κράτησε για πολύ. Προσπάθησα να την ξαναβρώ, αλλά δεν τα κατάφερα. Ο νους μου ήταν γεμάτος από την ίδια ήπια φώτιση όπως όταν έκανα ένα καλό διαλογισμό. Ρώτησα τον Ράτναμτζι σχετικά μ' αυτό.

«Αυτό σου έλεγα χτες το βράδυ. Αν κάποιος επαναλαμβάνει το μάντρα του όλη την ώρα και προσπαθεί να κρατάει το νου του αποσπασμένο από την εργασία που εκτελεί, αρχίζει να εμφανίζεται η αίσθηση ότι δεν είναι αυτός που κάνει την εργασία. Φυσικά είναι καλό να κάθεσαι για διαλογισμό, αλλά είναι μόνο το πρώτο βήμα. Καθόσουν αρκετές ώρες κάθε μέρα για περισσότερο από ένα χρόνο πριν έρθεις εδώ. Αυτό έχει αφυπνίσει κάτι μέσα σου, αλλά είναι μόνο η αρχή και θα είναι μεγάλος περιορισμός αν βιώνεις αυτή τη γαλήνη μόνο όταν κάθεσαι και κλείνεις τα μάτια σου. Η γαλήνη ή το ρεύμα της επίγνωσης είναι η αληθινή φύση του νου ή του εγώ σου και αν μείνεις σταθερός σ' αυτό, θα σε οδηγήσει στην Πραγματικότητα που είναι πέρα από το νου. Αν διαμορφώσεις το νου σου σύμφωνα με τις συμβουλές των αγίων, αυτό το ρεύμα θα κερδίσει σε δύναμη και σε διάρκεια, θα γίνει συνεχές. Θα γίνεται όλο και πιο βαθύ, μέχρι που δεν θα μείνει καμιά σκέψη και θα έχεις κάνει την υπέρβαση.»

Ο Ράτναμτζι πήγε να κάνει μπάνιο κι εγώ τον ακολούθησα με μια πετσέτα. Στάθηκε έξω, δίπλα στο πηγάδι μέσα στο κρύο πρωινό αεράκι. Έβγαζε νερό από το πηγάδι και το έριχνε στο κεφάλι του ξανά και ξανά. Τον ρώτησα γιατί ήταν απαραίτητο να κάνει αυτό το κρύο μπάνιο μέσα στον κρύο αέρα στην ηλικία και στην πνευματική κατάσταση που βρισκόταν. Είπε ότι το έκανε κυρίως για να δώσει ένα καλό παράδειγμα που θα το ακολουθούσαν κι άλλοι. Τον ρώτησα ποιοι είναι οι άλλοι, γιατί μόνο εγώ βρισκόμουν εκεί.

«Εσύ δεν είσαι αρκετός; Αν κάποιος κάνει μπάνιο μ' αυτόν τον τρόπο, γίνεται αδιάφορος στην ευχαρίστηση και στον πόνο του σώματος. Τότε μόνο μπορείς να προσηλώσεις το νου σου στο εσωτερικό ρεύμα. Η προσκόλληση στην ευχαρίστηση και η αποστροφή στον πόνο είναι τα δύο κύρια εμπόδια στον διαλογισμό. Αν κανείς περιμένει να εμφανιστούν η ευχαρίστηση και ο πόνος για να μάθει να μην επηρεάζεται από αυτά, θα πρέπει να περιμένει πολύ καιρό. Οι γραφές λένε να αρχίζουμε τη μέρα με ένα κρύο μπάνιο, με νερό κατά προτίμηση από πηγάδι. Η νωθρότητα του ύπνου που διαπερνά το νευρικό σύστημα διαλύεται και ο νους είναι φρέσκος και σε ετοιμότητα. Αυτό φυσικά δεν μπορεί να εφαρμοστεί αν κανείς είναι άρρωστος, αλλά εμείς δεν είμαστε ούτε ηλικιωμένοι ούτε άρρωστοι, ώστε να μην μπορούμε να ακολουθήσουμε τον κανόνα. Αν και ίσως δεν είναι αυστηρά απαραίτητο για μένα, αν δεν το κάνω, εσύ θα σκεφτείς ότι δεν είναι απαραίτητο για σένα. Αν δεν το κάνεις, θα στερήσεις τον εαυτό σου από τα πλεονεκτήματα αυτής της πρακτικής».

Ήμουν έκπληκτος και λίγο συγκινημένος με την προθυμία του να με διδάξει πώς να εξαγνίσω το νου μου, ακόμα κι αν αυτό σήμαινε να βάζει τον εαυτό του σε τέτοια ταλαιπωρία. Ήξερα πως τα γόνατά του έπασχαν από ρευματισμούς, γιατί όταν πονούσαν, του έφερνα ζεστό νερό για το μπάνιο του τον καιρό που έμενα στο άσραμ. Τώρα παρέβλεπε το πρόβλημα της υγείας του μόνο και μόνο για να δώσει σε εμένα το καλό παράδειγμα. Τον ρώτησα γιατί έπρεπε να μπαίνει σε τόσο κόπο για χάρη μου.

«Μήπως περιμένω τίποτα από σένα; Φυσικά δεν περιμένω τίποτα, αλλά αισθάνομαι ότι ο Ραμάνα σε έχει εμπιστευτεί στη φροντίδα μου για να σου δείξω το δρόμο προς τη Συνειδητοποίηση του Εαυτού και ξέρω πως κι εσύ επίσης νιώθεις το ίδιο. Ποιο είναι το καθήκον μου σ' αυτήν την περίπτωση; Αν ο Γκουρού έχει εμπιστευτεί μια εργασία σε κάποιον δεν πρέπει εκείνος να την εκτελέσει τέλεια, ακόμα κι αν πρόκειται να υποφέρει ή και να πεθάνει; Αν απουσιάζει η τέλεια υπακοή σε ένα καθήκον που μας έχει δοθεί από το Θεό, τότε τι πρόοδο μπορούμε να περιμένουμε στην πνευματική ή και στην κοσμική ζωή;»

«Πρέπει κανείς να ελέγξει τον νου και να τον κάνει γαλήνιο και πλήρως συγκεντρωμένο για να μπορέσει να δει την Αλήθεια να λάμπει μέσα του. Είναι απαραίτητη η πλήρης αφοσίωση σε αυτή την εργασία. Δεν μπορεί κανείς να κάνει ένα βήμα εμπρός και τρία πίσω όλη την ώρα. Αν είμαστε ανειλικρινείς έστω και σε μια πράξη, αυτή η ανειλικρίνεια θα γίνει συνήθεια και θα χρωματίζει όλες τις πράξεις μας. Αν αισθάνεσαι το σφυγμό σε οποιοδήποτε μέρος του σώματός σου, θα είναι ο ίδιος.

«Είναι πολύ δύσκολο να βελτιώσεις και να διαμορφώσεις το νου. Γι' αυτό πρέπει κανείς να είναι πλήρως αφοσιωμένος σε ό,τι κάνει, έτσι ώστε η πνευματική πρακτική να γίνεται με τρόπο τέλειο. Για την ακρίβεια η τελειότητα στην πράξη είναι από μόνη της μια πάρα πολύ δυνατή πρακτική για τη συγκέντρωση του νου. Αν κάποιος μπορέσει να ενσταλάξει την πνευματικότητα μέσα σου, όπως και ο Γκουρού μου το έκανε για μένα, δίνοντας διαρκώς το καλό παράδειγμα, τότε, αν είναι θέλημα θεού, θα μπορέσεις κι εσύ να κάνεις το ίδιο για κάποιον άλλον. Ακόμα όμως κι αν δεν γίνει αυτό, θα είναι χρήσιμο για τη δική σου Απελευθέρωση.»

Το πρωί, μετά από τη λατρεία στο Σαμάντι, ο Ράτναμτζι πήγε στο δωμάτιό του στο άσραμ για να κάνει τη δική του λατρεία. Εγώ μάζεψα τα λουλούδια, καθάρισα το δωμάτιο, τακτοποίησα τα πράγματα και παρακολούθησα τη λατρεία. Αν και δεν καταλάβαινα την αρχή που υπήρχε πίσω από όλα αυτά, απολάμβανα την ατμόσφαιρα που δημιουργούσαν οι ύμνοι και η απαγγελία των διαφόρων μάντρα. Εκείνο το πρωί, αφού τελείωσε η λατρεία, γύρισε και με ρώτησε. «Κάθεσαι εδώ αρκετές μέρες και παρακολουθείς την τελετή. Πότε θα την κάνεις κι εσύ;»

«Επιτρέπεται σε ένα δυτικό να εκτελέσει την τελετή;» ρώτησα. «Όλοι οι στίχοι που απαγγέλετε είναι στα σανσκριτικά. Αν ξεκινήσω να μάθω σανσκριτικά θα μου πάρει πραγματικά πολύ χρόνο. Επιπλέον εγώ θέλω να διαλογίζομαι και να σε υπηρετώ. Δεν θέλω να ξοδέψω χρόνο για να μάθω μια γλώσσα.»

«Δεν χρειάζεται να μάθεις σανσκριτικά. Θα σου γράψω εγώ μια τελετή στα αγγλικά με στίχους από το ποιητικό έργο του Μαχάρσι κι εσύ μπορείς να τους αποστηθίσεις και να τους επαναλαμβάνεις. Σημασία έχει η αφοσίωση και η προσοχή, όχι η γλώσσα. Ο Θεός γνωρίζει την καρδιά μας και πολύ λίγο τον ενδιαφέρουν οι εξωτερικές μας πράξεις», απάντησε.

Έτσι, τις επόμενες δυο μέρες ο Ράτναμτζι περνούσε όλο τον ελεύθερο χρόνο του επιλέγοντας στίχους από τα ευλαβικά ποιήματα του Ραμάνα και απλοποιώντας τον τρόπο εκτέλεσης της τελετής. Επίσης, μου εξήγησε τη χρησιμότητα της τελετής. Είπε ότι οι θρησκευτικές τελετουργίες μπορεί να είναι απλά μια τελετή για έναν ιερέα, αλλά είναι μια πρακτική για τη συγκέντρωση του νου για έναν πνευματικό αναζητητή. Έδωσε το παράδειγμα της βελόνας πάνω σε ένα μετρητή. Η κίνηση του επάνω μέρους της βελόνας είναι ξεκάθαρα ορατή, αλλά δεν φαίνεται κίνηση στο κατώτερο μέρος που είναι συνδεμένο με τη συσκευή. Με όμοιο τρόπο, ο νους μας είναι πολύ λεπτοφυής και δεν μπορούμε εύκολα να παρακολουθήσουμε τις κινήσεις του. Όμως, οι πράξεις μας και οι αισθήσεις μας είναι η προβολή ή η προέκταση του νου μας και μπορούμε ευκολότερα να τις παρακολουθήσουμε και να τις αξιολογήσουμε.

Όταν μου είπε όλα αυτά, θυμήθηκα την εμπειρία μου στον κήπο ενώ μάζευα λουλούδια. Δεν μπορούσα να συγκεντρώσω το νου μου ούτε καν στο λουλούδι που έκοβα, αλλά αναζητούσα ήδη το επόμενο. Μέχρι τότε πίστευα ότι είχα καλή συγκέντρωση, ενώ στην πραγματικότητα δεν ήταν έτσι. Είπε ότι όσο κάνει κανείς τη λατρεία, πρέπει να έχει επίγνωση του βαθμού συγκέντρωσης με τον οποίο ο νους παρακολουθεί την κίνηση των ματιών και των χεριών και την απαγγελία των στίχων. Αν κάποιος βελτιώσει τη συγκέντρωσή του μέσω των αισθήσεων, θα βελτιωθεί και η δύναμη της συγκέντρωσης σε λεπτότερα πράγματα. Επίσης, καθώς η συγκέντρωση γίνεται πιο βαθιά, το πέπλο της άγνοιας στο νου σταδιακά λεπταίνει και αρχίζουμε να βλέπουμε και να αισθανόμαστε τη Θεϊκή παρουσία και μέσα μας και έξω από εμάς. Όταν αυτό φτάσει στο αποκορύφωμά του, τότε συνειδητοποιούμε το Θεό.

Μου πήρε σχεδόν ένα μήνα να μάθω την τελετή απέξω. Ως αντικείμενο λατρείας είχα μια εικόνα του Ραμάνα, γιατί από την αρχή για μένα ήταν η ενσάρκωση του Υπέρτατου Όντος. Προφανώς κάποια δύναμη με οδηγούσε και αισθανόμουν ότι αυτή η δύναμη ήταν εκείνος. Αν και ήμουν αρκετά λογικός σε όλα τα άλλα, δεν ασχολήθηκα ποτέ με τη λογική εξήγηση αυτού του γεγονότος. Η διαίσθησή μου με καθοδηγούσε σ' αυτόν το δρόμο και αυτό με κάλυπτε πλήρως. Στον Ραμάνα έβλεπα τον Θεό.

Η υπερβολική εκλογίκευση των πνευματικών ζητημάτων

91

τους αφαιρεί τη ζωή και ο άνθρωπος σκληραίνει και στεγνώνει. Ο Θεός είναι το λεπτό, αγνό υπόστρωμα του νου και αυτό που μπορεί να μας οδηγήσει γρήγορα στον στόχο μας είναι η παιδική απλότητα και η πίστη. Το είπε και ο Χριστός ότι πρέπει να γίνουμε σαν τα παιδιά αν θέλουμε να μπούμε στη Βασιλεία των Ουρανών. Για να βιώσουμε το Θεό χρειάζεται ένας απλός παιδικός νους. Η Βασιλεία του Θεού είναι μέσα μας, αλλά η απασχόληση με τα κύματα του νου μάς εμποδίζει να καταδυθούμε στο εσωτερικό βάθος, στον πυρήνα της ύπαρξής μας.

Ο Ράτναμτζι μου είπε ότι καμία πολυτέλεια δεν χρειάζεται στα αντικείμενα της λατρείας. Μερικά απλά πήλινα σκεύη ήταν ό,τι χρειαζόταν. Λίγο νερό, λουλούδια, λιβάνι και ένα φρούτο ήταν αρκετά για την προσφορά στον Γκουρού. Ξεκίνησα πρόθυμα και δεν παρέλειψα να εκτελέσω τη λατρεία ούτε μια μέρα για τα επόμενα δέκα χρόνια.

Έχοντας λάβει αρκετές οδηγίες για το πώς να εκτελώ κάθε πράξη ώστε να εξαγνίζεται ο νους, έβαζα τα δυνατά μου να τις εφαρμόζω. Αυτό, όμως, δεν ήταν εύκολη υπόθεση. Η παλιά μου αντίδραση έβγαινε στην επιφάνεια κάθε τόσο. Δεν είχα την παραμικρή αμφιβολία ότι όλα όσα μου έλεγε ο Ράτναμτζι ήταν σωστά, αλλά όταν ξεκινούσα να κάνω κάτι, άκουγα δυο φωνές μέσα στο νου μου. Η μία έλεγε «Κάνε ό,τι σου είπε» και η άλλη έλεγε «Γιατί σκοτίζεσαι; Κάνε ό,τι σου αρέσει.» Για πολλές μέρες ακολουθούσα τη δεύτερη φωνή και έκανα ό,τι ήθελα, ακόμα και αν ήξερα πως ήταν λάθος.

Αυτό από μόνο του ήταν ένα πρόβλημα, αλλά επίσης άρχισε να συμβαίνει κάτι πολύ παράξενο. Όποτε έκανα «ό,τι ήθελα», έτρωγα μια σφαλιάρα. Ένα βράδυ ο Ράτναμτζι καθόταν δίπλα στη λιμνούλα στο άσραμ και επαναλάμβανε το μάντρα του. Μετά από δυο ώρες σηκώθηκε και κατευθυνόταν προς το δωμάτιό του. Εκείνη την ώρα εγώ ήμουν μέσα στο δωμάτιο

Στο λόφο του Αρουνάτσαλα – 1974

και προσπαθούσα να τακτοποιήσω κάποια πράγματα. Φύλαγε κάποια αντικείμενα πάνω σε ένα ράφι και μου είχε ζητήσει επανειλημμένα να μην τα αγγίξω ακόμα κι αν φαίνονταν βρώμικα ή άτακτα. Καθώς καθάριζα, έφτασα στο απαγορευμένο ράφι και σκέφτηκα: «Ω, πραγματικά δεν πειράζει να αγγίξω αυτά τα πράγματα. Είναι τόσο βρώμικα». Κι έτσι άρχισα να καθαρίζω και να τακτοποιώ το ράφι. Εκείνη τη στιγμή μπήκε μέσα ο Ράτναμτζι.

«Τι νομίζεις πως κάνεις;» μου είπε.

«Ω, τίποτα, αλλά σκέφτηκα ότι αφού καθάρισα όλο το δωμάτιο, μπορούσα να καθαρίσω κι εδώ» απάντησα.

«Επίτηδες σου ζήτησα να μην αγγίξεις τα πράγματα πάνω σ' αυτό το ράφι, γιατί ήθελα να δω αν μπορείς να ελέγξεις τον παρορμητισμό σου. Προφανώς δεν μπορείς. Πώς είναι δυνατόν να εμπιστευτεί κανείς κάτι σπουδαίο σε ένα παρορμητικό άτομο; Ένας άνθρωπος αυτού του είδους δεν είναι αξιόπιστος. Ήμουν γεμάτος ευδαιμονία και γαλήνη μετά από δύο ώρες επανάληψη του μάντρα μου δίπλα στη λίμνη και μετά ήρθα εδώ και σε βρήκα να κάνεις κάτι ανάρμοστο. Είναι σαν να έχει πέσει ένας πελώριος βράχος σε μια ήρεμη λίμνη», είπε.

Φυσικά ένιωσα πολύ άσχημα και αποφάσισα να μην κάνω κάτι ενάντια στη θέλησή του ξανά, μα αλλοίμονο, επανέλαβα το ίδιο πράγμα με διαφορετικούς τρόπους χιλιάδες φορές.

Μια μέρα μου ζήτησε να μαζέψω λίγα φύλλα από ένα χόρτο για να προσφερθούν στη λατρεία. Αυτό το συγκεκριμένο είδος χόρτου φυτρώνει μόνο εκεί που υπάρχει άφθονο νερό και στο άσραμ υπήρχε μόνο δίπλα στο κανάλι της αποχέτευσης. Όταν του το έφερα, διαπίστωσε ότι είχα ξεριζώσει το χορτάρι. Είπε «Δεν είναι ανάγκη να σκοτώσουμε ένα ανυπεράσπιστο φυτό. Χρειαζόμαστε μόνο το επάνω μέρος. Αν το κόψεις με ένα μαχαίρι, δεν θα πεθάνει και θα βλαστήσει ξανά.» Αρκετά

94

απλό, αλλά μόνο αν ο νους σου πάει προς τη σωστή κατεύθυνση, την κατάλληλη στιγμή!

Την επόμενη μέρα, όταν πήγα να μαζέψω το χορτάρι, είχα ένα μαχαίρι μαζί μου και σκόπευα να κάνω ό,τι μου είχε πει. Μόλις όμως άρχισα να κόβω το χορτάρι, ο νους μου είπε: «Γιατί πρέπει να τον ακούσεις; Προχώρα και ξερίζωσέ το. Μετά μπορείς να κόψεις τις ρίζες και δεν θα το μάθει ποτέ». Ως συνήθως, ακολούθησα «τη συμβουλή του διαβόλου» και τράβηξα το χορτάρι να το ξεριζώσω. Δυστυχώς είχα υποτιμήσει τη δύναμη της ρίζας και χρειάστηκε να το τραβήξω με δύναμη, αλλά ξαφνικά ξεκόλλησε και βρέθηκα κατρακυλώντας μέσα στο κανάλι της αποχέτευσης! Βγήκα από εκεί με βρεγμένα ρούχα και λυπημένος αλλά και σοφότερος και κατευθύνθηκα προς το δωμάτιο του Ράτναμτζι σαν τον εγκληματία που φοβάται τη δίκη και την εκτέλεση. Εκείνος απλά μου είπε ότι αυτός είναι ο μόνος τρόπος, ο οδυνηρός τρόπος, μέσα από τον οποίο θα μάθω και σιώπησε.

Η κατάσταση αυτή συνεχίστηκε καθημερινά κι αυτό με τρέλαινε. Ήταν σαν να ήθελα να βασανίζω τον εαυτό μου και να το απολαμβάνω ή σαν κάποια άγνωστη δύναμη να με έβαζε να κάνω λάθος πράγματα και μετά το απολάμβανε. Η σύγχυση και η θλίψη μου μεγάλωνε και άρχισα να σκέφτομαι ότι ίσως είχα κάνει λάθος που ακολούθησα την πνευματική ζωή. Όταν όμως το σκεφτόμουν καλύτερα, έβλεπα ότι δεν με ενδιέφερε κανένας άλλος τρόπος ζωής. Είχα ακολουθήσει τον πνευματικό δρόμο, όχι ως επιλογή μετά από λογική επεξεργασία, αλλά ως αποτέλεσμα μιας σειράς από εσωτερικές αναζητήσεις και την επακόλουθη κατανόηση της αξίας της πνευματικής ζωής σε σύγκριση με τις απολαύσεις του κόσμου. Απλά δεν υπήρχε περίπτωση να γυρίσω πίσω ή να ζήσω έναν άλλο τρόπο ζωής. Ακόμα κι αν γύριζα πίσω στην προηγούμενη ζωή μου, η ίδια κατανόηση θα επικρατούσε και θα με έφερνε πίσω σε μια ζωή απάρνησης και πνευματικότητας.

Πώς θα μπορούσα λοιπόν να διορθώσω την κατάσταση; Είχα προσπαθήσει αμέτρητες φορές να ακολουθήσω τις συμβουλές του Ράτναμτζι, αλλά κάθε φορά κατέληγα να κάνω το αντίθετο και να πληρώνω το τίμημα γι' αυτό. Μετά μου ήρθε η σκέψη ότι ίσως το πρόβλημα ήταν ο Ράτναμτζι. Πάντα ήθελε να γίνονται τα πράγματα με έναν συγκεκριμένο τρόπο. Δεν υπήρχε περίπτωση να συμβιβαστεί με κάτι λιγότερο. Αν και τον είχα αποδεχτεί ως πνευματικό μου οδηγό, αποφάσισα ότι δεν χρειάζεται να ακολουθώ τις συμβουλές του. Για να αποφύγω τις αναπόφευκτες επιπλήξεις, ο νους μου προσπαθούσε να επινοήσει ένα τέχνασμα. Πήγα στον Ράτναμτζι και του είπα ότι επειδή η παρουσία μου ήταν μια ενόχληση για εκείνον και μπορούσε εξαιτίας μου να χάσει τη γαλήνη του νου του, σκεφτόμουν ότι θα ήταν καλύτερα να φύγω.

«Πού θα πας;» με ρώτησε χαμογελώντας. Δεν φαινόταν να αναστατώνεται από την ιδέα μου.

«Ίσως στη βόρεια Ινδία» απάντησα.

«Τι θα κάνεις εκεί;» με ρώτησε.

«Πιθανόν θα βρω έναν Γκουρού και θα κάνω πνευματική πρακτική. Αλλιώς θα βρω ένα μικρό σπίτι στα Ιμαλάια και θα περνώ τον καιρό μου καλλιεργώντας ένα κήπο», απάντησα με αυτοπεποίθηση.

Γέλασε. «Ο Θεός σε έφερε εδώ και χωρίς να αναζητήσουμε ο ένας τον άλλο, συναντηθήκαμε και αναπτύχθηκε η σχέση μας. Έχει έρθει η ώρα που πρέπει να εξαγνίσεις το νου σου και όπου κι αν πας, θα αναγκαστείς τελικά να το κάνεις. Πιστεύεις πως είμαι πολύ αυστηρός και ότι αν φύγεις, θα είσαι πιο γαλήνιος, αλλά η αλήθεια είναι ότι αν πετάξεις μακριά αυτό που σου δόθηκε χωρίς να το ζητήσεις, μπορεί να μη σου δοθεί ξανά στο κοντινό μέλλον. Αν σου τύχει να βρεις έναν άλλο πνευματικό οδηγό, αυτός θα είναι εκατό φορές πιο αυστηρός από μένα. Όταν ο Θεός μας έχει οδηγήσει στο δρόμο της πνευματικότητας, κι εμείς το βάλουμε στα πόδια εξαιτίας της μικρής ταλαιπωρίας που συνεπάγεται η εκπαίδευσή μας, ο Θεός θα μας δώσει τη διπλή ταλαιπωρία για να μας κάνει να επιστρέψουμε στον σωστό δρόμο. Η πνευματική ζωή δεν είναι αστείο και αν κανείς θέλει να βιώσει την Ευδαιμονία του Θεού, πρέπει πρώτα να περάσει μέσα από τον πόνο του εξαγνισμού του νου και του σώματος. Δεν χρειάζεται να ανησυχείς για τη δική μου γαλήνη. Θα ήταν αρκετό αν αποφάσιζες να επιμείνεις μέχρι να εξημερώσεις τον ανυπότακτο νου σου και να βρεις τη δική σου γαλήνη», είπε.

Εγώ, φυσικά, ήξερα ότι είχε δίκιο ως συνήθως, αλλά η ίδια διπλή φωνή συνέχιζε να ακούγεται μέσα στο νου μου, ίσως λίγο πιο χαμηλόφωνα μετά από αυτήν τη συζήτηση. Μια άλλη μέρα πήγα στο δωμάτιο ενός Ευρωπαίου πιστού που ζούσε στο άσραμ πολλά χρόνια. Ένιωθα γι' αυτόν βαθύ σεβασμό και πίστευα πως είχε επιτύχει τη φώτιση μέχρι ένα σημείο. Με ρώτησε πώς τα πήγαινα και του είπα πως ήμουν πολύ δυστυχισμένος και ευχόμουν να μην είχα γεννηθεί. Μου είπε ότι από όσα μπορούσε να καταλάβει, όλα μου τα προβλήματα οφείλονταν στο ότι, αν και είχα γεννηθεί Αμερικανός, προσπαθούσα να ζήσω σαν ινδουιστής. Είπε επίσης ότι αν κανείς μπορούσε να ακούσει τη φωνή του Θεού μέσα του δεν θα ήταν δυνατό να κάνει λάθος. Αφού μίλησα μαζί του λίγη ώρα, γύρισα στο δωμάτιό μου. Ξανασκέφτηκα αυτά που μου είπε και αποφάσισα ότι είχε δίκιο. Αποφάσισα να πάω και να πω στο Ράτναμτζι την καινούργια μου αποκάλυψη και να τον αποχαιρετήσω για πάντα. Για το μέλλον θα ακολουθούσα τη συμβουλή του Ευρωπαίου φίλου.

Μπήκα στο δωμάτιο φουριόζος. Αμέσως ο Ράτναμτζι είπε: «Τι συμβαίνει; Κάθισε λίγο να ηρεμήσεις και μετά μπορούμε να μιλήσουμε. Νιώθω σαν να έχει εισβάλει κυκλώνας στο δωμάτιο!»

Μετά από λίγα λεπτά του είπα ότι είχα βρει την αιτία της νοητικής μου ταραχής και πρόσθεσα ακόμη ότι εκείνος δεν θα έπρεπε να προσπαθεί να με κάνει ινδουιστή. Επανέλαβα αυτά που μου είχε πει ο φίλος μου. Δεν απάντησε, αλλά σηκώθηκε επάνω και μου είπε να τον ακολουθήσω. Ήταν νύχτα και περπατήσαμε για ένα μίλι περίπου, ώσπου φτάσαμε σε κάποιους μικρούς έρημους λόφους. Το φεγγάρι έλαμπε και το Αρουνάτσαλα λαμπύριζε στο βάθος. Όλα ήταν σιωπηλά.

Αφού καθίσαμε σιωπηλοί για λίγη ώρα, άρχισε: «Νιλ παιδί μου, ο φίλος μας έκανε λάθος στην κατανόησή του. Έφυγες από την Αμερική εξαιτίας μιας θεϊκής ώθησης και μιας έμφυτης αγάπης για την Ινδία. Ό,τι βλέπεις και ακούς σχετικά με τον ινδουιστικό πολιτισμό έχει τέλειο νόημα για σένα και χωρίς να σε αναγκάσει κανείς να κάνεις κάτι, αποφάσισες να ζήσεις τη ζωή του παραδοσιακού ινδουιστή μοναχού. Για την ακρίβεια, η πίστη σου στον βεδικό τρόπο ζωής είναι πολύ μεγαλύτερη από αυτήν των περισσότερων ορθόδοξων ινδουιστών. Ποτέ δεν μου πέρασε από το μυαλό να σε αναγκάσω να ακολουθήσεις αυτό το μονοπάτι. Απλά σου δείχνω το δρόμο που εγώ ο ίδιος ακολουθώ. Σου αρέσει και προσπαθείς να τον ακολουθήσεις. Φυσικά ο νους σου αντιδρά συνεχώς. Αυτό οφείλεται σε παλιές, βαθιά ριζωμένες συνήθειες που συσσώρευσες στη διάρκεια χρόνων πριν έρθεις εδώ. Υποφέρεις εξαιτίας της σύγκρουσης ανάμεσα στις καλές σου προθέσεις και στις παλιές σου συνήθειες. Δεν έχει καθόλου να κάνει με τον τωρινό σου τρόπο ζωής, αν και η παρουσία μου, χωρίς αμφιβολία, εντείνει τη σύγκρουση. Κάθε πνευματικός αναζητητής πρέπει τελικά να πολεμήσει τον κατώτερο εαυτό του και να βγει από αυτή τη μάχη νικητής και αναγεννημένος. Είναι αλήθεια ότι η φωνή του Θεού υπάρχει μέσα μας, αλλά μέσα μας υπάρχουν και πολλές άλλες φωνές. Από όλες αυτές η φωνή του Θεού είναι η πιο λεπτή και στην τωρινή σου κατάσταση δεν είναι δυνατόν να ξεχωρίσεις απόλυτα ποια φωνή είναι η δική Του και ποια είναι –ας το πούμε έτσι– του «διαβόλου». Μέχρι να αποκτήσεις αρκετή νοητική αγνότητα για να τις ξεχωρίζεις, ο ασφαλής δρόμος είναι να εμπιστεύεσαι το δάσκαλό σου και να ακολουθείς τη συμβουλή του, όσο δύσκολη κι αν είναι. Εγώ θέλω μόνο τη βελτίωσή σου και δεν έχω καμία διάθεση να σε κάνω να υποφέρεις. Προσπάθησε να καταλάβεις το βάθος της αγάπης μου για σένα, η οποία είναι αληθινά πνευματική και έχοντας εμπιστοσύνη συνέχισε να εξαγνίζεις το νου σου. Προς το παρόν το μικρό φως που υπάρχει εκεί είναι αναμιγμένο με πολύ σκοτάδι. Αυτό πρέπει να αναγνωριστεί και να απομακρυνθεί. Μην ανησυχείς τόσο πολύ. Ο Ραμάνα σε έφερε μέχρι εδώ και θα σε οδηγήσει και στο υπόλοιπο του δρόμου».

Οι παρηγορητικές αυτές λέξεις ήταν βάλσαμο για την ψυχή μου, αλλά μέσα σε λίγες μέρες άρχισα να υποφέρω πάλι από τις αλληλοσυγκρουόμενες φωνές μέσα στο νου μου. Έβλεπα πως ήταν ανέφικτο να εξαγνίσω το νου μου και για να πω την αλήθεια σκεφτόμουν την αυτοκτονία, αν και δεν είχα τη δύναμη να κάνω κάτι τέτοιο. Εκείνες τις μέρες βρήκα κατά τύχη μια συζήτηση που είχε κάνει ο Ραμάνα με έναν πιστό. Ο Ραμάνα είχε πει στον πιστό ότι η αυτοκτονία από πνευματική άποψη είναι τόσο κακή όσο και ο φόνος. Αν και ο πόνος μπορεί να οφείλεται στο σώμα, ο νους είναι που υποφέρει και αυτό που πρέπει να πεθάνει είναι ο νους και όχι το αθώο σώμα. Αυτός που σκοτώνει το σώμα του θα συνεχίσει να υφίσταται τον πόνο που ένιωθε στην παρούσα ενσάρκωση κι επιπλέον θα πρέπει να υποστεί και τον επιπρόσθετο πόνο που δημιουργήθηκε από το αμάρτημα της αυτοκτονίας. Όχι μόνο δεν είναι λύση η αυτοκτονία, αλλά χειροτερεύει την κατάσταση. Ένας άνθρωπος που έχει διαπράξει αυτοκτονία δεν μπορεί ποτέ να βρει τη γαλήνη του νου μετά τον θάνατο. Αυτό, φυσικά, απέκλειε την πιθανότητα της αυτοκτονίας για μένα. Απλά δεν υπήρχε άλλη επιλογή παρά να προχωρήσω και να συνεχίσω την προσπάθεια να κάνω το νου μου να υπακούσει στη θέλησή μου. Ήθελα τόσο πολύ να είμαι σε αρμονία με τον Ράτναμτζι, έτσι ώστε να μην χρειάζεται να με διορθώνει και να με επιπλήττει όλη την ώρα. Σίγουρα δεν έδινε καμιά ευχαρίστηση σε εκείνον και ήταν πραγματική κόλαση για μένα. Αν και ένιωσα την ανάγκη αμέτρητες φορές να το βάλω στα πόδια, υπήρχε πάντοτε κάτι βαθιά μέσα μου που μου έλεγε: «Όλα συμβαίνουν για το καλύτερο. Μην παραιτηθείς, αλλά διάσχισε με γενναιότητα αυτή τη σκοτεινή νύχτα της ψυχής». Δεν είχα ούτε καν διαβάσει για τη σκοτεινή νύχτα της ψυχής, αλλά σίγουρα βρισκόμουν στο μέσον της. Αυτή η οδυνηρή κατάσταση κράτησε περίπου έναν χρόνο, ενώ μάθαινα και αγωνιζόμουν να εφαρμόσω αυτά που διδασκόμουν.

Στο τέλος της πρώτης χρονιάς ο Ράτναμτζι μου ζήτησε να προσκαλέσω τη μητέρα μου στην Ινδία. Μου είπε ότι την είχα εγκαταλείψει με πολύ σκληρό τρόπο. Για την ακρίβεια της είχα συμπεριφερθεί με ασέβεια και αδιαφορία σχεδόν σε όλη τη ζωή μου και αυτό οφειλόταν στον εγωισμό και την αλαζονεία που είναι γενικά χαρακτηριστικό των παιδιών. Σε αντίθεση με την παράδοση της Ινδίας, η αμερικανική παράδοση δεν τονίζει καθόλου το γεγονός ότι τα παιδιά πρέπει να υπακούν όσο το δυνατόν περισσότερο τους γονείς. Επίσης, ότι έχουν χρέος με τη φροντίδα τους προς τους γονείς να ξεπληρώσουν όσα τους οφείλουν, επειδή εκείνοι τα μεγάλωσαν και τους παρείχαν όλα όσα χρειάζονται. Είτε από καθήκον είτε από αγάπη, πρέπει κανείς να φροντίσει τους γονείς του και να διατηρήσει καλές σχέσεις μαζί τους. Χωρίς τις ευλογίες της μητέρας δεν μπορεί να υπάρξει πραγματική πρόοδος στην πνευματική ζωή. Αυτή είναι η γνώμη των αρχαίων σοφών. Αναφέρεται στις γραφές ότι ο αγνώμων άνθρωπος δεν μπορεί να βρει θέση ούτε στην κόλαση. Αν όμως οι γονείς μας συμβουλέψουν ή μας ζητήσουν να κάνουμε κάτι που είναι επιζήμιο για την πνευματική μας ζωή, δεν χρειάζεται να τους υπακούσουμε. Μόνο τα λόγια του πνευματικού μας οδηγού βαραίνουν περισσότερο από τα λόγια των γονιών μας.

Έγραψα στη μητέρα μου και συμφώνησε να έρθει με την αδελφή μου όσο το δυνατόν γρηγορότερα. Σε εκείνη την κρίσιμη στιγμή ο Ράτναμτζι μου είπε ότι θα πήγαινε στο Χαϊντεραμπάντ να επισκεφτεί μερικούς πιστούς και συγγενείς που λαχταρούσαν να τον δουν μετά από τόσον καιρό. Μου είπε ότι αν ήθελα, μπορούσα να πάω εκεί με τη μητέρα μου ή, όταν εκείνη επέστρεφε στην Αμερική, μπορούσα να πάω μόνος μου και να συναντήσω πολλούς πιστούς και αγίους. Στο δρόμο μέχρι τη στάση του λεωφορείου μου είπε ότι έπρεπε να προσπαθήσω να βλέπω τον Ραμάνα στη μητέρα μου και να την υπηρετήσω με αυτόν τον τρόπο. Αυτό θα ευχαριστούσε τον Θεό καθώς και τη μητέρα μου, αν και εκείνη δεν θα ήξερε γιατί συμβαίνει αυτό. Ένας πιστός του Θεού πρέπει να αγαπάει μόνο τον Θεό, αλλά αν αγαπάει τον Θεό, όλη η δημιουργία δικαιούται την αγάπη του, γιατί ο Θεός κατοικεί στις καρδιές όλων των όντων. Με αυτά τα λόγια μπήκε στο λεωφορείο κι έφυγε. Έμεινα μόνος μου περιμένοντας να ανοίξει ένα καινούργιο κεφάλαιο στη ζωή μου! ✸

Κεφάλαιο 3

Πρόοδος

Λίγες μέρες μετά, η μητέρα μου και η αδελφή μου έφτασαν με αυτοκίνητο από το Μαντράς. Τις έβαλα να μείνουν στον ξενώνα του άσραμ. Η μητέρα μου ήταν πανευτυχής που με ξανάβλεπε μετά από ένα και περισσότερο χρόνο χωρισμού. Με έκπληξη είδε πως είχα κόψει τα μακριά μου μαλλιά, είχα ξυρίσει τα γένια μου και φορούσα μόνο ένα ντότι και μια πετσέτα. Την προσκύνησα με τον τρόπο που συστήνουν οι ινδουιστικές γραφές.

«Τι είναι αυτά;» έβαλε τις φωνές. «Γιατί πέφτεις στο έδαφος μπροστά μου;»

«Άμμα (μητέρα), δεν πέφτω κάτω. Σε προσκυνώ για να πάρω την ευλογία σου,» της απάντησα ήρεμα.

«Αν θέλεις την ευλογία μου, σε παρακαλώ μην ξανακά- νεις αυτό το πράγμα. Είναι ανήκουστο! Δεν μου αρέσει», είπε με λίγο πόνο καθώς έβλεπε το γιο της να ταπεινώνεται έτσι μπροστά της.

«Άμμα, σε παρακαλώ κάνε υπομονή μαζί μου. Φυσικά δεν σου αρέσει, αλλά πρέπει να καλλιεργήσω τη σωστή στάση να βλέπω το Θεό σε σένα. Ξέρεις πως, όταν ο Μωυσής είδε το Θεό μέσα στην καιόμενη βάτο στο όρος Σινά, έπεσε στο έδαφος σαν κορμός δέντρου από σεβασμό και αφοσίωση. Αν ασκούμαι με αυτόν τον τρόπο, στο τέλος θα κατορθώσω να βλέπω το Θεό σε όλους και σε όλα», προσπάθησα να της εξηγήσω.

«Εντάξει, κάνε το για άλλους αν θέλεις. Αλλά μην το ξανακάνεις για μένα!» μου απάντησε.

Αφού τις βοήθησα να τακτοποιηθούν, τις έφερα στο μικρό μου δωμάτιο, εκεί όπου είχα ζήσει για σχεδόν ένα χρόνο. Η μητέρα μου φαινόταν να πονάει βλέποντας την απλότητα της ζωής μου. Όταν ήμουν στο σπίτι μας χρησιμοποιούσα στρώμα πάχους 30 εκατοστών και αφράτο μαξιλάρι, ενώ εδώ κοιμόμουν σε μια ψάθα χωρίς σεντόνι ή προσκέφαλο. Της μίλησα για το καθημερινό μου πρόγραμμα, ότι σηκωνόμουν στις τρεις και μισή το πρωί και πήγαινα για ύπνο κατά τις έντεκα το βράδυ. Της έδειξα επίσης τη λατρευτική τελετή που ασκούσα. Προσπάθησα ακόμα να της μαγειρέψω κάτι, αλλά ήταν τόσο χάλια, που ούτε μια αγελάδα δεν θα το έτρωγε.

Ακόμα κι έτσι, όμως, εκείνη με τη συνηθισμένη της υπομονή έδειξε την εκτίμησή της για όλα και με ενθάρρυνε να συνεχίσω το δρόμο που είχα επιλέξει, αν και θα ήταν πολύ πιο ευτυχισμένη αν με έβλεπε να ζω μια πιο κανονική ζωή. Δυστυχώς, μετά από λίγες μέρες, αρρώστησε με δυσεντερία και πέρασε τις υπόλοιπες μέρες στο κρεβάτι. Το είδα σαν θέλημα Θεού, σαν ευκαιρία που μου έδωσε να την υπηρετήσω και έβαλα τα δυνατά μου να τη φροντίσω μέχρι που έγινε καλά. Μετά από άλλες δυο βδομάδες που κύλησαν χωρίς απρόοπτα, η αδελφή μου κι εγώ την πήγαμε στο Μαντράς για το ταξίδι της επιστροφής. Η αδελφή μου αποφάσισε να επιστρέψει στο Τιρουβαναμαλάι. Έμεινε εκεί άλλους έξι μήνες για διαλογισμό και μελέτη.

Πήρα το πρώτο τρένο που βρήκα για το Χαϊντεραμπάντ και έφτασα εκεί το επόμενο πρωί. Στη διάρκεια του ταξιδιού παρατήρησα μια τεράστια αλλαγή στη νοητική μου κατάσταση. Η συνηθισμένη σύγχυση και η μάχη μέσα στο νου μου είχε δώσει τη θέση της σε ένα ρεύμα γαλήνης. Είχα αισθανθεί και άλλες φορές αυτό το ρεύμα γαλήνης πότε πότε, αλλά τώρα παρέμενε για μεγαλύτερες χρονικές περιόδους το πρωί πριν από την ανατολή του ήλιου και το βράδυ μετά τη δύση. Ερχόταν αναπάντεχα, χωρίς να διαλογίζομαι. Ακόμα και μερικές φορές μέσα στη διάρκεια της μέρας ένιωθα πιο γαλήνιος και ευτυχισμένος. Ήταν το αποτέλεσμα της υπακοής στον Ράτναμτζι και η ευλογία που είχα λάβει από τη μητέρα μου; Ήμουν σίγουρος πως η ζωή μου μαζί του θα ήταν πιο αρμονική όταν τον ξανάβλεπα. Όταν έφτασα στο Χαϊντεραμπάντ, βρήκα το σπίτι όπου θα έπρεπε να μένει ο Ράτναμτζι, αλλά έμαθα πως ήταν στο νοσοκομείο.

«Τι εννοείτε είναι στο νοσοκομείο; Νομίζω ότι αναφέρεστε σε κάποιον άλλο άνθρωπο.» Σκέφτηκα πως ίσως είχα έρθει σε λάθος σπίτι.

«Όχι, ο Ράτναμτζι είναι ο μικρότερος αδελφός μου. Μου έχει πει ότι θα ερχόσουν. Λυπάμαι που σου το λέω, αλλά είναι στο νοσοκομείο με κάταγμα στο ισχίο.»

Δεν μπορούσα να πιστέψω στ' αυτιά μου. Πώς μπορούσε ένας τέτοιος άγιος άνθρωπος να έχει σχέση με ένα τέτοιο ατύχημα; Ήμουν, φυσικά, πολύ απλοϊκός εκείνο τον καιρό και νόμιζα ότι οι άγιοι δεν χρειάζεται να περάσουν ποτέ τις δυσκολίες της ζωής που περνούν οι συνηθισμένοι άνθρωποι. Κατά τη διάρκεια των επόμενων επτά χρόνων με τον Ράτναμτζι επρόκειτο να διαπιστώσω ότι οι άγιοι καλούνται στην πραγματικότητα να υποφέρουν πολύ περισσότερο από τους συνηθισμένους ανθρώπους.

«Έλα μέσα. Μετά από το μεσημεριανό θα σε πάω στο νοσοκομείο», με διαβεβαίωσε ο αδελφός του. Ήταν ένας ηλικιωμένος άνθρωπος, περίπου εξήντα πέντε χρόνων, συνταξιούχος υπάλληλος τρένων. Φρόντιζε μητρικά τον Ράτναμτζι. Του έστελνε λίγα χρήματα κάθε μήνα για να μην υποφέρει από έλλειψη φαγητού. Ο Ράτναμτζι τα δεχόταν σαν δώρο από το Θεό. Όποτε ερχόταν στο Χαϊντεραμπάντ, έμενε λίγο καιρό με τον αδελφό του προσπαθώντας να του μεταδώσει κάποιες πνευματικές αρχές. «Με ποιο τρόπο έσπασε το ισχίο του;» ρώτησα αφού είχαμε πλύνει τα πιάτα και καθόμασταν στο σαλόνι.

«Παρακολουθούσε ένα μπάτζαν –μια συνάθροιση όπου τραγουδιούνται θρησκευτικά τραγούδια– στο σπίτι ενός φίλου. Το επόμενο πρωί επρόκειτο να έρθει εδώ, γιατί είχαμε κανονίσει να τελέσουμε το μνημόσυνο που κάνουμε κάθε χρόνο για τους γονείς μας. Ο γιος του φίλου του πρότεινε να τον φέρει εδώ με το μηχανάκι του και ο Ράτναμτζι συμφώνησε. Σε μια στροφή ένα ταξί τους χτύπησε από το πλάι και τον έριξε κάτω. Ο οδηγός δεν χτύπησε, αλλά ο Ράτναμτζι από τη φόρα της πτώσης, έσπασε το ισχίο του. Αυτό συνέβη δυο μέρες πριν. Δεν έχουν ακόμη τακτοποιήσει το οστό, γιατί απαιτείται εγχείρηση. Είναι διαβητικός και ο γιατρός θέλει να κατεβάσει το επίπεδο του ζαχάρου του στο κανονικό πριν επιχειρήσει οτιδήποτε», απάντησε ο αδελφός του.

Μετά από το γεύμα πήραμε το λεωφορείο και πήγαμε στο νοσοκομείο. Ήταν περίπου πέντε μίλια μακριά κι έτσι είχα την ευκαιρία να δω ένα κομμάτι της πόλης. Το λεωφορείο ήταν διώροφο, όπως αυτά του Λονδίνου και καθίσαμε στον επάνω όροφο για να έχουμε καλύτερη θέα. Το Χαϊντεραμπάντ είναι μια από τις πιο όμορφες πόλεις της Ινδίας. Έχει πλατιούς δρόμους με πολλά σκιερά δέντρα και στις δυο πλευρές τους. Έχει πολλά πάρκα και πολύ ανοιχτό χώρο με ένα μικρό ποταμάκι, που ελίσσεται νωχελικά στην καρδιά της πόλης. Η επιρροή των Μογγόλων είναι φανερή παντού στην αρχιτεκτονική της πόλης. Στην πραγματικότητα είναι μια δίδυμη πόλη, αδελφή της Σεκουντεραμπάντ. Οι άνθρωποι είναι πολύ ευγενικοί, με λεπτούς τρόπους. Επειδή η πόλη βρίσκεται κοντά στο κέντρο της Ινδίας, πολλοί άγιοι από όλες τις θρησκείες περνούν από δω και μπορεί κανείς να βρει πάντοτε κάποιο θρησκευτικό πρόγραμμα σε εξέλιξη σε κάποιο σημείο της πόλης.

Φτάσαμε στο τεράστιο κρατικό νοσοκομείο, ανεβήκαμε στο δεύτερο όροφο και βρήκαμε το θάλαμο των ανδρών στη χειρουργική κλινική. Υπήρχαν περίπου εκατό ασθενείς μέσα στο θάλαμο. Ο αδελφός του Ράτναμτζι με πήγε στο κρεβάτι όπου εκείνος κειτόταν με ένα μεγάλο, λαμπερό χαμόγελο στο πρόσωπό του.

«Είναι φοβερό! Πώς μπορεί ένα τέτοιο ατύχημα να συμβεί σε σένα;» φώναξα με δάκρυα στα μάτια μου, χωρίς καν να τον χαιρετήσω.

«Ατύχημα; Υπάρχει τέτοιο πράγμα; Είναι η γέννηση ατύχημα; Είναι ο θάνατος ατύχημα; Όλο αυτό είναι το γλυκό θέλημα του Ραμάνα για το πνευματικό μου καλό. Για έναν άνθρωπο με πίστη στο Θεό δεν υπάρχουν πράγματα όπως η μοίρα και τα ατυχήματα. Ό,τι του συμβαίνει, συμβαίνει με τη θέληση του Αγαπημένου του, που προσπαθεί συνεχώς να τον ξαναφέρει κοντά Του. Πρέπει να είμαστε ευτυχισμένοι σε όποια κατάσταση κι αν μας βάλει», απάντησε ο Ράτναμτζι χαμογελώντας.

Σίγουρα εφάρμοζε αυτά που δίδασκε. Φαινόταν να είναι πιο ευτυχισμένος από ποτέ αν και ήταν καθηλωμένος σε ένα κρεβάτι και του ήταν αδύνατο να κάνει οποιαδήποτε κίνηση. Ο γιατρός του είχε βάλει ένα πρόχειρο νάρθηκα για να εμπο-δίσει οποιαδήποτε κίνηση του ποδιού. Ήταν φανερό πως ήταν πολύ άβολα.

«Πώς έμαθες ότι είμαι εδώ;» με ρώτησε ο Ράτναμτζι.

«Δεν μου είχε περάσει από το μυαλό ότι θα μπορούσε να είσαι στο νοσοκομείο. Μόλις έφυγε η μητέρα μου, πήρα το πρώτο τρένο που βρήκα. Όταν έφτασα στο Χαϊντεραμπάντ, πήγα κατευθείαν στο σπίτι του αδελφού σου, γιατί είχα βρει τη διεύθυνσή του μέσα στην αλληλογραφία σου. Έπαθα ένα σοκ όταν άκουσα ότι είχες ατύχημα και σκέφτηκα ότι είχα πάει σε λάθος σπίτι, αλλά τώρα βλέπω ότι έτσι έχουν τα πράγματα.» Έτσι απάντησα, σχεδόν με δάκρυα, βλέποντάς τον στο κρεβάτι, σ' αυτήν την κατάσταση. Σε όλη του τη ζωή ήταν τόσο δραστήριος και τώρα ήταν καθηλωμένος σαν φυλακισμένος. Άγγιξε με στοργή το χέρι μου. Προσπαθώντας να με παρηγορήσει είπε: «Μη στεναχωριέσαι. Κάτι καλό σίγουρα θα βγει από αυτή την κατάσταση. Όλοι ανησυχούσαν ότι δεν θα υπήρχε κανένας να με φροντίσει όσο θα είμαι εδώ. Όλοι έχουν τις δουλειές τους, τα σχολεία και τις οικογένειές τους. Ποιος θα φροντίσει ένα φτωχό μοναχό; Κανείς δεν το διατύπωσε αυτό με λέξεις, αλλά έβλεπα τις σκέψεις μέσα στο μυαλό τους. Σήμερα το πρωί είπα στον αδελφό μου: «Έχω προσφέρει τα πάντα στον Ραμάνα. Θα με φροντίσει, θα το δεις.» Τώρα ήρθες εσύ, ακριβώς την κατάλληλη στιγμή. Αυτοί οι φίλοι και οι συγγενείς έρχονταν εδώ με βάρδιες και με φρόντιζαν, αλλά ένιωθαν λίγο πιεσμένοι. Λοιπόν, ποιος έστειλε τον Νιλ εδώ ακριβώς την κατάλληλη στιγμή; Δεν είναι ο Ραμάνα; Οι άνθρωποι του κόσμου έχουν εμπιστοσύνη μόνο στα πράγματα του κόσμου. Ο Θεός είναι γι' αυτούς μια αφηρημένη, ακαθόριστη έννοια. Για μας συμβαίνει ακριβώς το αντίθετο. Μόνο εκείνος είναι αληθινός και ο κόσμος είναι ένα αχνό όνειρο σε σύγκριση μαζί του.»

Κάποιος με ρώτησε πόσο καιρό σκόπευα να μείνω στο Χαϊντεραμπάντ. Για να πω την αλήθεια μια εγωιστική σκέψη περνούσε από το νου μου. Σκεφτόμουν να περάσω λίγες μέρες βοηθώντας τον Ράτναμτζι και μετά να γυρίσω στη γαλήνη του άσραμ. Φοβόμουν μήπως η συντροφιά του φέρει πάλι την ταραχή στο νου μου.

«Θα φύγει μόνο όταν θα μπορώ πια να περπατώ μόνος μου», είπε ο Ράτναμτζι πριν προλάβω να ανοίξω το στόμα μου. Τη στιγμή που άκουσα αυτά τα λόγια, ένιωσα κι εγώ μέσα στα βάθη της καρδιάς μου ότι θα ήταν εντελώς λάθος να τον αφήσω έτσι όπως ήταν και θεώρησα τα λόγια του Θεϊκή Επιταγή. Τις μέρες που ακολούθησαν υπήρχε μια ασταμάτητη ροή από επισκέπτες στο πλευρό του Ράτναμτζι. Είχε μεγαλώσει και σπουδάσει στο Χαϊντεραμπάντ και είχε επισκεφτεί τον τόπο του πολλές φορές μετά από το θάνατο του Ραμάνα. Όποιος μάθαινε για το ατύχημα ερχόταν στο νοσοκομείο. Ακόμα και όταν το νοσοκομείο έκλεινε τις πόρτες του για τους επισκέπτες τη νύχτα, μέλη του νοσηλευτικού και του διοικητικού προσωπικού έρχονταν να ακούσουν πνευματικές αλήθειες από τα χείλη του. Ένας πιστός μου έδωσε μια κουβέρτα και, αφού πήρα άδεια από τον προϊστάμενο, κοιμόμουν στο πάτωμα δίπλα στο κρεβάτι του τη νύχτα και τη μέρα τον φρόντιζα. Το νοσοκομείο παρείχε σ' εκείνον φαγητό και εμένα μου έφερναν κάθε μέρα διάφοροι πιστοί απέξω. Είχαμε βάλει μια εικόνα του Ραμάνα στο κομοδίνο του και κάθε μέρα μάζευα λίγα λουλούδια από τον κήπο και τη στόλιζα. Αφού τον φρόντιζα σε ό,τι χρειαζόταν κάθε πρωί, πήγαινα στο σπίτι ενός πιστού που έμενε κοντά, έκανα το μπάνιο μου και την καθημερινή μου λατρεία και γύριζα μέσα σε δυο ώρες. Αυτή ήταν η μοναδική ώρα που έφευγα από το νοσοκομείο, αφού είχα βεβαιωθεί ότι ο Ράτναμτζι δεν θα χρειαζόταν κάτι άμεσα.

Μέσα στην επόμενη εβδομάδα το επίπεδο του ζαχάρου είχε πέσει αρκετά ώστε να μπορεί να γίνει η εγχείρηση. Το πρωί της εγχείρησης κατέφθασαν περίπου σαράντα άνθρωποι για να τον στηρίξουν. Είχα στο νου μου τον Μπαϊτζί κι αναρωτιόμουν αν θα ερχόταν. Εκείνη ακριβώς τη στιγμή μπήκε μέσα στο θάλαμο! Μίλησα στον Ράτναμτζι γι' αυτή τη σύμπτωση. Μου είπε: «Ακόμα κι όταν συμβαίνουν τέτοια πράγματα, δεν πρέπει να ενθουσιαζόμαστε. Ακόμα κι αν μας δοθούν ψυχικές δυνάμεις δεν πρέπει να τις δεχτούμε, γιατί μπορεί να μας βγάλουν από το μονοπάτι της Συνειδητοποίησης του Θεού.

Χωρίς την Ευδαιμονία της Συνειδητοποίησης του Θεού όλες οι υπερφυσικές δυνάμεις είναι σκόνη.»

Ο Μπαϊτζί, με τη συνηθισμένη χαρούμενη διάθεσή του, κάθισε δίπλα στο κρεβάτι. Ρώτησε για την υγεία του και την αναμενόμενη εγχείρηση και μετά άρχισε να ψάλει μαζί με τον Ράτναμτζι το Όνομα του Θεού. Αυτό που ακολούθησε δεν περιγράφεται με λόγια. Ένας νοσοκόμος ήρθε και άρχισε να τρίβει με οινόπνευμα την περιοχή του κατάγματος, ως μέρος της προετοιμασίας για την εγχείρηση. Ο πόνος ήταν αβάσταχτος και ο Ράτναμτζι άρχισε να τραγουδά το Όνομα του Θεού πιο δυνατά. Ξαφνικά άρχισε να γελά δυνατά. Την επόμενη στιγμή τα μάτια του προσηλώθηκαν σε ένα σημείο, η αναπνοή του σταμάτησε, το στήθος του φούσκωσε και όλες οι τρίχες στο κεφάλι του και στο σώμα του σηκώθηκαν όρθιες σαν τα αγκάθια του σκαντζόχοιρου. Ήταν σαν να τον είχε διαπεράσει ηλεκτρικό ρεύμα! Καθώς τον παρακολουθούσα άφωνος, το χρώμα των ματιών του λίγο λίγο άλλαξε από καστανό σε λαμπερό άσπρο και γαλάζιο, το χρώμα μιας λάμπας φθορίου ή της ηλεκτροσυγκόλλησης! Ήταν αυτό το σαμάντι, η υπέρτατη ευδαιμονία της ένωσης με το Θεό;

Μετά από λίγα λεπτά το σώμα του χαλάρωσε λίγο και με πνιγμένη φωνή γέλασε και μίλησε για τον Ωκεανό της Δύναμης που είναι ο Θεός. Πριν προλάβει να προφέρει τη λέξη Θεός, ο νους του ανέβηκε και χάθηκε πάλι μέσα στο Φως κι όλες οι τρίχες του σηκώθηκαν όρθιες όπως και πριν. Αυτό συνέβη πολλές φορές. Ένα λεπτό αργότερα ένας γιατρός ήρθε και στάθηκε δίπλα στο κρεβάτι να δει αν ο Ράτναμτζι ήταν έτοιμος για την εγχείρηση. Το γιατρό τον έλεγαν Ράμα, που είναι το όνομα του Θεού στα σανσκριτικά. Με μια ματιά στο γιατρό ο Ράτναμτζι έφυγε ξανά εκεί που είχε βρεθεί και πριν, στην Κατοικία της Αιώνιας Ευδαιμονίας. Καθώς γύριζε πίσω ξανά ψέλλιζε «Ράμα, Ράμα, ακόμα και η σκέψη του ονόματός Σου με φέρνει σ' αυτή την κατάσταση.» Ο γιατρός και ο νοσοκόμος δεν μπορούσαν, φυσικά να βγάλουν νόημα από αυτά που έλεγε. Νόμιζαν ότι τον είχε πιάσει υστερία από το φόβο της εγχείρησης. Του είπαν να μην ανησυχεί. Θα του χορηγούσαν αναισθητικό και δεν θα καταλάβαινε τίποτα.

«Δεν ανησυχώ. Για να σας πω την αλήθεια, δεν μου χρειάζεται καθόλου το αναισθητικό. Ακόμα και να μην μου δώσετε, δεν θα νιώσω τον παραμικρό πόνο!», είπε γελώντας.

Δεν κατάλαβαν τη σημασία όσων τους έλεγε, τον διαβεβαίωσαν ξανά και του είπαν να ετοιμαστεί. Σε λίγα λεπτά θα τον μετέφεραν στο χειρουργείο. Έχοντας δει την υπέροχη κατάσταση που βρισκόταν και έχοντας διαβάσει παρόμοια γεγονότα σε βιβλία που περιγράφουν τη ζωή των Συνειδητοποιημένων Ψυχών, ευχήθηκα μέσα μου με όλη μου τη δύναμη να μπορέσω κι εγώ να έχω μια τέτοια εμπειρία ένωσης με το Υπέρτατο Φως, όπως αυτήν που είχα δει μπροστά στα μάτια μου. Μόλις τέλειωσα τη σκέψη μου, ο Ράτναμτζι στράφηκε προς εμένα και είπε: «Είναι δυνατόν τόσο σύντομα; Πρώτα εξασκήσου και ωρίμασε και μετά θα έρθουν όλα.» Προφανώς ο νους μου ήταν για κείνον ανοιχτό βιβλίο!

Όταν βγήκε από το χειρουργείο, μερικοί πιστοί ήρθαν και κάθισαν κοντά στο κρεβάτι του. Η γαλήνη που ακτινοβολούσε ήταν απίστευτη. Τα κύματα των σκέψεων μέσα στο νου μου ησύχασαν και γευόμουν κι εγώ μια βαθιά γαλήνη, σαν ύπνο χωρίς όνειρα. Σιγά σιγά έβρισκε τις αισθήσεις του καθώς η επίδραση του αναισθητικού περνούσε και γελούσε κι αστειευόταν με όλους μέχρι αργά τη νύχτα. Οι γιατροί είχαν περάσει μια ατσάλινη λάμα στο καλάμι του ποδιού του, κάτω από το γόνατο, για να επαναφέρουν το πόδι στη θέση του. Πονούσα πολύ με αυτό που έβλεπα.

Οι γιατροί αμέλησαν την πληγή γύρω από τη λάμα κι αυτή στις επόμενες μέρες κακοφόρμισε και του προξένησε ανυπόφορο πόνο. Δεν μπορούσε να κινηθεί κι ο πόνος δεν τον άφηνε να ησυχάσει. Είχαμε πει στους γιατρούς για τη μόλυνση και τους είχαμε ζητήσει να καθαρίσουν την πληγή και να χορηγήσουν αντιβίωση, αλλά το ξέχασαν και καθυστέρησαν τέσσερις πέντε μέρες.

Ένα βράδυ ένας νεαρός μαθητευόμενος γιατρός ήρθε να μιλήσει στον Ράτναμτζι. Του είπα για τη μόλυνση της πληγής κι εκείνος την καθάρισε και έδωσε οδηγίες για τα κατάλληλα φάρμακα. Μετά από αυτό ερχόταν κάθε μέρα να μιλήσει στον Ράτναμτζι και να καθαρίσει ο ίδιος την πληγή. Με είχε εντυπωσιάσει και με είχε εξοργίσει τόσο πολύ η σκληρότητα του προσωπικού του νοσοκομείου, που αποφάσισα τότε ότι ήταν καλύτερα να πεθάνει κανείς μόνος του πεταμένος στην άκρη του δρόμου παρά σε ένα νοσοκομείο στα χέρια τόσο αδιάφορων ανθρώπων.

Στα χρόνια που ακολούθησαν είχα πολλές ευκαιρίες να επισκεφτώ νοσοκομεία και ήταν πάντα το ίδιο. Οι νοσοκόμοι και οι γιατροί φαινόταν να ξεχνούν πως μέσα στο ανθρώπινο σώμα υπάρχουν νεύρα και τα νεύρα ανήκουν σε ένα άνθρωπο που πονά. Η άσκηση της θεραπευτικής τέχνης είναι πράγματι μια ευκαιρία ή να υπηρετήσεις ανιδιοτελώς το συνάνθρωπο και να μάθεις να βλέπεις το Θεό μέσα του ή να λειτουργήσεις σαν αγγελιαφόρος του θεού του θανάτου και να βασανίζεις τους ανθρώπους. Όσο για τους ασθενείς που βρίσκονται στα νοσοκομεία έχουν μια καλή ευκαιρία να ασκήσουν την τέλεια παράδοση στο θέλημα του Θεού.

Για σχεδόν δυο μήνες ο Ράτναμτζι παρέμενε σε ακινησία για να δέσουν τα οστά. Του έκαναν ακτινογραφία και είδαν ότι εξαιτίας του διαβήτη το κάταγμα θεραπευόταν πολύ αργά. Αποφάσισαν να βγάλουν τη λάμα από το πόδι του και να κρατήσουν τα οστά στη θέση τους με έναν αυτοκόλλητο επίδεσμο, που θα τύλιγαν γύρω από το πόδι του. Στην αρχή αυτό τον ανακούφισε, αλλά μετά από μερικές μέρες ο Ράτναμτζι άρχισε να παραπονιέται πως ένιωθε σαν να του ξεκολλούσαν το δέρμα. Οι γιατροί, φυσικά, δεν τον πίστεψαν και επέμεναν πως η αίσθηση αυτή ήταν μόνο στη φαντασία του. Υπέμεινε αυτό το μαρτύριο για άλλο ένα μήνα και τελικά η ταινία αφαιρέθηκε. Όλο το δέρμα κάτω από την ταινία είχε πραγματικά ξεκολλήσει από το βάρος της έλξης. Οι ουλές από αυτή την κατάσταση υπήρχαν στο πόδι του ακόμα και μετά από χρόνια! Τον ρώτησα γιατί χρειαζόταν να υποφέρει τόσο πολύ.

«Όλοι μας έχουμε κάνει ενάρετες, καθώς και κακές πράξεις στην πορεία των αμέτρητων ζωών μας. Ό,τι σπείρουμε, θερίζουμε. Ό,τι έρθει σε μας χωρίς να το ζητήσουμε είναι καρπός των πράξεών μας. Οι καλές πράξεις φέρνουν γλυκούς καρπούς, οι κακές πράξεις φέρνουν οδυνηρούς καρπούς. Η απόλαυση των καρπών μπορεί να μη συμβεί και συνήθως δεν συμβαίνει στην ίδια ζωή που έγιναν οι πράξεις. Ο Θεός φροντίζει ώστε οι καρποί των πράξεών μας να μας δοθούν με τέτοιο τρόπο που να συντελούν σε όλο και υψηλότερες πνευματικές συνειδητοποιήσεις. Εξαρτάται από εμάς να χρησιμοποιήσουμε σωστά ό,τι Εκείνος μας δίνει για να έχουμε πνευματική πρόοδο. Αν παραμείνουμε αποστασιοποιημένοι παρατηρητές στις απολαύσεις και στον πόνο του σώματος, ο νους μας σταδιακά θα εξαγνιστεί και θα γίνει ένα με την πηγή του, που είναι ο Θεός, ο Αληθινός Εαυτός των πάντων. Μπορεί κανείς να ενθουσιάζεται με τις απολαύσεις και να νιώθει δυστυχής με τον πόνο, όπως πράγματι κάνουν οι περισσότεροι άνθρωποι, αλλά αυτό δεν θα μας φέρει καθόλου κοντύτερα στο στόχο της γαλήνης.

«Όλα μου τα βάσανα είναι καρποί κακών πράξεων που έπραξα στο παρελθόν. Ο πόνος που έρχεται τώρα είναι για να σπρώξει το νου μου προς τα ασύλληπτα ύψη της Θεϊκής Συνειδητότητας. Γιατί να παραπονιέμαι ή να ρίχνω την ευθύνη στους άλλους; Ο Θεός χρησιμοποιεί τους καρπούς των κακών μου πράξεων για να μου χαρίσει τη θέασή Του. Τι θαύμα!» μου απάντησε.

Ένα βράδυ ήρθε ένας πιστός να δει τον Ράτναμτζι. Ήταν παντρεμένος με τρία παιδιά και είχε ένα μικρό μαγαζάκι με βότανα. Κάθισε στο πάτωμα, δίπλα στο κρεβάτι και άρχισε να απαγγέλει με αφοσίωση το Θεϊκό όνομα. Εγώ καθόμουν δίπλα του και τον παρακολουθούσα. Είχα μέσα στο νου μου την ιδέα ότι οι παντρεμένοι άνθρωποι δεν μπορούν να προοδέψουν πολύ στα πνευματικά, γιατί η περισσότερη από την ενέργειά τους και το χρόνο τους πρέπει να πηγαίνουν στην οικογένεια. Ο Γκάρι Σνάιντερ στην Ιαπωνία ήταν μια εξαίρεση, αλλά ακόμα κι αυτός είχε πρώτα περάσει για πολλά χρόνια από αυστηρή πειθαρχία ως μοναχός. Αυτός ο άνδρας τώρα ήταν βυθισμένος στην απαγγελία του Θείου Ονόματος, όταν ξαφνικά ένα βαρύ βιβλίο που ήταν πάνω στο κρεβάτι έπεσε και έσπασε κάτι πιάτα που ήταν ακριβώς δίπλα του. Εγώ πήδησα πάνω τρομαγμένος, αλλά εκείνος ούτε κινήθηκε ούτε άνοιξε τα μάτια του. Συνέχισε να ψάλει σαν να μην συνέβαινε τίποτα. Ο Ράτναμτζι με κοίταξε με ένα χαμόγελο στα μάτια του.

«Όταν κάποιος επαναλαμβάνει το Θείο Όνομα με τόση αφοσίωση, ώστε να χάνεται η αίσθηση του σώματος και του περιβάλλοντος», είπε, «τι σημασία έχει αν είναι παντρεμένος και έχει παιδιά; Αυτός ο άνθρωπος έχει παραδώσει ολόκληρο το νου του στον Θεό. Κάθε στιγμή της ημέρας επαναλαμβάνει το Θείο Όνομα, ακόμα κι όταν φροντίζει την επιχείρησή ή την οικογένειά του. Δεν έχει προσκόλληση σε κανέναν και σε τίποτα, αλλά προχωρεί κάνοντας τα καθήκοντά του με πλήρη απόσπαση, ως προσφορά στον Θεό. Με τη σκέψη του στον Κύριο και αναζητώντας τη συντροφιά των αγίων, όποτε ο χρόνος του το επιτρέπει, ο νους του μπαίνει εύκολα σε κατάσταση διαλογισμού, όταν κάθεται να απαγγείλει το Θείο

Όνομα. Ποιος είναι καλύτερος εκείνος ή εμείς; Αν και είμαστε μοναχοί, έχουμε αυτό το είδος της αφοσίωσης;»

Αυτό με δίδαξε ότι δεν πρέπει να κρίνουμε την πνευματική πρόοδο ενός ανθρώπου από την κατάστασή του στη ζωή. Ένας μοναχός που έχει απαρνηθεί τα πάντα μπορεί να είναι ρηχός όσο μια λακκούβα με νερό και ένας οικογενειάρχης μπορεί να είναι βαθύς σαν τον ωκεανό στην πνευματική πρόοδο.

Κατά τη διάρκεια της παραμονής του Ράτναμτζι στο νοσοκομείο γνώρισα τον μεγάλο άγιο Αβαντχουτέντρα Σουάμι. Με τον Ράτναμτζι ήταν φίλοι για περίπου είκοσι χρόνια και είχαν ταξιδέψει μαζί σε ολόκληρη την Ινδία. Ο Αβαντχουτέντρατζι ήταν εξαιρετικός μουσικός και αφιέρωνε δυο ώρες κάθε βράδυ στην ψαλμωδία του Θεϊκού Ονόματος σε σπίτια και θρησκευτικά κέντρα. Η ψαλμωδία του είχε τέτοια δόνηση που έκανε τον αέρα να ηλεκτρίζεται από αφοσίωση. Τον ρώτησα αν ήθελε να μου πει κάτι σχετικά με το παρελθόν του, έτσι ώστε να πάρω λίγη έμπνευση και να εντείνω τις προσπάθειές μου για τη Συνειδητοποίηση του Θεού. Μου είπε ότι είχε σπουδάσει μουσική στη Βόρεια Ινδία για ένα χρόνο και τότε ο δάσκαλός του είπε ότι δεν υπήρχε τίποτα άλλο να του μάθει, είχε μια έμφυτη ευφυΐα στη μουσική. Κάποιοι παραγωγοί του ζήτησαν να τραγουδήσει στα σάουντρακ των ταινιών τους, αλλά αρνήθηκε λέγοντας πως ο Θεός του είχε δώσει τη φωνή του και θα την χρησιμοποιούσε μόνο για Εκείνον. Μετά συνέχισε για την Αγιόντυα, τη γενέτειρα του Σρι Ράμα, όπου μπήκε σε ένα άσραμ.

Καθώς οι μέρες περνούσαν και ήταν απασχολημένος με την πνευματική πειθαρχία και τις πρακτικές, συνειδητοποίησε ότι το σώμα του σταδιακά παρέλυε. Επισκέφτηκε πολλούς γιατρούς και πήρε πολλά φάρμακα, αλλά χωρίς αποτέλεσμα. Στο τέλος η παράλυση ήταν τόσο σοβαρή που δεν μπορούσε ούτε να μιλήσει. Πίστευε πως θα πέθαινε σύντομα. Τότε, ένας

Πρόοδος

άλλος μοναχός από το άσραμ του έδειξε ένα μικρό βιβλιαράκι με τον τίτλο Χάνουμαν Τσαλίσα, το οποίο ήταν μια σύνθεση ενός αγίου που ονομαζόταν Τούλσιντας και είχε ζήσει περίπου τετρακόσια χρόνια πριν. Ήταν ένας ύμνος σαράντα στίχων προς τιμή του θεού Χάνουμαν. Είπε στον Αβαντχουτέντρατζι ότι θα έπρεπε να προσπαθήσει να επαναλαμβάνει τους στίχους νοητικά όσο καλύτερα μπορούσε, γιατί πολλοί άνθρωποι είχαν θεραπευτεί από ανίατες ασθένειες με αυτό τον τρόπο. Ο Αβαντχουτέντρατζι κάπως κατόρθωσε να απομνημονεύσει τους στίχους και επαναλάμβανε συνέχεια τον ύμνο. Προς μεγάλη του έκπληξη η φωνή του σταδιακά επανήλθε και η παράλυση εξαφανίστηκε μέσα σε ένα μήνα αφότου είχε αρχίσει την επανάληψη.

Ο Αβαντχουτέντρατζι αποφάσισε να δείξει την ευγνωμοσύνη του στον Χάνουμαν με χειροπιαστό τρόπο. Κατά τη διάρκεια των επόμενων σαράντα χρόνων το έβαλε σκοπό να φτιάχνει μαρμάρινες πλάκες με αυτό τον ύμνο και να τις τοποθετεί σε όλους τους ναούς του Χάνουμαν που βρίσκονται στη βόρεια και την κεντρική Ινδία! Υπήρχαν περίπου διακόσιοι ναοί! Μου είπε ότι διάφοροι πιστοί είχαν προσφερθεί να καλύψουν αυτό το κόστος και ακόμα και όταν λάβαινε χρήματα για τις προσωπικές του ανάγκες, τα έδινε γι’ αυτό το σκοπό.

Όταν έγινε καλά, άρχισε να αναζητά έναν συνειδητοποιημένο Γκουρού και βρήκε έναν σε μια μικρή πόλη στη συμβολή των ποταμών Γιάμουνα και Γάγγη. Αυτός ο άγιος, ο Πραμπχουντάτατζι είχε κάνει άσκηση κάτω από ένα δέντρο για πολλά χρόνια και είχε λάβει τη Φώτιση. Ήταν πολύ γνωστός σ’ εκείνη την περιοχή της χώρας. Ο Αβαντχουτέντρατζι τον πλησίασε, αλλά χρειάστηκε να περάσει από πολύ αυστηρή δοκιμασία πριν γίνει αποδεκτός ως μαθητής του.

Ο Πραμπχουντάτατζι ανέθεσε στον Αβαντχουτέντρατζι μια εργασία, να ποτίζει ένα κήπο με βασιλικούς που θεωρούνται

115

πολύ ιερό φυτό στην Ινδία. Ο κήπος ήταν τόσο μεγάλος που χρειαζόταν περίπου εκατό κουβάδες νερό την ημέρα. Εκεί κοντά βρισκόταν ένα πηγάδι, αλλά ήταν περισσότερο από τριάντα μέτρα βαθύ. Και σαν να μην έφταναν αυτά, ήταν η εποχή του κρύου και τα χέρια του Αβαντχουτέντρατζι είχαν αρχίσει να σκάζουν από την άντληση του νερού. Μετά από λίγες μέρες τα χέρια του γέμιζαν αίματα, αλλά τα τύλιγε με πανιά και συνέχιζε να κάνει την εργασία του χωρίς παράπονο. Ένα μήνα μετά ο Γκουρού τού έδωσε άλλη εργασία. Έπρεπε να πλένει όλα τα σκεύη που χρησιμοποιούνταν για το μαγείρεμα στο άσραμ κάθε μέρα. Το άσραμ του Πραμπχουντάτατζι ήταν πολύ μεγάλο και προσφέρονταν φαγητό σε εκατοντάδες ανθρώπων κάθε μέρα. Τα σκεύη ήταν τόσο μεγάλα, που χρειαζόταν να μπαίνει μέσα και να κάθεται για να τα καθαρίσει!

Αφού έκανε και αυτή την εργασία για μερικές μέρες, ο Γκουρού του αποφάσισε ότι είχε περάσει με επιτυχία τη δοκιμασία και τον πήρε στην προσωπική του υπηρεσία για τα επόμενα δεκαπέντε χρόνια. Του ζήτησε επίσης να ψάλλει το θείο Όνομα στο άσραμ κάθε βράδυ. Ο Αβαντχουτέντρατζι ένιωθε να κατακλύζεται τόσο πολύ από τη Θεϊκή Αγάπη ενώ έψαλε το Θείο Όνομα, ώστε πολλές φορές του ήταν αδύνατο να συνεχίσει την ψαλμωδία. Όταν το είδε αυτό ο Γκουρού του, τον κάλεσε μια μέρα και του είπε ότι ήταν έτοιμος να μείνει μόνος του και ήταν ελεύθερος να φύγει. Αυτό έγινε αφού είχε υπηρετήσει τον Γκουρού του για δεκαπέντε χρόνια.

Από εκείνο τον καιρό και μετά περιπλανιόταν σε όλη τη χώρα ψάλλοντας το Θείο Όνομα και κηρύττοντας τη μεγαλοσύνη Του, ως μέσο της Συνειδητοποίησης του Θεού. Μου είπε ότι στα σαράντα χρόνια της περιπλάνησής του από το ένα ιερό μέρος στο άλλο δεν είχε ποτέ συναντήσει έναν τόσο μεγάλο άγιο όσο ο Ράτναμτζι και πάντοτε έβρισκε την Υπέρτατη Ευδαιμονία στη συντροφιά του. Μόλις έμαθε ότι ήταν στο νοσοκομείο, ήρθε από μια μακρινή πόλη μόνο και μόνο για να τον δει.

Ο Αβαντχουτέντρατζι ήταν μεγαλοπρεπής φυσιογνωμία. Αν δεν φορούσε τα ράσα του μοναχού, θα τον περνούσες για βασιλιά. Ήταν σχεδόν δυο μέτρα στο ύψος, με μακριά χέρια και βαθιά φωνή. Τα μάτια του ήταν τρυφερά σαν της ελαφίνας και στο πρόσωπό του έλαμπε πάντα ένα χαμόγελο. Αισθανόμουν προνομιούχος που τον γνώρισα. Κάθε τόσο ο Ράτναμτζι με έστελνε να ακούσω την ψαλμωδία του Σουάμι κι έτσι μπόρεσα να τον γνωρίσω καλύτερα. Με έβαζε πάντα να καθίσω κοντά του και μου φερόταν με μεγάλη ευγένεια, ακόμα και με σεβασμό. Αυτό πάντα με έκανε να νιώθω αμηχανία, αλλά μας δίδασκε όλους ότι έπρεπε να συμπεριφερόμαστε στους πιστούς του Θεού σαν να είχαμε μπροστά μας τον ίδιο το Θεό. Αν μπορούσαμε να το κάνουμε, θα ήταν ένα ακόμη βήμα προς τον στόχο να βλέπουμε το Θεό σε όλα.

Ο Ράτναμτζι είχε μείνει στο νοσοκομείο τέσσερις μήνες και εγώ δεν έβλεπα την ώρα να φύγουμε από εκεί, αλλά εκείνος μου έλεγε συνέχεια να παραδοθώ στο θέλημα του Ραμάνα. Η υπομονή του με άφηνε έκπληκτο! Τουλάχιστον εγώ μπορούσα να πηγαίνω όπου θέλω, ενώ εκείνος ήταν καθηλωμένος στο κρεβάτι κι όμως δεν είχε ίχνος ανυπομονησίας. Τελικά, ένα πρωί όταν ξύπνησα, ένιωσα μια αισθητή διαφορά στην ατμόσφαιρα, ένα είδος γαλήνης ή ελαφρότητας, ίσως ήταν μόνο η φαντασία μου. Οτιδήποτε κι αν ήταν, εκείνο το πρωί οι γιατροί είπαν στον Ράτναμτζι ότι μπορούσε να βγει από το νοσοκομείο. Ω, τι χαρά! Η χαρά μου όμως δεν κράτησε για πολύ. Ο Ράτναμτζι ρώτησε τους γιατρούς αν ήταν σίγουροι ότι μπορούσε να φύγει. Έπαθα σοκ όταν τον άκουσα να ρωτάει. Κι αν εκείνοι άλλαζαν γνώμη; Ίδια αντιμετώπιση στην ευχαρίστηση και στον πόνο —υπήρχε τόσο λίγη από αυτή την ποιότητα σε μένα και τόσο άφθονη στον Ράτναμτζι! Οι

117

Σρι Σουάμι Αβαντχουτέντρα Σαρασβάτι

γιατροί τον διαβεβαίωσαν ότι μπορούσε να φύγει, αλλά δεν θα έπρεπε να δοκιμάσει να περπατήσει για άλλον ένα μήνα. Δόξα τω Θεώ, θα φεύγαμε επιτέλους! Μεταφέραμε τον Ράτναμτζι σε ένα ταξί και τον πήγαμε στο σπίτι ενός φίλου που τον είχε καλέσει να μείνει εκεί μέχρι να αναρρώσει. Στο δρόμο ρώτησα τον Ράτναμτζι: «Πώς σου φαίνεται ο ουρανός μετά από τόσους μήνες περιορισμού;» «Είναι ίδιος με το ταβάνι του θαλάμου στο νοσοκομείο!» μου απάντησε γελώντας. Η ίση αντιμετώπιση όλων ανεξαιρέτως των καταστάσεων ήταν για εκείνον απόλυτη.

Σε όποιο μέρος πήγαινε ο Ράτναμτζι να μείνει, μέσα σε λίγες μέρες μετατρεπόταν σε άσραμ και η καινούργια κατοικία μας δεν θα μπορούσε φυσικά να αποτελέσει εξαίρεση. Ο φίλος μας ήταν κυβερνητικός υπάλληλος και η κυβέρνηση του είχε δώσει ένα ευρύχωρο αρχοντικό για να μένει. Βρισκόταν μέσα σε ένα μεγάλο κήπο περίπου είκοσι στρέμματα σε ένα προάστιο του Χαϊντεραμπάντ. Τι ανακούφιση μετά από την καταθλιπτική ατμόσφαιρα του νοσοκομείου! Η παραμονή στο νοσοκομείο είχε, χωρίς αμφιβολία, τα πολύτιμα μαθήματά της. Κάθε μέρα βλέπαμε έναν ή δύο ασθενείς να πεθαίνουν μπροστά στα μάτια μας και η αληθινή φύση του ανθρώπινου σώματος γινόταν αναπόφευκτα προφανής. Αλλά παρόλα αυτά, δεν θα ήθελα να μείνω όλη μου τη ζωή εκεί!

Ο φίλος μας ήταν πιστός ενός διάσημου Ινδού αγίου. Κάθε βδομάδα οργάνωνε συναντήσεις και έκανε ομιλίες πάνω στις διδασκαλίες του Γκουρού του και επίσης οργάνωνε τάξεις διαλογισμού. Είχε μεγάλο σεβασμό στον Ράτναμτζι και θεωρούσε προνόμιο να τον υπηρετεί στο σπίτι του. Περνούσαν ώρες μαζί, συζητώντας πνευματικά θέματα μέχρι αργά τη νύχτα. Μέσα στη διάρκεια της μέρας, όση ώρα εκείνος ήταν στο γραφείο του, διάφοροι άλλοι πιστοί έρχονταν να επισκεφτούν τον Ράτναμτζι για να ψάλουν μαζί του ή για να συμμετέχουν σε λατρευτικές τελετές ή σε συζητήσεις. Δεν υπήρχε ποτέ μια βαρετή στιγμή όταν ήσουν κοντά του.

Το δικό μου καθημερινό πρόγραμμα δεν άλλαξε. Σηκωνόμουν στις τρεις και μισή, έκανα το μπάνιο μου και τη λατρευτική μου τελετή. Μετά ασχολούμουν με τις ανάγκες του Ράτναμτζι —τον βοηθούσα να κάνει μπάνιο, έπλενα τα ρούχα του, καθάριζα το δωμάτιό του, έγραφα τα γράμματά του και έκανα όποια άλλη εργασία χρειαζόταν. Πάντα υπήρχε κάτι που έπρεπε να κάνω. Κάποια φορά μου είπε ότι αν κανείς είναι τεμπέλης δεν βρίσκει ποτέ τίποτα να κάνει και αν είναι φιλότιμος δεν βρίσκει ποτέ μια ελεύθερη στιγμή. Ήθελα να είμαι φιλότιμος κι έτσι είχα πάντα κάτι να κάνω. Αν τέλειωναν οι εργασίες μου και η πνευματική μου μελέτη, με συμβούλευε να βοηθώ τους ανθρώπους του σπιτιού και τους υπηρέτες σε ό,τι εργασία έκαναν. Στο κάτω κάτω ήμασταν φιλοξενούμενοι στο σπίτι τους και έπρεπε να συμμετέχουμε στις εργασίες. Αυτή ήταν η στάση του κι ο ίδιος έκανε ό,τι μπορούσε για να είναι χρήσιμος στον οικοδεσπότη και στην οικογένειά του.

Πολλές φορές όταν μέναμε με φτωχές οικογένειες κατά τη διάρκεια των ταξιδιών μας, με έστελνε να αγοράσω τρόφιμα και να τα δώσω σε όποιον ήταν υπεύθυνος για το μαγείρεμα. Όταν φεύγαμε κανόνιζε με κάποιο τρόπο να δοθούν χρήματα στην οικογένεια μετά την αναχώρησή μας, γιατί οι άνθρωποι μπορεί να μην ένιωθαν άνετα να τα δεχτούν κατευθείαν από εμάς. Αν ο οικοδεσπότης ήταν πλούσιος, προσφέραμε τουλάχιστον τις προσωπικές μας υπηρεσίες. Στο σπίτι του κυβερνητικού υπαλλήλου το έκανα, αλλά χωρίς να το γνωρίζουν οι οικοδεσπότες για να μη νιώθουν άσχημα. Ο Ράτναμτζι πίστευε ότι ακόμα κι αν οι άλλοι ένιωθαν σεβασμό για μας, ποτέ δεν θα έπρεπε να νιώσουμε ότι ήμασταν με οποιοδήποτε τρόπο καλύτεροι από εκείνους, αλλά θα έπρεπε να καλλιεργούμε αίσθημα ενότητας και ισότητας με όλους.

Ένα πρωί μετά το μπάνιο μου, ήμουν έτοιμος να αρχίσω την καθημερινή μου λατρεία, όταν ο Ράτναμτζι με φώναξε. «Θέλω να παρακολουθήσω τη λατρεία σου σήμερα. Κάνε την κοντά στο κρεβάτι μου. Δεν έχω δει τι κάνεις για πολλούς μήνες», είπε. Τοποθέτησα όλα τα απαραίτητα κοντά στο κρεβάτι του και άρχισα την τελετή. Προχώρησα για πέντε λεπτά, αλλά μου ζήτησε να σταματήσω.

«Επαναλαμβάνεις τους στίχους μηχανικά, χωρίς συναίσθημα. Και όχι μόνο αυτό, προσφέρεις κάτι στον Γκουρού σου χωρίς να τον κοιτάζεις. Αν εγώ σου πρόσφερα ένα ποτήρι νερό και, ενώ σου το έδινα κοιτούσα το παράθυρο και σου έλεγα «Σε παρακαλώ, δέξου το», πώς θα ένιωθες; Αν κάνεις την τελετή σωστά, η συγκέντρωσή σου θα βαθαίνει μέρα με τη μέρα και θα αρχίσεις να νιώθεις ότι το πρόσωπο στη φωτογραφία είναι ζωντανό. Προσπάθησε να το κάνεις όπως σου έχω πει» με συμβούλεψε.

Ξεκίνησα από την αρχή και προσπάθησα να κάνω ό,τι μου είχε πει. Την ώρα που πρόσφερα λίγα λουλούδια στη φωτογραφία του Ραμάνα, τον κοίταξα με συγκέντρωση και μετά τα ακούμπησα στα πόδια του. Καθώς το έκανα, ένιωσα με έκπληξη την αγάπη που υπήρχε για εκείνον μέσα στην καρδιά μου. Συγχρόνως τα μάτια μου μισόκλεισαν και δάκρυα άρχισαν να τρέχουν αυθόρμητα. Και όχι μόνο αυτό, αλλά διέκρινα και μια ζωντάνια στη φωτογραφία. Ήμουν κατάπληκτος με την ακριβή διάγνωση του Ράτναμτζι και ένιωσα άσχημα που είχα αφήσει να περάσουν τόσες μέρες χωρίς να κάνω σωστά την τελετή και χωρίς να λαμβάνω την ευεργεσία και την ευλογία που θα έπρεπε. Αποφάσισα να τον ρωτώ πότε πότε αν έκανα τις πνευματικές μου πρακτικές σωστά.

Ένα πρωί βγήκα στον κήπο να μαζέψω λουλούδια για τη λατρεία. Καθώς περνούσα κάτω από ένα δέντρο, είδα καθαρά και άκουσα όλα του τα φύλλα να θροΐζουν. Σκέφτηκα ότι θα τα φυσούσε ο άνεμος, αλλά άνεμος δεν υπήρχε σχεδόν καθόλου, πόσο μάλλον για να κινήσει όλα τα φύλλα. Ένιωσα περιέργεια και περπάτησα κάτω από το δέντρο ξανά. Πάλι τα φύλλα θρόιζαν. Το έκανα πολλές φορές και είχε πάντα σχεδόν το ίδιο αποτέλεσμα. Έτρεξα στο σπίτι και το είπα στον Ράτναμτζι. «Τι το περίεργο βλέπεις σ' αυτό; Τα δέντρα είναι ζωντανά πλάσματα ακριβώς όπως κι εμείς. Έχουν τα συναισθήματα και τις αισθήσεις τους. Όμως δεν θα έπρεπε να σου αποσπά την προσοχή αυτό, γιατί θα ξεχάσεις για ποιο λόγο βρίσκεσαι εδώ. Ακόμα κι ένα ασυνήθιστο γεγονός δεν θα πρέπει να αποσπά την προσοχή μας. Παρατήρησα πριν λίγες μέρες, όταν σε κάλεσα να έρθεις μέσα, ότι κοίταζες εδώ κι εκεί τις μαϊμούδες που έπαιζαν στα δέντρα. Ένας πνευματικός αναζητητής πρέπει να είναι τόσο αφοσιωμένος στο στόχο του, ώστε να μην αποσπάται ποτέ από αυτόν, εκτός κι αν είναι εντελώς απαραίτητο.

«Υπάρχει μια ιστορία για τον Σρι Ράμα, που ζήτησε από τον Χάνουμαν να πηδήξει πάνω από μια μεγάλη επιφάνεια νερού για να του φέρει κάποιες πληροφορίες από την άλλη όχθη. Ενώ εκείνος έκανε το άλμα του, κάποια όντα του νερού του πρότειναν να ξεκουραστεί στην πλάτη τους, αλλά εκείνος αρνήθηκε, προχώρησε αποφασιστικά μπροστά και ολοκλήρωσε την αποστολή του. Πρέπει κι εμείς να είμαστε έτσι και να μην επιτρέπουμε σε τίποτα να μας αποσπάσει», απάντησε.

Ως συνήθως είχε δίκιο, αλλά για κάποιο λόγο ένιωθα λίγο πληγωμένος από τα λόγια του. Αφού μου έδωσε αυτή τη συμβουλή, μου ζήτησε να πάω στο σπίτι ενός άλλου πιστού, περίπου πεντακόσια μέτρα πιο κάτω στο δρόμο και να του πω να έρθει όσο το δυνατό πιο γρήγορα. Ένιωθα μια αντίδραση μέσα μου και του είπα ότι θα το έκανα αργότερα. Εκείνος επέμενε ότι έπρεπε να γίνει αμέσως. Θύμωσα λίγο με την επιμονή του και αντί να τον υπακούσω πήγα στο μπάνιο κι έκανα ένα κρύο ντους. Μόλις τέλειωσα το ντους, με έκπληξη ανακάλυψα ότι η αντίδραση κι ο θυμός είχαν εξαφανιστεί. Πήγα κοντά του και ζήτησα συγγνώμη και μετά του είπα τι είχε συμβεί.

«Μερικές φορές ένας άνθρωπος νιώθει εκνευρισμό ή θυμό, επειδή τα νεύρα του έχουν ζεσταθεί. Αν κάνει κανείς ένα κρύο ντους, τα νεύρα δροσίζονται και ο θυμός υποχωρεί. Συμβαίνει το ίδιο και με τη λαγνεία. Για την ακρίβεια, όλα τα πάθη θερμαίνουν τα νεύρα ή αυτά μπορεί να διεγερθούν εξαιτίας της θέρμανσης των νεύρων. Το κρύο ντους είναι μια καλή θεραπεία», είπε.

Ένα μήνα μετά, ο Ράτναμτζι άρχισε να περπατάει. Μέσα σε δυο μήνες μπορούσε να περπατήσει αρκετά καλά με τη βοήθεια ενός ραβδιού. Μια μέρα με κάλεσε και μου είπε: «Μια μέρα, περίπου είκοσι έξι χρόνια πριν, όταν υπηρετούσα τον Ραμάνα, εκείνος είχε ρωτήσει έναν προσκυνητή αν είχε ποτέ του επισκεφτεί ένα ιερό μέρος στο Νεπάλ που ονομάζεται Μουκτινάτ. Είναι το μέρος από όπου προέρχεται η ιερή πέτρα σάλιγκραμ. Αυτή η πέτρα βρίσκεται σε αφθονία στον ποταμό Γκαντάκι που περνάει από αυτό το μέρος και χρησιμοποιείται στην Ινδία για λατρευτικούς σκοπούς. Από τότε που άκουσα γι' αυτό το μέρος έχω μια επιθυμία να πάω, γιατί θεωρείται ένα από τα πιο αρχαία προσκυνήματα.

«Αναφέρεται στις γραφές πως ένας βασιλιάς που λεγόταν Μπάρατα παρέδωσε το βασίλειό του στους γιους του και αποσύρθηκε στο Μουκτινάτ για να μονάσει. Έφτασε πραγματικά σε πολύ υψηλό πνευματικό επίπεδο, αλλά ανέπτυξε μεγάλη αγάπη για ένα μικρό ελαφάκι και πέθανε έχοντας στο νου του το ελάφι αντί για την Υπέρτατη Αλήθεια. Αυτό είχε ως αποτέλεσμα να ξαναγεννηθεί ως ελάφι. Οι γραφές βεβαιώνουν ότι η επόμενη γέννησή μας καθορίζεται σε μεγάλο βαθμό από τη φύση της τελευταίας σκέψης μας ενώ πεθαίνουμε. Για αυτό το λόγο απαγγέλλεται το Θεϊκό όνομα δίπλα σε έναν άνθρωπο που πεθαίνει. Αν αυτός μπορέσει να σκεφτεί το Θεό εκείνη τη στιγμή, θα ενωθεί μαζί του και θα επιτύχει την Ύψιστη Ευδαιμονία.

«Τις προάλλες ο Αβαντχουτέντρατζι με ρώτησε αν θέλω να πάω μαζί του στο Νεπάλ. Θα έρθουν άλλοι δυο άνθρωποι. Αν αποφασίσουμε να πάμε, θα ζητήσω από την μεγάλη μου αδελφή να έρθει μαζί μας για να μας μαγειρεύει. Έχει έρθει μαζί μου πολλές φορές σε προσκυνήματα και της αρέσει πολύ. Τι λες;»

Ήθελα, φυσικά, πάρα πολύ να πάω, ειδικά με τη συντροφιά δυο αγίων. Συμφώνησα πρόθυμα και ο Αβαντχουτέντρατζι ενημερώθηκε. Θα ξεκινούσαμε σε μια βδομάδα και θα επισκεπτόμασταν επίσης κι άλλα μέρη στο δρόμο. Η αδελφή του Ράτναμτζι ήρθε σε λίγες μέρες. Κάναμε όλες τις προετοιμασίες και ξεκινήσαμε να συναντήσουμε τον Αβαντχουτέντρατζι.

Ήμασταν έξι άτομα συνολικά και μια μεγάλη ομάδα πιστών ήρθε στο σταθμό του τραίνου να αποχαιρετήσει τους δυο αγίους. Ήταν μεγάλη η χαρά να βρίσκεσαι ακόμη και με τον έναν από εκείνους, μπορεί κανείς να φανταστεί πόση ήταν η ευτυχία να βρίσκεσαι και με τους δυο μαζί! Ο Ράτναμτζι και ο Αβαντχουτέντρατζι ήταν στα καλύτερά τους όταν βρίσκονταν ο ένας κοντά στον άλλο κι εγώ ένιωθα μεγάλη ευτυχία που τους έβλεπα μαζί. Ό ένας ήταν καταπληκτικός ψάλτης θρησκευτικών ύμνων και ο άλλος μπορούσε να ανεβάσει το επίπεδο της συνειδητότητας με τα σοφά του λόγια. Και οι δυο τους είχαν απαρνηθεί όλα τα εγκόσμια για να επιτύχουν τη συνειδητοποίηση του Θεού και είχαν καταφέρει πολλά στον πνευματικό κόσμο. Επιπλέον ήταν κι οι δυο σαν παιδιά, απλοί και αθώοι, χωρίς ίχνος περηφάνιας και αλαζονείας μέσα τους.

Τις επόμενες δέκα μέρες τις περάσαμε ταξιδεύοντας για το Νεπάλ, σταματώντας σε ιερά μέρη που ήταν στο δρόμο μας, πηγαίνοντας σε ναούς και μένοντας στα σπίτια των πιστών του Αβαντχουτέντρατζι. Στη διάρκεια των σαρανταχρόνων ταξιδιών του σε όλη τη χώρα είχε αποκτήσει αρκετούς θαυμαστές και συνήθως ήξερε τουλάχιστον ένα πρόσωπο σε κάθε πόλη που πηγαίναμε.

Ταξιδεύοντας με τη συντροφιά δυο αγίων δεν υπήρχε χρόνος για να σκεφτεί κανείς τίποτα άλλο παρά μόνο τον Θεό. Είχα έρθει στην Ινδία χωρίς να πιστεύω στο Θεό και χωρίς καν να νοιάζομαι αν υπάρχει. Τώρα ανακάλυπτα πως ο νους μου ήταν γεμάτος από τη σκέψη Του και μόνο. Με ποιο τρόπο είχε συμβεί αυτό; Οφειλόταν σίγουρα στη συντροφιά των αγίων. Ο πυρετώδης ρυθμός και η ανούσια γεύση της κοσμικής ζωής είχαν αντικατασταθεί από μια συνεχή αίσθηση εσωτερικής γαλήνης και ευδαιμονίας. Κάθε στιγμή είχε τη δική της γοητεία. Το ρεύμα της γαλήνης και του φωτός μεγάλωνε μέρα με τη μέρα, κλείνοντας μέσα του την υπόσχεση της Ενότητας στο τέλος.

Ο σκοπός της ζωής μου ήταν ο υψηλότερος που ο άνθρωπος θα μπορούσε να επιθυμήσει, η ένωση με το Δημιουργό και η άπειρη Ευδαιμονία και γνώση που αυτή συνεπάγεται. Με κάποιο τρόπο είχα κατορθώσει να έρθω σε στενή επαφή με μια παράδοση που είχε αγαπηθεί, δοκιμαστεί και αποδειχτεί, στην πορεία χιλιάδων ετών, ότι προωθεί την πνευματική εξέλιξη. Τώρα ζούσα με τη συντροφιά και την καθοδήγηση δυο σοφών που ήταν μάρτυρες του μεγαλείου και της αλήθειας των αρχαίων παραδόσεων. Όταν το σκεφτόμουν αυτό, δάκρυα ανάβλυζαν από τα μάτια μου. Αισθανόμουν πως ήμουν ο κανένας και το τίποτα, ένα ξερό φύλλο που το φυσούσε ο ούριος άνεμος της Θεϊκής Θέλησης.

Ο Αβαντχουτέντρατζι σπάνια μου έδινε οδηγίες. Αν και μερικές φορές έπλενα τα ρούχα του και κουβαλούσα τις αποσκευές του, ένιωθε πως ήμουν ο πνευματικός γιος του Ράτναμτζι και δεν υπήρχε ανάγκη να με διδάσκει. Μόνο σε μια περίσταση μου έδωσε τη συμβουλή του. Μια μέρα, καθώς περπατούσαμε στο δρόμο πηγαίνοντας σε ένα ναό, ένας άνδρας με πλησίασε και με ρώτησε από ποια χώρα κατάγομαι. Ξεκίνησα να του απαντάω, αλλά ο Αβαντχουτέντρατζι γύρισε και με ρώτησε για ποιο πράγμα μιλούσα. Του είπα για την ερώτηση του ανθρώπου.

Εκείνος απάντησε: «Αν κάποιος επαναλαμβάνει το Θεϊκό Όνομα με κάθε αναπνοή, τότε μπορεί να επιτύχει τη συνειδητοποίηση του Θεού πολύ σύντομα. Οι άνθρωποι δεν τα καταφέρνουν, γιατί σπαταλούν πολύ χρόνο σε περιττά λόγια. Στη διάρκεια του χρόνου που χρειάζεται για να ακούσεις και να απαντήσεις την ερώτηση του ανθρώπου, θα μπορούσες να επαναλάβεις το μάντρα σου τουλάχιστον δέκα φορές. Δεν είναι αυτό μια μεγάλη απώλεια;»

Συνεχίσαμε το ταξίδι μας προς το βορρά και επιτέλους φτάσαμε στα σύνορα του Νεπάλ. Από κει μπορεί κανείς είτε να κάνει ένα κουραστικό ταξίδι με λεωφορείο είτε να πάρει το αεροπλάνο για το Κατμαντού, την πρωτεύουσα του Νεπάλ. Ο Ράτναμτζι με συμβούλευσε να υπολογίσω όλα τα έξοδα του Αβαντχουτέντρατζι, καθώς και τα έξοδα των τριών ατόμων της δικής μας συντροφιάς. Αποφάσισα ότι έπρεπε να πάμε με το αεροπλάνο, όποιο κι αν ήταν το κόστος. Θα ήταν πιο άνετο για εκείνους και, καθώς ο Ράτναμτζι δεν είχε μπει ποτέ του σε αεροπλάνο, ήθελα να έχει αυτήν την εμπειρία έστω και για μια φορά. Μπήκαμε στο αεροπλάνο και σε λίγο πετούσαμε πάνω από τα Ιμαλάια. Ο Ράτναμτζι ήταν σαν παιδί και κοιτούσε χαρούμενα από το παράθυρο το τοπίο κάτω στη γη.

Μου είπε: «Ξέρεις, αυτό το ταξίδι μοιάζει με τη συνειδητοποίηση του Θεού. Όσο ο νους ανεβαίνει ψηλότερα και ψηλότερα προς την Πηγή του, η αίσθηση των διαφορών σταδιακά χάνεται μέχρι που όλα συγχωνεύονται μέσα στη μία Ύπαρξη. Όσο πετάμε ψηλότερα, τα αντικείμενα κάτω χάνουν το σχετικό τους μέγεθος. Οι άνθρωποι, τα δέντρα, τα κτήρια, ακόμα και οι λόφοι μοιάζουν να έχουν το ίδιο ύψος. Αν πηγαίναμε ακόμα ψηλότερα και η γη η ίδια θα εξαφανιζόταν μέσα στην απεραντοσύνη του διαστήματος!»

Ήμουν έκπληκτος με τον τρόπο που είχε να κοιτάζει τα πράγματα. Ο νους του ήταν πάντα στραμμένος στο Θεό ανεξάρτητα με το τι συνέβαινε.

Όταν φτάσαμε στο Κατμαντού, πήγαμε με αυτοκίνητο σε ένα πανδοχείο κοντά στον κύριο ναό της πόλης, τον Πασουπατινάτ. Το πανδοχείο ήταν σημείο ξεκούρασης για τους προσκυνητές που επισκέπτονταν το ναό. Ήταν ένα διώροφο κτήριο, όπου στο ισόγειο παρέμεναν οι αγελάδες και στον όροφο οι ταξιδιώτες. Προσφερόταν δωρεάν, αλλά μπορούσες προαιρετικά να αφήσεις κάποια χρήματα. Πήραμε ένα δωμάτιο, απλώσαμε τα στρωσίδια μας και ξεκουραστήκαμε λίγο πριν πάμε στο ναό.

Ο ναός Πασουπατινάτ είναι ένα τεράστιο οικοδομικό συγκρότημα μέσα σε έναν περίβολο που περιβάλλεται από τοίχο. Αν και είναι ινδουιστικός, η αρχιτεκτονική του, σε σχήμα παγόδας, είναι της Άπω Ανατολής. Εκατοντάδες πιστών μπαινοβγαίνουν στο ναό από νωρίς το πρωί μέχρι αργά τη νύχτα. Το κλίμα στην κοιλάδα του Κατμαντού είναι πολύ δροσερό και αναζωογονητικό. Αισθανόμουν σαν να είχε φύγει ένα μεγάλο βάρος από τους ώμους μου αφότου είχαμε αφήσει πίσω τη ζέστη των ινδικών πεδιάδων. Ο τόπος άρεσε επίσης πάρα πολύ στον Ράτναμτζι και στον Αβαντχουτέντρατζι, που ήθελαν να δουν τα πάντα και απολάμβαναν το περιβάλλον και τον πολιτισμό.

Την επόμενη μέρα πήραμε ένα ταξί και πήγαμε σε όλα τα σημαντικά μέρη της πόλης, ανάμεσα στα οποία ήταν πολλοί ινδουιστικοί και βουδιστικοί ναοί. Μετά πήγαμε σε ένα γειτονικό χωριό, όπου υπήρχε ένας αρχαίος και διάσημος ναός αφιερωμένος στη Θεϊκή Μητέρα. Ένας ύμνος ακουγόταν δυνατά λίγα μέτρα πιο πέρα από το ναό. Ο Αβαντχουτέντρατζι, που ένιωσε αμέσως την ανάγκη να πάει εκεί και ήταν περίεργος να δει τι γινόταν, μας οδήγησε σε μια μεγάλη αυλή. Εκατοντάδες άνθρωποι έψαλλαν το Θεϊκό Όνομα με τη συνοδεία τυμπάνων και αρμονίων. Στο κέντρο του πλήθους βρισκόταν ένας ηλικιωμένος κύριος, που κινούνταν απαλά στο ρυθμό της μουσικής και έραινε με λουλούδια όσους βρίσκονταν κοντά του. Ήταν μια λαμπερή παρουσία. Μόλις είδε τον Αβαντχουτέντρατζι, ήρθε κοντά του ορμητικός και τον αγκάλιασε.

Ο Αβαντχουτέντρατζι ήταν πολύ χαρούμενος και μας είπε ότι αυτός ο άνθρωπος ήταν ένας από τους μεγαλύτερους αγίους του Νεπάλ. Περνούσε ολόκληρη τη ζωή του διαδίδοντας το Θεϊκό Όνομα στο Νεπάλ και στη βόρεια Ινδία. Τον είχε συναντήσει παλιότερα στην Ινδία και συγκεκριμένα στο Βριντάβαν, ένα ιερό μέρος που σχετιζόταν με τη ζωή και τη δράση του Σρι Κρίσνα και όπου αυτός ο άγιος είχε άσραμ. Ο Αβαντχουτέντρατζι και ο Γκαουτάμτζι, όπως αυτός ο άνθρωπος ονομαζόταν, ήταν και οι δυο γεμάτοι έκπληξη και χαρά μ' αυτήν την τυχαία συνάντηση. Μας προσκάλεσε και μας πρόσφερε πλούσιο γεύμα. Το βράδυ γυρίσαμε στο πανδοχείο μας, αφού είχαμε υποσχεθεί να επισκεφτούμε το άσραμ του Γκαουτάμτζι στο Κατμαντού. Βρισκόταν σε απόσταση πέντε λεπτών με τα πόδια από το μέρος που μέναμε.

Την επόμενη μέρα πήγαμε και οι έξι στο άσραμ, που ήταν πάνω σε ένα λόφο ανάμεσα στο ναό και στο πανδοχείο μας. Στην πραγματικότητα ήταν το προγονικό σπίτι της οικογένειας του Γκαουτάμτζι. Όταν φτάσαμε, βρήκαμε μια γιορτή σε εξέλιξη. Ο γιος του Γκαουτάμτζι ήταν ντυμένος Κρίσνα και μερικοί πιστοί ήταν ντυμένοι όπως οι σύντροφοί του. Εκτελούσαν αγωνίσματα και αθλητικά παιχνίδια ως βοσκοί αγελάδων που οδηγούν τα κοπάδια τους στα λιβάδια και παίζουν στους αγρούς, όπως έκανε και ο Κρίσνα όταν ήταν παιδί. Όλοι

128

αυτή την ώρα οι άνθρωποι έψαλλαν δυνατά το Θεϊκό όνομα. Η ατμόσφαιρα ήταν φορτισμένη με θρησκευτική αφοσίωση. Μετά από την παράσταση προσφέρθηκε φαγητό σε όλους.

Ο Γκαουτάμτζι μας οδήγησε στον κήπο και μας ξενάγησε στο υπόλοιπο άσραμ. Μέσα στον κήπο υπήρχαν δυο μικροί ναοί και αρκετές πέτρινες κολώνες. Μέσα στο ναό υπήρχαν οι ιερές γραφές των Ινδουιστών, οι τέσσερις Βέδες, η Μαχαμπαράτα, η Ραμαγιάνα και οι δεκαοχτώ Μαχαπουράνας. Η ινδουιστική παράδοση έχει ένα τεράστιο θησαυρό θρησκευτικής φιλολογίας που μπορεί να βοηθήσει τους ανθρώπους σε όλα τα στάδια της πνευματικής τους εξέλιξης. Όπως και σε όλες τις άλλες θρησκείες, οι γραφές είναι αντικείμενο σεβασμού και λατρείας, ως αποκαλύψεις του Λόγου του Θεού.

Ρωτήσαμε τον Γκαουτάμτζι για με τις πέτρινες κολώνες. Μας είπε ότι εδώ και πολλά χρόνια συμβούλευε τους πιστούς να επαναλαμβάνουν το Θεϊκό Όνομα συνεχώς και επίσης να το γράφουν σε τετράδια. Είχε συγκεντρώσει έναν τεράστιο αριθμό από τέτοια τετράδια με το Θεϊκό Όνομα Ράμα γραμμένο σε αυτά. Τα είχε θάψει στο έδαφος και είχε τοποθετήσει κολώνες για να σημαδέψει τα σημεία. Οι κολώνες ήταν η ορατή έκφραση του Θεϊκού Ονόματος. Τον ρωτήσαμε πόσα Ονόματα είχαν θαφτεί κάτω από τις πέντε ή έξι κολώνες στον κήπο. Μας είπε ότι κάτω από κάθε κολώνα η λέξη «Ράμα» ήταν γραμμένη μέσα στα τετράδια δέκα εκατομμύρια φορές! Μείναμε άφωνοι από θαυμασμό. Δεν είχαμε δει τέτοια αφοσίωση στο Θεϊκό Όνομα πουθενά αλλού.

Ο Γκαουτάμτζι μας πήγε μετά σε ένα μικρό χωριό περίπου είκοσι μίλια μακριά από το Κατμαντού, όπου είχε ένα άλλο άσραμ. Το καταπράσινο τοπίο της εξοχής και τα Ιμαλάια στο βάθος ήταν ένα όμορφο θέαμα για όλους μας. Οι χωρικοί του Νεπάλ είναι ίσως οι πιο καλλιεργημένοι, ευσεβείς και απλοί άνθρωποι στον κόσμο. Ένιωσα ότι ίσως οι Ινδοί ήταν έτσι χίλια χρόνια πριν, προτού η κατάκτηση της χώρας από τους Μογγόλους και τους Βρετανούς καταστρέψει την αγνότητα του αρχαίου πολιτισμού.

Όταν φτάσαμε στο άσραμ του χωριού, ένας από τους ενοίκους του ανέλαβε να μας συνοδέψει. Μας έδειξε έναν μικρό τεχνητό λόφο στο κέντρο του άσραμ, φτιαγμένο από τσιμέντο ή γύψο. Μας είπε ότι μερικές πέτρες προέρχονταν από το ιερό βουνό Γκοβάρντανα στην Ινδία. Οι πέτρες είχαν τοποθετηθεί στο κέντρο του άσραμ και πάνω σ' αυτές είχε τοποθετηθεί ένα ομοίωμα του λόφου Γκοβάρντανα. Όπως γίνεται και στον αληθινό Γκοβάρντανα, οι πιστοί περπατούσαν κι εδώ γύρω από τη μικρογραφία του λόφου ψάλλοντας και απαγγέλλοντας τα Ονόματα ή ιστορίες του Σρι Κρίσνα.

Σε ένα άλλο σημείο υπήρχε μια επιφάνεια περίπου δύο επί ένα μέτρο με μια κολώνα σε κάθε γωνιά. Μας είπαν ότι, όπως και οι κολώνες στο άσραμ του Κατμαντού, έτσι και ο χώρος αυτός περιείχε άλλα δέκα εκατομμύρια Ονόματα. Όταν κάποιος στη γύρω περιοχή ήταν ετοιμοθάνατος, τον μετέφεραν εδώ και τον τοποθετούσαν σ' αυτό το σημείο. Πίστευαν ότι η πνευματική δόνηση του Ονόματος μπορούσε να βοηθήσει πάρα πολύ την ψυχή που αναχωρούσε. Ο Αβαντχουτέντρατζι, που επαναλάμβανε το Όνομα εδώ και σαράντα χρόνια, και το μετέδιδε σε όλη την Ινδία, ήταν έκπληκτος και γεμάτος χαρά με αυτή την παιδική πίστη στο Θεό και στο Όνομά Του. Για την ακρίβεια, όταν στάθηκε πάνω σ' αυτό το σημείο, ένιωσε πως δεν είχε διάθεση να γυρίσει ξανά στην Ινδία. Στράφηκε προς εμάς και είπε: «Αυτοί οι απλοί άνθρωποι έχουν πλήρη αφοσίωση στο Θεό. Στην Ινδία δεν μπορούμε να βρούμε ανθρώπους ούτε με το ένα δέκατο αυτής της πίστης. Δεν θέλω να ξαναγυρίσω εκεί!»

Ήταν Σεπτέμβρης και ο καιρός στην κοιλάδα του Κατμαντού ήταν πολύ κρύος νωρίς το πρωί. Ο Αβαντχουτέντρατζι δεν ήταν καλά στην υγεία του εδώ και αρκετό καιρό και ένιωθε άσχημα με το κρύο. Τελικά αποφάσισε να επιστρέψει στην Ινδία μαζί με τους άλλους δυο πιστούς, όσο το δυνατόν πιο σύντομα. Συζητήσαμε τα μελλοντικά μας σχέδια και ο Ράτναμτζι μου έδωσε οδηγίες να αγοράσω ένα αεροπορικό εισιτήριο για τον Αβαντχουτέντρατζι και τρία εισιτήρια για μας για την Ποκάρα, ένα χωριό περίπου εκατό μίλια δυτικά του Κατμαντού. Από εκεί θα άρχιζε το προσκύνημά μας για το Μουκτινάτ. Η πτήση του Αβαντχουτέντρατζι ήταν την επόμενη μέρα, αλλά θέσεις για την Ποκάρα ήταν διαθέσιμες μόνο μετά από τρεις μέρες. Έκλεισα όλα τα εισιτήρια και επέστρεψα στο πανδοχείο.

Την άλλη μέρα το πρωί, όταν ξύπνησε ο Ράτναμτζι, έκαιγε από τον πυρετό. Με δυσκολία μπορούσε να σταθεί όρθιος. Ο Αβαντχουτέντρατζι ήθελε να πάει στο ναό πριν φύγει για την Ινδία και ο Ράτναμτζι επέμενε να τον συνοδέψει. Στηρίχτηκε στον ώμο μου και βαδίσαμε αργά μέχρι το ναό και πίσω. Μόλις γυρίσαμε στο πανδοχείο, ο Ράτναμτζι λιποθύμησε. Ο Αβαντχουτέντρατζι κι εγώ τον βάλαμε σε ένα ταξί και πήγαμε σε έναν ομοιοπαθητικό γιατρό, αγοράσαμε τα φάρμακα και επιστρέψαμε.

Το αεροπλάνο του Αβαντχουτέντρατζι επρόκειτο να αναχωρήσει στις έντεκα το πρωί. Ήταν ήδη εννιά. Πώς μπορούσε να αφήσει τον Ράτναμτζι σ' αυτήν την κατάσταση; Με ρωτούσε ξανά και ξανά αν έπρεπε να φύγει. Τον διαβεβαίωσα ότι η αδελφή του Ράτναμτζι κι εγώ θα φροντίζαμε για όλα και του ζητήσαμε να μην ανησυχεί. Τελικά άφησε στον Ράτναμτζι την ακριβή μάλλινη κουβέρτα του και με λύπη μας αποχαιρέτησε.

Ο Ράτναμτζι δεν ξαναβρήκε τις αισθήσεις του παρά μόνο την επόμενη μέρα. «Τι ώρα είναι; Πού είναι ο Αβαντχουτέντρατζι;» ρώτησε. «Είναι μία μετά το μεσημέρι. Ο Αβαντχουτέντρατζι έφυγε για την Ινδία χτες περίπου στις εννιά το πρωί. Στεναχωρήθηκε πολύ που σε άφησε εδώ. Σε πήγαμε στο γιατρό, μετά εγώ τον παρότρυνα να συνεχίσει την πορεία του κι έφυγε απρόθυμα. Σου άφησε την κουβέρτα του και ευτυχώς που το έκανε, γιατί δεν είχαμε τίποτα ζεστό να σε σκεπάσουμε. Παρέμεινες αναίσθητος για πολύ. Πώς νιώθεις τώρα;» τον ρώτησα. «Νεκρός» μου απάντησε. «Τι κρίμα που δεν μπόρεσα να τον αποχαιρετήσω. Έπρεπε να προσπαθήσεις να με σηκώσεις. Πρέπει να του ζητήσω συγγνώμη όταν τον ξαναδώ.»

Όπως η αταραξία του παρέμενε αναλλοίωτη, έτσι και η ταπεινότητά του. Αναρωτιόμουν αν εγώ, που θύμωνα με την παραμικρή αφορμή και είχα μεγάλη ιδέα για τον εαυτό μου, θα μπορούσα να μιμηθώ το παράδειγμα του Ράτναμτζι στην παρούσα ζωή μου. Ένιωθα σαν ένα κουνούπι που φιλοδοξεί να διασχίσει τον ωκεανό. Ο Ράτναμτζι έπαιρνε τα ομοιοπαθητικά του φάρμακα τακτικά τις επόμενες δυο μέρες και ένιωθε αρκετά καλά για να ταξιδέψει την προγραμματισμένη μέρα. «Φαίνεται πως η χάρη του Θεού είναι μαζί μου, γιατί αλλιώς θα έπρεπε να μείνω στο κρεβάτι για πολύ. Τώρα μας δίνει την ευκαιρία να δούμε αν έχει θεραπευτεί το πόδι μου,» είπε.

Το επόμενο πρωί πήραμε το αεροπλάνο για την Ποκάρα και όταν φτάσαμε, αναζητήσαμε μέρος να μείνουμε. Υπήρχε ένας ναός της θεάς Κάλι σκαρφαλωμένος στην κορυφή ενός λόφου κοντά σε ένα χωριό. Η ανάβαση θα ήταν δύσκολη, αλλά και η ατμόσφαιρα εκεί θα ήταν πολύ γαλήνια. Η Κάλι είναι η άγρια εκδοχή της Θεϊκής Μητέρας. Η Θεϊκή Μητέρα είναι η ίδια η Δύναμη του Θεού σε ενσώματη μορφή. Έχει τρεις λειτουργίες και τρεις όψεις, που έχουν σχέση με τη δημιουργία, τη συντήρηση και την καταστροφή. Ό,τι δημιουργείται, πρέπει τελικά να καταστραφεί. Η Κάλι είναι η Δύναμη του Θεού που καταστρέφει όλα τα δημιουργημένα αντικείμενα. Η Σαράσβατι είναι η Δημιουργική Δύναμη και η Λάκσμι είναι η Δύναμη της

132

Διατήρησης. Οι άνθρωποι του κόσμου προσεύχονται στην Κάλι να καταστρέφει όλα όσα εμποδίζουν την ευτυχία τους, όπως οι αρρώστιες, η φτώχεια και οι εχθροί. Οι πνευματικοί αναζητητές ζητούν από την Κάλι να καταστρέψει την πνευματική τους άγνοια που εμποδίζει τη θέαση της αλήθειας και τους κάνει να νιώθουν ότι το σώμα και ο νους είναι τα όριά τους. Αν και όλοι οι Ινδουιστές γνωρίζουν ότι ο Θεός, το Υπέρτατο Ον, είναι ένα και δεν έχει μορφή, επίσης πιστεύουν ότι ο Θεός μπορεί και θέλει να εκδηλώνεται σε άπειρες μορφές για τη διευκόλυνση και τη χαρά των πιστών Του. Ένα πρόσωπο μπορεί να καλείται μητέρα, αδελφή, κόρη και ανιψιά από διαφορετικούς ανθρώπους, ανάλογα με τη συγγενική σχέση του καθενός. Το πρόσωπο, όμως, είναι το ίδιο και το αυτό. Ανάλογα με τον νου του καθενός, ο Θεός αποκαλείται Θεϊκή Μητέρα, Κρίσνα, Σίβα και μυριάδες άλλα ονόματα.

Αφού μαγειρέψαμε το φαγητό μας και προσκυνήσαμε τη Μητέρα Κάλι, τελειώσαμε το μεσημεριανό μας και αρχίσαμε να περπατάμε με κατεύθυνση προς τα βόρεια, ρωτώντας ποιος είναι ο δρόμος για το Μουκτινάτ. Είχαμε αποφασίσει να φτιάχνουμε εμείς το φαγητό μας και για αυτό κουβαλούσαμε ένα καμινέτο κηροζίνης, κηροζίνη, ρύζι και άλλα τρόφιμα, καθώς επίσης τα ρούχα μας και τα σκεπάσματά μας. Το βάρος ήταν μεγάλο κι έτσι αποφασίσαμε να προσλάβουμε τρεις αχθοφόρους να μας βοηθούν και να μας δείχνουν το δρόμο. Εκείνη την εποχή δεν ξέραμε ότι θα έπρεπε να προσλάβουμε μόνο Νεπαλέζους αχθοφόρους και γι' αυτό βιώσαμε τη μια πικρή εμπειρία μετά την άλλη εξαιτίας της άγνοιάς μας. Το πρώτο μέρος που συναντήσαμε ανθρώπους διαθέσιμους γι' αυτήν την εργασία ήταν το στρατόπεδο των Θιβετιανών προσφύγων έξω από το χωριό. Συναντήσαμε τρεις ανθρώπους εκεί, αλλά ο Ράτναμτζι με προειδοποίησε ότι δεν έπρεπε να τους προσλάβουμε. Για κάποιο λόγο δεν του άρεσε το παρουσιαστικό τους. Εγώ επέμενα ότι δεν υπήρχε άλλος τρόπος και έτσι τελικά συμφωνήσαμε την αμοιβή τους και τους προσλάβαμε. Αποφασίσαμε να ξεκινήσουμε το επόμενο πρωί.

Με την ανατολή του ήλιου ήμασταν στο δρόμο για το Μουκτινάτ. Δύσκολα θα μπορούσε να χαρακτηριστεί δρόμος το μονοπάτι των ογδόντα πέντε μιλίων που περνούσε μέσα από τα Ιμαλάια για να φτάσει στο Μουκτινάτ. Το Μουκτινάτ είναι πολύ κοντά στα σύνορα με την Κίνα. Από την Ποκάρα και μετά δεν υπήρχε δρόμος. Ο Ράτναμτζι και η αδελφή του η Σεσάμμα αποφάσισαν να περπατήσουν όλη τη διαδρομή ξυπόλυτοι, ως θρησκευτική πρακτική. Κι εγώ ήθελα να βαδίσω ξυπόλητος, αλλά είχα πατήσει ένα αιχμηρό ξύλο το προηγούμενο βράδυ και είχα ένα κόψιμο στο πέλμα. Έτσι αποφάσισα να φορέσω πλαστικά σανδάλια, πράγμα που αποδείχτηκε η αιτία μεγάλης ταλαιπωρίας αργότερα.

Λίγα μίλια μετά την Ποκάρα άρχισε η ανάβαση στα Ιμαλάια. Η πορεία στο απόκρημνο έδαφος ήταν εξαντλητική, αλλά το πανέμορφο τοπίο και ο καθαρός αέρας μας αποζημίωναν με το παραπάνω για τον μόχθο μας. Οι αχθοφόροι περπατούσαν τόσο γρήγορα, που μετά από μια ώρα τους χάσαμε. Αυτό ήταν μια πρόγευση του τι επρόκειτο να ακολουθήσει.

Ευτυχώς το μεσημέρι βρήκαμε τους οδηγούς να μας περιμένουν σε ένα μικρό χωριό στην πλαγιά του βουνού. Μαγείρευαν ήδη το φαγητό τους. Τους ρωτήσαμε γιατί έτρεχαν τόσο πολύ μπροστά από μας. Τους εξηγήσαμε ότι δεν ξέραμε το δρόμο και εξαρτιόμασταν από εκείνους για την πορεία μας. Μας είπαν ότι περπατούσαμε πολύ αργά και δεν μπορούσαν να αργοπορούν για χάρη μας. Τους είπαμε ότι αν δεν ήθελαν να περπατούν μαζί μας, καλύτερα να γύριζαν πίσω. Μας υποσχέθηκαν ότι θα βάδιζαν πιο αργά.

Αφού μαγειρέψαμε και φάγαμε, ξεκινήσαμε για το επόμενο χωριό με την ελπίδα να φτάσουμε πριν σκοτεινιάσει.

Ανάμεσα στα χωριά των Ιμαλαίων υπάρχουν μόνο δάση και αν κανείς δεν φτάσει στο χωριό πριν νυχτώσει, κινδυνεύει να δεχτεί επίθεση από άγρια ζώα. Εκείνο το βράδυ τα καταφέραμε να φτάσουμε στο επόμενο χωριό, αλλά ήμασταν τόσο κουρασμένοι που δεν μπορούσαμε να μαγειρέψουμε. Αγοράσαμε γάλα και λίγα μπισκότα, φάγαμε και πέσαμε να κοιμηθούμε. Στη διάρκεια των επόμενων τριών εβδομάδων ανακαλύψαμε με έκπληξη ότι ένα ποτήρι γάλα το πρωί, ένα πλήρες γεύμα το μεσημέρι και γάλα με λίγα μπισκότα το βράδυ ήταν αρκετά για να νιώθουμε καλά. Για να πω την αλήθεια η υγεία μου ήταν πολύ καλύτερα όλο το διάστημα της αναρρίχησης και ο νους μου παρέμενε σε υψηλή κατάσταση χωρίς προσπάθεια, ίσως εξαιτίας της άσκησης και του αέρα. Το μεσημεριανό μας γεύμα ήταν εξαιρετικά απλό. Ρίχναμε λίγο ρύζι, φακές και άγουρες μπανάνες σε μια κατσαρόλα, τα βράζαμε όλα μαζί και προσθέταμε λίγο αλάτι στο τέλος. Ούτε πριν ούτε μετά από αυτό το προσκύνημα έχω φάει ποτέ τόσο νόστιμο φαγητό. Συνειδητοποιήσαμε πλήρως τότε ότι το καλύτερο ορεκτικό είναι η πείνα.

Για δυο τρεις μέρες όλα εξελίσσονταν κανονικά. Μετά οι αχθοφόροι μας άρχισαν πάλι να βαδίζουν πολύ γρήγορα και να μάς αφήνουν πίσω. Σε μια περίσταση εξαφανίστηκαν παίρνοντας ακόμα και το φακό μας μαζί τους. Δεν είχαμε τίποτα πάνω μας, παρά μόνο λίγα χρήματα. Φωνάξαμε ξανά και ξανά, αλλά καμία απάντηση. Καθώς περπατούσαμε μόνοι, φτάσαμε σε ένα σημείο που το μονοπάτι χωριζόταν. Πήραμε την αριστερή πλευρά και φτάσαμε σε αδιέξοδο. Σπαταλήσαμε δυο ώρες για να ξαναβρεθούμε εκεί όπου είχαμε ξεκινήσει. Ήταν περίπου πέντε το απόγευμα και δεν ξέραμε πόσο μακριά ήταν το επόμενο χωριό. Δεν υπήρχε κανείς να μας δείξει το δρόμο.

Αποφάσισα να φύγω γρήγορα μπροστά και να προσπαθήσω να βρω τους αχθοφόρους, έτσι επιτάχυνα το βήμα μου. Ο

Ράτναμτζι και η Σεσάμμα κάθισαν να ξεκουραστούν στην άκρη του μονοπατιού. Στη βιασύνη μου να βρω τους αχθοφόρους και τα πράγματά μας, ξέχασα να αφήσω λίγα χρήματα στον Ράτναμτζι. Μια μικρή φωνή μέσα μου έλεγε να το κάνω, αλλά την αγνόησα και προχώρησα. Η εμπειρία μού έχει διδάξει ότι κάθε φορά που δεν ακολουθώ αυτή την εσωτερική φωνή κάτι οδυνηρό θα επακολουθήσει και πραγματικά έτσι έγινε κι εκείνη τη φορά. Μετά από λίγο έφτασα μπροστά σε ένα πέτρινο τοίχο που έκλεινε το μονοπάτι. Ο μοναδικός δρόμος που υπήρχε έβγαζε σε πυκνό δάσος. Σκοτείνιαζε ήδη. Σκέφτηκα πως ίσως το χωριό να βρίσκονταν μέσα στο δάσος κι έτσι προχώρησα. Είχα βαδίσει περίπου το τέταρτο από ένα μίλι, όταν ένας άνθρωπος φάνηκε να έρχεται από την αντίθετη κατεύθυνση. «Πού πας; Δεν ξέρεις ότι κατευθύνεσαι προς ένα πυκνό δάσος;» ο άνθρωπος είπε στα αγγλικά.

Υπήρχαν πολύ λίγοι άνθρωποι που μιλούσαν αγγλικά στο Νεπάλ εκείνο τον καιρό, ακόμα και μέσα στις πόλεις, και να που εδώ στη μέση ενός δάσους, στους πρόποδες των Ιμαλάιων, ένας άγνωστος μου μιλούσε σε τέλεια αγγλικά. Ένιωσα τέτοια χαρά που βρήκα κάποιον που φαινόταν να ξέρει το δρόμο, ώστε ξέχασα την έκπληξή μου. Του είπα πως είχα χαθεί, πως οι αχθοφόροι μας είχαν εγκαταλείψει και πως τους έψαχνα. Του είπα επίσης για τον Ράτναμτζι και τη Σεσάμμα που τους είχα αφήσει πίσω. «Ακολούθησέ με», είπε ο άγνωστος. «Θα σου βρω τους αχθοφόρους σου και θα τους δώσω ένα γερό κατσάδιασμα.»

Αν και ήταν πια πίσσα σκοτάδι εκείνη την ώρα, ο άνθρωπος βάδιζε γοργά προς την κατεύθυνση από την οποία εγώ είχα έρθει, αλλά έστριψε σε κάποιο σημείο. Εγώ σκουντουφλούσα στην προσπάθεια μου να τον φτάσω. Μετά από εξαντλητική αναρρίχηση δεκαπέντε λεπτών και αφού διασχίσαμε έναν άγριο ποταμό, φτάσαμε σε ένα χωριό. Ο άνθρωπος μου ζήτησε να καθίσω μπροστά από ένα σπίτι κι εκείνος περπάτησε πάνω κάτω στους δρόμους φωνάζοντας τους αχθοφόρους. Τελικά τους βρήκε και τους επέπληξε με αυστηρότητα. Μετά τους διέταξε να πάνε όλα τα πράγματά μας σε ένα σπίτι που θα μπορούσαμε να μείνουμε άνετα. Εκείνη την ώρα άρχισε δυνατή βροχή. Ήμουν εντελώς εξαντλημένος, αλλά έπρεπε να κάνω κάτι για τον Ράτναμτζι και τη Σεσάμμα. Συνειδητοποίησα ότι δεν είχαν χρήματα μαζί τους. Το είπα στον άνθρωπο κι εκείνος πήρε ένα αδιάβροχο, το φακό μου και έναν από τους αχθοφόρους και πήγε να τους βρει. Ξάπλωσα εξαντλημένος και με πήρε ο ύπνος.

Στη μέση της νύχτας ξύπνησα και είδα τον Ράτναμτζι και τη Σεσάμμα να μπαίνουν στο δωμάτιο μουσκεμένοι. Χωρίς καν να αλλάξουν και χωρίς να αρθρώσουν ούτε μια λέξη ξάπλωσαν κι αποκοιμήθηκαν. Παρομοίως κι εγώ κοιμήθηκα αμέσως ξανά. Το επόμενο πρωί ο Ράτναμτζι δεν κουνιόταν. Είδα πως είχε ξυπνήσει, αλλά δεν απαντούσε σε καμία από τις ερωτήσεις μου. Έμεινε εκεί ξαπλωμένος μέχρι τις έντεκα ή τις δώδεκα. Στο τέλος τον ικέτεψα να πει κάτι, όσο κι αν φοβόμουν γι' αυτά που θα άκουγα.

«Πώς μπόρεσες να μας εγκαταλείψεις έτσι χωρίς καν να μας αφήσεις λίγα χρήματα; Δεν είχα καταλάβει πως είσαι τόσο σκληρός. Η γνώμη μου για σένα αποδείχτηκε εντελώς λανθασμένη» είπε κι ο τόνος της φωνής του έδειχνε πόνο και θυμό συγχρόνως.

«Δεν είχα σκοπό να σας εγκαταλείψω. Σκέφτηκα πως έπρεπε να βρω το χωριό και τους αχθοφόρους και μετά να γυρίσω με το φακό να σας πάρω. Αν είχαμε κι οι τρεις μαζί χαθεί μέσα στο σκοτάδι, τι θα μπορούσαμε να κάνουμε; Αντίθετα, αν τουλάχιστον ένας από εμάς έφτανε στο χωριό, θα μπορούσε να γυρίσει πίσω και να φέρει και τους άλλους με ένα φακό. Αυτό ήταν το σχέδιό μου. Δυστυχώς, όταν συνειδητοποίησα ότι σας είχα αφήσει χωρίς χρήματα, ήμουν ήδη μακριά. Σκέφτηκα πως δεν θα μπορούσα να βρω το χωριό αν γύριζα πίσω κι έτσι συνέχισα να περπατώ. Αναπάντεχα με βρήκε ένας άνθρωπος στο δάσος και με πήρε στο χωριό. Όταν βρήκε τους αχθοφόρους, τους έστειλε να σας αναζητήσουν. Θα ερχόμουν εγώ ο ίδιος, αλλά ήμουν τόσο εξαντλημένος, ώστε δεν μπορούσα να κάνω ούτε ένα βήμα παραπάνω κι αποκοιμήθηκα αμέσως μόλις ξάπλωσα. Σε παρακαλώ συγχώρεσε με. Δεν σας άφησα με κακή πρόθεση,» του εξήγησα.

Αφού είχε ακούσει και είχε μάθει την αλήθεια, ο Ράτναμτζι σηκώθηκε και έπλυνε τα δόντια του και το πρόσωπό του. Μετά ήπιε ένα ποτήρι γάλα και έγινε ο αληθινός εαυτός του. Μου διηγήθηκε τότε τι τους είχε συμβεί από την ώρα που τους άφησα.

«Όταν έφυγες, η αδελφή μου κι εγώ προσπαθήσαμε να σε ακολουθήσουμε, αλλά βάδιζες πολύ γρήγορα. Σε είδα να μας φωνάζεις κάτι, αλλά δεν μπορούσα να καταλάβω τι έλεγες. Περπατήσαμε κι εμείς πιο γρήγορα και καταφέραμε να φτάσουμε στην όχθη ενός ορμητικού ποταμού όταν είχε πια νυχτώσει. Δεν είχαμε ιδέα πού βρισκόμασταν ούτε προς τα πού να βαδίσουμε. Η Σεσάμμα κι εγώ μπήκαμε στον ποταμό, αλλά εκείνη γλίστρησε και σχεδόν την παρέσυρε το ρεύμα. Με μεγάλη δυσκολία τη συγκράτησα. Βγήκαμε στην απέναντι πλευρά του ποταμού περισσότερο νεκροί παρά ζωντανοί. Εξαντλημένοι και πεινασμένοι φτάσαμε σε ένα σπίτι στην άκρη του χωριού. Εξήγησα στον ιδιοκτήτη ότι δεν είχαμε χρήματα και πεινούσαμε. Βλέποντας την απελπιστική μας κατάσταση μοιράστηκε το δείπνο του μαζί μας, αν και ήταν φτωχός. Εκείνη την ώρα ο αχθοφόρος μας μαζί με έναν άλλο κύριο έφτασαν στο σπίτι ψάχνοντας για μας και σιγά σιγά μας έφεραν εδώ μέσα στη βροχή. Ήμουν σίγουρος ότι θα έχανα τη Σεσάμμα μέσα σ' εκείνον τον ποταμό κι αυτή ήταν η μεγάλη μου στεναχώρια. Τι θα έλεγε ο σύζυγός της; Τέλος πάντων, έπρεπε να μας είχες αφήσει λίγα χρήματα. Φτάσαμε εδώ μόνο με τη χάρη του Θεού. Τι θα κάνουμε μ' αυτούς τους κατεργάρηδες τους αχθοφόρους μας;»

Του είπα ότι θα έπρεπε να τους ξεφορτωθούμε. Όμως, η ιδιοκτήτρια του σπιτιού που μέναμε μας είπε ότι στο χωριό τους δεν υπήρχαν αχθοφόροι. Επίσης μας προειδοποίησε να είμαστε εξαιρετικά προσεκτικοί, γιατί κάποιοι προσκυνητές που είχαν πρόσφατα προσλάβει αχθοφόρους από το ίδιο μέρος είχαν μυστηριωδώς εξαφανιστεί ανάμεσα σε δυο χωριά. Υπήρχαν οι υποψίες ότι είχαν δολοφονηθεί και τα χρήματά τους είχαν κλαπεί. Η κυρία φαινόταν να ενδιαφέρεται ειλικρινά για την ασφάλειά μας.

Ο Ράτναμτζι κάλεσε τους αχθοφόρους και τους είπε ότι δεν θα ταξιδεύαμε την επόμενη μέρα. Επίσης τους απείλησε ότι αν συνέχιζαν να συμπεριφέρονται άσχημα, θα τους απολύαμε. Εκείνοι ήξεραν, φυσικά, ότι μπλοφάραμε, γιατί δεν υπήρχαν άλλοι αχθοφόροι διαθέσιμοι. Ήταν σκληρόκαρδοι και συμφεροντολόγοι. Εκείνο το βράδυ ήρθαν και μας είπαν ότι αν δεν τους δίναμε μεγαλύτερη αμοιβή, δεν θα μετέφεραν τα πράγματά μας. Τι μπορούσαμε να κάνουμε; Τίποτα άλλο παρά να συμφωνήσουμε.

Την επόμενη μέρα ξαναρχίσαμε το ταξίδι μας. Εξαιτίας της βροχής, το μονοπάτι είχε γίνει πολύ επικίνδυνο και υπήρχαν κατολισθήσεις σε διάφορα σημεία. Σε ένα σημείο, καθώς περπατούσαμε αργά στην πλαγιά του βουνού με το ποτάμι να κυλάει αφρισμένο χίλια πόδια παρά κάτω, εμφανίστηκε μια ομάδα ανθρώπων που ερχόταν από την αντίθετη κατεύθυνση. Αν και το μονοπάτι μόλις χωρούσε έναν άνθρωπο, έπρεπε να το κάνουμε διπλής κατεύθυνσης, διαφορετικά κάποιος θα έπεφτε για μπάνιο στο ποτάμι! Οι άνθρωποι ήταν ανένδοτοι ότι έπρεπε να βαδίσουν από την πλευρά του βουνού κι εμείς από την πλευρά του ποταμού. Ενώ πραγματοποιούσαμε αυτό το κατόρθωμα με κρατημένη αναπνοή, το πόδι μου γλίστρησε στο μαλακό έδαφος. Σκέφτηκα ότι όλα τέλειωσαν. Όμως, κάπως κατάφερα να πιαστώ από ένα μακρύ χορτάρι που φύτρωνε εκεί δίπλα και σώθηκα από το κατρακύλισμα του θανάτου. Μας είχαν πει ότι ένα άλογο είχε γλιστρήσει στο ίδιο σημείο την προηγούμενη μέρα και είχε βάψει τα βράχια με το αίμα του. Δεν χρειάζεται να πούμε ότι το καημένο το ζώο δεν βρέθηκε ποτέ, γιατί είχε εξαφανιστεί μέσα στον ποταμό που άφριζε από κάτω.

Ένα βράδυ, όταν είχαμε ήδη διανύσει τη μισή απόσταση για το Μουκτινάτ, σταματήσαμε σε ένα χωριό να ξεκουραστούμε. Τη νύχτα ξύπνησα κάποια στιγμή και άκουσα τον Ράτναμτζι να ψάλει δυνατά κάποιους στίχους, μετά τον ξαναπήρε ο ύπνος. Το πρωί μου είπε ότι τη νύχτα είδε το όραμα ενός ναού με ένα πελώριο δίσκο ή τροχό σκαλισμένο σε πέτρα μπροστά του. Ιερείς έρχονταν από το ποτάμι με δοχεία νερό επάνω στο κεφάλι τους και άκουσε δυνατή την ψαλμωδία του Θεϊκού Ονόματος Ναράγιανα. Ξαφνικά βρέθηκε καθιστός στο δωμάτιο, αλλά ο ήχος Ναράγιανα αντηχούσε ακόμη στα αυτιά του. Ήταν εκείνη η στιγμή που εγώ τον είχα ακούσει να ψάλει στίχους προς τιμήν του Θεού στη μορφή του Ναράγιανα. Μου είπε ότι, όταν παλιότερα είχε πάει ξανά σε προσκύνημα, είχε παρόμοιες εμπειρίες όταν ήταν μέσα σε ορισμένη απόσταση από το ναό που σκόπευε να επισκεφτεί. Καταλάβαινε τότε πως, κατά κάποιον τρόπο, ήταν μέσα στη δικαιοδοσία του θεού στον οποίο ήταν αφιερωμένος ο ναός.

Όσο προχωρούσαμε η βλάστηση όλο και αραίωνε. Τελικά φτάσαμε σε ένα εντελώς έρημο τοπίο. Δεν υπήρχε ούτε ένα δέντρο παρά μόνο μερικοί μικροί, σχεδόν γυμνοί θάμνοι εδώ κι εκεί. Η κυβέρνηση του Νεπάλ μου είχε δώσει άδεια να περπατήσω μόνο μέχρι τη Τζόμσομ, περίπου οκτώ ή δέκα μίλια

140

νότια του Μουκτινάτ. Υπήρχε μια βάση του ινδικού στρατού εκεί, που παρακολουθούσε τους Κινέζους και δεν ήθελαν οι ξένοι να προχωρούν πέρα από αυτό το σημείο. Παρακάλεσα τους αξιωματούχους και έδειξαν κατανόηση, αλλά δεν μου επέτρεψαν να προχωρήσω. Ο Ράτναμτζι μου είπε να μη στεναχωριέμαι, θα γύριζε μετά από μερικές μέρες και θα μου έφερνε ιερές προσφορές ή πρασάντ από το ναό. Έμεινα στα περίχωρα της πόλης και τον έβλεπα που απομακρυνόταν μέχρι που χάθηκε.

Όταν επέστρεψα στο δωμάτιο που έμενα, ανακάλυψα ότι είχε ξεχάσει την κουβέρτα του. Πώς θα τα έβγαζε πέρα χωρίς κουβέρτα σ' εκείνο το παγωμένο, ανεμοδαρμένο μέρος; Πήγα στο στρατόπεδο, βρήκα τον αξιωματικό υπηρεσίας και του το είπα. Συμφώνησε να με στείλει μαζί με έναν από τους στρατιώτες να προλάβω τον Ράτναμτζι κι έτσι ξεκινήσαμε τρέχοντας. Μετά από σχεδόν μια ώρα και περίπου τρία μίλια μακριά τον φτάσαμε. Η χαρά να ξαναδώ το πρόσωπό του ήταν άξια ανταμοιβή. Αυτή τη φορά, όχι τόσο απαρηγόρητος, γύρισα στη Τζόμσομ και περίμενα την άφιξή του με λαχτάρα στην καρδιά.

Τις επόμενες τέσσερις μέρες εφάρμοσα το πρόγραμμα που ακολουθούσα στο Αρουνάτσαλα. Ξυπνούσα νωρίς το πρωί, έκανα το μπάνιο μου σε μια πηγή με παγωμένο νερό κοντά στο στρατόπεδο και μετά έκανα την καθημερινή μου λατρεία. Το μαγείρεμα και το φαγητό έπαιρναν λίγη ώρα και το υπόλοιπο της μέρας το αφιέρωνα στη μελέτη και στο διαλογισμό. Τελικά ο Ράτναμτζι γύρισε.

«Αν νομίζεις ότι το ταξίδι μας μέχρι εδώ ήταν δύσκολο, έπρεπε να είχες έρθει μαζί μας στο Μουκτινάτ», είπε. «Ήμουν σίγουρος πως δεν θα σε ξανάβλεπα. Όταν σε αφήσαμε τη δεύτερη φορά, φτάσαμε σε ένα μονοπάτι όπου ο άνεμος ήταν τόσο δυνατός, ώστε νιώθαμε ότι θα μας πετάξει στο φαράγγι που ήταν από κάτω. Πρώτα δοκιμάσαμε να περπατήσουμε, αλλά ήταν αδύνατο. Μετά δοκιμάσαμε να προχωρήσουμε έρποντας, αλλά ούτε κι αυτό ήταν δυνατό. Τελικά αποφασίσαμε να περιμένουμε μέχρι την επόμενη μέρα και κατασκηνώσαμε στο ύπαιθρο. Το κρύο ήταν τρομερό. Την επόμενη μέρα ο άνεμος είχε υποχωρήσει και βιαστήκαμε να διαβούμε το πέρασμα. Καθώς περνούσαμε, ο άνεμος άρχισε πάλι να φυσά ουρλιάζοντας.

«Τα καταφέραμε να φτάσουμε στο Μουκτινάτ. Με έκπληξη είδα ότι ο ναός ήταν αυτός που είχα δει στο όραμά μου. Ακόμα και ο πελώριος τροχός σκαλισμένος σε πέτρα βρισκόταν στην είσοδο. Προσκυνήσαμε και φροντίσαμε να ετοιμαστεί για ένα εορταστικό γεύμα για τους δυο ιερείς που έμεναν εκεί. Όταν τους ρωτήσαμε ποιο ήταν το αγαπημένο τους φαγητό, μας είπαν πως ήταν το ρυζόγαλο κι έτσι τους είπαμε να παραγγείλουν γάλα από το διπλανό χωριό. Έφεραν περίπου τέσσερα γαλόνια γάλα την επόμενη μέρα μέσα στο οποίο βράσαμε ρύζι και βάλαμε ζάχαρη για το ρυζόγαλο των ιερέων. Δεν ήθελαν τίποτα άλλο. Μπορείς να φανταστείς την ποσότητα του ρυζόγαλου που γίνεται με τέσσερα γαλόνια γάλα! Είχαν απίστευτη όρεξη κι εμείς ήμαστα ευτυχείς που ικανοποιούσαμε την επιθυμία τους. Νιώθαμε πως μέσω εκείνων προσφέραμε τροφή στο Θεό. Μετά πήγα κάτω στο ποτάμι και μάζεψα αυτές τις πέτρες Σαλιγκράμ. Δεν μπορούσα να καταλάβω ποιες ήταν καλές και ποιες όχι κι έτσι έφερα περίπου διακόσιες. Εδώ είναι ό,τι έχει μείνει από τις λατρευτικές προσφορές.»

Αποφασίσαμε να ξεκινήσουμε για την Ποκάρα την επόμενη μέρα, όταν ο Ράτναμτζι και η αδελφή του θα είχαν ξεκουραστεί. Ξεκινήσαμε νωρίς το πρωί, αφού αποχαιρετήσαμε το προσωπικό του στρατοπέδου. Μια μικρή φουσκάλα είχε σχηματιστεί στο επάνω μέρος του ποδιού εκεί που υπήρχε τριβή από το πλαστικό σανδάλι. Τώρα η φουσκάλα όλο και μεγάλωνε. Μετά από τριών ημερών περπάτημα η φουσκάλα είχε μεγαλώσει τόσο που δεν μπορούσα να περπατήσω. Το πόδι μου από το πρήξιμο είχε το μέγεθος μιας μπάλας ποδοσφαίρου. «Τι θα κάνουμε τώρα;» ρώτησα. «Προχωρήστε εσείς και αφήστε με εδώ. Όταν γίνω καλύτερα, θα σας προλάβω κάπου στην Ποκάρα.»

«Πολύ ωραία λύση μα την αλήθεια! Είμαι τόσο εγωιστής ώστε να σε αφήσω εδώ μόνο σου;» ο Ράτναμτζι μου αποκρίθηκε. «Πρέπει να βρούμε έναν άλλο τρόπο. Θα ζητήσουμε από έναν αχθοφόρο να σε μεταφέρει στην πλάτη του, τουλάχιστον μέχρι το επόμενο χωριό.»

Με μεγάλη δυσκολία και με πολλή γκρίνια από τη μεριά των αχθοφόρων, φτάσαμε στο επόμενο χωριό, που ήταν περίπου τέσσερα μίλια από εκεί. Ο πόνος ήταν ανυπόφορος. Το βράδυ η Σεσάμμα έβαλε ένα ζεστό κατάπλασμα πάνω στη φλεγμονή, αλλά δεν ένιωσα καμιά ανακούφιση. Ο Ράτναμτζι ρώτησε στο χωριό, αν υπήρχε κανείς που θα μπορούσε να με μεταφέρει πίσω στην Ποκάρα, μια απόσταση περίπου τριάντα πέντε μίλια. Δεν υπήρχε κανείς. Δεν είχαμε καμιά άλλη επιλογή παρά να προχωρήσουμε όπως μπορούσαμε.

Το πρωί ο Ράτναμτζι πρότεινε να ξεκινήσουν εκείνος και η Σεσάμμα νωρίτερα, να βαδίσουν αργά μέχρι το επόμενο χωριό και να ξεκινήσουν το μαγείρεμα. Εγώ θα ακολουθούσα αργότερα με τους αχθοφόρους, δηλαδή θα με μετέφερε ένας από αυτούς. Συμφώνησα κι εκείνοι ξεκίνησαν. Περίμενα μέχρι τις δέκα το πρωί και μετά βγήκα κουτσαίνοντας να αναζητήσω τους αχθοφόρους. Κάθονταν κάτω από ένα δέντρο μπροστά από το σπίτι.

«Γιατί δεν έχουμε ξεκινήσει ακόμα;» τους ρώτησα.

«Δεν θέλουμε να κουβαλήσουμε ούτε εσένα ούτε τα πράγματά σου. Αν μας δώσεις κι άλλα χρήματα, μπορεί να κουβαλήσουμε τα πράγματά σου, αλλά για κανένα λόγο δεν πρόκειται να κουβαλήσουμε εσένα. Κάνε ό,τι θέλεις.» μου απάντησαν.

«Ω, Θεέ μου, γιατί παίζεις έτσι μαζί μου; Αυτός είναι ο τρόπος με τον οποίο φροντίζεις τους πιστούς Σου; Εντάξει, θα τους δώσω τα χρήματα και κάπως θα τα καταφέρω να περπατήσω και να προλάβω τους άλλους. Μ' αυτές τις σκέψεις τους έδωσα τα χρήματα που μου ζήτησαν και ξεκινήσαμε. Εκείνοι, φυσικά, με είχαν αφήσει πίσω μέσα σε λίγα λεπτά. Έμεινα μόνος με μια απόσταση οχτώ μιλίων μπροστά μου, σε ένα κατηφορικό μονοπάτι σε μια πλαγιά, μέσα από ένα δάσος, στον καυτό ήλιο και με ένα πόδι που πονούσε αφόρητα.

Καθώς περπατούσα, προσπαθούσα να είμαι χαρούμενος, όπως είχα δει τον Ράτναμτζι να κάνει σε παρόμοιες οδυνηρές συνθήκες. Να λοιπόν μια πραγματική ευκαιρία να εφαρμόσω την παράδοση στο Θεό. Όταν σταματούσα το περπάτημα έστω και για ένα λεπτό, ο πόνος στο πόδι μου γινόταν τόσο αφόρητος που ούρλιαζα. Κάποια στιγμή, μετά από κουτσό βάδισμα για τέσσερα περίπου μίλια, σταμάτησα εξαντλημένος. Το πόδι μου άρχισε να χτυπά τόσο πολύ, που νόμιζα ότι θα σκάσει. Φώναξα «Άμμα» με όλη μου τη δύναμη, ως μια επίκληση στη Θεϊκή Μητέρα. Αμέσως ο πόνος σταμάτησε. «Τι είναι αυτό το θαύμα;» σκεφτόμουν. Καθώς συνέχιζα το βάδισμα προς το επόμενο χωριό, δεν αισθανόμουν πια τόσο πολύ τον πόνο. Ευχαρίστησα το Θεό για το έλεός του.

Μόλις με είδε ο Ράτναμτζι, πετάχτηκε πάνω και ρώτησε, «Τι είναι αυτά; Τι σου έχουν κάνει αυτοί οι παλιάνθρωποι;» Του διηγήθηκα όλη την ιστορία. Ποτέ πριν δεν είχα δει και ούτε ξαναείδα μετά τον Ράτναμτζι τόσο θυμωμένο. Καταράστηκε εκείνους τους αχθοφόρους να πάνε στην πιο βαθιά κόλαση όταν πεθάνουν και δεν είχα καμιά αμφιβολία ότι έτσι θα γινόταν. Οι μεγάλοι άγιοι έχουν τη δύναμη να καταριούνται όπως και να ευλογούν. Είναι πάρα πολύ σπάνιο να καταραστούν και σίγουρα δεν θα το κάνουν για προσωπικό τους λόγο. Ο Ράτναμτζι πονούσε τόσο πολύ με τα δικά μου βάσανα, που δεν μπόρεσε να ελέγξει το θυμό του. Το μόνο που μπορούσα να σκεφτώ εγώ ήταν ο Θεός να λυπηθεί τους δυστυχισμένους ανθρώπους που προκάλεσαν αυτό το θυμό.

Ευτυχώς υπήρχε ένας άνθρωπος σ' αυτό το χωριό που ήταν πρόθυμος να με μεταφέρει μέχρι την Ποκάρα. Αγόρασε ένα μεγάλο καλάθι, το έκοψε από τη μια μεριά για να μπορώ να καθίσω και έβαλε μέσα μια κουβέρτα. Με μετέφερε στην πλάτη του με τη βοήθεια μιας λωρίδας υφάσματος που την πέρασε πάνω από το μέτωπό του και στήριζε το καλάθι. Με αυτόν τον τρόπο και τα δυο του χέρια ήταν ελεύθερα. Το λιγότερο που μπορώ να πω ήταν πως αισθανόμουν πολύ αμήχανα και πίεζα τον Ράτναμτζι και τη Σεσάμμα να προσλάβουν και εκείνοι αχθοφόρους, αλλά ούτε που ήθελαν να το ακούσουν. Αυτός ο τρόπος ταξιδιού ήταν πολύ αργός, ιδιαίτερα επειδή ο άνθρωπος έπρεπε να με ανεβοκατεβάσει σε δυο βουνά μέσα στη βροχή. Λυπόμουν πάρα πολύ γι' αυτόν. Ποτέ δεν παραπονέθηκε και ρωτούσε συνέχεια αν χρειαζόμουν κάτι. Τι τεράστια διαφορά με τους άλλους αχθοφόρους! Ο Ράτναμτζι και η αδελφή του βάδιζαν γρήγορα. Ο αχθοφόρος κι εγώ ακολουθούσαμε αργά και τους συναντούσαμε για το μεσημεριανό φαγητό. Συναντιόμαστάν ξανά το βράδυ.

Μας πήρε δυο μέρες να φτάσουμε στην Ποκάρα. Στο δρόμο το απόστημα έσπασε κι αυτό μου έδωσε λίγη ανακούφιση, αλλά δεν είχα κανένα φάρμακο να βάλω στην πληγή. Όταν φτάσαμε στην Ποκάρα, πληρώσαμε τους αχθοφόρους και δώσαμε σ' αυτόν που με μετέφερε ένα επιπλέον ποσό. Ευτυχώς βρήκαμε τρία εισιτήρια διαθέσιμα για την επόμενη πτήση στο Κατμαντού κι έτσι το βράδυ ήμαστε ξανά στην πρωτεύουσα. Φροντίσαμε την πληγή μου και αγοράσαμε εισιτήρια για την Ινδία. Μετά από την πικρή εμπειρία με τους αχθοφόρους νιώθαμε ανυπομονησία να γυρίσουμε στην Ινδία και περιμέναμε με λαχτάρα την επόμενη μέρα. ✑

Κεφάλαιο 4

Προσκύνημα

Ινδία! Με όλη της τη ζέστη, την πυρετώδη δραστηριότητα και τη φτώχεια ήταν ακόμη το σπίτι μου και χαιρόμουν που είχα επιστρέψει. Παρόλο που το Νεπάλ μου άρεσε, τις λίγες στιγμές που μου πέρασε η σκέψη ότι δεν θα ξανάβλεπα την Ινδία, δεν μπορούσα να το αντέξω. Το Νεπάλ, χωρίς αμφιβολία, είναι ιερό μέρος, αλλά για μένα η Ινδία είναι ακόμα πιο ιερή.

Οι περισσότεροι από τους επισκέπτες της Ινδίας σοκάρονται από τη φτώχεια, τη ρύπανση και την παραμελημένη όψη της χώρας. Σήμερα, που πολλοί Ινδοί μεταναστεύουν σε άλλες χώρες για εργασία, ακόμη και μια μερίδα Ινδών περιφρονούν τη χώρα τους και θεωρούν την Αμερική και τις άλλες δυτικές χώρες επίγειο παράδεισο. «Ό,τι είναι ξένο είναι καλό, ό,τι είναι ινδικό είναι δευτερεύουσας σημασίας». Αυτή είναι η νοοτροπία πολλών ανθρώπων σήμερα.

Έχοντας ζήσει τη μισή μου ζωή στην Αμερική και τη μισή στην Ινδία, γνωρίζω και τις δυο πλευρές του νομίσματος. Οι άνθρωποι στην Ινδία, γοητευμένοι από τη λάμψη του υλισμού, αδυνατούν να δουν τη δηλητηριώδη πλευρά της Δύσης και το μοναδικό μεγαλείο του δικού τους πολιτισμού. Οι βιασμοί, οι φόνοι, οι ληστείες και η γενική αναταραχή οργιάζουν στην Αμερική. Αν κάποιος επιχειρούσε να συγκρίνει τα κατά κεφαλήν εγκλήματα στις δυο χώρες, νομίζω πως θα διαπίστωνε ότι το έγκλημα στην Ινδία είναι σταγόνα στον ωκεανό σε σχέση

147

με την Αμερική. Αυτό σίγουρα δεν οφείλεται στις τεχνικές επιβολής του νόμου, που πράγματι είναι πολύ ανώτερες στη Δύση.

Η ιδέα ότι πρέπει κανείς να ζει μια ενάρετη ζωή και ο φόβος των συνεπειών από τις κακές πράξεις, είτε στην παρούσα είτε σε μια άλλη ζωή είναι βαθιά ριζωμένα στο νου των Ινδών. Δεν υπάρχει ούτε ένας Ινδός που να μην γνωρίζει έστω και κάτι λίγο από τις αρχαίες ινδικές γραφές, όπως τα κλασικά κείμενα Ραμαγιάνα και Μαχαμπαράτα. Τα έργα αυτά είναι γραμμένα από σοφούς που είχαν φτάσει στο ύψος της συνειδητοποίησης του Θεού και ήθελαν να μοιραστούν αυτή την ευλογία και τη γνώση με όλη την ανθρωπότητα. Είδαν ότι η γνώση και η εμπειρία τους μπορούσε καλύτερα να μεταδοθεί μέσα από ιστορίες. Οι χαρακτήρες που περιγράφονται σε αυτά τα έργα εκδηλώνουν τις πιο ευγενείς ανθρώπινες ιδιότητες. Οι αρχαίοι σοφοί ενθάρρυναν τους ανθρώπους να μιμούνται τις ύψιστες αρετές στη ζωή τους και χρησιμοποιώντας ένα επιστημονικό σύστημα, τους έδειχναν ότι ο πραγματικός σκοπός της ζωής δεν είναι η ευχαρίστηση, αλλά η ευδαιμονία και η γαλήνη που προέρχονται από τη συνειδητοποίηση της αληθινής μας φύσης. Εκείνοι, επίσης, ενστάλαξαν την ιδέα ότι η ειρηνική συνύπαρξη θα έπρεπε να είναι το ιδεώδες πάνω στη γη. Αυτές οι ιδέες και ο επακόλουθος τρόπος ζωής έχουν εφαρμοστεί για χιλιάδες χρόνια και παρά την κατάκτηση από ξένους εισβολείς, ο αρχαίος πολιτισμός διατήρησε την καθαρότητά του μέχρι πρόσφατα!

Η επιρροή των μέσων μαζικής επικοινωνίας έχει σε ένα βαθμό καταστρέψει τον αρχαίο πολιτισμό της Ινδίας. Τα δυτικά ιδεώδη της απόλαυσης και της ευχαρίστησης έχουν κυριεύσει το νου των απλών και αφελών ανθρώπων. Για τον λόγο αυτό έχουν ξεχάσει τη σπουδαιότητα του πολιτισμού τους. Είναι παράξενη όμως η διαπίστωση ότι οι άνθρωποι της Δύσης, έχοντας απογοητευτεί από τον αυτοκαταστροφικό υλικό πολιτισμό τους, στρέφονται σε ολοένα και μεγαλύτερο αριθμό προς την Ινδία που γέννησε τον ινδουισμό και το βουδισμό, για να χορτάσουν την πνευματική τους πείνα. Όντας κι εγώ ένας από αυτούς τους ανθρώπους, θεώρησα τη φτώχεια της Ινδίας ένα επιφανειακό στρώμα μπογιάς και αντί για αυτό, εστιάστηκα στο θαυμάσιο πολιτισμό που υπάρχει από κάτω! Έχω διαπιστώσει ότι αν κάποιος θέλει να επιτύχει τη συνειδητοποίηση του Θεού και την ειρήνη του νου, η Ινδία είναι το καλύτερο μέρος στη γη, εξαιτίας της παράδοσής της και της πνευματικής της κληρονομιάς. Αν και ακούω ανθρώπους να επαινούν μέρα και νύχτα την Αμερική για την υλική της πρόοδο, δεν δίνω στα λόγια τους περισσότερη προσοχή απ' ότι θα έδινα σε φλυαρίες παιδιών. Ακόμα και η μελέτη της κβαντικής φυσικής, μετά από την επένδυση τεράστιων ποσών χρημάτων και χρόνου έχει καταλήξει στα ίδια συμπεράσματα, στα οποία οι Ινδοί σοφοί είχαν φτάσει χιλιάδες χρόνια πριν με τη δύναμη του διαλογισμού!

Για παράδειγμα, οι σοφοί γνώριζαν ότι το σύμπαν είναι ένα ενιαίο σύνολο που αποτελείται από στοιχειώδη ενέργεια και ότι η συνειδητότητα του παρατηρητή επηρεάζει το φαινόμενο της παρατήρησης. Αυτή είναι μία από τις βασικές διδασκαλίες της φιλοσοφίας της Βεδάντα. Το γεγονός ότι το σύμπαν αποτελείται από ενέργεια και συνειδητότητα διατυπώθηκε γλαφυρά από τους σοφούς με παραστατικό τρόπο, ως η ένωση του Σίβα και της Σάκτι, το Υπέρτατο Ον στην δυαδική του μορφή της Στατικής Επίγνωσης και της Δυναμικής Ενέργειας. Οποιοδήποτε παιδί ινδουιστών μπορεί να σας πει ότι αυτός ο κόσμος είναι Σιβασάκτιμάγιαμ ή ότι αποτελείται από Σίβα και Σάκτι. Είναι παρηγορητικό να βλέπει κανείς ότι ο αρχαίος ινδικός πολιτισμός σιγά σιγά αναγνωρίζεται και εκτιμάται σε όλο τον κόσμο και εν μέρει η Δύση τον βοηθά να αναβιώσει.

Όπως ένας μεγάλος Ινδός σοφός είπε πρόσφατα: «Οι ινδουιστές θα ενδιαφερθούν για τον ινδουισμό μόνο αν το κάνουν πρώτα οι Δυτικοί!»

Όταν φτάσαμε στην Ινδία, ταξιδέψαμε μέχρι το Ντούργκαπουρ, ένα από τα κυριότερα κέντρα παραγωγής χάλυβα στην Ινδία, γιατί εκεί έμεναν ο σύζυγος και ο γιος της Σεσάμμα. Ο Ράτναμτζι ήθελε να τους συνοδέψει σε ένα ακόμα προσκύνημα στα παρακείμενα μέρη Γκάγια, Μπενάρες και Αλλαχαμπάντ. Μετά από λίγες μέρες στην Ντούργκαπουρ, πήραμε το τρένο για την Γκάγια και φτάσαμε εκεί την επόμενη μέρα.

Από τότε που φύγαμε από το Τιρουβαναμαλάι και ήρθαμε στο Χαϊντεραμπάντ απολάμβανα πολλή εσωτερική γαλήνη και η σχέση μου με τον Ράτναμτζι ήταν αρμονική. Αφού πέρασα μέσα από τη φωτιά του πρώτου χρόνου μαζί του, έγινα πιο προσεκτικός ώστε να μην κάνω λάθη. Αν μου έλεγε να κάνω κάτι, το έκανα χωρίς ερωτήσεις. Οι αντιφατικές τάσεις του μυαλού μου είχαν υποχωρήσει, με αποτέλεσμα να μπορώ να αντιλαμβάνομαι το νόημα και την αξία των συμβουλών του. Προσπαθούσα να ξεχνώ τον εαυτό μου όταν τον υπηρετούσα. Ένιωθα ότι όλα έπρεπε να γίνονται τέλεια, αν ήθελα να τον ευχαριστήσω και να λάβω τη χάρη του Θεού. Για την ακρίβεια, ήταν σαν να ξεχνούσα όλα τα άλλα εκείνη την ώρα και να υπήρχε μόνο εκείνος, ο Ραμάνα και εγώ στο νου μου!

Ήταν πραγματικά ένα θαύμα πώς ο διαλογισμός μου γινόταν αυθόρμητος όταν ακολουθούσα τις οδηγίες του. Ένιωθα εσωτερική ενότητα με εκείνον στην καρδιά μου. Άρχισα να ακούω την καρδιά μου περισσότερο παρά το νου μου και προσπαθούσα να κάνω την επακόλουθη ειρήνη μια σταθερή και συνεχή εμπειρία. Αυτή μεγάλωνε καθώς περνούσαν οι μέρες και παρατήρησα ότι συνήθως την έχανα από την ανοησία μου. Ήμουν σίγουρος ότι με τη συνειδητή εφαρμογή των αρχών που με δίδαξε, θα έφτανα στο στόχο μου.

Η Γκάγια είναι το σημαντικότερο μέρος στην Ινδία για τη λατρεία των προγόνων. Πιστεύεται ότι όλοι οι άνθρωποι έχουν καθήκον προς τους εκλιπόντες προγόνους και ότι πρέπει να τους ευχαριστούμε μια φορά το χρόνο προσφέροντας τροφή σε ένα μελετητή των γραφών, ως αντιπρόσωπό τους. Η τελετή γίνεται με τη συνοδεία μάντρα και μυστικών επικλήσεων, οι οποίες, σαν τηλεγραφήματα, εξασφαλίζουν ότι το λεπτοφυές μέρος της τροφής, με κάποιο τρόπο, θα φτάσει στους προγόνους όπου κι αν βρίσκονται. Στη σημερινή εποχή με το ραδιόφωνο, την τηλεόραση και την επικοινωνία μέσω δορυφόρων δεν είναι δύσκολο να συλλάβουμε πώς τα λεπτοφυή αντικείμενα μπορούν να μεταβιβαστούν σε ένα άλλο ον με τη δύναμη των μάντρα, τα οποία είναι μια ακόμα μορφή ενέργειας.

Πήρα κι εγώ μέρος στην τελετή και ένιωσα ικανοποίηση επειδή, έστω και για μια φορά στη ζωή μου, είχα εκτελέσει αυτό το καθήκον. Ήμουν σίγουρος ότι τίποτα από όσα μας προτρέπουν οι αρχαίοι να κάνουμε δεν είναι περιττό. Εκείνοι ήταν εδραιωμένοι σε μια κατάσταση που υπερέβαινε τον χώρο και τον χρόνο και για αυτό οι συνειδητοποιήσεις τους μπορούν να εφαρμόζονται σε όλους τους τόπους και σε όλες τις εποχές.

Ο στόχος και τα προβλήματα της ζωής φαίνεται ότι ποτέ δεν αλλάζουν στην ουσία τους, αν και μπορεί να εμφανίζουν διαφορές σε ένα νου χωρίς διάκριση, ανάλογα με τον τόπο και τον χρόνο. Οι σοφοί το διατύπωσαν ξεκάθαρα ότι στόχος του ανθρώπου είναι η ευτυχία και όλοι οι άνθρωποι έτσι το αντιλαμβάνονται μέσα από τη δική τους εμπειρία. Όμως, αν αναζητά κανείς την ευτυχία στα πράγματα του κόσμου, δεν θα τη βρει ποτέ και μάλιστα θα του διαφεύγει όλο και περισσότερο. Μόνο όταν ο νους γαληνέψει, μπορεί να επιτευχθεί η γαλήνη. Η τέλεια γαλήνη και η αιώνια ευτυχία είναι το ίδιο και το αυτό. Ανεξάρτητα από τις συνθήκες που ζούμε, πρέπει να είμαστε εδραιωμένοι στην εσωτερική γαλήνη, έτσι ώστε τίποτα να μην μπορεί να διαταράξει την εσωτερική μας ισορροπία. Αν και αυτό είναι κάτι εξαιρετικά απλό στη σύλληψή του, οι πρακτικές που οδηγούν σε μια τέτοια κατάσταση είναι πολύ δύσκολες, εξαιτίας της περίπλοκης και ανήσυχης φύσης του νου. Ίσως μπορεί κανείς να καταφέρει, μέσα από τη δοκιμή και τα λάθη, να βρει το δρόμο που οδηγεί στη γαλήνη του νου. Ένα πολύ πιο σύντομο μονοπάτι, όμως, είναι να ακολουθήσουμε τις διδασκαλίες των αγίων και των σοφών, γιατί ο νους εκείνων ήταν εδραιωμένος στη γαλήνη της Αλήθειας.

Αφού μείναμε στην Γκάγια για λίγες μέρες, συνεχίσαμε για το Μπενάρες ή το Κάσι, όπως λέγεται. Αυτή η πόλη θεωρείται το οχυρό του ινδουιστικού πολιτισμού και δικαίως. Κάθε χρόνο εκατομμύρια άνθρωποι πάνε για προσκύνημα σ' αυτό το ιερό μέρος να λατρέψουν το Θεό στο ναό και να κάνουν ένα εξαγνιστικό λουτρό στον ποταμό Γάγγη. Το Κάσι θα μπορούσε κάλλιστα να θεωρηθεί η Ιερουσαλήμ της Ινδίας. Εκεί είχα την ξεκάθαρη εμπειρία ότι ο Θεός υπάρχει, όχι ως μια υπόθεση πίστης, αλλά ως μια άμεση εμπειρία στον πυρήνα της ύπαρξής μου.

Ο Ράτναμτζι, η Σεσάμμα και ο σύζυγός της είχαν μεγάλη επιθυμία να κάνουν τις παραδοσιακές ιεροτελεστίες που συνάδουν με ένα προσκύνημα στο Κάσι. Αποφασίστηκε ότι εγώ θα είχα περισσότερη ελευθερία αν έμενα σε ξεχωριστό κατάλυμα. Έμεινα σε ένα δωμάτιο στο σπίτι του ιερέα που θα εκτελούσε τις τελετουργίες, ενώ οι άλλοι κατέλυσαν σε έναν ξενώνα κοντά στο ποτάμι. Δεν ήθελα να μείνω χωριστά από τον Ράτναμτζι, αλλά εκείνος υποσχέθηκε ότι θα ερχόταν να με δει κάθε βράδυ. Εκ του αποτελέσματος, αυτή η απόφαση αποδείχτηκε μια αναπάντεχη ευλογία.

Κάθε πρωί ξυπνούσα στα τρεις και μισή, ως συνήθως, και πήγαινα στο ποτάμι. Εκείνη την ώρα υπήρχαν πολλοί λίγοι άνθρωποι στα σκαλοπάτια της αποβάθρας. Ο Γάγγης φαινόταν να είναι ζωντανός. Τον χαιρετούσα και του ζητούσα την άδεια να κολυμπήσω στα νερά του. Είχα μεγάλη πίστη στην εξαγνιστική δύναμη του Γάγγη και τον θεωρούσα μια θεά (Ο Γάγγης θεωρείται θηλυκή θεότητα στην Ινδία). Η ιατρική επιστήμη έχει ανακαλύψει ότι η αντισηπτική δύναμη του νερού είναι τέτοια, ώστε η χολέρα και άλλα θανάσιμα μικρόβια είναι αδύνατο να επιζήσουν εκεί. Άγιοι άνθρωποι σε όλες τις εποχές και πνευματικοί επιστήμονες έχουν επιβεβαιώσει την εξαγνιστική επίδραση του νερού και την έχουν ονομάσει ιερή. Χωρίς αμφιβολία, οι εμπειρίες που είχαν τους έκαναν να το πιστεύουν. Αυτό είναι το πιο πιθανό, γιατί σύντομα επρόκειτο να έχω κι εγώ ο ίδιος μια τέτοια εμπειρία!

Μετά το μπάνιο κάθε πρωί επέστρεφα στο δωμάτιό μου και διαλογιζόμουν για λίγο. Μετά περπατούσα μέχρι το ναό του Σίβα περίπου ένα μίλι μακριά, μέσα από στενά, στριφογυριστά δρομάκια. Ακόμα και τόσο νωρίς το πρωί πολλοί άνθρωποι είχαν ξυπνήσει και πήγαιναν στον ναό. Κοίταζα για λίγο τη θεότητα και γύριζα αργά στο δωμάτιό μου. Στον δρόμο αγόραζα λουλούδια για τη λατρεία. Προτιμούσα τα λουλούδια του λωτού και αυτά τα έβρισκες στην αγορά μόνο νωρίς το πρωί. Όταν γύριζα στο δωμάτιό μου, εκτελούσα τη λατρεία και διάβαζα ιστορίες για τον Θεό Σίβα από τις γραφές. Η κυρίαρχη θεότητα στην πόλη του Κάσι είναι ο Σίβα, ή Κύριος Βισβέσβαρα, που σημαίνει Κύριος της Οικουμένης.

Ο Ράτναμτζι συνήθως ερχόταν στο δωμάτιό μου αργότερα και αφού κουβεντιάζαμε για λίγο, πηγαίναμε μαζί σε διάφορους ναούς και ιερά μέρη μέσα και γύρω από το Κάσι. Περνούσα το απόγευμα μελετώντας και κάθε βράδυ ο Ράτναμτζι ξαναρχόταν και με έπαιρνε σε ένα δίπλα στο ποτάμι, όπου κάναμε πνευματικές συζητήσεις μέχρι αργά τη νύχτα.

Την τρίτη εβδομάδα της διαμονής μας είχα μια δραματική

εμπειρία. Ένα πρωί, όταν γύρισα από το ναό, κάθισα για τη συνηθισμένη μου λατρεία. Είχα σχεδόν τελειώσει και έψελνα το Θεϊκό Όνομα του Σίβα, όταν ξαφνικά η αίσθηση του σώματός μου και του περιβάλλοντος εξαφανίστηκε πλήρως, αυτό που απέμεινε δεν βρίσκω άλλη λέξη να το περιγράψω παρά ως Θεό. Είχα κατακλυστεί από την αίσθηση της παρουσίας του Θεού ως πραγματικότητα. Με κάποιον ανεξήγητο τρόπο ήμουν ένα με Αυτό και συγχρόνως, λίγο ξεχωριστός από Αυτό. Μετά από λίγη ώρα άρχισα να έχω αμυδρά την αίσθηση του σώματος ξανά και αισθανόμουν ξεκάθαρα τη Θεϊκή Παρουσία σαν να χόρευε με ευδαιμονία στην κορυφή του κεφαλιού μου. Κρατούσα τα μάτια μου κλειστά, γιατί φοβόμουν να μην χάσω αυτήν την Ευδαιμονία. Άκουγα τη φωνή μου να φωνάζει δυνατά «Σίβα, Σίβα», αλλά φαινόταν σαν κάτι ξεχωριστό από μένα. Σιγά σιγά η ένταση της Ευδαιμονίας ελαττωνόταν και η αίσθηση του σώματος και του περιβάλλοντος επανήλθε. Άνοιξα αργά τα μάτια μου και είδα ότι τα ρούχα μου και το πρόσωπό μου ήταν μουσκεμένα με δάκρυα, αν και δεν είχα νιώσει καθόλου ότι έκλαιγα. Καθόμουν εκεί εκστατικός, ξεχειλίζοντας από χαρά γι' αυτήν την ξαφνική εκδήλωση της Θείας Χάρης. Ακριβώς εκείνη τη στιγμή μπήκε μέσα ο Ράτναμτζι. Με μια ματιά στο πρόσωπό μου κατάλαβε τι είχε συμβεί.

«Νομίζω πως είδα το Θεό» είπα.

«Αυτό είναι το αποτέλεσμα αν κάνεις μπάνιο καθημερινά στο Γάγγη με πίστη στην πνευματική του δύναμη», απάντησε χαμογελώντας. «Αν κάποιος είναι ειλικρινής στην πνευματική του ζωή και κάνει μπάνιο τακτικά στον Γάγγη, κάποια εμπειρία θα έρθει. Έτσι κι αλλιώς, όμως, η αγνότητα του νου και η αθωότητα ενδυναμώνονται. Τώρα έχεις διαπιστώσει μόνος σου την αλήθεια στα λόγια των σοφών».

Είχα ήδη πειστεί για την αλήθεια των λόγων των αρχαίων. Τώρα δεν υπήρχε πια ούτε η ελάχιστη αμφιβολία. Αυτό που μου είχε συμβεί ήταν ξεκάθαρο σαν το φως της μέρας. Ακόμα και τώρα που γράφω αυτές τις λέξεις, είκοσι πέντε χρόνια μετά, μπορώ να θυμηθώ το γεγονός εκείνης της ημέρας σαν να έγινε μόλις χτες!

Η διαμονή μας στο Κάσι έφτανε στο τέλος της, που για μένα ήταν ιδιαίτερα ευοίωνο. Την επόμενη μέρα σκοπεύαμε να συνεχίσουμε για το Αλλαχαμπάντ ή Πραγιάγκ, όπως παραδοσιακά ονομάζεται, το μέρος όπου ο ποταμός Γάγγης και ο ποταμός Γιάμουνα συναντιούνται. Λέγεται ότι είναι πολύ βοηθητικό για τους πνευματικούς αναζητητές να κάνουν μπάνιο σ' εκείνο το μέρος και ανυπομονούσα να φτάσω εκεί. Ήμουν, φυσικά, ευτυχισμένος να βρίσκομαι καθημερινά και όλη την ώρα με τον Ράτναμτζι.

Την επόμενη μέρα πήραμε το τρένο για το Αλλαχαμπάντ και βγήκαμε από τη σιδηροδρομική γέφυρα προς τη μεριά του Γάγγη με κατεύθυνση προς ένα μικρό χωριό που λέγεται Τζουσί, όπου εκεί βρισκόταν το άσραμ του Γκουρού του Αβαντουτέντρα Σουάμι, του Πραμπχουντάτατζι. Ο Ράτναμτζι είχε σκεφτεί ότι το άσραμ ήταν το καλύτερο μέρος για να μείνουμε. Ενώ διανύαμε την απόσταση μέσα σε μια άμαξα που την έσερνε άλογο, ο Ράτναμτζι μου ζήτησε να κατέβω στο ταχυδρομείο και να ρωτήσω πού ακριβώς βρισκόταν το άσραμ. Μόλις μπήκα στο ταχυδρομείο, ποιον είδα; Τον Αβαντχουτέτρατζι! Έσκυψα να τον προσκυνήσω, αλλά εκείνος με σήκωσε και μ' αγκάλιασε!

«Πού είναι ο Ράτναμτζι;» με ρώτησε. Τον πήγα στην άμαξα και όλοι μαζί χαρούμενα κατευθυνθήκαμε προς το άσραμ του Γκουρού του. Μας βοήθησε να τακτοποιηθούμε άνετα και μετά έφερε τον Πραμπχουντάτατζι, έναν πολύ γεροδεμένο άνθρωπο, με μακριά άσπρα μαλλιά και μια γενειάδα που ξέφευγε άτακτα προς όλες τις κατευθύνσεις. Είχε τα μάτια τρελού. Και πραγματικά ήταν τρελός από την Ευδαιμονία της συνειδητότητας του

155

Θεού! Υποκλιθήκαμε όλοι μπροστά του. Μετά μας πήρε στην κουζίνα και κάθισε μαζί μας όση ώρα τρώγαμε. Μου έδωσε το όνομα Νιλάμι, που είναι ένα από τα ονόματα του Κρίσνα και σημαίνει «μπλε πετράδι». Είχε γράψει περίπου εκατόν πενήντα βιβλία πάνω σε πνευματικά θέματα, όλα πολύ κατατοπιστικά και ενδιαφέροντα, δίνοντας την Αλήθεια με πολύ γλυκό και ζωντανό τρόπο. Το βράδυ μας διάβασε λίγο από μερικά βιβλία του και μας τα εξήγησε. Οι συζητήσεις του ήταν πολύ ζωηρές.

Ο Πραμπχουντάτατζι μας είπε μια αστεία ιστορία σχετικά με έναν πλούσιο άνθρωπο του οποίου η κόρη είχε έρθει στο άσραμ του. Ο πατέρας της επέμενε ότι θα έπρεπε να επιστρέψει στο σπίτι και να μην επισκέπτεται το άσραμ. Της είπε: «Εγώ έχω τρία αυτοκίνητα και ο Γκουρού σου έχει επίσης τρία αυτοκίνητα. Εγώ κατέχω πολλά κτήρια και ο Γκουρού σου το ίδιο. Φαίνεται να έχει τόσο πλούτο όσο κι εγώ. Τότε ποια είναι η διαφορά ανάμεσα σε μένα και σ' εκείνον;»

Το κορίτσι πήγε στον Πραμπχουντάτατζι και του είπε τι της είχε πει ο πατέρας της. Εκείνος κάλεσε τον πατέρα κοντά του και του έδωσε ένα αναπαυτικό κάθισμα.

«Παλιάνθρωπε!» του είπε. «Είπες ότι είμαστε ίσοι; Θέλεις να μάθεις ποια είναι η διαφορά ανάμεσά μας; Εγώ μπορώ να σηκωθώ οποιαδήποτε στιγμή και να φύγω από όλα αυτά χωρίς ούτε μια αλλαξιά ρούχα και χωρίς να ξανασκεφτώ τίποτα για όλα αυτά σε όλη την υπόλοιπη ζωή μου. Το ίδιο συμβαίνει και με σένα; Ακόμα και το να ξοδέψεις ένα μικρό ποσό χρημάτων σε κάνει να νιώθεις σαν να έχει συμβεί μια μεγάλη απώλεια. Αυτή είναι η διαφορά ανάμεσά μας. Γι' αυτό η κόρη σου θέλει να μείνει μαζί μου και όχι μαζί σου». Φαίνεται ότι ο άνθρωπος φωτίστηκε, γιατί δώρισε στο άσραμ ένα τεράστιο ποσό χρημάτων για να διοργανωθεί μια θρησκευτική γιορτή και να δοθεί τροφή σε χιλιάδες φτωχούς ανθρώπους.

Κάθε μέρα παίρναμε μια βάρκα και πηγαίναμε να κάνουμε

μπάνιο στο σημείο όπου συναντιούνται ο Γιάμουνα και ο Γάγ-γης. Ο Πραμπχουντάτατζι μας είπε ότι κάθε δώδεκα χρόνια γινόταν εκεί μια γιορτή που την παρακολουθούσαν περίπου δεκαπέντε εκατομμύρια άνθρωποι κάθε μέρα. Δεν μπορούσα να πιστέψω στα αυτιά μου. Δεκαπέντε εκατομμύρια άνθρωποι; Μας προσκάλεσε να έρθουμε στο επόμενο φεστιβάλ που θα γινόταν μετά από έξι χρόνια. Πραγματικά παρακολούθησα εκείνο το φεστιβάλ που ονομάζεται Κούμπα Μελά. Δεν ήταν υπερβολή ο αριθμός των ανθρώπων που είχε αναφέρει ο Πραμπχουντάτατζι. Το πλήθος ήταν απίστευτα μεγάλο και απλωνόταν για μίλια και προς τις δυο κατευθύνσεις μέσα στη στεγνή κοίτη του ποταμού! Ήταν στην κυριολεξία μια πόλη, χωρίς το έγκλημα που υπάρχει σε μια πόλη. Δεν υπήρχε ούτε μια περίπτωση κλοπής, καβγά ή οποιουδήποτε είδους βίας. Ολόκληρο το πλήθος είχε τον ίδιο νου και οι άνθρωποι ήταν συγκεντρωμένοι εκεί με το συγκεκριμένο λόγο να κάνουν ένα εξαγνιστικό λουτρό στον ποταμό! Η βίζα μου κόντευε να λήξει. Έπρεπε να φύγω για το Τιρουβαναμαλάι πριν ολοκληρωθεί το προσκύνημά μας. Ο Ράτναμτζι και ο Πραμπχουντάτατζι μου είπαν να τους συναντήσω πίσω στο Χάιντεραμπάντ αφού ανανεώσω τη βίζα μου. Τους αποχαιρέτησα και αναχώρησα προς τα νότια. Αφού ολοκλήρωσα τις διαδικασίες για τη βίζα μου, γύρισα πίσω στο Χάιντεραμπάντ και συνάντησα τον Ράτναμτζι και τον Αβαντχουτέτρατζι. Τα επόμενα δύο χρόνια ταξίδεψα σε διάφορα μέρη της Ινδίας με τη συντροφιά αυτών των δύο αγίων ανθρώπων. Το να είμαι μαζί τους ήταν μια συνεχής γιορτή και μια διαδικασία μάθησης. Η υπομονή τους για μένα που δεν γνώριζα τίποτα από πνευματικότητα και έκανα τη μια γκάφα μετά την άλλη μέσα από σκέψεις, λόγια και πράξεις ήταν απεριόριστη. Αν κι εγώ τους κοίταζα με σεβασμό ως πνευματικούς μου οδηγούς, εκείνοι με κοίταζαν με κατανόηση μόνο ως τον νεότερο πνευματικό αδελφό τους.

Για πολλά χρόνια οι πιστοί ήθελαν να χτίσουν ένα σπίτι για τον Ράτναμτζι, αλλά εκείνος είχε επανειλημμένα αρνηθεί. Τώρα η υγεία του είχε αρχίσει να επιδεινώνεται και ένιωθε ότι μια μόνιμη κατοικία θα του ήταν απαραίτητη. Συμφώνησε με την επίμονη απαίτηση των φίλων και των θαυμαστών του. Με μερικά χρήματα από τους αδελφούς του αγόρασε ένα μικρό οικόπεδο κοντά στο άσραμ στο Τιρουβαναμαλάι. Τότε με ρώτησε αν σχεδίαζα να μείνω εκεί μόνιμα. Ήθελα να είμαι κοντά του για όσο θα ζούσε και απάντησα καταφατικά.

Κατά ένα παράξενο τρόπο το οικόπεδο που ήταν συνεχόμενο με το δικό του πουλιόταν. Ο ιδιοκτήτης ήθελε να κάνει το γάμο της κόρης του και χρειαζόταν χρήματα. Με ρώτησε αν ήθελα να το αγοράσω και συμφώνησα αμέσως. Βγήκαν τα σχέδια για αυτά τα δύο μικρά σπιτάκια και με τα χρήματα που έδωσαν οι πιστοί και αυτά που είχα εγώ πρόσφατα κληρονομήσει, άρχισε η κατασκευή. Μέσα στον επόμενο χρόνο, αν και ο Ράτναμτζι συνέχισε τα ταξίδια του, εγώ έμεινα στο Τιρουβαναμαλάι για να επιβλέπω τις εργασίες. Κανονικά θα έπρεπε να διαρκέσουν λίγους μόνο μήνες, αλλά ο συχνός κακός καιρός, προβλήματα με τους εργάτες και έλλειψη στα υλικά έκανε τις εργασίες να καθυστερήσουν για σχεδόν ένα χρόνο. Τελικά ολοκληρώθηκαν και ο Ράτναμτζι υποσχέθηκε να επιστρέψει σύντομα.

Αν και τα δυο σπίτια ήταν έτοιμα συγχρόνως, ο Ράτναμτζι με συμβούλευσε μέσω γραμμάτων ότι δεν ήταν ο κατάλληλος καιρός να κάνει τα εγκαίνια του σπιτιού του, αλλά του δικού μου μπορούσαν να γίνουν αμέσως. Έγραψε ότι θα έπρεπε να ζητήσω από τη μητέρα μου να έρθει στην Ινδία για την τελετή και ότι στο πρόσωπο της μητέρας ενοικεί μια ιδιαίτερη εκδήλωση της θείας δύναμης, η δύναμη της στοργής που βοηθά να διατηρηθεί και να τραφεί η δημιουργία. Ο Ράτναμτζι ανέφερε ότι μόλις καθόριζα την ημερομηνία, θα προσπαθούσε να έρθει

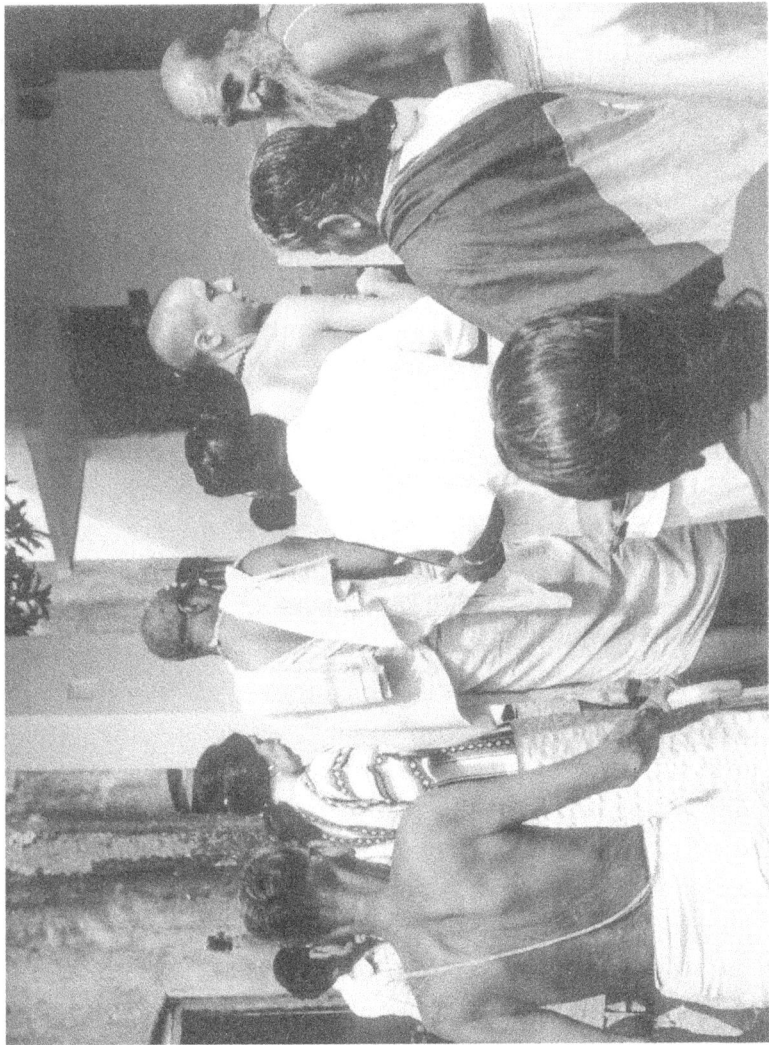

Μπαίνοντας στο σπίτι στο Τιρουβαναμαλάι. Από αριστερά προς τα δεξιά: η μητέρα του Νιλ, ο Αβαντγουντέτρατζι, ο Νιλ, ο Ράτναμτζι.

μαζί με τον Αβαντχουτέτρατζι. Αμέσως έγραψα στη μητέρα μου ζητώντας της να έρθει για την τελετή των εγκαινίων και ανέφερα ότι μόνο όταν μάθαινα την ημερομηνία της άφιξής της, θα μπορούσα να καθορίσω την ημερομηνία. Είχε τέσσερα χρόνια να με δει και έτσι μόλις το έμαθε, έκανε τις απαραίτητες προετοιμασίες. Έφτασε μέσα σε λίγες μέρες μαζί με τον πατριό μου. Ο Ράτναμτζι και ο Αβαντχουτέτρατζι επίσης έφτασαν και έμειναν στο άσραμ. Έβαλα τη μητέρα μου να μείνει στο σπίτι ενός πιστού.

Την ημέρα πριν την τελετή πήρα τη μητέρα μου και τον πατριό μου στο άσραμ να συναντήσουν τον Ράτναμτζι και τον Αβαντχουτέτρατζι. Μερικοί πιστοί του Αβαντχουτέτρατζι από το Μαντράς αναχωρούσαν εκείνη την ώρα για να επιστρέψουν στα σπίτια τους. Στην Ινδία οι άνθρωποι κάνουν υπόκλιση στους μεγαλύτερους και στους αγίους ανθρώπους ως ένδειξη σεβασμού και ταπεινότητας όταν τους συναντούν, καθώς επίσης και όταν φεύγουν. Αυτό δεν γίνεται με σκοπό να τους κολακέψουν. Οι αρχαίοι έμαθαν ότι κάθε θέση ή στάση του σώματος επηρεάζει το νευρικό σύστημα, το οποίο με τη σειρά του επηρεάζει το νου ή τη νοητική στάση. Όταν για παράδειγμα κουνάμε τον δείκτη σε κάποιον ενώ του μιλάμε, αυτό στο λεπτότερο επίπεδο αυξάνει τον εγωισμό μας, την αλαζονεία και ίσως το θυμό. Παρομοίως όταν κάνουμε υπόκλιση μπροστά σε έναν άνθρωπο, αυτό βάζει το νου μας σε μια κατάσταση δεκτικότητας ώστε να μπορεί να δεχτεί συμβουλές από ανθρώπους που είναι πιο σοφοί από εμάς.

Όταν ο πατριός μου είδε τον άνθρωπο που υποκλίθηκε μπροστά στον Αβαντχουτέτρατζι ρώτησε: «Γιατί πρέπει ένας άνθρωπος να υποκλίνεται μπροστά σε έναν άλλο άνθρωπο; Δεν είμαστε όλοι ίσοι;» Αυτή, φυσικά, είναι μια παγκοσμίως αποδεκτή άποψη, αλλά είναι εσφαλμένη. Αν και η σπίθα της ζωής ή ο Θεός είναι ίδια μέσα στον καθένα, όλα τα άλλα είναι

160

διαφορετικά. Το φυσικό σώμα, ο νους, η ηθική και η πνευματικότητα διαφέρουν από τον ένα άνθρωπο στον άλλο. Αυτό που είναι παγκοσμίως ίσο μέσα μας, δυστυχώς παραγνωρίζεται και αγνοείται και μόνο οι διαφορές μας εντοπίζονται και τονίζονται. Λέω δυστυχώς, γιατί αν είχαμε το όραμα της ενότητας, αυτός ο κόσμος θα ήταν ένα πολύ πιο ειρηνικό μέρος. Ο Ράτναμτζι δεν αιφνιδιαζόταν από κανέναν. Αμέσως απάντησε με μια δική του ερώτηση.

«Όταν θέλεις προαγωγή δεν υποκλίνεσαι στο αφεντικό σου, αν και ίσως με έναν διαφορετικό τρόπο; Αυτοί οι άνθρωποι θέλουν τη γνώση και την εμπειρία που πιστεύουν ότι έχουμε. Και υποκλίνονται για να τις λάβουν. Αυτό, φυσικά, δεν αρκεί, αλλά είναι ένα πρώτο βήμα. Αν υποκλίνεται και ο νους, αυτό θα φανεί αργότερα. Ένας νους που δεν είναι δεκτικός, δεν μπορεί να διδαχτεί τίποτα». Ο πατριός μου, ίσως επειδή συνειδητοποίησε την αλήθεια αυτών των λόγων, δεν είπε τίποτα. Μετά από μια ολιγόλεπτη συνομιλία πήγαν στο δωμάτιό τους.

Τότε ο Ράτναμτζι και εγώ συζητήσαμε τα σχέδια για τα εγκαίνια του σπιτιού. Στην Ινδία συνηθίζεται να αρχίσει κάποιος να κατοικεί σε ένα καινούργιο σπίτι αφού πρώτα πραγματοποιηθεί μια ιεροτελεστία εγκαινίων. Αυτή είναι μια θρησκευτική τελετή και πιστεύεται ότι αν γίνουν ορισμένες ιεροτελεστίες στο σπίτι πριν οι άνθρωποι πάνε να ζήσουν μέσα σε αυτό, οι αρχικές δονήσεις θα κάνουν την ατμόσφαιρα κατάλληλη για μια ειρηνική και αρμονική ζωή εκεί. Λέγεται επίσης ότι το σχήμα του σπιτιού και η κατεύθυνση προς την οποία βλέπει επηρεάζει τους κατοίκους με θετικούς ή αρνητικούς τρόπους. Αυτό θεωρούνταν αληθινό από όλους τους αρχαίους πολιτισμούς. Ίσως η επιστημονική έρευνα θα ανακαλύψει κάποια μέρα ότι έτσι ισχύει, αν και αυτές οι αρχές βασίζονται σε εξαιρετικά λεπτούς νόμους σχετικούς με δονήσεις ή κύματα από ενέργεια που διαπερνούν το σύμπαν και έχουν επίδραση πάνω στα γεγονότα και στις νοητικές καταστάσεις.

Αποφασίσαμε να εισέλθει πρώτος ο Αβαντχουτέτρατζι στο σπίτι με τη συνοδεία απαγγελίας Βεδικών μάντρα και μετά να γίνουν κάποιες ιεροτελεστίες. Στο τέλος θα προσφερόταν φαγητό σε όλους τους καλεσμένους, εξασφαλίζοντας έτσι την καλή θέληση όλων όσων ήταν παρόντες. Ο Ράτναμτζι πίστευε ότι αν ζητούσαμε από τον Αβαντχουτέτρατζι να μπει πρώτος στο σπίτι, το σπίτι θα γινόταν πιο κατάλληλο για την πνευματική πρακτική. Καθώς αποδείχτηκε ο Θεός είχε το δικό του σχέδιο που ήταν εντελώς διαφορετικό από το δικό μας, αλλά, χωρίς αμφιβολία, ήταν το καλύτερο.

Το επόμενο πρωί ήμαστan όλοι παρόντες στο άσραμ. Μετά κατευθυνθήκαμε αργά προς το σπίτι ψάλλοντας το Θεϊκό Όνομα. Καθώς προχωρούσαμε, ένας άγνωστος πήρε τη μητέρα μου παράμερα και της είπε ότι μιας και ήταν η μητέρα μου, έπρεπε εκείνη να μπει πρώτη μέσα στο σπίτι. Κανείς από εμάς δεν άκουσε αυτά τα λόγια. Καθώς πλησιάσαμε την εμπρός πόρτα ο ιερέας άρχισε να απαγγέλει τα Βεδικά μάντρα. Ο Αβαντχουτέτρατζι ετοιμαζόταν να μπει μέσα στο σπίτι, όταν άξαφνα η μητέρα μου όρμησε από το πλάι, έσπρωξε στην άκρη τον Αβαντχουτέτρατζι και μπήκε πρώτη θριαμβευτικά μέσα στο σπίτι! Όλοι κοιταχτήκαμε μεταξύ μας σοκαρισμένοι και έκπληκτοι! Τότε, ο Ράτναμτζι γέλασε και είπε: «Προφανώς ο Θεός θέλησε να μπει πρώτος μέσα σ' αυτό το σπίτι με τη μορφή της μητέρας!» Όλοι όσοι είμαστε παρόντες δεχτήκαμε με χαρά αυτά τα λόγια και όλα τα άλλα κύλησαν ομαλά. Η μητέρα μου και ο πατριός μου ήθελαν να τους συνοδέψω σε μια περιοδεία στη βόρεια Ινδία και έτσι αναχωρήσαμε την επόμενη μέρα. Καθώς φεύγαμε, ο Ράτναμτζι μου είπε ότι θα πήγαινε στη Βομβάη με τον Αβαντχουτέτρατζι και ότι θα έπρεπε να τους συναντήσω όταν η μητέρα μου θα έφευγε. Μου έδωσε τη διεύθυνση του σπιτιού που θα έμενε. Του υποσχέθηκα να τον συναντήσω και αναχωρήσαμε για το Μαντράς.

Επισκεφθήκαμε τα πιο σημαντικά τουριστικά μέρη στη βόρεια Ινδία και μετά η μητέρα μου και ο πατριός μου γύρισαν στην Αμερική κι εγώ έμεινα στη Βομβάη. Αμέσως πήγα στο σπίτι όπου έμεναν ο Ράτναμτζι και ο Αβαντχουτέτρατζι. Υποκλίθηκα μπροστά τους και τους διηγήθηκα όλες τις λεπτομέρειες του ταξιδιού μου. Εκείνοι τότε μου είπαν ότι κάποιοι πιστοί τους είχαν καλέσει στην Μπαρόντα, μια μεγάλη πόλη ανατολικά της Βομβάης, και ότι θα αναχωρούσαν την επόμενη μέρα. Είχα φτάσει ακριβώς την κατάλληλη στιγμή για να πάω μαζί τους!

Το βράδυ της επόμενης μέρας μας βρήκε στη Μπαρόντα. Ο Αβαντχουτέτρατζι πήγε να βρει κάποιον μουσικό για να παίξει κρουστά στα βραδινά μπάτζαν. Πήγε στη Μουσική Ακαδημία επειδή ο ίδιος δεν γνώριζε κανέναν τέτοιο μουσικό στην Μπαρόντα. Καθώς έκανε την αναζήτησή του εκεί, συνάντησε τον δάσκαλο του της μουσικής σαράντα χρόνια πριν. Δεν τον είχε δει από τότε κι έτσι τώρα ήταν ευτυχισμένοι με τη συνάντηση.

Ο δάσκαλος μας πήρε στο σπίτι του. Δίδασκε σιτάρ στο μουσικό σχολείο, όπου μας έδειξε ένα πορτρέτο του δασκάλου του και μας είπε ότι το πορτρέτο ήταν τόσο σπάνιο, ώστε χρειάστηκε να πληρώσει ένα τεράστιο ποσό χρημάτων για να το πάρει από μια ιδιωτική συλλογή. Καθώς ο δάσκαλός του ήταν ο Γκουρού του, δεν υπολόγισε καθόλου το κόστος και εργάστηκε σκληρά για πολύ καιρό μέχρι να μαζέψει τα χρήματα για το πορτρέτο. Έπαιξε περίπου μια ώρα σιτάρ για μας και κατά τη διάρκεια αυτής της ώρας και ο Ράτναμτζι και ο Αβαντχουτέτρατζι ήταν απορροφημένοι σε βαθύ διαλογισμό.

Σε μια προηγούμενη περίσταση κάποιος είχε προσκαλέσει τον Ράτναμτζι σε μια συναυλία του Ραβί Σανκάρ στο Χαϊντεραμπάντ. Με προσκάλεσαν κι εμένα. Στο δρόμο ο Ράτναμτζι μου είπε: «Μην χαθείς στον σκοπό που ακούς. Κράτησε την προσοχή σου στη δόνηση της υποκείμενης νότας. Τότε η συναυλία θα είναι χρήσιμη για διαλογισμό.» Καθίσαμε στο αμφιθέατρο και τα φώτα έσβησαν. Η συναυλία άρχισε και εγώ έκλεισα τα μάτια μου προσπαθώντας να συγκεντρωθώ στη δόνηση. Μετά από ένα χρονικό διάστημα που μου φάνηκε σαν δύο λεπτά τα φώτα άναψαν και ο κόσμος σηκώθηκε. Αναρωτήθηκα τι συνέβαινε. Γιατί σταμάτησε η συναυλία μόλις είχε αρχίσει; Κοίταξα με απορία τον Ράτναμτζι. Εκείνος μου είπε γελώντας: «Έλα, ας πηγαίνουμε. Μόλις έκλεισες τα μάτια σου, αποκοιμήθηκες βαθιά. Αυτό έγινε πριν δύο ώρες. Σκέφτηκα πως θα ήσουν πολύ κουρασμένος και γι' αυτό δεν σε ξύπνησα. Τόσο βαθύς διαλογισμός!» Τώρα, όταν ακούω σιτάρ, βεβαιώνομαι ότι δεν θα κλείσω τα μάτια μου.

Μετά από διαμονή λίγων ημερών στην Μπαρόντα ο Αβαντχουτέτρατζι αποφάσισε να επιστρέψει στη Βομβάη. Ο Ράτναμτζι είχε λάβει ένα γράμμα που του ζητούσε να πάει στο Χαϊντεραμπάντ κι έτσι αγοράσαμε εισιτήρια για εκεί. Για να αγοράσουμε τα εισιτήρια έπρεπε να δανειστώ χρήματα από τον Αβαντχουτέτρατζι, γιατί είχα αφήσει τα δικά μου στο σπίτι. Όταν φτάσαμε στη Βομβάη, ο Αβαντχουτέτρατζι σηκώθηκε για να κατεβεί από το τρένο. Ο Ράτναμτζι με ρώτησε «Πόσα χρήματα οφείλουμε στον Αβαντχουτέτρατζι;»

«Εβδομήντα ρουπίες» απάντησα.

«Πόσα χρήματα έχεις μαζί σου;» ρώτησε.

«Εκατόν πέντε» απάντησα.

«Δώσε του εκατό» είπε ο Ράτναμτζι. «Είναι ένας στρογγυλός αριθμός. Επιπλέον δεν είναι σωστό να είμαστε τόσο υπολογιστές όταν ξεπληρώνουμε το χρέος μας σε έναν άγιο άνθρωπο».

Πρόσφερα απρόθυμα τα χρήματα στον Αβαντχουτέτρατζι, ο οποίος τα πήρε λέγοντας ότι δεν είχε καθόλου χρήματα μαζί του και θα του ήταν πολύ χρήσιμα. Μετά κατέβηκε από το τρένο στη Βομβάη.

«Τώρα τι θα κάνω;» είπα ελαφρά εκνευρισμένος. «Έχουμε ακόμα ταξίδι δύο ημερών μπροστά μας. Με πέντε ρουπίες πώς θα αγοράσουμε αρκετό φαγητό για εμάς;»

«Λοιπόν, ας δούμε πώς θα μας φροντίσει ο Θεός. Δεν πρέπει να του δίνουμε αυτήν την ευκαιρία πότε πότε;» ο Ράτναμτζι ρώτησε με ένα ελαφρά σκανταλιάρικο ύφος στο πρόσωπό του.

«Είναι δύο ιερά μέρη στο δρόμο μας που θέλω να τα επισκεφθώ εδώ και πολύ καιρό. Το ένα είναι στην οδό Ντεχού, όπου έζησε ο μεγάλος άγιος Τουκαράμ περίπου τριακόσια χρόνια πριν. Και εκεί κοντά είναι το Αλάντι, όπου βρίσκεται ο τάφος του Τζανεσβάρ. Ήταν μια Συνειδητοποιημένη Ψυχή και άφησε θεληματικά το σώμα του στην ηλικία των είκοσι ένα, ζητώντας από τους μαθητές του να τον θάψουν ενώ ήταν ακόμη ζωντανός. Κάθισε στη στάση του διαλογισμού, ανέστειλε όλες τις ζωτικές του λειτουργίες και θάφτηκε. Πολλοί πιστοί, ακόμα και σήμερα, τον έχουν δει κατά τη διάρκεια του διαλογισμού τους κοντά στον τάφο του και μερικοί έχουν ευλογηθεί με εμπειρίες φώτισης.

«Το πρόβλημα είναι ότι αυτό το τρένο είναι εξπρές και δεν θα σταματήσει στην οδό Ντεχού. Αν όμως κατεβούμε στον επόμενο κεντρικό σταθμό, μπορούμε να πάμε με λεωφορείο στην οδό Ντεχού και μετά να επιστρέψουμε και να πάρουμε το επόμενο τρένο. Όμως, αν το κάνουμε αυτό, δεν θα μας έχει μείνει ούτε μισή ρουπία για μια μπανάνα. Λοιπόν, θα δούμε. Ας μην φάμε σήμερα για να εξοικονομήσουμε χρήματα».

Να μην φάμε; Από τη στιγμή που άκουσα αυτά τα λόγια, άρχισα να σκέφτομαι πόσο πεινούσα. Μετά από λίγες ώρες ο Ράτναμτζι έπιασε κουβέντα με έναν άνθρωπο που καθόταν στον ίδιο πάγκο με εμάς. Ο άνθρωπος είχε μερικά σταφύλια σε μια χάρτινη σακούλα. Σαν πεινασμένος λύκος που βλέπει ένα κοπάδι πρόβατα είχα καρφωμένο το βλέμμα μου στη σακούλα. Ω, μεγάλε Θεέ που είσαι στα ουράνια! Βάζει τα χέρια του στη σακούλα και προσφέρει στον Ράτναμτζι τα σταφύλια. Ω, Κύριε, το ήξερα ότι δεν θα εγκαταλείψεις τους πιστούς σου! Ο Ράτναμτζι στράφηκε σε μένα και άνοιξε τα χέρια του. Έξι μικρά σταφύλια. Η γενναιοδωρία του ανθρώπου και η πείνα μου ήταν κάπως δυσανάλογες. Ο Ράτναμτζι, βλέποντας την έκφρασή μου, ξέσπασε σε γέλια. Προσωπικά δεν μπορούσα να δω τίποτα αστείο σε όλα αυτά. Ο Θεός μας είχε εγκαταλείψει.

Ακόμα λίγες ώρες και το τρένο σταμάτησε. Ο Ράτναμτζι κοίταξε έξω από το παράθυρο. «Έλα, πήδα έξω! Εδώ είναι η οδός Ντεχού! Ο Θεός σταμάτησε το τρένο για μας!» Ο Ράτναμτζι φώναξε. Μάζεψα βιαστικά τις τσάντες και πήδηξα από το τρένο. Το τρένο ξεκίνησε ξανά αμέσως. Φαίνεται ότι μια αγελάδα περπατούσε στις γραμμές και το τρένο αναγκάστηκε να σταματήσει μέχρι που το ζώο έφυγε από εκεί. Και απλά έτυχε αυτό το σημείο να είναι η οδός Ντεχού!

Αφήσαμε τις τσάντες μας σε ένα κατάστημα κοντά στη στάση των λεωφορείων και πήγαμε να δούμε όλα τα μέρη που είχαν σχέση με τη ζωή του Τουκαράμ. Είχε υπάρξει άγιος και παρόλο που διώχτηκε σε όλη τη ζωή του από ανθρώπους που ζούσαν στην άγνοια, πάντοτε έβγαινε θριαμβευτής χάρη στην αθώα και αγνή καρδιά του. Οδηγούσε τους ανθρώπους στην πνευματική ζωή μέσα από τα τραγούδια που συνέθετε. Η επιρροή του στις ζωές των ανθρώπων σε αυτή την περιοχή της χώρας είναι αισθητή ακόμα και σήμερα. Λέγεται ότι εξαφανίστηκε μυστηριωδώς στο τέλος της ζωής του και δεν ξαναφάνηκε. Το σπίτι του και ο ναός όπου καθόταν και έψαλλε διατηρούνται μέχρι σήμερα και σε αυτά τα μέρη πήγαμε.

Στη μια μεριά της πόλης υπήρχε ένα πολύ παλιό δέντρο, που φαινόταν να είναι κάτι πολύ ιδιαίτερο, αλλά, καθώς δεν μιλούσαμε την τοπική γλώσσα, δεν μπορούσαμε να καταλάβουμε τι ήταν. Αντί να νιώθω εμπνευσμένος με τη σκέψη της ζωής του αγίου ένιωθα πεινασμένος και λίγο θυμωμένος με τον Ράτναμτζι που είχε δώσει όλα μας τα χρήματα. Γυρίσαμε πίσω στη στάση για να πάρουμε το λεωφορείο για το Αλάντι που βρισκόταν περίπου είκοσι μίλια από εκεί. Ο καταστηματάρχης, που μιλούσε Αγγλικά, μας είπε ότι το λεωφορείο θα ερχόταν σε μια ώρα. Μας ρώτησε αν είχαμε δει το μέρος από όπου ο Τουκαράμ εξαφανίστηκε. Μας είπε ότι ο Τουκαράμ είχε σταθεί κάτω από ένα δέντρο και αποχαιρετώντας όλους τους φίλους του και όσους τον αγαπούσαν, αναχώρησε με ένα αντικείμενο που έμοιαζε με αεροπλάνο. Κάθε χρόνο την ίδια μέρα και την ίδια ώρα το δέντρο λέγεται ότι σείεται έντονα σαν να φοβάται. Μας είπε πού να βρούμε το δέντρο.

Ο Ράτναμτζι είπε ότι πρέπει να δούμε το δέντρο και πήρε δρόμο μέσα στον καυτό μεσημεριάτικο ήλιο. Αποδείχτηκε ότι το δέντρο που είχαμε προσέξει νωρίτερα ήταν αυτό από όπου είχε εξαφανιστεί ο Τουκαράμ. Την ώρα που γυρίσαμε πίσω στο κατάστημα εξαντλημένοι και διψασμένοι το λεωφορείο είχε φύγει. Μέσα μου γκρίνιαζα. Το ενδιάμεσο τρένο ήταν στις έξι το απόγευμα και τώρα δεν ήταν παρά μία η ώρα. Αν χάναμε το τρένο, τα εισιτήριά μας θα ήταν άκυρα και θα ξεμέναμε εκεί χωρίς εισιτήρια και χωρίς χρήματα. Το επόμενο λεωφορείο για το Αλάντι θα ερχόταν στις τρεις η ώρα. Αν πηγαίναμε στο Αλάντι, βλέπαμε όλα τα αξιοθέατα εκεί και παίρναμε το λεωφορείο για το σταθμό, θα ήταν σχεδόν επτά. Επιπλέον ήμουν πεινασμένος και κουρασμένος. Ο Ράτναμτζι, όταν άκουσε ότι το λεωφορείο δεν θα ερχόταν παρά σε δύο ώρες, ξάπλωσε στο πίσω μέρος του καταστήματος. Μου είπε να τον ξυπνήσω πριν τις τρεις και αποκοιμήθηκε. Αυτό σήμαινε ότι εγώ δεν θα έπρεπε να κοιμηθώ. Ο νους μου έτρεχε εδώ κι εκεί εξαιτίας του θυμού και της ανησυχίας. Πού ήταν η παράδοσή μου και η εμπιστοσύνη μου στον Ράτναμτζι και στον Ραμάνα; Είχαν εξατμιστεί μπροστά στην αντιξοότητα.

Πήραμε το λεωφορείο των τρεις και φτάσαμε στο Αλάντι στις τέσσερις. Επισκεφθήκαμε όλα τα μέρη που είχαν σχέση με τη ζωή του Τζνανεσβάρ και τελικά καθίσαμε για διαλογισμό κοντά στον τάφο του. Να διαλογιστούμε; Ήταν αδύνατο για μένα να διαλογιστώ σε αυτή την κατάσταση της ταραχής που βρισκόμουν. Τελικά μπήκαμε στο λεωφορείο που θα μας έφερνε στο σταθμό του τρένου σε περίπου δυο ώρες. Τώρα ο Θεός θα δώσει ένα μάθημα στον Ράτναμτζι σκεφτόμουν. Γιατί να είμαστε τόσο ανοργάνωτοι;

«Πώς σου φάνηκαν αυτά τα μέρη; Εγώ αισθάνθηκα να μεταφέρομαι σε έναν εντελώς διαφορετικό κόσμο, σαν να ζούσα με εκείνους τους αγίους. Εσύ πώς ένιωσες;» ο Ράτναμτζι ρώτησε.

«Είμαι κουρασμένος και πεινάω. Πώς θα μπορούσα να απολαύσω κάτι; Επιπλέον τώρα είναι αδύνατο να προλάβουμε το τρένο. Αν δεν είχαμε πάει να δούμε για δεύτερη φορά εκείνο το δέντρο, τώρα θα ήμασταν στο σταθμό» είπα με ένα τόνο καταπιεσμένου θυμού.

«Είναι κρίμα που σκέφτεσαι τόσο πολύ το σώμα σου μετά από όλον αυτό τον καιρό που έχεις μείνει μαζί μου. Αντί να χρησιμοποιείς αυτό το προσκύνημα για την πνευματική σου βελτίωση, το χρησιμοποιείς μόνο για να καταστρέφεις το νου σου. Πού είναι η πίστη σου στον Ραμάνα αν δεν μπορείς να ζήσεις χωρίς χρήματα ούτε μια μέρα; Στην αρχή που συναντηθήκαμε μου είπες πως θέλεις να ζήσεις χωρίς χρήματα. Πού είναι αυτό το πνεύμα τώρα;» με ρώτησε.

Τι μπορούσα να πω; Ως συνήθως, είχε δίκιο. Τελικά το λεωφορείο έφτασε στο σταθμό και κατεβήκαμε. Στο σταθμό πληροφορηθήκαμε ότι το τρένο μας είχε καθυστέρηση και δεν είχε έρθει ακόμα! Ορμήσαμε στην πλατφόρμα και φτάσαμε εκεί ακριβώς την ώρα που το τρένο μας έφτανε. Όταν πια είχαμε βρει καθίσματα ο Ράτναμτζι με κοίταξε και χαμογέλασε. «Τώρα αγόρασε μερικές μπανάνες. Αύριο θα φτάσουμε στον προορισμό μας» είπε.

Είχα πάρει ένα καλό μάθημα και ορκίστηκα να μην αμφισβητήσω ποτέ ξανά τον πνευματικό οδηγό μου. Μέσα στα χρόνια ο Ράτναμτζι συνήθως πήγαινε καθυστερημένος στους σταθμούς, αλλά ποτέ δεν έχασε το τρένο.

Στο Χαϊντεραμπάντ μάθαμε πως ο Σανκαρατσάρυα του Πούρι είχε έρθει εκεί πρόσφατα και είχε κανονίσει μια τεράστια θρησκευτική λειτουργία. Είχε δυο τρία χρόνια να βρέξει εκεί και οι άνθρωποι είχαν παρακαλέσει τον Ατσάρυα να τους βοηθήσει. Έχει αποδειχτεί πολλές φορές ότι αν ορισμένες βεδικές τελετουργίες εκτελεστούν αυστηρά σύμφωνα με τις επιταγές των γραφών, τότε θα έρθει άφθονη η βροχή αμέσως μετά την τελετή. Προσωπικά το είδα αυτό με τα μάτια μου δυο φορές, μία στο Τιρουβαναμαλάι και μια στο Χαϊντεραμπάντ. Θα χρειαζόταν πολλή φαντασία για να πω ότι, μετά από δυο τρία χρόνια ξηρασίας η καταρρακτώδης βροχή που ήρθε αμέσως μετά τις τελετουργίες ήταν σύμπτωση.

Περίπου χίλια διακόσια χρόνια πριν ένα αγόρι που λεγόταν Σάνκαρα γεννήθηκε στη νότια Ινδία. Ήδη από τη νηπιακή του ηλικία έδωσε δείγματα μιας βαθυστόχαστης διάνοιας. Στην ηλικία των οκτώ έφυγε από το σπίτι του και ταξίδεψε με τα πόδια σε ολόκληρη την Ινδία, μέχρι που βρήκε έναν συνειδητοποιημένο πνευματικό Δάσκαλο και μελετώντας με την καθοδήγησή του, πέτυχε την Τελείωση. Μετά έγραψε σχόλια πάνω σε πολλές ινδουιστικές γραφές για την ωφέλεια των ειλικρινών αναζητητών και πριν από τον θάνατό του, στην ηλικία των τριάντα δύο, ίδρυσε τέσσερα ή πέντε άσραμ σε διάφορα μέρη της Ινδίας και τοποθέτησε μαθητές που είχε ο ίδιος εκπαιδεύσει ως υπεύθυνους σε αυτά τα ιδρύματα. Καθώς ήταν ένας διάσημος θρησκευτικός αρχηγός, έμεινε γνωστός με τον τίτλο του Ατσάρυα.

Από την εποχή εκείνη μέχρι σήμερα έχει συνεχιστεί η παράδοση και ο κάθε διάδοχος φέρει τον τίτλο του Σανκαρατσάρυα. Αυτοί οι άνθρωποι έχουν επιλεγεί προσεκτικά από τους προκατόχους τους για τη γνώση τους, την αυστηρότητα, την αφοσίωση και την ανιδιοτέλεια. Αναγνωρίζονται ως θρησκευτικοί αρχηγοί από ένα μεγάλο μέρος του ινδουιστικού πληθυσμού. Ο Σανκαρατσάρυα του Πούρι εκείνων των ημερών ήταν μια τέτοια ξεχωριστή προσωπικότητα, πολύ γνωστός για τα υψηλά πνευματικά του κατορθώματα και την αφοσίωση του στον Θεό. Ήταν, επομένως, το καταλληλότερο πρόσωπο να διεξάγει αυτήν τη τελετουργία.

Η τελετουργία αποτελούνταν από δυο μέρη. Σε ένα χώρο καλυμμένο με τέντα είχαν συγκεντρωθεί όλοι οι μεγαλύτεροι μελετητές των γραφών της Ινδίας. Κατά τη διάρκεια της ημέρας αυτοί οι διανοούμενοι συζητούσαν πολλά αντιλεγόμενα θρησκευτικά θέματα, επαναλαμβάνοντας στίχους από τις γραφές για να υποστηρίξουν τις απόψεις τους. Τη νύχτα ο Ατσάρυα έκανε ομιλίες για διάφορα θέματα τα οποία, είχαν πρακτική αξία για τον συνηθισμένο άνθρωπο, αλλά επίσης τον βοηθούσαν να εξοικειώνεται με τη θρησκεία του και τον πολιτισμό του. Κάτω από ένα άλλο υπόστεγο είχαν κατασκευαστεί χίλιοι λάκκοι με θυσιαστικές φωτιές, όπου διάφορα υλικά θα προσφέρονταν στο Θεό, με τη χρήση της φωτιάς ως μέσον της λατρείας και η προσφορά θα συνοδεύονταν από την απαγγελία Βεδικών μάντρα. Αυτή το υπόστεγο ήταν τόσο τεράστιο που η περιφέρειά του ήταν ένα μίλι. Ο ήχος των μάντρα και η θέα από τις ζωηρές φωτιές ήταν γιορτή για τα αυτιά και τα μάτια. Η ατμόσφαιρα ήταν φορτισμένη με αφοσίωση. Οι τελετουργίες θα έπαιρναν δέκα μέρες να ολοκληρωθούν.

Ήθελα πραγματικά να έχω μια προσωπική επαφή με τον

Ατσάρυα και ρώτησα τον Ράτναμτζι αν αυτό ήταν πιθανό. Ο Ράτναμτζι ήξερε τον Ατσάρυα αρκετά καλά και περνούσε τον περισσότερο χρόνο κοντά του. Για την ακρίβεια μέσα σε λίγες μέρες ο Ράτναμτζι έγινε ο προσωπικός ακόλουθος του Ατσάρυα. Ο Ατσάρυα είπε στον Ράτναμτζι ότι θα έπρεπε να παρακολουθήσω όλες τις συζητήσεις και ότι όταν είχε χρόνο, θα με καλούσε. Για δέκα μέρες και νύχτες, από τις έξι το πρωί μέχρι τα μεσάνυχτα, καθόμουν περιμένοντας να με καλέσει κάθε λεπτό. Στο τέλος των δέκα ημερών η λειτουργία είχε τελειώσει, η βροχή είχε πέσει και ο Ατσάρυα δεν με είχε καλέσει ακόμη.

Ο Ατσάρυα επρόκειτο να φύγει από το Χαϊντεραμπάντ εκείνη τη νύχτα και να πάει σε μια άλλη πόλη που βρισκόταν περίπου πεντακόσια μίλια μακριά. Μου έστειλε μήνυμα που έλεγε ότι αν ήθελα ακόμη να τον συναντήσω, μπορούσα να τον ακολουθήσω σ' εκείνη την πόλη. Προφανώς δοκίμαζε την ειλικρίνειά μου. Του απάντησα, μέσω του αγγελιαφόρου, ότι θα τον ακολουθούσα σε ολόκληρη την Ινδία, αν ήταν αναγκαίο, μέχρι που θα δεχόταν να με συναντήσει. Την επόμενη μέρα, μόλις τελείωσε τις πιο επείγουσες δουλειές του, με κάλεσε και μέσα σε ένα κλειστό δωμάτιο, μαζί με τον Ράτναμτζι, μου είπε πολλά πράγματα. Μου είπε ότι από τα αρχαία χρόνια και μέχρι τώρα αμέτρητοι άγιοι είχαν επιτύχει την Συνειδητοποίηση του Εαυτού μέσα από τη συνεχή επανάληψη του Θεϊκού Ονόματος. Αν ήθελα να επιτύχω την Υπέρτατη Ευδαιμονία και την Αιώνια Γαλήνη, αυτό ήταν το μονοπάτι που έπρεπε να ακολουθήσω.

Ήμουν πολύ ευτυχισμένος όταν το άκουσα αυτό, επειδή ο Ράτναμτζι μου το είχε ήδη πει κι εγώ προσπαθούσα να ακολουθήσω τη συμβουλή του. Αφού με ενθάρρυνε να συνεχίσω τις προσπάθειές μου για την Συνειδητοποίηση, ως ένδειξη εύνοιας, μου έδωσε λουλούδια και φρούτα που είχαν προσφερθεί στο θεό στην ιεροτελεστία που είχε κάνει. Υποκλίθηκα μπροστά του, τον αποχαιρέτησα και έφυγα με γεμάτη καρδιά. Άξιζε η αναμονή των δέκα ημερών.

Ο Ράτναμτζι τότε με συμβούλεψε να επιστρέψω στο Τιρουβαναμαλάι και να κάνω τις απαραίτητες προετοιμασίες για τα εγκαίνια του σπιτιού του. Υποσχέθηκε να με συναντήσει εκεί σε δυο εβδομάδες. Εγώ επέστρεψα στο Αρουνάτσαλα κι εκείνος συνόδεψε τον Ατσάρυα στη βόρεια Ινδία, όπου άρπαξε ένα γερό κρυολόγημα. Το κρυολόγημα τελικά εξελίχθηκε σε μια σοβαρή ασθένεια, η οποία ήταν κατά το μεγαλύτερο μέρος υπεύθυνη για τον θάνατό του τρία χρόνια αργότερα. Αυτή ήταν η αρχή για ένα πολύ οδυνηρό κομμάτι της πνευματικής μου ζωής.

«Χτες το βράδυ είδα ένα πολύ δυσοίωνο όνειρο. Νομίζω ότι από εδώ και μπρος η υγεία μου θα είναι πολύ κακή» είπε ο Ράτναμτζι ενώ βρισκόταν ξαπλωμένος στο σπίτι μου. Είχε έρθει με τη Σεσάμμα, την αδελφή του, το προηγούμενο βράδυ. Είχε πυρετό και έναν επώδυνο βήχα. Όταν ταξίδευε, είχε δημιουργηθεί στο πόδι του απόστημα που αφού του προξένησε μεγάλο πόνο, είχε τελικά σπάσει και χρειαζόταν να τον μεταφέρουν παντού.

«Ας τελειώσουμε όπως όπως την τελετή των εγκαινίων και μετά μπορούμε να πάμε να συμβουλευτούμε έναν καλό γιατρό», είπε. Εγώ είχα σκοπό να πάω σε γιατρό μόλις τον είδα, αλλά εκείνος δεν το επέτρεπε. Σκεφτόταν ότι ο γιατρός θα του έβαζε περιορισμούς που θα εμπόδιζαν την τελετή. Είχαν προσκληθεί ήδη πολλοί άνθρωποι και θα κατέφθαναν σε λίγες μέρες. Αν η ημερομηνία άλλαζε, αυτό θα προκαλούσε σκοτούρες και αναστάτωση σε όλους.

Κάναμε όλα τα απαραίτητα σχέδια και διευθετήσεις για την τελετή και την καθορισμένη μέρα οι τελετουργίες έγιναν από τον Ράτναμτζι και τους ιερείς. Είχαν έρθει περίπου πενήντα καλεσμένοι από όλη την Ινδία, αλλά ο Αβαντχουτέτρατζι δεν μπόρεσε να έρθει. Ήταν στο νοσοκομείο με καρδιακή προσβολή και οι γιατροί δεν του επέτρεπαν να κινηθεί, προς μεγάλη του απογοήτευση. Είχε στείλει κάποιον να μεταφέρει αυτοπροσώπως τα νέα στον Ράτναμτζι που τον περίμενε. Μετά από την τελετή ο Ράτναμτζι ξάπλωσε. Ήταν πολύ αδύναμος και είχε πόνους στο στήθος του, αλλά το συνηθισμένο του χαμόγελο και η λάμψη παρέμεναν στο πρόσωπό του! Το επόμενο πρωί έλαβε την είδηση ότι ο παλαιότερος μαθητής του Ραμάνα ήταν ετοιμοθάνατος στο άσραμ. Ο Ράτναμτζι κι εγώ τρέξαμε στο άσραμ και βρήκαμε τον μοναχό στην επιθανάτια κλίνη του. Όλοι επαναλάμβαναν το Θεϊκό Όνομα με δυνατή φωνή και εκείνος μέσα σε λίγες ώρες άφησε ειρηνικά το θνητό του περίβλημα. Το σώμα του θάφτηκε πίσω από το άσραμ την ίδια μέρα και αποφασίστηκε ότι ο Ράτναμτζι θα τελούσε την λατρεία των σαράντα ημερών στον τάφο του, όπως ήταν το έθιμο για τους μοναχούς. Αυτό σήμαινε μια καθυστέρηση άλλων σαράντα ημερών για την επίσκεψη στο γιατρό. Η καρδιά μου γινόταν κομμάτια, αλλά τι μπορούσα να κάνω; Δεν άκουγε καθόλου τα επιχειρήματά μου.

Μετά από ταλαιπωρία σαράντα ημερών ο Ράτναμτζι πρότεινε να πάμε να δούμε τον Αβαντχουτέτρατζι, που είχε βγει από το νοσοκομείο και έμενε σε κάποιους πιστούς. Υποσχέθηκε ότι θα πήγαινε στο γιατρό ενόσω θα ήμασταν εκεί. Φύγαμε από το Αρουνάτσαλα, φτάσαμε στον Αβαντχουτέτρατζι και τον βρήκαμε λίγο καλύτερα στην υγεία του. Όμως είχε σπασμούς σε μία από τις κύριες αρτηρίες κοντά στην καρδιά και ξαφνικά πεταγόταν επάνω και με δυσκολία έπαιρνε αναπνοή. Αυτό γινόταν αρκετές φορές την ημέρα. Ήταν πραγματικά οδυνηρό να τον βλέπει κανείς σε αυτήν την κατάσταση. Μόλις περνούσε η κρίση, γελούσε και αστειευόταν για την κατάστασή του. Μετά από λίγες μέρες ο Ράτναμτζι, με την επιμονή του Αβαντχουτέτρατζι, δέχτηκε να πάει σε ένα γιατρό. Του έκαναν ακτινογραφία και βρέθηκε ότι το μεγαλύτερο μέρος των πνευμόνων του είχε προσβληθεί από φυματίωση. Το ζάχαρο του αίματος ήταν επίσης πολύ υψηλό. Το βράδυ, όταν οι οικοδεσπότες έμαθαν ποια ήταν η φύση της αρρώστιας του Ράτναμτζι, ανησύχησαν και δεν ήθελαν να τον κρατήσουν στο σπίτι τους. Ο Αβαντχουτέτρατζι πόνεσε πολύ με τη στάση τους. Τον προειδοποίησαν να μην πηγαίνει κοντά στον Ράτναμτζι.

«Αν το παιδί σου πάθει φυματίωση, θα μείνεις μακριά του από φόβο μην κολλήσεις; Αν υπάρχει αληθινή αγάπη, πως μπορούν να δημιουργούνται τέτοιες σκέψεις;» ο Αβαντχουτέτρατζι ανταπάντησε.

Ο Αβαντχουτέτρατζι με πολύ λεπτό και διακριτικό τρόπο πληροφόρησε τον Ράτναμτζι για την κατάστασή του και πρότεινε να πάμε στο Χαϊντεραμπάντ και να μπει σε ένα νοσοκομείο εκεί. Ο Ράτναμτζι ένιωθε ότι αυτή η ιδέα ήταν η καλύτερη, αλλά πού θα βρίσκονταν τα χρήματα; Τα είχαμε ξοδέψει όλα στην τελετή των εγκαινίων και τώρα δεν είχαμε αρκετά ούτε για το τρένο ούτε για φάρμακα. Ο Ράτναμτζι μου απαγόρεψε να το αναφέρω αυτό στον Αβαντχουτέτρατζι ή σε οποιονδήποτε άλλον, αλλά μέσα σε λίγα λεπτά ο Αβαντχουτέτρατζι ήρθε κοντά μας και μου έδωσε ένα μεγάλο ποσό χρημάτων.

«Κράτησέ τα αυτά για την θεραπεία του Ράτναμτζι» είπε. «Ο Γκουρού μου, ο Πραμπουντάτατζι, μου τα έστειλε όταν έμαθε ότι αρρώστησα. Εγώ δεν χρειάζομαι τόσα πολλά. Μπορεί να σας χρειαστούν.» Τα μάτια μου γέμισαν δάκρυα. Ω, Θεέ μου, πραγματικά μας φροντίζεις, αν και το έχω αμφισβητήσει τόσες φορές!

Ο Αβαντχουτέτρατζι μας αποχαιρέτησε καθώς μπαίναμε σε ένα ταξί για να πάμε στο σταθμό του τρένου. Αργότερα μάθαμε ότι έκλαιγε σχεδόν επί μια ώρα για τον τρόπο με τον οποίο ο Ράτναμτζι έπρεπε να φύγει και επειδή ο ίδιος δεν ήταν σε θέση να έρθει μαζί μας. Στο Χαϊντεραμπάντ πήγαμε ακόμα μια φορά στα εξωτερικά ιατρεία, όπου οι γιατροί εξέτασαν τους πνεύμονες του Ράτναμτζι. «Ο άνθρωπος που έχει αυτά τα πνευμόνια σίγουρα δεν θα μπορούσε να έχει τέτοιο λαμπερό πρόσωπο!» απόρησαν οι γιατροί.

Αυτή τη φορά ο Ράτναμτζι μπήκε σε ένα θάλαμο ανδρών του παθολογικού τμήματος. Δεν υπήρχε περίπτωση να δεχτεί ποτέ ιδιωτικό δωμάτιο ή ιδιαίτερη θεραπεία. «Ποια είναι η διαφορά ανάμεσα σε οποιονδήποτε φτωχό άνθρωπο και σε έναν μοναχό; Δεν πρέπει ο μοναχός να περνάει με τα ελάχιστα;» Με αυτό το σκεπτικό δεν υπήρχε περίπτωση να δεχτεί ποτέ να ξοδευτούν επιπλέον χρήματα για λογαριασμό του.

Η περιοχή γύρω από το κρεβάτι του έγινε φυσικά άσραμ. Σχεδόν όλοι οι γιατροί και οι νοσοκόμοι έρχονταν με τα προβλήματά τους και αν και του είχαν δώσει τη διαταγή να ξεκουράζεται και να μην μιλάει πολύ για να έχουν οι πνεύμονές του την ευκαιρία να ανακάμψουν, εκείνος αναγκαζόταν να μιλάει δέκα φορές περισσότερο από ό,τι θα μιλούσε αν ήταν εκτός νοσοκομείου!

«Ας ακολουθήσει το σώμα τη μοίρα του. Όταν μιλάω για το Θεό, ο νους μου παραμένει ενωμένος μαζί του και ούτε καν σκέφτεται την αρρώστια. Τι θα μπορούσε να είναι καλύτερο από αυτό; Ποιος ξέρει ποια στιγμή θα έρθει ο θάνατος; Δεν θα πρέπει να Τον σκεφτόμαστε εκείνη τη στιγμή;» Δεν έδινε καμία προσοχή στις παρακλήσεις μας να μιλάει λιγότερο και να ξεκουράζεται.

Η απάνθρωπη σκληρότητα των γιατρών στον παθολογικό θάλαμο δεν ήταν μικρότερη από αυτήν που είχαμε βιώσει την προηγούμενη φορά στον χειρουργικό. Μια μέρα ήρθε ένας χειρούργος μέσα στο θάλαμο με μερικούς από τους φοιτητές του. Ο Ράτναμτζι είχε κοιμηθεί για λίγο κι εγώ διάβαζα ένα βιβλίο εκεί δίπλα. Ο γιατρός άρπαξε το πόδι του και με το χερούλι του

175

σφυριού των αντανακλαστικών το έξυσε δυνατά στο τρυφερό μέρος, σχεδόν κόβοντας τη σάρκα. Ο Ράτναμτζι ούρλιαξε. Ο γιατρός απευθύνθηκε στους φοιτητές του: «Βλέπετε, αυτό ονομάζεται αντανακλαστική δράση». Ήμουν έτοιμος να δείξω μερικά από τα δικά μου αντανακλαστικά στον άκαρδο αυτόν άνθρωπο, αλλά ο Ράτναμτζι με κοίταξε σαν να έλεγε: «Μην τον αγγίξεις. Βρίσκεται σε άγνοια».

Μιαν άλλη μέρα είχαν εμπιστευτεί έναν φοιτητή να κάνει ένεση στον Ράτναμτζι. Αφού έμπηξε τη βελόνα με ένα ξαφνικό χτύπημα είπε: «Ω, μπήκε μέσα στραβά. Χωρίς να βγάλει έξω τη βελόνα, απλώς την ίσιωσε, και κάνοντας αυτή την κίνηση δημιούργησε μια τρύπα μισής ίντσας στα οπίσθια του Ράτναμτζι. Δεν μπόρεσα να συγκρατηθώ. Έβαλα τις φωνές στον άνθρωπο και τον έδιωξα από το κρεβάτι. Ο Ράτναμτζι στράφηκε προς εμένα και είπε: «Σε καμία περίπτωση μη με αφήσεις να πεθάνω σε αυτό το νοσοκομείο. Είναι προτιμότερο να πεθάνω στα χέρια ενός χασάπη παρά εδώ». Αν μας είχε επιτρέψει να πληρώσουμε και να τον βάλουμε σε ένα ιδιαίτερο δωμάτιο, δεν θα του συμπεριφέρονταν έτσι, αλλά καθώς ήταν ένας από τους «φτωχούς» ήταν επιτρεπτό να του συμπεριφέρονται σαν να ήταν πειραματόζωο.

Στη διάρκεια της δίμηνης παραμονής μας στο νοσοκομείο μου είχε επιτραπεί, όπως και την προηγούμενη φορά, να κοιμάμαι δίπλα στο κρεβάτι του Ράτναμτζι. Μια νύχτα είδα ένα ασυνήθιστο όνειρο, ή ίσως θα μπορούσε κανείς να το χαρακτηρίσει όραμα. Είδα ένα ελκυστικό δωμάτιο στην κορυφή μιας σκάλας και κατευθύνθηκα προς τα εκεί. Εκείνη τη στιγμή ένας άνδρας με πλησίασε και μου είπε: «Ένα νεαρό κορίτσι βρίσκεται εκεί και επιθυμεί πολύ να αποκτήσει παιδί. Θα θέλατε να της κάνετε τη χάρη;» Χωρίς να σκεφτώ συμφώνησα με την πρόταση του ανθρώπου, αλλά την επόμενη στιγμή συνειδητοποίησα τι είχα συμφωνήσει. Μετανιωμένος για την απερισκεψία μου και φοβούμενος να μην σπάσω τον όρκο της αγαμίας κατέβηκα τρέχοντας τη σκάλα και βγήκα στο δρόμο. Καθώς έτρεχα, αντιλήφθηκα ένα ναό δίπλα στο δρόμο και σταμάτησα μπροστά του. Μπορούσα να δω την εικόνα της Θεϊκής Μητέρας μέσα. Άρχισα να Της φωνάζω «Ω Μητέρα, συγχώρησέ με για την ανοησία μου!» Καθώς φώναζα, η εικόνα της Θεϊκής Μητέρας ξαφνικά εξαφανίστηκε και στη θέση Της φάνηκε να στέκεται η ζωντανή Θεϊκή Μητέρα με σάρκα και οστά. Βγήκε από το ναό, με πήρε από το χέρι και με οδήγησε πίσω στο δωμάτιο από το οποίο είχα δραπετεύσει. Μου έδειξε μερικές χυδαίες εικόνες που κρέμονταν στον τοίχο και μου είπε: «Παιδί μου, αυτή η κοπέλα δεν είναι αγνή όπως νόμιζες. Είναι ένα κορίτσι με πολύ ελαφρά ήθη». Μετά πήρε το χέρι μου ξανά και με οδήγησε πίσω στο ναό. Με άφησε στην είσοδο και Εκείνη άρχισε να κινείται αργά προς τα πίσω, κοιτάζοντάς προς εμένα με αγάπη όλη την ώρα, μέχρι που ξαφνικά εξαφανίστηκε. Στη θέση Της στεκόταν το πέτρινο άγαλμα όπως πριν. Μέσα από το ναό ακούγονταν στίχοι ενός τραγουδιού «Νίκη στη Μητέρα, νίκη στη Θεϊκή Μητέρα».

Ξαφνικά ξύπνησα, αλλά άκουγα ακόμη το τραγούδι! Μετά από λίγα δευτερόλεπτα συνειδητοποίησα ότι το τραγούδι ερχόταν από ένα ραδιόφωνο στη γωνιά του θαλάμου. Ακριβώς τότε ο Ράτναμτζι με φώναξε «Νιλ!» Η φωνή του ήταν η ίδια όπως εκείνη της Θεϊκής Μητέρας όταν Εκείνη μου είχε μιλήσει. Σηκώθηκα και είπα στον Ράτναμτζι σχετικά με το όνειρο. Χαμογέλασε και είπε: «Εσύ με κοιτάζεις σαν να ήμουν η Θεϊκή Μητέρα που ήρθε να σου χαρίσει πνευματική πρόοδο. Κι εγώ σε κοιτάζω σαν να ήσουν η Θεϊκή Μητέρα που ήρθε να ανακουφίσει το φτωχό μου κορμί. Υπάρχουν πολλοί τρόποι να κοιτάς τους ανθρώπους. Για παράδειγμα μπορείς να με θεωρείς έναν άρρωστο άνθρωπο που χρειάζεται βοήθεια ή μπορείς να με θεωρείς κάποιον που αξίζει να δέχεται

177

υπηρεσίες από σένα. Ένας άλλος τρόπος είναι να με θεωρείς έναν πιστό ή έναν άγιο ή ακόμη ένα σοφό και να προσφέρεις τις υπηρεσίες σου. Αλλά ο υψηλότερος και καλύτερος τρόπος θα ήταν να θεωρείς ότι ο Θεός είναι μέσα στο σώμα του ανθρώπου που υπηρετείς και να προσφέρεις την υπηρεσία σου, νιώθοντας ότι είσαι τυχερός που έχεις μια ευκαιρία να Τον υπηρετήσεις. Τελικά το εγώ σου θα αποδυναμωθεί και θα αναδυθεί η Συνειδητότητα του Θεού. Μη νομίσεις ότι τα λέω αυτά για το δικό μου καλό. Αν δεν ήσουν εσύ εδώ, ο Θεός θα έστελνε κάποιον άλλο να με φροντίσει. Εγώ στηρίζομαι μόνο σε Εκείνον και σε κανέναν άλλο.»

Μετά από δυο μήνες στο νοσοκομείο η κατάσταση του Ράτναμτζι είχε βελτιωθεί κατά πολύ, δεν υπήρχε πλέον η λοίμωξη στους πνεύμονές του. Του έδωσαν εξιτήριο και του συνέστησαν να συνεχίσει τα φάρμακά του για αρκετούς μήνες και να μην καταπονεί τον εαυτό του. Σύντομα μετά από αυτό, ο Αβαντχουτέτρατζι τον ειδοποίησε ότι θα γινόταν ένα φεστιβάλ απαγγελίας του Θεϊκού Ονόματος συνεχώς επί μια εβδομάδα σε ένα ιερό μέρος που λεγόταν Μπαντρατσαλάμ. Ζητούσε από τον Ράτναμτζι να πάει εκεί όσο το δυνατόν συντομότερα.

Αφήσαμε το Χαϊντεραμπάντ και φτάσαμε στο Μπραντατσαλάμ την επόμενη μέρα για να βρούμε εκεί τον Αβαντχουτέτρατζι περιτριγυρισμένο από εκατοντάδες πιστούς. Η υγεία του ήταν πολύ καλύτερα, αν και είχε κρίσεις σπασμών πότε πότε. Κατά τη διάρκεια αυτού του φεστιβάλ δεν είδα τον Ράτναμτζι να κοιμάται σχεδόν ποτέ, ούτε μέρα ούτε νύχτα. Ήταν πάντοτε με πιστούς που έψαλλαν, συζητούσαν πνευματικά θέματα ή ακολουθούσε τον Αβαντχουτέτρατζι εδώ κι εκεί. Η ιερή ατμόσφαιρα του Μπραντατσαλάμ τους μεθούσε και τους δυο κυριολεκτικά.

Ο ναός όφειλε την ύπαρξη του αποκλειστικά στις προσπάθειες ενός αγίου που λεγόταν Ραμντάς και είχε ζήσει περίπου διακόσια χρόνια πριν. Ο Ραμντάς είδε όνειρο στο οποίο ο Σρι Κρίσνα παρουσιάστηκε μπροστά του και του ζήτησε να χτίσει ένα ναό για το άγαλμά του που βρισκόταν στην κορυφή ενός λόφου, χωρίς καμιά προστασία. Ο Ραμντάς εκείνη την εποχή ήταν κυβερνητικός υπάλληλος, υπεύθυνος να συγκεντρώνει τους φόρους και να τους στέλνει στον μουσουλμάνο αυτοκράτορα κάθε χρόνο. Αντί να στείλει τους φόρους, χρησιμοποίησε τα χρήματα για να κατασκευαστεί ο ναός χωρίς να πληροφορήσει τον βασιλιά.

Αυτό ανακαλύφθηκε λίγα χρόνια αργότερα. Ο Ραμντάς υποχρεώθηκε να περπατήσει αλυσοδεμένος τριακόσια ή τετρακόσια μίλια μέχρι τη φυλακή του, όπου κρατήθηκε σε ένα μπουντρούμι χωρίς νερό και φαγητό για μια εβδομάδα. Στο διάστημα αυτό συνέθεσε μερικά τραγούδια γεμάτα πόνο στον Σρι Ράμα, στα οποία τον ρωτούσε γιατί, αφού είχε ακολουθήσει τις διαταγές του, υπέφερε τόσο. Ήταν έτοιμος να αυτοκτονήσει, όταν ένα βράδυ δυο άνδρες που επέμεναν ότι ήταν υπηρέτες του Ραμντάς ξύπνησαν τον αυτοκράτορα. Του παρέδωσαν ένα σακούλι με χρυσά νομίσματα ίσης αξίας με εκείνα που είχε υπεξαιρέσει ο Ραμντάς και τον παρακάλεσαν να τον ελευθερώσει.

Ο Ραμντάς απελευθερώθηκε και όταν τα νομίσματα εξετάστηκαν, βρέθηκαν να φέρουν την εικόνα του Σρι Ράμα στο εμπρός μέρος και την εικόνα του Χάνουμαν στο πίσω μέρος, καθώς επίσης και μερικά μυστηριώδη γράμματα. Συνειδητοποιώντας ότι είχε δει τον Θεό, ο βασιλιάς έστειλε τον Ραμντάς πίσω στο Μπαντρατσαλάμ με τιμές και κάθε χρόνο έστελνε μπόλικο χρυσό για δώρο στο ναό, με το σκοπό να οργανώνεται εκεί ένα ετήσιο φεστιβάλ. Είδα ένα από τα νομίσματα που ο Σρι Ράμα είχε δώσει στον αυτοκράτορα. Μέσα στα χρόνια είχαν εξαφανιστεί όλα εκτός από δύο. Είδα επίσης το θησαυροφυλάκιο του ναού, όπου υπήρχαν πολλά πολύτιμα στέμματα

179

στολισμένα με πετράδια καθώς και άλλα χρυσά στολίδια που ο αυτοκράτορας, όσο ζούσε, έστελνε κάθε χρόνο.

Φαίνεται ότι ο Ραμντάς είδε άλλο ένα όνειρο στο οποίο ο Σρι Ράμα του είπε ότι στην προηγούμενη ζωή του είχε κρατήσει έναν παπαγάλο φυλακισμένο σε κλουβί για μια εβδομάδα και γι' αυτό στην παρούσα ζωή του έπρεπε παρομοίως και εκείνος να φυλακιστεί. Ο αυτοκράτορας υπήρξε άνθρωπος με μεγάλη αφοσίωση στο Θεό και είχε εκτελέσει μια ειδική λατρεία του Θεού Σίβα κουβαλώντας χίλια δοχεία νερό από ένα ποταμό και ρίχνοντάς τα επάνω σε ένα άγαλμα στο ναό. Εξαιτίας της εξάντλησης και του εκνευρισμού του πέταξε το χιλιοστό δοχείο επάνω στο άγαλμα αντί να το περιλούσει και γι' αυτό έπρεπε να γεννηθεί άλλη μια φορά, αλλά μπορούσε να έχει το όραμα του Θεού σε προσωπική μορφή λόγω της προηγούμενης αφοσίωσής του. Κρίνοντας από την ιερότητα της ατμόσφαιρας εκεί, η ιστορία είναι χωρίς αμφιβολία αληθινή. Ο Αβαντχουτέτρατζι και ο Ράτναμτζι απολάμβαναν συνεχή Θεϊκή Ευδαιμονία για ολόκληρη την εβδομάδα.

Δυστυχώς, εξαιτίας της κούρασης, ο Ράτναμτζι ξανακύλησε στη φυματίωση και άρχισε να έχει υψηλό πυρετό. Εκείνος κι εγώ πήραμε το πρώτο τρένο για το Αρουνάτσαλα μόλις τελείωσε το φεστιβάλ. Η κατάστασή του γρήγορα χειροτέρεψε, επειδή η αρρώστια είχε απλωθεί στην κοιλότητα του εγκεφάλου και προκαλούσε αφόρητο πονοκέφαλο. Το χειρότερο ήταν ότι τα προηγούμενα φάρμακα δεν είχαν κανένα αποτέλεσμα. Αισθανόμουν χαμένος και δεν ήξερα τι να κάνω, γι' αυτό πήγα στον τάφο του Μαχάρσι και προσευχήθηκα για καθοδήγηση. Μετά από αυτό, ένιωσα ότι έπρεπε να βρω τον Ευρωπαίο γιατρό που αρχικά με είχε αποτρέψει από την συναναστροφή με τον Ράτναμτζι. Όταν με είδε, με ρώτησε γιατί ο Ράτναμτζι δεν φαινόταν εκείνες τις μέρες. Του μίλησα για την κατάστασή του. Αμέσως ήρθε στο σπίτι μαζί μου και τον εξέτασε. Μου έδωσε μια προμήθεια από δυνατά παυσίπονα και αμέσως έγραψε σε ένα άλλο άσραμ, όπου είχε δει απόθεμα από ένα ξένο φάρμακο που θα έφερνε την αρρώστια υπό έλεγχο. Μέσα σε λίγες μέρες το φάρμακο ήρθε και ο Ράτναμτζι γρήγορα έγινε καλύτερα.

Ο γιατρός του είπε ότι αν δεν ξεκουραζόταν τρεις μήνες στο κρεβάτι, σίγουρα θα είχε κι άλλη υποτροπή και τότε θα ήταν πολύ δύσκολο να τεθεί ή κατάσταση υπό έλεγχο. Φαίνεται ότι είχε αποκτήσει ανοσία στα φάρμακα που είχαν χρησιμοποιηθεί τις προηγούμενες φορές. Όμως, αν και ο Ράτναμτζι ήταν πρόθυμος να ακολουθήσει τις συμβουλές του γιατρού, φαίνεται ότι η Θεία Πρόνοια ήθελε τα πράγματα διαφορετικά. Ένα γεγονός επρόκειτο σύντομα να συμβεί, που θα σήμαινε μεγαλύτερη καταπόνηση και άλλη μια υποτροπή. Φαίνεται πως δεν υπήρχε τέλος στα βάσανα του Ράτναμτζι.

«Ο Αβαντχουτέτρατζι μου έστειλε γράμμα. Λέει ότι θέλει να έρθει εδώ και να περπατήσει εκατόν οχτώ φορές γύρω από το λόφο Αρουνάτσαλα, ως μια λατρευτική πράξη. Θα χρειαστεί γι' αυτό τουλάχιστον εκατόν οχτώ μέρες αν κάνει ένα γύρο του λόφου σε μια μέρα. Ξέρεις ότι η απόσταση είναι περίπου οχτώ μίλια και η υγεία του δεν είναι καλή. Πρέπει να τον συνοδεύω. Φαίνεται ότι ο Θεός έχει άλλο σχέδιο για μένα και όχι ξεκούραση στο κρεβάτι». Αυτά μου είπε ο Ράτναμτζι μια μέρα χαμογελώντας. Ένιωσα πόνο όταν άκουσα τα νέα. Ήμουν ευτυχισμένος που άκουσα ότι θα ερχόταν ο Αβαντχουτέτρατζι, αλλά όλα αυτά σήμαιναν περισσότερη καταπόνηση και υποτροπή για τον Ράτναμτζι. Όσο αφορούσε εκείνον, όλα ήταν η γλυκιά θέληση του Ραμάνα, που τον οδηγούσε πέρα από την ταύτιση με το σώμα του μέσα από αυτήν την οδυνηρή κατάσταση.

Ο Αβαντχουτέτρατζι σύντομα κατέφθασε με άλλους δυο πιστούς, που θα φρόντιζαν τις ανάγκες του. Προσπάθησα να φανώ ευτυχισμένος που τον έβλεπα, αλλά υποθέτω ότι θα αναρωτιόταν για την έκφραση αυτής της μισής χαράς. Για να είμαι ειλικρινής ένιωθα ότι έφθασε ο αγγελιαφόρος του θανάτου. Τι μπορούσα να κάνω; Ο Ράτναμτζι ήταν, φυσικά, καλύτερος από μένα στην επίδειξη ευτυχίας ή απλά δεν το σκεφτόταν καθόλου. Φαινόταν να είναι γνήσια ευτυχισμένος που έβλεπε τον Αβαντχουτέτρατζι. Περνούσαν τη μέρα συζητώντας, αλλά πρόσεχε να μην αναφέρει τι του είχε πει ο γιατρός σχετικά με την ξεκούραση. Δεν ήθελε να διαταράξει τη διαμονή του Αβαντχουτέτρατζι.

Την επόμενη μέρα ο Αβαντχουτέτρατζι άρχισε την κυκλική του πεζοπορία γύρω από τον λόφο. Ο Ράτναμτζι έκανε το ίδιο στηριγμένος στον ώμο μου. Ήταν εξαντλημένος όταν επιστρέψαμε. Όταν τον έλεγξα για να δω αν είχε πυρετό, με έκπληξη είδα ότι η θερμοκρασία του ήταν κανονική. Μπορεί ο Θεός να τον προστατέψει, σκεφτόμουν.

Την επόμενη μέρα το βήμα του ήταν ακόμα πιο αργό. Για το λόγο αυτό, ο Αβαντχουτέτρατζι αναγκάστηκε να επιβραδύνει τον βηματισμό του. Όταν γυρίσαμε στο σπίτι, πήρα την θερμοκρασία του και με λύπη είδα ότι είχε ανεβάσει υψηλό πυρετό. Η υποτροπή είχε εκδηλωθεί ξανά, όπως είχε προβλεφθεί από τον γιατρό. Μου είχε απαγορέψει να πω κάτι στον Αβαντχουτέτρατζι σχετικά με αυτό.

Την επόμενη μέρα ο Αβαντχουτέτρατζι ήρθε στον Ράτναμτζι και του ζήτησε να μην έρθει στην πεζοπορία ξανά, γιατί ήταν πολύ κουραστικό γι' αυτόν και επίσης σήμαινε ότι και εκείνος έπρεπε να περπατάει αργά. Δόξα τω Θεώ! Αλλά τι νόημα είχε; Η ζημιά είχε πια γίνει. Πήγα στο γιατρό, αλλά, ως ζήτημα αρχής, αρνήθηκε να έρθει να δει τον Ράτναμτζι. Είχε συστήσει μια ορισμένη πειθαρχία κι εμείς δεν ήμασταν έτοιμοι να την ακολουθήσουμε. Στο μέλλον μπορεί να ξανακάναμε τα ίδια. Γιατί να ξοδεύει το χρόνο του και την ενέργειά του χωρίς όφελος; Δεν μπορούσα να τον κατηγορήσω για τη στάση του και έφυγα σκεπτόμενος τι να κάνω. Μου πρότεινε να προσπαθήσω να βρω το φάρμακο μέσω κάποιου άλλου. Γνωρίζαμε δυο ανθρώπους που ήταν στην Αμερική, ο ένας από τους οποίους ήταν η μητέρα μου. Αποφάσισα να της γράψω.

Ο Ράτναμτζι μου είπε ότι, επειδή δεν μπορούσε να μείνει καθισμένος για πολλή ώρα, του ήταν πολύ δύσκολο να διαβάζει. Το αγαπημένο του βιβλίο ήταν το Σριμάντ Μπαγκαβατάμ, η ζωή του Σρι Κρίσνα στα σανσκριτικά. Περιέχει περίπου δεκαοχτώ χιλιάδες στίχους και χρειάζονται περίπου δέκα μέρες συνεχούς διαβάσματος για να το τελειώσει κανείς. Ο ένας από τους ανθρώπους που συνόδευαν τον Αβαντχουτέτρατζι ήταν πρότυπο γνώσης των σανσκριτικών. Ο Ράτναμτζι σκέφτηκε ότι αν ζητούσαμε από αυτόν τον διανοούμενο να διαβάσει ολόκληρο το βιβλίο δυνατά, εγώ θα μπορούσα να το μαγνητοφωνήσω κι εκείνος θα μπορούσε να το ακούει όποτε ήθελε. Η ιδέα άρεσε και στον Αβαντχουτέτρατζι. Η μητέρα μου είχε φέρει μαζί της ένα πολύ ακριβό γερμανικό κασετόφωνο όταν είχε έρθει στην Ινδία για τα εγκαίνια του σπιτιού μου και μου το είχε αφήσει. Αποφασίσαμε να αρχίσουμε να μαγνητοφωνούμε αμέσως. Είτε πριν είτε μετά από το καθημερινό διάβασμα, ο Αβαντχουτέτρατζι έκανε την πεζοπορία του ως συνήθως.

Μετά από δυο μέρες μαγνητοφώνησης κάτι πήγε στραβά με το μαγνητόφωνο. Οι καταγραφές κάλυπταν η μια την άλλη. Το είπα στον Ράτναμτζι και στον Αβαντχουτέτρατζι.

«Μπορείς να το δώσεις εδώ για επισκευή;» ρώτησε ο Ράτναμτζι .

«Αμφιβάλλω. Είναι πολύ ακριβό μηχάνημα. Πού μπορούμε να το δώσουμε για επισκευή; Οι άνθρωποι μπορεί να το καταστρέψουν αντί να το επισκευάσουν», του απάντησα.

«Ήρθε από την Αμερική, έτσι δεν είναι; Μπορεί να επισκευαστεί εκεί;» ρώτησε.

«Σίγουρα μπορεί, αλλά σε παρακαλώ μην μου ζητήσεις να πάω εκεί. Φυσικά, αν δεν υπάρχει άλλος τρόπος, είμαι έτοιμος να κάνω ό,τι μου πεις» απάντησα.

«Ξέρω ότι δεν θέλεις να ξαναγυρίσεις ποτέ στην Αμερική. Θα ήταν λάθος μου να σου ζητήσω να πας. Ξέρεις πώς είναι η κατάσταση. Εσύ θα αποφασίσεις τι πρέπει να γίνει» ο Ράτναμτζι είπε.

Εκείνη τη νύχτα, όταν ξάπλωσα να κοιμηθώ, προσευχήθηκα στον Ραμάνα να μου δείξει τι πρέπει να κάνω. Μόλις με πήρε ο ύπνος είδα ένα πολύ ζωντανό όνειρο. Είδα τη μητέρα μου να στέκεται μπροστά μου και δίπλα μου ήταν ο Ράτναμτζι και ο Αβαντχουτέτρατζι. Και οι δυο μου έδειχναν τα πόδια της. Κατάλαβα τι σκέφτονταν. Πήγα και την προσκύνησα και άγγιξα τα πόδια της. Μόλις την άγγιξα, ξύπνησα. Φώναξα τον Ράτναμτζι και του διηγήθηκα το όνειρό μου. Δεν είπε τίποτα. Του είπα ότι πίστευα πως ο Ραμάνα μου είχε δείξει ότι έπρεπε να πάω στην Αμερική. Αλλά πού θα έβρισκα τα χρήματα για τα εισιτήρια; Ο Ράτναμτζι μου είπε να πάω να κοιμηθώ, θα βλέπαμε το πρωί. Το επόμενο πρωί όταν ο Αβαντχουτέτρατζι ήρθε στο δωμάτιο ο Ράτναμτζι του είπε για το όνειρό μου.

«Μερικοί πιστοί θέλουν να οργανώσω ένα φεστιβάλ εδώ, όπως εκείνο που κάναμε στο Μπαντρατσαλάμ. Για την ακρίβεια μου έχουν δώσει κάποια χρήματα για να γίνουν οι αρχικές προετοιμασίες. Πάρε τα, πήγαινε στην Αμερική και έλα πίσω όσο πιο γρήγορα μπορείς. Εμείς θα φροντίζουμε τον Ράτναμτζι μέχρι να γυρίσεις, αλλά μην αργήσεις» είπε ο Αβαντχουτέτρατζι.

Εκείνο το πρωί, μετά από το πρόγευμα, τους αποχαιρέτησα και έφυγα βιαστικά για το Μαντράς. Εκεί βρήκα τυχαία μια θέση στη νυχτερινή πτήση για τη Νέα Υόρκη. Δεν είχα χρόνο ούτε καν να ενημερώσω τη μητέρα μου ότι πήγαινα. Τι θα γινόταν αν δεν ήταν στην πόλη όταν θα έφτανα; Ελπίζοντας για το καλύτερο, πήρα το εισιτήριο και μπήκα στο αεροπλάνο εκείνη τη νύχτα. Είκοσι τέσσερις ώρες αργότερα ήμουν στη Νέα Υόρκη. Ένιωθα σαν να ονειρευόμουν. Η Αμερική και η Ινδία είναι δυο εντελώς διαφορετικοί κόσμοι. Είχαν περάσει έξι ή επτά χρόνια από τότε που είχα φύγει από την Αμερική και μέσα σε αυτά τα χρόνια είχα ζήσει τη ζωή ενός παραδοσιακού Ινδού μοναχού. Δεν είχα καν αλλάξει τα ρούχα μου και ταξίδευα με το ντότι μου και με ένα σάλι που σκέπαζε το επάνω μέρος του σώματός μου. Ακόμα και τα παπούτσια απουσίαζαν! Αισθανόμουν σαν ένα μωρό που το είχαν σπρώξει από τη θαλπωρή και την άνεση του σπιτιού σε ένα δρόμο με ουρανοξύστες και στις δυο πλευρές του. Σκέφτηκα πως ήταν καλύτερα να καλέσω τη μητέρα μου στο Σικάγο και να βεβαιωθώ ότι ήταν εκεί.

«Εμπρός, μητέρα;»

«Ποιος είναι;»

«Ποιος άλλος ; Εγώ!» απάντησα.

«Νιλ, πού είσαι; Η φωνή σου ακούγεται τόσο καθαρά! Τι συμβαίνει;» είπε.

«Είμαι στη Νέα Υόρκη στο αεροδρόμιο και περιμένω τη πτήση για το Σικάγο. Μπορείς να με συναντήσεις στο αεροδρόμιο εκεί; Θα σου τα εξηγήσω όλα αργότερα.»

Μπήκα στην λίστα αναμονής της πτήσης για το Σικάγο και μου έδωσαν το τελευταίο κάθισμα στο αεροπλάνο. Η μητέρα μου με συνάντησε στο αεροδρόμιο και ήταν γεμάτη χαρά που με είδε, αλλά ανησυχούσε μήπως ήμουν άρρωστος. Της τα εξήγησα όλα και της είπα ότι έπρεπε να επιστρέψω αμέσως, αύριο αν ήταν δυνατό. Δεν της άρεσε η ιδέα της τόσο σύντομης αναχώρησής μου, αλλά συμφώνησε να κάνει ό,τι ήταν απαραίτητο. Την ίδια μέρα πήγαμε το μαγνητόφωνο σε ένα κατάστημα, αλλά, καθώς ήταν Παρασκευή, μας είπαν ότι θα μπορούσαμε να το πάρουμε τη Δευτέρα. Ζήτησα από τη μητέρα μου να μου κλείσει ένα εισιτήριο για την Τρίτη. Νομίζω ότι ήταν σε κατάσταση σοκ παρόμοιο με αυτό που αισθανόμουν εγώ, αλλιώς δεν θα είχε συμφωνήσει τόσο εύκολα. Της είπα ότι είχα έναν πολύ φτωχό φίλο στην Ινδία που χρειαζόταν ένα ορισμένο ακριβό φάρμακο για την θεραπεία της φυματίωσης, το οποίο δεν υπήρχε στην Ινδία. Την ρώτησα αν μπορούσε να το εξασφαλίσει. Δεν της είπα ότι ο φτωχός φίλος ήταν ο Ράτναμτζι, γιατί θα ανησυχούσε ότι θα κολλούσα φυματίωση. Επικοινωνήσαμε με τον οικογενειακό γιατρό και μας είπε ότι θα χρειαζόταν λίγες μέρες για να βρει το φάρμακο. Η μητέρα μου συμφώνησε να το στείλει αεροπορικώς μόλις το έπαιρνε. Η Τρίτη με βρήκε στο αεροπλάνο της επιστροφής στην Ινδία με μια δακρυσμένη μητέρα να στέκεται στο αεροδρόμιο. Ήταν σαν όνειρο και για τους δυο μας. Μετά από άλλες είκοσι τέσσερις ώρες ήμουν πίσω στο Μαντράς, έξι μέρες μετά από την αναχώρησή μου. Έφτασα στο σπίτι μας, μπήκα μέσα και υποκλίθηκα στον Αβαντχουτέτρατζι και στον Ράτναμτζι. Χαμογέλασαν και με ρώτησαν για το ταξίδι μου. Σκεφτόμουν πως θα ήταν ευτυχισμένοι που με είδαν, αλλά εκείνοι ήταν ο συνηθισμένος ήρεμος εαυτός τους. Η μαγνητοφώνηση άρχισε ξανά και ολοκληρώθηκε σε μια εβδομάδα.

Μια μέρα ένιωσα ότι δεν έβρισκα χρόνο να μελετήσω ή να διαλογιστώ. Για την ακρίβεια, επειδή έπρεπε να υπηρετώ τον Ράτναμτζι που ήταν στο κρεβάτι, δεν είχα καθόλου χρόνο για τον εαυτό μου. Όταν προσπαθούσα να μην σκέφτομαι τον εαυτό μου, απολάμβανα μια αναλαμπή από την ευδαιμονία της ύπαρξης χωρίς εγώ, αλλά μερικές φορές ένιωθα ότι έπρεπε να ζήσω μόνος κάπου και να αφιερώνω χρόνο στην πνευματική μου πειθαρχία. Εξαιτίας αυτών των σκέψεων πρόσφερα με μισή καρδιά τις υπηρεσίες μου στον Ράτναμτζι. Δεν πήρε πολύ χρόνο στον Αβαντχουτέτρατζι να το αντιληφθεί και μια μέρα με κάλεσε ιδιαιτέρως.

«Παιδί μου, γιατί εκτελείς τα καθήκοντά σου με μισή καρδιά;» με ρώτησε. «Είναι επειδή θέλεις να φύγεις και να διαλογίζεσαι μόνος σου; Κι εγώ το ένιωθα αυτό μια φορά. Πάντοτε θα μπορείς να βρίσκεις αρκετό χρόνο γι' αυτά τα πράγματα, αλλά να έχεις τη συντροφιά ενός αληθινού αγίου και να σου επιτρέπεται να βρίσκεσαι σε στενή σχέση μαζί του είναι εξαιρετικά σπάνιο. Οι πιστοί ψάχνουν όλο τον κόσμο για έναν πραγματικό άγιο και δεν μπορούν να τον βρουν. Εμείς είμαστε άρρωστοι και οι δυο και μπορεί να μην μείνουμε σε αυτόν τον κόσμο για πολύ ακόμα. Αν και δεν εξαρτιόμαστε από τις υπηρεσίες σου, πρέπει να σκεφτείς με προσοχή τι πρέπει να κάνεις. Σε ποιο δρόμο βρίσκεται το καθήκον σου; Αν θέλεις να φύγεις και να κάνεις εντατικό διαλογισμό, εμείς δεν έχουμε αντίρρηση, αλλά αν αποφασίσεις να μείνεις, πρέπει να εργάζεσαι με όλο σου το νου και την καρδιά σου. Μόνο τότε θα λάβεις την ωφέλεια της υπηρεσίας προς τους αγίους. Πρέπει να πάρεις τις αποφάσεις σου.»

Ήδη ήξερα ότι όσα έλεγε ο Αβαντχουτέτρατζι ήταν σωστά και του είπα ότι στο μέλλον θα έβαζα τα δυνατά μου για τον δρόμο που διάλεξα να υπηρετώ τους αγίους. Αν ο μοναχικός διαλογισμός ήταν απαραίτητος για μένα, θα τον έκανα όταν πια δεν θα είχα τη συντροφιά τους.

Όταν συμπλήρωσε τον όρκο της κυκλικής του πεζοπορίας γύρω από τον λόφο Αρουνάτσαλα, ο Αβαντχουτέτρατζι οργά- νωσε το φεστιβάλ, όπως το είχε κανονίσει. Σχεδόν πεντακόσιοι άνθρωποι από διάφορα μέρη της Ινδίας παρακολούθησαν την τελετή που διήρκεσε μια εβδομάδα. Μετά από αυτό ο Αβα- ντχουτέτρατζι αποφάσισε να πάει βόρεια και δώρισε στον Ράτναμτζι μερικά χρήματα να χρησιμοποιηθούν για την αγορά φαρμάκων. Ο Ράτναμτζι υπέφερε όλες αυτές τις μέρες με 38 πυρετό, αλλά δεν επέτρεπε να το μάθει ο Αβαντχουτέτρατζι. Τώρα που εκείνος έφευγε, σχεδιάζαμε κι εμείς να φύγουμε για να βρούμε έναν καλό γιατρό να μας δώσει θεραπεία. Την επόμενη μέρα, αφού έφυγε, πακετάραμε τα πράγματά μας και σκοπεύαμε να αναχωρήσουμε την επομένη. Είχα βάλει τα χρήματα στο ντουλάπι στο σπίτι μου εκεί όπου κοιμόταν η αδελφή του Ράτναμτζι. Ο Ράτναμτζι κι εγώ κοιμόμασταν στο σπίτι του. Ξαφνικά στη μία τη νύχτα με φώναξε.

«Σήκω επάνω και πήγαινε στο άλλο σπίτι. Νιώθω σαν να γίνεται κλοπή. Βιάσου!» είπε.

Όταν πήγα στο άλλο σπίτι, βρήκα την πόρτα κλειδωμένη απέξω. Την άνοιξα. Η Σεσάμμα κοιμόταν βαθιά και τα χρήματα έλειπαν από το ντουλάπι. Οι κλέφτες είχαν βγάλει την τσιμεντένια πλάκα που κάλυπτε την καμινάδα και είχαν μπει από εκεί στο σπίτι. Αφού πήραν ό,τι ήθελαν, βγήκαν ήσυχα έξω και κλείδωσαν την πόρτα πίσω τους.

Το πρωί καλέσαμε την αστυνομία και έφεραν επίσης έναν αστυνομικό σκύλο από το Μαντράς. Ο σκύλος έπιασε έναν άνθρωπο που εργαζόταν σε κοντινό σπίτι και ήταν αδελφός του κηπουρού μας. Τον πήγαν με συνοδεία στην αστυνομία, αλλά κάποιος επενέβη και τον απελευθέρωσαν κι έτσι έκλεισε η υπόθεση. Καθώς δεν είχαμε άλλα χρήματα, έπρεπε να περιμένουμε μέχρι κάποιοι φίλοι να μας στείλουν χρήματα αρκετά για το ταξίδι μας και τα έξοδα του γιατρού.

Λίγες μέρες αργότερα είδα ένα όνειρο ότι το νεκρό σώμα του Αβαντχουτέτρατζι τραβιόταν από διάφορους ανθρώπους εδώ κι εκεί. Το είπα στον Ράτναμτζι, αλλά εκείνος απλά κούνησε το κεφάλι του και δεν έκανε κανένα σχόλιο. Σύντομα μετά από αυτό μάθαμε ότι ο Αβαντχουτέτρατζι είχε πεθάνει ξαφνικά από καρδιακή προσβολή στο Χαϊντεραμπάντ. Πράγματι, είχε γίνει ένας μικρός πόλεμος γύρω από το σώμα του. Μόνο όταν βρέθηκε ένα γράμμα, που είχε γράψει πολλά χρόνια πριν και έλεγε ότι μετά το θάνατό του ήθελε το σώμα του να βυθιστεί στον ποταμό Κρίσνα στη νότια Ινδία, σταμάτησε η φιλονικία.

Φτάσαμε στις όχθες του ποταμού Κρίσνα όσο πιο γρήγορα μπορέσαμε και βρήκαμε ότι οι επικήδειες τελετουργίες δεν είχαν ακόμα αρχίσει. Για τις επόμενες δεκαπέντε μέρες ο Ράτναμτζι ανέλαβε τον συντονισμό και βεβαιώθηκε ότι όλες οι παραδοσιακές τελετουργίες εκτελέστηκαν τέλεια. Αυτό απαιτούσε τη συνεχή επίβλεψη εκ μέρους του και η κούραση επιδείνωσε ακόμη περισσότερο την υγεία του. Έμοιαζε με ένα απαστράπτον φως μέσα σε ένα σπασμένο δοχείο. Ήταν αποφασισμένος να κάνει αυτό που αισθανόταν ως καθήκον του, ακόμα και με αντίτιμο τη ζωή του και ο Θεός του έδινε τη μια μετά την άλλη τις ευκαιρίες για να το κάνει.

Αναστέναξα με ανακούφιση όταν επιτέλους ολοκληρώθηκαν οι τελετουργίες και μπορούσαμε να πάμε σε ένα γιατρό. Ο γιατρός σύστησε διάφορα βότανα και ιχνοστοιχεία να παίρνονται με μέλι ή βούτυρο και μας είπε ότι, κατά τη γνώμη του, ο Ράτναμτζι δεν υπέφερε από φυματίωση, αλλά μάλλον από ένα είδος χρόνιας βρογχίτιδας. Είπε στον Ράτναμτζι να επιστρέψει στο σπίτι και να παίρνει τα φάρμακα για λίγους μήνες.

Πριν φύγουμε για το Αρουνάτσαλα, μερικοί φίλοι συμβουλεύτηκαν έναν αστρολόγο για το μέλλον του Ράτναμτζι. Τους είπε ότι δεν θα ζούσε παραπάνω από εννέα μήνες. Όταν άκουσε αυτά τα νέα, ο Ράτναμτζι αποφάσισε να κάνει τη διαθήκη του. Άφηνε το σπίτι του και τη βιβλιοθήκη του σε μένα. Αυτά ήταν τα μόνα υπάρχοντα που είχε. Ένιωθε ότι εγώ θα τα χρησιμοποιούσα όπως κι εκείνος.

Στο Τιρουβαναμαλάι ο Ράτναμτζι στρώθηκε στη δουλειά για να τακτοποιήσει τη βιβλιοθήκη του, που περιλάμβανε περίπου δυο χιλιάδες σπάνια βιβλία. Του είχε πάρει σχεδόν τριάντα πέντε χρόνια για να συγκεντρώσει αυτά τα συγγράμματα. Όπου πήγαινε, στη διάρκεια των ταξιδιών του, αγόραζε ένα βιβλίο αν υπήρχαν διαθέσιμα χρήματα. Τώρα αισθανόταν ότι έπρεπε να τακτοποιηθούν με τη σωστή σειρά για να μην χρειαστεί να αγωνιστώ εγώ να τα τακτοποιήσω αργότερα. Επίσης διάβασε την Γκαρούντα Πουράνα, ένα αρχαίο βιβλίο που περιέχει τις τελευταίες τελετουργίες για την ψυχή που έχει αναχωρήσει και περιγράφει το ταξίδι στο επόμενο επίπεδο ύπαρξης, μετά τον θάνατο. Έπαιρνε σημειώσεις, τις μετάφραζε στα Αγγλικά και με έβαζε να τις μελετώ για να μπορώ να επιβλέψω τις τελευταίες τελετές, όπως εκείνος είχε κάνει για τον Αβαντχουτέτρατζι. Τελικά έφτιαξε ακόμα και μια λίστα με τους ανθρώπους που θα έπρεπε να πληροφορηθούν για τον θάνατό του. Πραγματικά το μοναδικό πράγμα που έμενε να κάνω εγώ ήταν να συμπληρώσω την ημερομηνία της αναχώρησής του.

«Γιατί τα κάνεις όλα αυτά;» τον ρώτησα μια μέρα. «Κάπως θα τα καταφέρω. Δεν μπορώ να αντέξω να βλέπω όλα αυτά τα πράγματα να γίνονται από σένα. Ποιος ξέρει; Μπορεί να γίνεις καλά και να ζήσεις άλλα πενήντα ή εξήντα χρόνια!»

«Ακόμα κι αν ζήσω άλλα εκατό χρόνια, πρέπει να αφήσω το σώμα κάποια μέρα. Εκείνη την ώρα θα μπορέσεις να σκεφτείς όλα αυτά τα πράγματα; Αυτή είναι απλά μια γενική πρόβα, έτσι ώστε να μην ανησυχείς όταν έρθει η ώρα και όλα να γίνουν σωστά. Ξέρεις όλοι γιορτάζουν τους γάμους των παιδιών τους ή τη γέννηση ενός μωρού ή παρόμοιες λειτουργίες. Εγώ που είμαι ένα ισόβιο γεροντοπαλίκαρο, αυτήν τη γιορτή μόνο θα έχω. Ας γίνει με μεγαλειώδη τρόπο. Το σώμα μου θα είναι μια προσφορά στον θεό του θανάτου. Μπορείς να πεις ότι αυτή θα είναι το τελικό αφιέρωμα», είπε ο Ράτναμτζι γελώντας.

Κατά τη διάρκεια των επόμενων έξι ή επτά μηνών ο Ράτναμτζι συνέχισε να παίρνει τα θεραπευτικά βότανα, τα οποία δεν φαίνονταν να τον κάνουν ούτε καλύτερα ούτε χειρότερα. Η αδελφή του, η Σεσάμμα, τον προσκάλεσε στο χωριό της για να πάρει μέρος σε μια ιδιαίτερη λατρεία, που ο σύζυγός της κι εκείνη εκτελούσαν εκεί. Ήθελαν την παρουσία του και την επίβλεψή του. Καθορίσαμε ημερομηνία για το ταξίδι και κάναμε τις απαραίτητες προετοιμασίες. Μου ζήτησε να πάω να πάρω λίγα βιβλία από έναν φίλο του στο άσραμ που τα είχε δανειστεί λίγους μήνες πριν. Ο φίλος ήταν ένας ηλικιωμένος κύριος που είχε το δώρο της ενόρασης, να λέει το μέλλον. Με ρώτησε πού θα πηγαίναμε και πότε θα επιστρέφαμε. Του είπα το πρόγραμμά μας.

«Πες στον Ράτναμτζι να τα τελειώσει όλα πριν την εικοστή πρώτη Φεβρουαρίου», είπε. «Κάτι μπορεί να συμβεί γύρω από αυτή τη μέρα. Επίσης αισθάνομαι ότι εσύ θα χρειαστεί να πάρεις ένα δάνειο για ένα χρόνο, προς όφελος κάποιου ανθρώπου αγαπητού σε σένα». «Δάνειο;» δεν μπορούσα να φανταστώ για ποιο πράγμα μιλούσε. Επέστρεψα στον Ράτναμτζι και του μετέφερα το μήνυμα.

Όταν φτάσαμε στο χωριό της Σεσάμμα, ο Ράτναμτζι άρχισε τις προετοιμασίες για τη λατρεία. Αποδείχτηκε μια μεγάλη διοργάνωση με πολλές ώρες λατρείας, προσφορά δώρων και παροχή φαγητού στους καλεσμένους. Οι προετοιμασίες πήραν σχεδόν τρεις εβδομάδες. Εκείνος επέμενε να χρησιμοποιούνται μόνο τα καλύτερα υλικά και έστελνε πίσω οτιδήποτε δεν ήταν στο επίπεδο που έπρεπε. Σταδιακά η υγεία του βελτιωνόταν. Ο πυρετός και το φλέγμα στα πνευμόνια του είχαν υποχωρήσει . Ίσως ο γιατρός με τα βότανα είχε τελικά δίκιο.

Τελικά έφτασε η μέρα της τελετής. Άρχισε στις έξι το πρωί και ολοκληρώθηκε μόνο τα μεσάνυχτα, δεκαοχτώ ώρες συνολικά! Ο Ράτναμτζι ήταν εκεί όλη την ώρα, επιτηρώντας όλες τις λεπτομέρειες. Δεν σηκώθηκε πάνω, δεν πήγε ούτε για το κάλεσμα της φύσης και δεν έφαγε ούτε ήπιε τίποτα μέχρι που τελείωσαν όλα. Εγώ φοβόμουν για το τι μπορούσε να συμβεί στο σώμα του, αλλά εκείνος ήταν σε ένα εντελώς διαφορετικό επίπεδο και δεν τον ένοιαζε η ζωή ή ο θάνατος. Το σώμα του ακτινοβολούσε μια φανερή λάμψη, που προσείλκυε ακόμα και τα μικρά παιδιά. Ήταν τόσο εμφανής, που όλοι οι χωρικοί τον ρωτούσαν τι μπορούσε να είναι μια τέτοια θεϊκή λάμψη.

«Δεν ξέρω» απαντούσε απλά. Ίσως είναι μια εκδήλωση της ευλογίας του Γκουρού μου». Στην πραγματικότητα ήταν η λάμψη που δημιουργήθηκε από την Συνειδητοποίηση του Εαυτού του και δεν μπορούσε να μείνει κρυφή!

Μια μέρα, περίπου δυο εβδομάδες μετά από την τέλεση της ειδικής λατρείας, ο Ράτναμτζι με κάλεσε κοντά του. «Νιώθω πολύ καλύτερα τώρα», είπε. «Μετά από λίγες μέρες μπορούμε να επιστρέψουμε στο Αρουνάτσαλα. Ακόμα κι έτσι, όμως, νιώθω ότι θα αφήσω το σώμα μου αυτόν το μήνα ή αλλιώς μετά από έξι μήνες». Καθώς τα έλεγε αυτά, το αριστερό του πόδι άρχισε να τρέμει ανεξέλεγκτα. Το κράτησα με τα χέρια μου. Το άλλο πόδι επίσης άρχισε να τρέμει και κάπως κατάφερα να το κρατήσω κι αυτό. Όταν κοίταξα το πρόσωπό του, είδα ότι έτρεμαν και τα χέρια του και άρχισε να μπαίνει σε κάτι που φαινόταν σαν επιληπτική κρίση. Όρμησα στην κουζίνα και φώναξα τον ανιψιό του να έρθει να με βοηθήσει. Όταν γυρίσαμε κοντά του είχε χάσει τις αισθήσεις του. Μέσα σε είκοσι λεπτά ξαναβρήκε τις αισθήσεις του, αλλά πριν μπορέσει να πει οτιδήποτε μια καινούργια κρίση άρχισε που τον άφησε αναίσθητο. Αυτό συνέβαινε κάθε είκοσι λεπτά. Καλέσαμε το γιατρό, που έφτασε γρήγορα και προσπάθησε να του δώσει κάποιο φάρμακο, αλλά ήταν δύσκολο να κάνει τον Ράτναμτζι να το καταπιεί. Μετά από την τρίτη ή την τέταρτη κρίση είπε μόνο λίγες λέξεις! «Αυτή είναι όλη η καλοσύνη σου, Κύριε!»

Δεν ξαναείπε ούτε λέξη πλέον. Οι κρίσεις συνεχίστηκαν κάθε είκοσι λεπτά. Σταδιακά το σώμα του γινόταν όλο και πιο αδύναμο και η ένταση των κρίσεων ελαττωνόταν εξαιτίας αυτής της αδυναμίας. Φρόντισα ώστε μερικοί άνθρωποι να καθίσουν γύρω από το κρεβάτι του και να απαγγέλουν το Θεϊκό Όνομα. Ήταν φανερό ότι η ώρα της αναχώρησής του ήταν κοντά. Ήταν αρκετά παράδοξο, αλλά δεν ήμουν ούτε στο ελάχιστο ανήσυχος ή φοβισμένος. Ένιωθα ότι όλη η σκηνή που ξετυλιγόταν μπροστά μου ήταν ένα δράμα κι εγώ έπρεπε απλά να παίξω το ρόλο μου. Τελικά, στις δύο και μισή τα ξημερώματα, στις 18 Φεβρουαρίου ο Ράτναμτζι πήρε την τελευταία του αναπνοή. Σύμφωνα με την οδηγία που μου είχε δώσει από πριν, έκανα αράτι (θυμίατισμα με καιόμενη καμφορά) μπροστά του και στο τέλος αυτής της πράξης άνοιξε τα μάτια του, χαμογέλασε με ευδαιμονία και τελείωσε. Το βλέμμα της τέλειας γαλήνης και της εσωτερικής ευδαιμονίας στα μάτια του με έκανε να σκεφτώ ότι βρισκόταν σε σαμάντι. Το σώμα του μεταφέρθηκε έξω από το σπίτι και τοποθετήθηκε σε ένα υπόστεγο στην αυλή, όπου όλοι όσοι ήθελαν να τον αποχαιρετίσουν μπορούσαν να έρθουν και να υποβάλουν τα σέβη τους.

Η απαγγελία του Θεϊκού Ονόματος συνεχίστηκε τη νύχτα και όλη την επόμενη μέρα μέχρι το βράδυ, οπότε το σώμα λούστηκε και μεταφέρθηκε στο χώρο της αποτέφρωσης στα περίχωρα του χωριού. Πήγα μαζί για να επιβλέψω ώστε όλα να γίνουν σωστά, όπως το επιθυμούσε. Πολλές εκατοντάδες άνθρωποι ήρθαν από τα γύρω χωριά για να δουν το σώμα ενός μεγάλου αγίου, πριν αυτό προσφερθεί στις φλόγες. Όταν ανάφθηκε η τελετουργική πυρά όλοι πήγαν στα σπίτια τους. Μόνο ένας φίλος κι εγώ παραμείναμε στο χώρο της αποτέφρωσης κοντά στην τελετουργική πυρά, για να είμαστε σίγουροι ότι οι σκύλοι δεν θα προσπαθούσαν να φάνε το σώμα, ούτε θα πείραζαν τη φωτιά.

Αισθανόμουν ένα μίγμα από χαρά και θλίψη συγχρόνως. Ο Ράτναμτζι είχε επιτέλους ελευθερωθεί από το πονεμένο κλουβί του σώματός του μετά από μια ζωή πνευματικού μόχθου. Η ψυχή του είχε πάει στον Γκουρού του, τον Ραμάνα. Ταυτόχρονα, εγώ είχα μείνει μόνος να φροντίσω τον εαυτό μου. Είχε υπάρξει τα πάντα για μένα τα τελευταία οχτώ χρόνια. Μου είχε διδάξει τα πάντα για την πνευματική ζωή. Τώρα είχε φύγει. Αλλά ήταν αυτό αλήθεια; Ένιωθα καθαρά την παρουσία του μέσα μου, σαν να ήταν εκείνος το φως της επίγνωσης. Κατά τη διάρκεια των επόμενων ημερών είχα μια περίεργη αίσθηση ταύτισης μαζί του. Αν και δεν ήξερα κατά πόσο οι άλλοι μπορούσαν να το αντιληφθούν, ένιωθα τις εκφράσεις του προσώπου μου να είναι όπως οι δικές του, το ίδιο και ο τρόπος που μιλούσα, ακόμα και ο τρόπος που σκεφτόμουν. Ένιωθα πως το σώμα μου και η προσωπικότητά μου ήταν απλά μια σκιά του. Αν και είχαμε χωριστεί στο φυσικό επίπεδο, απολάμβανα μια βαθιά εσωτερική γαλήνη. Υποθέτω πως ήταν μια έκπληξη για όλους να με βλέπουν έτσι. Οι άνθρωποι νόμιζαν ότι θα ήμουν απαρηγόρητος για το θάνατό του, γιατί ήμουν σαν γιος του τα τελευταία οχτώ χρόνια. Ήταν έκπληκτοι γιατί έβλεπαν ότι απλά ήμουν πιο ευτυχισμένος. Δεν ήταν αυτό εξαιτίας της ευλογίας του; Εγώ πάντως έτσι ένιωθα.

Σύμφωνα με τις ινδουιστικές γραφές, η ψυχή δεν προχωρεί αμέσως μετά το θάνατο στον άλλο κόσμο. Χρειάζεται κάποιου είδους σώμα για να κάνει το ταξίδι. Συνήθως μια μικρή πέτρα τοποθετείται πάνω στο σώμα κατά τη διάρκεια της αποτέφρωσης. Όταν η φωτιά έχει υποχωρήσει, αυτή η πέτρα και μερικά κομματάκια οστών συγκεντρώνονται. Για δέκα μέρες μαγειρεύεται φαγητό και προσφέρεται στους νεκρούς, με τα κατάλληλα μάντρα, χρησιμοποιώντας την πέτρα σαν μέσο. Πιστεύεται ότι κάθε μέρα που το φαγητό προσφέρεται, σχηματίζεται ένα μέρος του λεπτού σώματος, που ο νεκρός χρειάζεται για να ταξιδέψει στους λεπτοφυείς κόσμους. Για παράδειγμα η προσφορά της πρώτης μέρας πηγαίνει να φτιάξει τα πόδια, της δεύτερης μέρας φτιάχνει τις κνήμες και ούτω καθεξής. Η προσφορά ονομάζεται πίντα και το σώμα που σχηματίζεται από την λεπτή ουσία του φαγητού ονομάζεται πίντα σαρίραμ (σαρίραμ σημαίνει σώμα). Τη δέκατη μέρα η ψυχή αποκτά επίγνωση του περιβάλλοντός της και της ύπαρξης του πίντα σαρίραμ. Έρχεται στο μέρος όπου αυτοί που κάνουν καλές ευχές για εκείνην είναι συγκεντρωμένοι για τις τελετουργίες και βλέπει ποιος έχει έρθει. Μετά αρχίζει το ταξίδι της στον επόμενο κόσμο.

Όλες αυτές οι τελετουργίες έγιναν για τον Ράτναμτζι. Την δέκατη μέρα η πέτρα πετάχτηκε στον ποταμό εκεί κοντά, έχοντας εκπληρώσει την αποστολή της. Συνέβη να είναι ο ίδιος ποταμός που είχε δεχτεί το σώμα του Αβαντχουτέτρατζι εννιά μήνες πριν. Εκείνη τη μέρα έτυχε να είναι το Σιβαράτρι, ένα ετήσιο φεστιβάλ που γιορτάζεται σε ολόκληρη την Ινδία. Οι άνθρωποι νηστεύουν και παραμένουν άγρυπνοι όλη τη νύχτα, λατρεύοντας τον Θεό μέχρι που χαράζει η επόμενη μέρα.

Εξαντλημένος από τις τελετές και όχι με χαρούμενη διάθεση ξάπλωσα να κοιμηθώ περίπου στις έντεκα το βράδυ. Αμέσως ο Ράτναμτζι μου παρουσιάστηκε σε ένα ζωντανό όνειρο. Χαμογέλασε και μου έτεινε το χέρι του. Εγώ το κοίταξα και είδα ότι η πέτρα ξεκουραζόταν στην παλάμη του. Την έριξε στο ποτάμι και μου είπε: «Έλα, απόψε είναι το Σιβαράτρι. Πρέπει να λατρέψουμε τον Κύριο». Τότε κάθισε κάτω και, αφού μου ζήτησε να καθίσω δίπλα του, άρχισε την τελετή.

Ξύπνησα απότομα και είχα το βέβαιο συναίσθημα ότι αυτό που μόλις είχα δει δεν ήταν ένα απλό όνειρο, αλλά ο Ράτναμτζι είχε θελήσει να μου δείξει ότι ήταν ακόμη πάρα πολύ ζωντανός και μαζί μου, αν και είχε μια λεπτή μορφή που εγώ δεν μπορούσα να δω. Ένιωσα εξαιρετικά ευτυχισμένος και μου ήταν αδύνατο να κοιμηθώ την υπόλοιπη νύχτα. ✎

Κεφάλαιο 5

Προχωρώντας μόνος

Αφού συμπληρώθηκαν οι τελετουργίες, πήρα τα λιγοστά πράγματα του Ράτναμτζι και γύρισα στο Αρουνάτσαλα. Στο κάτω κάτω είχα έρθει στο Αρουνάτσαλα οχτώ χρόνια πριν για να ζήσω κοντά στον τάφο του Ραμάνα και να προσπαθήσω να επιτύχω τη συνειδητοποίηση της Αληθινής μου Φύσης. Ένιωσα ότι αυτά τα οχτώ χρόνια με καθοδηγούσε ο Ραμάνα με τη μορφή του Ράτναμτζι. Ήταν η ώρα να βάλω σε πράξη όλα όσα είχα μάθει. Τα θεμέλια είχαν μπει. Τώρα έπρεπε να ανεγερθεί το κτήριο.

Στο τρένο, κατά την επιστροφή μου, είδα άλλο ένα θαυμάσιο όνειρο. Είδα ότι είχα φτάσει στο άσραμ και ένα μεγάλο πλήθος είχε συγκεντρωθεί στους πρόποδες του λόφου. Πλησίασα και είδα ότι το σώμα του Ραμάνα κείτονταν εκεί ακίνητο. Είχε πεθάνει πριν λίγο. Όλοι έκλαιγαν. Πλησίασα το σώμα του και άρχισα να κλαίω. «Ω Κύριε, έχω έρθει όλο αυτόν το δρόμο για να σε δω και προτού φτάσω εσύ έφυγες!» Τότε εκείνος άνοιξε τα μάτια του και μου χαμογέλασε. Μου ζήτησε να καθίσω, έβαλε τα πόδια του στην ποδιά μου και μου ζήτησε να τα πιέσω.

«Λένε ότι είμαι νεκρός. Εσένα σου φαίνομαι νεκρός;» με ρώτησε. Τότε ξύπνησα και θαύμασα την καθαρότητα του ονείρου. Σίγουρα ήταν μαζί μου. Είχα πειστεί γι' αυτό.

Τα σπίτια μας φαινόταν άδεια και στερημένα από ζωή

χωρίς τον Ράτναμτζι. Αναρωτιόμουν πώς θα μπορούσα να μείνω στο σπίτι του χωρίς εκείνον. Ένιωθα πως ήταν μέσα μου, αλλά δεν υπήρχε αμφιβολία ότι η φυσική του μορφή απουσίαζε. Η ευδαιμονία που ένιωθα συνεχώς με τη συντροφιά του δεν ήταν πλέον εκεί. Αποφάσισα να συναντήσω τον αστρολόγο του άσραμ. Με καλωσόρισε και με ρώτησε για τον Ράτναμτζι. Του τα είπα όλα. Επίσης του είπα ότι όχι μόνο ήταν σωστή η πρόγνωσή του ότι ο Ράτναμτζι έπρεπε να τελειώσει τις εργασίες του πριν την 21η Φεβρουαρίου, αλλά επίσης ότι είχε χρειαστεί να ζητήσω δάνειο από τη μητέρα μου για να εκτελώ τις μηνιαίες τελετές, που πρέπει να γίνονται για τον εκλιπόντα επί ένα χρόνο μετά το θάνατό του. Του είπα ότι είχα μείνει έκπληκτος με την ακρίβεια των προγνώσεων του!

«Θα μου πεις τι μου επιφυλάσσει το μέλλον τώρα που ο Ράτναμτζι έχει φύγει;» τον ρώτησα.

«Η υγεία σου θα επιδεινωθεί σταδιακά», άρχισε «και μετά από τέσσερα χρόνια υπάρχει περίπτωση να πεθάνεις. Αν δεν πεθάνεις, θα πας στη μητέρα σου και θα συνεχίσεις την πνευματική σου ζωή. Συγχρόνως θα ασχοληθείς με τη συγκέντρωση χρημάτων.»

Θάνατος; Θα πάω πίσω στην Αμερική; Θα συγκεντρώνω χρήματα; Όλα αυτά ακούγονταν πολύ φοβερά για να είναι αληθινά. Τον ευχαρίστησα και πήγα πίσω στο σπίτι. Άρχισα να ανησυχώ. Ήξερα ότι τα λόγια αυτού του ανθρώπου δεν μπορούσαν να είναι ψεύτικα και ένιωθα πολύ λυπημένος και ανήσυχος. Δεν υπήρχε κανένας με τον οποίο θα μπορούσα να συζητήσω για όλα αυτά. Για δέκα μέρες τα σκεφτόμουν και ήταν αδύνατο να διαλογιστώ ή ακόμα και να διαβάσω κάτι. Αυτή η κατάσταση πιθανόν θα είχε συνεχιστεί, αλλά είδα ένα όνειρο. Ο Ράτναμτζι στεκόταν μέσα στο σπίτι κοιτάζοντάς με μια έκφραση εκνευρισμού στο πρόσωπό του.

«Γιατί συμπεριφέρεσαι έτσι;» είπε. «Όλα είναι στα χέρια

του Ραμάνα. Έχεις παραδώσει τη ζωή σου σ' αυτόν, έτσι δεν είναι; Πρέπει να κάνεις το καθήκον σου διαλογιζόμενος στο Θεό μέρα και νύχτα. Εκείνος θα φροντίσει γι' αυτά που πρόκειται να σου συμβούν. Μην ανησυχείς.» Ξύπνησα. Δεν είχε μείνει ίχνος υπνηλίας και ένιωσα ξαλαφρωμένος από ένα βάρος. Από εκείνη τη στιγμή οι σκέψεις για το μέλλον έπαψαν να με κατατρέχουν.

Κατά τη διάρκεια του επόμενου χρόνου αποφάσισα να ταξιδέψω στο Χαϊντεραμπάντ για να πάρω μέρος σε μια μηνιαία τελετή που θα εκτελούνταν για την ψυχή του Ράτναμτζι. Κάποια στιγμή, αφού είχα γευματίσει και είχα ξαπλώσει να ξεκουραστώ στο σπίτι του ανθρώπου που είχε κάνει την τελετή, ονειρεύτηκα ότι ο Ράτναμτζι και ο Ραμάνα στέκονταν ο ένας κοντά στον άλλο και με κοίταζαν. Ο Ραμάνα έδειξε τον Ράτναμτζι και είπε σε μένα: «Υπηρετώντας τον, υπηρετείς εμένα.» Αν και ονομάζω αυτές τις εμπειρίες όνειρα, πρέπει να ξεκαθαρίσω ότι δεν είχαν τη θολή ποιότητα του ονείρου. Ήταν πολύ καθαρά, όσο και η πραγματικότητα με μια δικιά τους ιδιαιτερότητα. Ένιωθα σαν να μην είμαι ούτε ξύπνιος ούτε σε κατάσταση ονείρου. Μου άφησαν τη βαθιά εντύπωση ότι με φρόντιζαν και με καθοδηγούσαν αυτά τα μεγάλα όντα.

Έξι μήνες μετά από την αναχώρηση του Ράτναμτζι, η μητέρα μου αποφάσισε να έρθει στην Ινδία με την αδελφή μου και τον γαμπρό μου. Ταξιδέψαμε για περίπου δέκα μέρες στο Κασμίρ, ένα από τα πιο γραφικά μέρη στη χώρα. Από εκεί πετάξαμε στην ανατολική Ινδία και μείναμε στο Νταρτζίλινγκ, ένα μέρος ψηλά σε μεγάλο υψόμετρο, διάσημο για τις φυτείες τσαγιού, με θαυμάσια θέα του βουνού Έβερεστ και του Κατσεντζούνγκα. Καθώς οδηγούσαμε από τις πεδιάδες προς τους λόφους, άρχισα να νιώθω γεμάτος χαρά χωρίς εμφανή λόγο. Για την ακρίβεια άρχισα να γελώ ασυγκράτητα. Κανείς δεν μπορούσε να καταλάβει τι ήταν τόσο αστείο ούτε κι εγώ μπορούσα να το εξηγήσω. Υποπτευόμουν ότι θα πρέπει να υπήρχε ένας μεγάλος αριθμός αγίων ανθρώπων που ζούσαν σ' εκείνη την περιοχή και η παρουσία τους και μόνο με έκανε τόσο ευτυχισμένο!

Εκείνη τη νύχτα όταν ξάπλωσα να κοιμηθώ, ο Ράτναμτζι εμφανίστηκε. Με κοίταζε σαν να περίμενε να του πω κάτι. Τόλμησα να τον ρωτήσω. «Ράτναμτζι, όταν πέθανες, τι σου συνέβη εκείνη τη στιγμή;» Είχα δει ότι φαινόταν να βρίσκεται σε σαμάντι ή σε τέλεια ένωση με τον Θεό.

Εκείνος απάντησε: «Εκείνη τη στιγμή αισθάνθηκα μια δύναμη να αναδύεται από μέσα μου και να με κατακλύζει. Παραδόθηκα σε αυτήν και έγινα ένα με αυτήν». Μετά γύρισε, περπάτησε μέσα στον ουρανό και σταδιακά εξαφανίστηκε.

Όταν συμπληρώθηκε ο χρόνος των μηνιαίων τελετών για την ψυχή του Ράτναμτζι, αποφάσισα να παραμείνω στο Αρουνάτσαλα τη χρονιά που ερχόταν. Παρακάλεσα όλους τους φίλους μου να μην έρθουν εκεί. Ήθελα να περάσω εκείνη τη χρονιά σε τέλεια απομόνωση, με διαλογισμό και μελέτη, προσπαθώντας να αφομοιώσω την εμπειρία των εννέα προηγούμενων χρόνων. Άρχισα να έχω σοβαρή αμφιβολία ως προς το ποια θα έπρεπε να είναι η κύρια πνευματική πρακτική μου. Σύμφωνα με τον Μαχάρσι υπάρχουν δυο κύρια μονοπάτια, το μονοπάτι της αφοσίωσης στον Θεό, που έχει ως χαρακτηριστικό την αδιάλειπτη επανάληψη του Θεϊκού Ονόματος ή ενός μάντρα και το μονοπάτι της γνώσης που έχει ως χαρακτηριστικό την ακατάπαυστη εσωτερική έρευνα ως προς το τι είναι αυτό που λάμπει σαν «Εγώ».

Ο Ράτναμτζι με είχε συμβουλεύσει να περπατήσω το μονοπάτι της αφοσίωσης τα πρώτα έξι χρόνια που είμασταν μαζί. Μετά με κάλεσε μια μέρα και μου είπε ότι πρέπει να αρχίσω την έρευνα του Εαυτού όλο και περισσότερο, γιατί μόνο αυτό θα μπορούσε να εξαγνίσει το νου μου αρκετά ώστε να τον καταστήσει ακίνητο και κατάλληλο να απορροφηθεί στην Πραγματικότητα. Με έβαλε να περνώ αρκετές ώρες κάθε μέρα στο δωμάτιο και να διαλογίζομαι στον εσώτατο Εαυτό. Τώρα αμφέβαλλα ως προς το ποια θα έπρεπε να είναι η πρακτική μου. Ένιωθα ότι το μονοπάτι της γνώσης δημιουργούσε μέσα μου ένα λεπτό είδος αλαζονείας. Αν και έβλεπα μια αναλαμπή της Αλήθειας εντός μου, ήμουν ακόμη μακριά από τη συνειδητοποίηση της Αλήθειας ως τον Αληθινό μου Εαυτό. Σκεφτόμουν ότι το να είναι κανείς ένας ταπεινός πιστός του Θεού ή ενός Πνευματικού Δασκάλου ήταν ο ασφαλέστερος δρόμος, αλλά σίγουρα έπρεπε να ληφθούν υπόψη τα λόγια του Ράτναμτζι. Πώς μπορούσε κανείς να εμπιστευτεί το νου του;

Πέρασα πολλές μέρες ταλαντευόμενος ανάμεσα σε δυο επιλογές. Μετά, μια νύχτα, είδα άλλο ένα σημαντικό όνειρο. Ένας Συνειδητοποιημένος σοφός, ο Σανκαρατσάρυα του Καντσιπουράμ, που τον είχα σε μεγάλη εκτίμηση, εμφανίστηκε να κάθεται μπροστά μου. «Είθε να εισέλθω μέσα Σου. Είθε να εισέλθω μέσα Σου. Να το επαναλαμβάνεις αυτό κάθε μέρα για εννέα ώρες», είπε. Του ζήτησα να επαναλάβει τον ίδιο στίχο στα σανσκριτικά. «Αυτό αρκεί», είπε κάπως εκνευρισμένος κι εγώ ξύπνησα. Από την επόμενη μέρα προσπάθησα να επαναλάβω τον στίχο για εννιά ώρες. Ένιωθα περίεργα να επαναλαμβάνω αυτές τις λέξεις κι έτσι επαναλάμβανα το μάντρα μου, με την στάση που υπονοούσαν αυτοί οι στίχοι μέσα στο νου μου. Το σώμα μου ήδη γινόταν κάθε μέρα και πιο αδύναμο και μου ήταν αδύνατο να κάθομαι τόσες ώρες. Κάπως τα κατάφερα να κάνω αυτήν την επανάληψη πέντε ώρες την ημέρα. Στο τέλος κάθε μέρας ένιωθα ένα πολύ καθοριστικό αποτέλεσμα με τη μορφή μιας όλο και πιο βαθιάς εσωτερικής γαλήνης. Συνέχισα έτσι για δυο ή τρεις μήνες.

Μετά, μια μέρα ο Ατσάρυα εμφανίστηκε πάλι στον ύπνο μου. Καθόταν μπροστά μου ακριβώς όπως και στο προηγούμενο όνειρο. «Ο νους και μόνο είναι το σημαντικό», είπε. Μετά μου πρόσφερε ένα φύλλο μπανάνας που περιείχε ένα μικρό σωρό από ζαχαρωτά. Πήρε ένα κομμάτι κι εκείνος, το έβαλε στο στόμα του, σηκώθηκε και έφυγε. Από την επόμενη μέρα δεν ένιωθα καμιά κλίση στο να καθίσω και να επαναλαμβάνω το μάντρα. Βρήκα ότι η διερεύνηση του Εαυτού προέκυπτε πολύ εύκολα κι έτσι ξεκίνησα την πρακτική με μεγάλη σοβαρότητα. Κατανόησα τι εννοούσε όταν έλεγε «ο νους και μόνο είναι το σημαντικό». Δεν έχει σημασία ποια πνευματική πρακτική ακολουθείς, αλλά η αγνότητα του νου που επέρχεται με αυτήν. Πρέπει κανείς να έχει το νου του μόνο σ' αυτό. Οι πρακτικές είναι το μέσο για αυτό τον σκοπό.

Στο τέλος των δυο χρόνων, όταν ήταν ο καιρός να εκτελέσω τη δεύτερη ετήσια τελετή για τον Ράτναμτζι, οι πιστοί στο Χαϊντεραμπάντ εξέφρασαν την επιθυμία να γίνουν οι ιεροτελεστίες στο Μπεναρές. Εκείνη την εποχή αισθανόμουν πολύ αδύναμος για να ταξιδέψω. Είχα ισχυρό πόνο στο κάτω μέρος της πλάτης μου και στην κοιλιά. Ολόκληρη η σπονδυλική μου στήλη πονούσε και είχα συχνές ημικρανίες. Μου είχαν δώσει μια θεραπεία από το τοπικό κρατικό νοσοκομείο, αλλά δεν είχα δει καμιά βελτίωση. Όταν άκουσα την πρότασή τους, σκέφτηκα: «Λοιπόν ο Ράτναμτζι παραμελούσε το σώμα του για να πάρει μέρος σε πνευματικά προγράμματα. Ως γιος του κι εγώ δεν θα πρέπει να κάνω το ίδιο;»

Με αυτή τη σκέψη ξεκίνησα για το Χαϊντεραμπάντ. Όταν έφτασα εκεί συνεχίσαμε μαζί με άλλους εφτά για το Κάσι και φτάσαμε σε δυο μέρες. Ήμουν ευτυχισμένος που επέστρεφα στο Κάσι μετά από δέκα χρόνια, αλλά είχα μεγάλη δυσκολία και στο περπάτημα και στο να καθίσω. Μπορούσα μόνο να είμαι ξαπλωμένος σε μια γωνιά όλη την ώρα. Τη νύχτα πριν από την τελετή είδα ένα συναρπαστικό όνειρο. Βρισκόμουν στους πρόποδες ενός λοφίσκου. Ανέβηκα στον λόφο και βρέθηκα σε ένα μικρό σπιτάκι μέσα στο οποίο ήταν καθισμένος ο Ράτναμτζι. Έλαμπε με μια ουράνια λάμψη και ακόμα και το σπιτάκι φωτιζόταν από την παρουσία του.

«Α, ήρθες όλο αυτόν το δρόμο για να παρακολουθήσεις την τελετή. Υποφέρεις πολύ, έτσι δεν είναι; Είμαι ευτυχισμένος που βλέπω την αφοσίωσή σου. Ορίστε, πάρε αυτό και φάγε το». Καθώς έλεγε αυτά τα λόγια, μου έδωσε ένα γλυκό κι εγώ ξύπνησα κλαίγοντας. Έβλεπε πράγματι όλα όσα γίνονταν και καταλάβαινε την καρδιά μου, ακριβώς όπως όταν ήταν ζωντανός και μέσα στο σώμα του.

Με κάποια δυσκολία επέστρεψα στο Αρουνάτσαλα. Ο αστρολόγος μου είχε πει ότι υπήρχε η πιθανότητα να πεθάνω σε τέσσερα χρόνια. Τώρα τα δυο χρόνια είχαν περάσει. Είχα δυο επιθυμίες να πραγματοποιήσω πριν αφήσω τη γη. Η μία ήταν να περπατήσω γύρω από το λόφο Αρουνάτσαλα εκατόν οχτώ φορές. Η άλλη ήταν να περπατήσω και να επισκεφτώ όλα τα σημαντικά προσκυνήματα στην περιοχή των Ιμαλαίων. Ήμουν πολύ αδύναμος για να μπορέσω να κάνω είτε το ένα είτε το άλλο, αλλά αποφάσισα να προσπαθήσω. Στο κάτω κάτω το χειρότερο που θα μπορούσε να συμβεί θα ήταν να καταλήξει το σώμα μου πριν την ώρα του. «Ας πεθάνει κάνοντας μια ιερή πράξη», σκέφτηκα.

Περπάτησα αργά μέχρι τον τάφο του Μαχάρσι στο άσραμ και νοητικά του ζήτησα να μου δώσει αρκετή δύναμη να πραγματοποιήσω την επιθυμία μου. Ένιωσα ένα κύμα ενέργειας και κάπως τα κατάφερα να περπατήσω τα οχτώ μίλια γύρω από τον Αρουνάτσαλα εκείνη τη μέρα. Αποφάσισα να ξεκουράζομαι μέρα παρά μέρα. Κάθε φορά που πήγαινα μέχρι το άσραμ, ένιωθα τόσο αδύναμος, που πίστευα πως θα ήταν αδύνατο να κάνω έστω και λίγα ακόμη βήματα. Όταν όμως στεκόμουν λίγο μπροστά στο μνήμα, έβρισκα αρκετή δύναμη να περπατήσω γύρω από το λόφο. Αυτό συνεχίστηκε μέχρι που συμπλήρωσα τις εκατόν οχτώ κυκλικές πεζοπορίες.

Μετά ήρθε ο καιρός να προσπαθήσω να πραγματοποιήσω τη δεύτερη επιθυμία μου. Πήρα το τρένο για το Χαϊντεραμπάντ και μετά για το Κάσι. Η ιδέα μου ήταν να μείνω στο Κάσι λίγες μέρες και μετά να ξεκινήσω το περπάτημα στα Ιμαλάια. Νόμιζα ότι θα χρειαζόμουν περίπου έξι μήνες να συμπληρώσω το ταξίδι μου με αργό βάδισμα. Δυστυχώς στο Κάσι ένιωσα τόσο άρρωστος, που συμπέρανα ότι δεν θα μπορούσα να πραγματοποιήσω το όραμά μου. Παραδέχτηκα την ήττα μου, άλλαξα πορεία και πήρα το τρένο για το Χαϊντεραμπάντ. Εκεί μπήκα σε ένα νοσοκομείο φυσικής θεραπείας. Πίστευα ότι, αν κάποιος μπορούσε να κάνει διάγνωση και να με θεραπεύσει, πιθανότατα θα ήταν από εκείνους που τα θεραπευτικά τους συστήματα είχαν να κάνουν με φυσική θεραπεία, ομοιοπαθη- τική ή Αγιουρβέδα (θεραπεία με βότανα).

Έμεινα δυο μήνες στο νοσοκομείο. Η ατμόσφαιρα ήταν σαν άσραμ, με τάξεις γιόγκα, θρησκευτικά τραγούδια και διά- φορα προγράμματα διατροφής. Όμως, συνέχισα να νιώθω αδύ- ναμος και αποφάσισα να αναζητήσω άλλο τρόπο. Πήγα τότε σε έναν διάσημο ομοιοπαθητικό, ο οποίος εκείνη την εποχή παρακολουθούσε τον Πρόεδρο της Ινδίας. Ο ομοιοπαθητικός με παρακολούθησε χωρίς αμοιβή για δυο ή τρεις μήνες, αλλά χωρίς βελτίωση. Τι να έκανα μετά; Ένας πιστός και φίλος μου πρότεινε να πάω στην Αμερική για τη βελτίωση της υγείας μου, για χάρη της πνευματικής μου ζωής. Δεν σκέφτηκε ότι θα μπορούσε να μου κάνει κακό πνευματικά, όπως εγώ ένιωθα όλα αυτά τα χρόνια. Είπε ότι αν δεν βελτιωνόμουν ούτε κι εκεί, θα έπρεπε να γυρίσω στην Ινδία αμέσως.

Μόνο κάποιος που έχει ζήσει στην Ινδία για κάποια χρό- νια μπορεί να καταλάβει την αντιπάθειά μου για τη ζωή στην Αμερική. Είναι πολύ εύκολο να βάλει κανείς τη ζωή του σε πειθαρχία και να αφιερώνει χρόνο σε διαλογισμό, μελέτη και άλλες πνευματικές πειθαρχίες ενώ ζει στην Ινδία. Υπάρχουν πολύ λίγα πράγματα που θα μπορούσαν να του αποσπάσουν την προσοχή. Ο πολιτισμός ο ίδιος ευνοεί αυτόν τον τρόπο ζωής. Δεν συμβαίνει όμως το ίδιο στην Αμερική. Το αμερικανικό ιδεώδες είναι η άνεση και η απόλαυση. Σε όποια κατεύθυνση και αν στραφεί κανείς βρίσκει μπροστά του ευκαιρίες να ξεχάσει τον πνευματικό του στόχο και να βουλιάξει στην απόλαυση. Δεν είναι στην ανθρώπινη φύση να αναζητά τη γαλήνη του νου μέσα από την απάρνηση και να στρέφεται προς τα μέσα για να αναζητήσει τον Θεό. Οι άνθρωποι μάλλον έχουν την τάση να αναζητούν την ευτυχία έξω, στα αντικείμενα του κόσμου. Χωρίς εξαίρεση, συναντούν μικρές και μεγάλες απογοητεύσεις στην εξωτερική τους αναζήτηση για τη γαλήνη και μερικοί από αυτούς, σαν αντίδοτο, αρχίζουν να στρέφονται προς τα μέσα. Έχοντας ακούσει ότι υπάρχει μια υψηλότερη, πιο εκλεπτυσμένη ευτυχία από αυτήν που ο κόσμος έχει να προσφέρει, πολλοί ξεκινούν μια ζωή αφιερωμένη στην επίτευξη της πνευματικής συνειδητοποίησης και της συνεπακόλουθης άπειρης ευδαιμονίας που ακολουθεί. Αλλά η παλιά τάση για την αναζήτηση της ευτυχίας εξωτερικά εμφανίζεται ξανά και ξανά. Γι' αυτόν το λόγο, λέγεται ότι είναι απαραίτητη η κατάλληλη ατμόσφαιρα για να περπατήσει κανείς στο μονοπάτι, που είναι σαν την κόψη του ξυραφιού, για τη Συνειδητοποίηση του Εαυτού.

Για να φανεί πόσο οι εγκόσμιες τάσεις παρεμβάλλονται στην προσπάθεια του νου να στραφεί στον εσωτερικό κόσμο και να δει το φως, λέγεται μια ιστορία στην Ινδία. Μια φορά ήταν ένας γάτος που είχε κουραστεί να κυνηγάει ποντίκια για να ζήσει. Σκέφτηκε ότι αν μάθαινε να διαβάζει, θα μπορούσε να βρει μια καλύτερη δουλειά. Μια νύχτα καθόταν δίπλα σε ένα κερί και μελετούσε το αλφάβητο. Ξαφνικά πέρασε ένα ποντίκι. Αμέσως ο γάτος πέταξε κάτω το βιβλίο, έσβησε το κερί και πήδηξε πάνω στον ποντικό! Πού είχε πάει η επιθυμία του για διάβασμα; Επειδή ένιωθα πως έμοιαζα πολύ με το γάτο στην ιστορία, ήμουν σίγουρος ότι αν πήγαινα έστω και για λίγο στην Αμερική, θα άρχιζα να τρέχω ξανά πίσω από τη ζωή των αισθήσεων και σταδιακά θα έχανα το εσωτερικό φως που είχα κερδίσει με τόσο αγώνα.

Αποφάσισα να κάνω μια εξάμηνη δοκιμή, τηλεφώνησα στη μητέρα μου ότι θα πήγαινα εκεί σε λίγες μέρες και έκλεισα το εισιτήριό μου. Όταν επέστρεψα στο Αρουνάτσαλα, πήγα μπροστά στον τάφο του Μαχάρσι και προσευχήθηκα για καθοδήγηση και ασφαλή επιστροφή. Μετά πήγα στο Μαντράς και πέταξα μέσω Βομβάης στη Νέα Υόρκη, όπου η μητέρα μου ήρθε να με συναντήσει. Από εκεί με πήρε στο καινούργιο της σπίτι στο Σάντα Φε, όπου είχε πρόσφατα μετακομίσει. Σε όλο το διάστημα διατηρούσα τη στάση του παιδιού στα χέρια της μητέρας του. Αποφάσισα να υπακούω αυστηρά τη μητέρα μου, βλέποντάς την ως εκπρόσωπο του Θεού για έξι μήνες. Θα ήταν μια ακόμη πρακτική για την παράδοση στο θέλημά Του.

Πέρασα τους επόμενους έξι μήνες πηγαίνοντας σε διάφορους γιατρούς. Πρώτα από όλα, φυσικά, δοκίμασα την αλλοπαθητική. Αν και ο γιατρός παραδεχόταν ότι πονούσα και ήμουν πολύ αδύναμος, δεν μπορούσε να εντοπίσει καμιά αιτία. Εφόσον δεν μπορούσε να γίνει διάγνωση, δεν μπορούσε να δοθεί και θεραπεία. Μετά δοκίμασα μια θεραπεία με βότανα, μετά δοκίμασα την ομοιοπαθητική σε συνδυασμό με ειδική διατροφή. Μετά ακολούθησε ο βελονισμός και ακόμα και η ύπνωση. Τίποτα δεν φαινόταν να ωφελεί. Τελικά η μητέρα μου ένιωσε ότι έπρεπε να πάω σε ψυχίατρο. Ήθελα να γελάσω μ' αυτήν την ιδέα. Εντάξει, αν είναι το θέλημά Σου, Κύριε, θα πάω, σκέφτηκα.

«Θυμάσαι τον πατέρα σου;» με ρώτησε ο ψυχίατρος.

205

«Φυσικά, κάθε λεπτό της ζωής μου θυμάμαι τον Πατέρα μου», απάντησα.

«Αλήθεια; Πολύ ενδιαφέρον! Γιατί να θέλεις να θυμάσαι τον πατέρα σου τόσο συχνά; Θα πρέπει να είχες μια πολύ τραυματική εμπειρία μαζί του», είπε.

«Ναι, τραυματική είναι μια πολύ καλή λέξη γι' αυτό. Εκείνος έβαλε την επιθυμία στο νου μου να Τον δω και να γίνω ένα μαζί Του. Από εκείνη τη μέρα και μετά, προσπαθώ να Τον θυμάμαι πάντα και να Τον βλέπω μέσα στο κάθε τι που συναντώ».

«Μα, τι εννοείς λέγοντας πατέρας;» με ρώτησε.

«Εσείς κι εγώ και όλοι οι άλλοι έχουμε μόνο έναν Πατέρα, που είναι ο Θεός. Είμαστε όλοι παιδιά Του. Μπορείτε να επιλέξετε να πιστεύετε στην ύπαρξή του και αυτό εξαρτάται από εσάς. Όσο για μένα, δεν μπορώ να αρνηθώ την ύπαρξή Του. Αισθάνομαι ξεκάθαρα την παρουσία Του μέσα μου. Μπορείτε να το ονομάσετε αυτό νοητική πλάνη ή ό,τι άλλο θέλετε. Εγώ από την άλλη μεριά θα έλεγα ότι το να νιώθει κανείς την Αλήθεια μέσα του είναι εντελώς φυσιολογικό και το να μη νιώθει τίποτα άλλο παρά σκέψεις και ανησυχία, όπως οι περισσότεροι άνθρωποι, είναι ένα είδος αρρώστιας», απάντησα. «Αν και το σώμα μου είναι άρρωστο, νιώθω τέλεια ειρήνη και ευτυχία!»

«Εσύ μπορεί να νιώθεις ειρήνη κι αυτό μπορεί να είναι το καλύτερο για σένα, αλλά εγώ έχω πολλούς ασθενείς που έρχονται εδώ με σοβαρά νοητικά προβλήματα. Η πίστη στο Θεό δεν είναι λύση για αυτούς. Θα ρωτήσουν «Αν υπάρχει Θεός, γιατί όλος αυτός ο πόνος;» Όχι μόνο δεν έχω μια απάντηση, αλλά κι εγώ ο ίδιος αναρωτιέμαι».

«Γιατρέ», άρχισα, «μεγαλώσατε σε μια κοινωνία όπου επικρατούν ο χριστιανισμός και ο ιουδαϊσμός. Χρησιμοποιώντας τα φιλοσοφικά δόγματα αυτών των θρησκειών, είναι πραγματικά δύσκολο να αποδείξετε σε έναν ορθολογιστή την ύπαρξη του Θεού ή την αξία της παράδοσης στο θέλημά Του. Θα ήταν μόνο υπόθεση πίστης ή τυφλής πεποίθησης. Στην εποχή μας πολλοί άνθρωποι σκέπτονται κάτι πολύ βαθιά πριν το δεχτούν ως αληθινό. Αν κανείς θέλει να εξερευνήσει τη φιλοσοφική πλευρά των ανατολικών θρησκειών, θα διαπίστωνε ότι στηρίζονται σε συμπεράσματα βασισμένα σε λογικά, μεθοδικά πειράματα. Τα συμπεράσματα στα οποία κατέληξαν οι Ινδοί σοφοί ήταν οι καρποί ισόβιων πνευματικών πρακτικών, που τους έδιναν ορισμένες εμπειρίες. Αν κανείς ακολουθήσει τα μονοπάτια που χαράχτηκαν από εκείνους, θα έχει τις εμπειρίες που είχαν και χιλιάδες άλλοι. Η φιλοσοφία της ζωής τους είναι τελείως λογική και σύμφωνη με τα σύγχρονα επιστημονικά ευρήματα.

«Η υψηλότερη ινδουιστική σύλληψη του Θεού για παράδειγμα, δεν είναι κάποιος που κάθεται στον Ουρανό και κυβερνά τη δημιουργία σαν δικτάτορας. Μάλλον, ο Θεός είναι η εσώτατη ουσία του καθενός, της οποίας μπορούμε να έχουμε άμεση εμπειρία, όταν μπορέσουμε να ελέγξουμε το νου και να τον κάνουμε εκλεπτυσμένο και ειρηνικό. Ο ήλιος δεν μπορεί να φανεί καθαρά στην επιφάνεια μιας λίμνης που είναι ταραγμένη από τα κύματα. Ο νους μας είναι μια λίμνη που γαληνεύει με την αντανάκλαση της Θεϊκής Παρουσίας. Αν χάσουμε την επαφή με το πολύτιμο πετράδι μέσα μας, τρέχουμε ανήσυχοι εδώ κι εκεί αναζητώντας την ευτυχία. Δεν μπορούμε να μείνουμε ήσυχοι ούτε ένα λεπτό. Τη στιγμή που απολαμβάνουμε ένα αντικείμενο, ο νους μας ησυχάζει για λίγο και αυτήν την ησυχία την ονομάζουμε ευτυχία. Βγαίνει, λοιπόν, λογικά το συμπέρασμα ότι αν κανείς ελέγξει τη συνεχή ανησυχία του νου και τον κάνει να παραμένει ήσυχος από μόνος του, χωρίς να χρησιμοποιεί την απόλαυση σαν μέσο, η ευτυχία γίνεται μια συνεχής εμπειρία.

«Στην Ανατολή η θρησκεία δεν είναι απλά μια υπόθεση

πίστης, αλλά μάλλον είναι η επιστήμη του ελέγχου του νου, έτσι ώστε να αποκτήσουμε την άμεση εμπειρία της Πραγματικότητας, της πηγής του. Οι πράξεις που μας παίρνουν μακριά από το εσωτερικό μας κέντρο θα μπορούσαν να ονομαστούν κακές. Ο Θεός είναι εκείνος που μας φέρνει πιο κοντά σ' αυτό το κέντρο. Η επιστήμη της φυσικής μας λέει ότι κάθε πράξη έχει μια ίση και αντίθετη αντίδραση. Αυτό έχει εφαρμογή σε όλες τις σφαίρες της ζωής στο φυσικό, όπως επίσης και στο νοητικό επίπεδο. Ό,τι σπέρνει κανείς, θα θερίσει. Αν βλάπτουμε τους άλλους, φυσικά ή νοητικά, πρέπει τελικά να υποστούμε τα ίδια. Το ίδιο ισχύει και αν κάνουμε καλό στους άλλους. Αυτός ο καρπός μπορεί να μην έρθει αμέσως. Αλλά τελικά θα έρθει, αν η επιστήμη είναι σωστή.

«Αυτό, φυσικά, δημιουργεί την ανάγκη της πίστης σε μια προηγούμενη και σε μια μελλοντική ύπαρξη, γιατί διαφορετικά ποιος ο λόγος να υποφέρουμε για κάτι που δεν μπορούμε να θυμηθούμε πως το έχουμε κάνει ή γιατί βιώνουμε απόλαυση για την οποία δεν έχουμε κάνει τίποτα για να την αξίζουμε; Μερικοί άνθρωποι ζουν με πολύ κακό τρόπο και τη γλιτώνουν ατιμώρητοι, άλλοι πάλι κάνουν μόνο καλό στους άλλους και υποφέρουν ολόκληρη τη ζωή τους. Ό,τι εμπειρία έχει κανείς σ' αυτή τη ζωή, σε ένα μεγάλο βαθμό, οφείλεται στις πράξεις μιας προηγούμενης ζωής. Κανείς δεν έρχεται στη ζωή σαν ένα άγραφο χαρτί. Ό,τι κάνουμε σήμερα, θα γυρίσει πίσω σ' εμάς, αργά ή γρήγορα, ίσως μόνο σε μια μελλοντική γέννηση. Εμείς δημιουργούμε τη μοίρα μας και δεν μπορούμε να κατηγορούμε τον Θεό για τα βάσανά μας. Η εξισορρόπηση των λογαριασμών είναι Νόμος της Φύσης. Είναι στο χέρι μας να μάθουμε αυτούς τους νόμους και να ζήσουμε σε αρμονία με αυτούς, για να αποφύγουμε τα βάσανα και να επιτύχουμε την αιώνια γαλήνη και ευτυχία.

«Αν κανείς έχει στο μυαλό του ότι, δρέποντας τους

καρπούς των πράξεών του με τη μορφή ευχάριστων ή οδυνη-ρών εμπειριών, απλά ξεκαθαρίζει τους λογαριασμούς του, τότε ο νους θα παραμένει ειρηνικός και δεν θα είναι ούτε δυστυχής ούτε υπερβολικά ενθουσιώδης. Σε ένα τέτοιο ειρηνικό νου, το εξαιρετικά λεπτοφυές πνευματικό φως, το οποίο είναι η ίδια η πηγή του νου και οι εκάστοτε αναλαμπές της ευτυχίας σταδιακά θα σταθεροποιηθούν και θα γίνουν οικεία. Αυτή είναι η ουσία της ευδαιμονίας και όταν κανείς έχει αυτήν την εμπειρία, ονομάζεται άγιος και ακτινοβολεί ως πηγή έμπνευ-σης για την ανθρωπότητα που έχει χάσει το δρόμο της.

«Αν και μπορεί να είστε ικανός να ηρεμείτε τους ασθενείς σας και να λύνετε μερικά από τα προβλήματά τους, καινούρ-για προβλήματα θα εμφανίζονται ξανά και ξανά. Μόνο όταν κάποιος κατανοήσει ότι ο νους ο ίδιος πρέπει να μπει κάτω από έλεγχο και να ελευθερωθεί από όλες τις σκέψεις, συμπε-ριλαμβανομένων και εκείνων που δημιουργούν ταραχή, θα έχει τη δυνατότητα να συμβουλεύσει έναν άνθρωπο σωστά, έτσι ώστε τα προβλήματα να σταματήσουν να εμφανίζονται, τουλάχιστον στο νοητικό επίπεδο. Δεν ξέρω αν μπορέσατε να παρακολουθήσετε όλα όσα είπα. Μπορεί να σας φαίνεται παράξενος αυτός ο τρόπος θεώρησης των πραγμάτων».

Ο ψυχίατρος πραγματικά κατάλαβε τι του είχα πει, γιατί είχε μελετήσει λίγη ινδική φιλοσοφία. Είχε επίσης νιώσει ότι ο έλεγχος του ίδιου του νου ήταν ο πιο λογικός τρόπος για να επιτύχει κανείς τη γαλήνη, και όχι ο έλεγχος του καθενός από τα αναρίθμητα προβλήματα, αλλά καθώς δεν είχε εκπαιδευ-τεί πώς να το κάνει, δεν μπορούσε να συμβουλέψει κανέναν σχετικά με αυτό. Φεύγοντάς του έδωσα ένα αντίγραφο από το βιβλίο «Ποιος Είμαι;», το οποίο περιέχει τις διδασκαλίες του Μαχάρσι σε πολύ συνοπτική μορφή. Με προσκάλεσε να φάμε μαζί μια άλλη μέρα και είχαμε μια μακρά συζήτηση πάνω σε πνευματικά θέματα. Βλέποντας όλα αυτά η μητέρα

μου κατέληξε στο συμπέρασμα ότι δεν επρόκειτο να ωφελη-
θώ από την ψυχιατρική κι έτσι δεν με πίεσε να συνεχίσω τις
συναντήσεις. Επίσης της είχα πει ότι, όσον αφορούσε εμένα,
δεν υπήρχε ανάγκη να πληρώνουμε τον ψυχίατρο πενήντα
δολάρια την ώρα μόνο και μόνο για να μπορέσω να του μετα-
δώσω λίγη νοητική γαλήνη!

Είχαν περάσει ήδη πέντε μήνες από την επιστροφή μου
στις Ηνωμένες Πολιτείες. Η μέρα της αναχώρησής μου πλη-
σίαζε. Το μόνο πράγμα που με εμπόδιζε από το να πάρω το
αεροπλάνο ήταν το γεγονός ότι είχα κάνει αίτηση για βίζα
μεγαλύτερης διαμονής στην Ινδία και η απάντηση αργούσε
να έρθει. Εν τω μεταξύ, μια πολύ δυσάρεστη κατάσταση είχε
δημιουργηθεί σε ένα άλλο μέτωπο. Τους τελευταίους τρεις ή
τέσσερις μήνες μια κοπέλα της ηλικίας μου ερχόταν τακτικά να
με δει. Αν δεν ερχόταν μια μέρα, θα με καλούσε οπωσδήποτε
στο τηλέφωνο για να μάθει τι κάνω. Στην αρχή σκέφτηκα ότι
είχε κάποιο ενδιαφέρον στα πνευματικά ζητήματα και ότι ήταν
αυτός ο λόγος που ήθελε να κάνει παρέα μαζί μου. Μιλούσα
μόνο για πνευματικά ζητήματα μαζί της. Μετά από λίγο και-
ρό, παρατήρησα ότι εκείνη πότε πότε έκανε κινήσεις που θα
μπορούσαν να χαρακτηριστούν ερωτικές. Έδιωξα τη σκέψη
σαν δημιούργημα της όχι και τόσο αγνής φαντασίας μου ή
σκέφτηκα ότι ίσως ήταν απλώς μια όψη της γυναικείας φύσης.
Άρχισα να νιώθω ένα είδος λεπτής ευχαρίστησης με τη
συντροφιά της και μερικές φορές αναρωτιόμουν αν ήταν
σωστό να πιστεύω ότι το δικό μου μονοπάτι ήταν εκείνο της
πλήρους αποχής από τις εγκόσμιες απολαύσεις. Ένιωθα έκπλη-
ξη με αυτές τις σκέψεις που έρχονταν στο νου μου. Ήξερα ότι
ακόμα και αν έπεφτα στον πειρασμό, θα ήταν μόνο για μια
στιγμή, γιατί είχα ήδη περάσει μέσα από τη ζωή του κόσμου
και είχα απογοητευτεί από αυτήν. Όμως, μια πτώση θα ήταν

μια πτώση και θα χανόταν χρόνος και ενέργεια. Βλέποντας την τάση που υπήρχε στο νου μου, αποφάσισα ότι έπρεπε να γυρίσω στην Ινδία το συντομότερο δυνατό. Προφανώς η ατμόσφαιρα με είχε σίγουρα επηρεάσει προς το χειρότερο πνευματικά.

Δεν χρειάστηκε να περιμένω πολύ. Η βίζα μου ήρθε μέσα σε λίγες μέρες και αμέσως έκλεισα το εισιτήριο. Η μητέρα μου, φυσικά, δεν ήθελε να φύγω, αλλά ήμουν αμετάπειστος. Η μέρα για την αναχώρησή μου έφτασε. Το κορίτσι ήρθε στο σπίτι μου για να με αποχαιρετήσει. Με πήρε παράμερα και είπε: «Νιλ, πρέπει να φύγεις; Σε αγαπώ πολύ».

«Κι εγώ σε αγαπώ, αλλά όπως ένας αδελφός αγαπάει μια αδελφή», απάντησα. «Επιπλέον δεν είναι δυνατόν για μένα να αγαπώ ένα πρόσωπο περισσότερο από ένα άλλο. Ο ίδιος σπινθήρας υπάρχει σε όλους και σ' αυτόν τον σπινθήρα εγώ προσφέρω την αγάπη μου. Μπορεί να υπάρχουν πολλών ειδών μηχανήματα, αλλά το ηλεκτρικό ρεύμα που τα κάνει να λειτουργούν είναι μόνο ένα. Η αρχή που δίνει ζωή στα σώματά μας και τα κάνει ελκυστικά είναι μία και η ίδια σε όλα και μόλις τα εγκαταλείψει μόνο ένα πτώμα μένει πίσω. Πρέπει να αγαπάμε μόνο Εκείνο», απάντησα χαρούμενος που ξεκινούσα για την Ινδία.

Σπίτι μου, σπιτάκι μου! Νόμιζα πως δεν θα σε έβλεπα ποτέ ξανά, αγαπημένη μου Μητέρα Ινδία. Αν και δεν είσαι πλούσια σε υλικά αγαθά, έχεις τον πλούτο των πνευματικών πρακτικών χιλιάδων παιδιών σου, που έχουν επιτύχει την ατέλειωτη ευδαιμονία της Συνειδητοποίησης του Θεού μέσα στους αιώνες. Ω, Μητέρα, είθε να μην σε αφήσω ποτέ πια!

Αγαπούσα την Ινδία προτού φύγω. Τώρα, μετά την επιστροφή μου, την αγαπούσα διπλά. Πήγα κατευθείαν στο Αρουνάτσαλα και προσπάθησα να ξαναβρώ τη συνηθισμένη μου νοητική κατάσταση. Ανακάλυψα ότι αυτό το μικρό διάστημα των έξι μηνών στην Αμερική είχε πράγματι επηρεάσει την απόσπασή μου, όπως είχα φοβηθεί. Αντί να αντλώ ευχαρίστηση από τον διαλογισμό στο εσωτερικό φως, μια παρόρμηση να απολαμβάνω εξωτερικά αντικείμενα και η ανησυχία που τη συνοδεύει είχαν παρεισφρήσει σε μια γωνιά του νου μου. Αναρωτιόμουν αν θα μπορούσα ξανά να κερδίσω την παλιά μου κατάσταση. Όμως, περνούσα όσο περισσότερο χρόνο μπορούσα κοντά στον τάφο του Ραμάνα και η προηγούμενη κατάσταση σύντομα επανήλθε.

Συνειδητοποίησα με κρυστάλλινη καθαρότητα τη λεπτή, ύπουλη επίδραση της ζωής σε κοσμική ατμόσφαιρα. Η τάση να κοιτάς προς τα έξω σιγά σιγά κλέβει τον σκληρά κερδισμένο πλούτο μιας ζωής με εντατικό διαλογισμό. Ακόμα κι αν υπάρχει μια μικρή ρωγμή σε ένα δοχείο, ανακαλύπτει κανείς σύντομα ότι όλο το νερό έχει εξαφανιστεί, χωρίς να ξέρει πού έχει πάει!

Η υγεία μου συνέχισε να χειροτερεύει μέρα με τη μέρα. Εξαιτίας της αδυναμίας με δυσκολία περπατούσα εκατό μέτρα και δεν μπορούσα να καθίσω για περισσότερο από λίγα λεπτά. Ο πόνος στην πλάτη μου αυξήθηκε πολύ και ακόμα και το φαγητό έγινε οδυνηρή διαδικασία. Αισθανόμουν σαν να υπήρχε ένα έλκος κάπου κοντά στο δωδεκαδάκτυλο. Σύμφωνα με τη συμβουλή ενός τοπικού ομοιοπαθητικού γιατρού, άρχισα να τρώω μόνο το μαλακό εσωτερικό μέρος του ψωμιού και να πίνω γάλα. Ακόμα κι αυτό ήταν οδυνηρό. Αναρωτιόμουν πόσες ακόμη μέρες θα άντεχε το σώμα μου σ' αυτήν την κατάσταση. Ο θάνατος θα ήταν προτιμότερος, αλλά δεν ήταν στο χέρι μου. Είχα παραδοθεί στον Ραμάνα και έπρεπε να δεχτώ την κατάσταση στην οποία με έβαλε. Έπαιρνα φάρμακα, αλλά το αν θα υπήρχε ή όχι βελτίωση, ήταν εντελώς στα χέρια Του.

Σ' αυτή την κρίσιμη περίσταση ήρθε στα χέρια μου ένα

212

Σρι Νιζαργκαντάτα Μαχαράτζ

βιβλίο με τίτλο «Είμαι Εκείνο», μια συλλογή από συνομιλίες με τον Νισαργκαντάτα Μαχαράτζ, μια φωτισμένη Ψυχή που ζούσε στη Βομβάη. Ένιωσα ότι οι διδασκαλίες του ήταν ίδιες με του Μαχάρσι και καθώς δεν είχα δει τον Μαχάρσι όταν ζούσε, μου δημιουργήθηκε μια έντονη επιθυμία να δω κάποιον που να του μοιάζει. Ήταν αδύνατο να πάω στη Βομβάη κι έτσι έγραψα γράμμα στον Μαχαράτζ, στον οποίο του εξηγούσα την φυσική, τη νοητική και την πνευματική μου κατάσταση και ζητούσα τις ευλογίες του. Ακριβώς την επόμενη μέρα αφότου είχα στείλει το γράμμα, μια Γαλλίδα κυρία ήρθε να με επισκεφτεί. Είχε διαβάσει το ίδιο βιβλίο πρόσφατα και είχε αποφασίσει να πάει στη Βομβάη και να δει τον Μαχαράτζ. Της μίλησα για την επιθυμία μου και την αδυναμία μου να ταξιδέψω. «Μπορείς να πας με αεροπλάνο στη Βομβάη. Αν θέλεις, θα σε βοηθήσω να φτάσεις εκεί», είπε.

Σκέφτηκα πως ήταν κάτι θεόσταλτο και αμέσως συμφώνησα με την πρότασή της. Είχε διαβάσει πολλά βιβλία σχετικά με τη φιλοσοφία της Βεδάντα, η οποία δηλώνει ότι υπάρχει μόνο μια Αλήθεια, ο κόσμος είναι η εκδήλωση αυτής της Αλήθειας και η αληθινή μας φύση είναι μόνο Αυτή. Είναι αδύνατο να επιτύχεις αυτήν τη συνειδητότητα χωρίς πλήρη αφοσίωση στον Θεό ή στον Γκουρού και χωρίς τον τέλειο εξαγνισμό του σώματος, του λόγου και του νου, καθώς και των πράξεων. Η Ανάντα, όπως λεγόταν, πίστευε, όπως σχεδόν όλοι οι αυτο-αποκαλούμενοι μη δυϊστές πιστεύουν, ότι τίποτα άλλο δεν είναι απαραίτητο εκτός από την επιφανειακή πεποίθηση ότι ο καθένας είναι Αυτό. Στο όνομα αυτής της Υπέρτατης Αλήθειας, αυτοί οι άνθρωποι εντρυφούν σε κάθε είδος απείθαρχης, ανεύθυνης, ακόμα και ανήθικης δραστηριότητας. Ενώ ήμασταν σε ένα ταξί στο δρόμο για το Μαντράς, με ρώτησε: «Γιατί όλη αυτή η πειθαρχία, οι κανόνες και οι υποχρεώσεις; Ακόμα και η αφοσίωση στο Θεό είναι άχρηστη. Όλα αυτά τα πράγματα είναι για τους αδύναμους νοητικά ανθρώπους. Χρειάζεται μόνο να σκέφτεσαι συνέχεια "Είμαι Αυτό, είμαι Αυτό" και θα συνειδητοποιήσεις αυτήν την Αλήθεια κάποια μέρα».

«Νομίζω πως έχεις παραβλέψει ένα σημαντικό σημείο στη φιλοσοφία της Βεδάντα» αποκρίθηκα. «Όλα τα κείμενα και οι δάσκαλοι αυτής της φιλοσοφικής σχολής επιμένουν ότι πριν κάποιος αρχίσει ακόμα και αυτή τη μελέτη, πρέπει να έχει ορισμένα χαρακτηριστικά. Ένα παιδί στο νηπιαγωγείο δεν μπορεί να κατανοήσει ένα βιβλίο του πανεπιστημίου. Μπορεί ακόμα και να διαστρέψει το νόημα. Με τον ίδιο τρόπο, πριν κάποιος αρχίσει τη μελέτη ή την πρακτική της Βεδάντα, ο νους πρέπει να έχει γίνει τόσο γαλήνιος ώστε να μπορεί να καθρεφτίσει την Αλήθεια. Η επιμονή σ' αυτήν την αντανάκλαση οδηγεί τον άνθρωπο στην γνήσια αλήθεια. Αν αυτή η αντανάκλαση δεν είναι ορατή, σε τι θα προσηλώσει κάποιος το νου του στο όνομα της Αλήθειας; Στις σκέψεις, στα συναισθήματα, στο σώμα; Ήδη δημιουργούμε αρκετή ταραχή με αυτό το μικρό, θνητό σώμα. Αν αρχίσουμε να σκεφτόμαστε ότι είμαστε το Υπέρτατο Ον, τι είναι αυτό που θα διστάσουμε να κάνουμε; Τι είναι ένας δαίμονας ή ένας δικτάτορας παρά κάποιος που νιώθει ότι ο μικρός του εαυτός είναι ίσος ή μεγαλύτερος από τον Θεό; Δεν υπάρχει ούτε ίχνος κακού στην Υπέρτατη Πραγματικότητα και κάποιος που δεν έχει εγκαταλείψει αυτές τις αρνητικές ποιότητες ,όπως λαγνεία, θυμό και απληστία δεν μπορεί να θεωρηθεί ότι έχει συνειδητοποιήσει την Αλήθεια. Ένας πιο ασφαλής δρόμος θα ήταν να θεωρεί κανείς τον εαυτό του παιδί μιας Συνειδητοποιημένης Ψυχής ή του Θεού. Για να ωφεληθούμε από αυτό, πρέπει να προσπαθούμε να πλησιάσουμε τον χαρακτήρα αυτής της Ψυχής. Μόνο αν μπορούμε να το κάνουμε αυτό, ο νους μας σταδιακά θα εξαγνιστεί, δεν θα ταράζεται από πάθη και θα φανεί η Αλήθεια, τότε και μόνο τότε!»

«Πραγματικά είσαι αδύναμος στο νου. Θα δεις όταν θα πάμε στον Μαχαράτζ. Θα σου πει να πετάξεις μακριά όλον αυτόν τον γλοιώδη συναισθηματισμό», μου είπε κάπως εκνευρισμένη. Είχα ήδη συναντήσει αρκετούς ανθρώπους όπως αυτή την κυρία και ήξερα ότι δεν είχε νόημα να διαφωνούμε, γι' αυτό παρέμεινα σιωπηλός.

Όταν φτάσαμε στη Βομβάη ένας φίλος μάς πήγε στο διαμέρισμα του Μαχαράτζ. Ο Μαχαράτζ ήταν έμπορος τσιγάρων στα νιάτα του. Μια μέρα ένας φίλος του τον πήρε να δει έναν διάσημο άγιο στη Βομβάη. Ο άγιος αυτός μύησε τον Μαχαράτζ σε ένα μάντρα και επίσης του είπε να εξαγνίσει το νου του, πετώντας όλες τις σκέψεις και να διατηρεί την αίσθηση της ύπαρξης ή το «Εγώ Είμαι». Εκείνος το εξάσκησε εντατικά τρία χρόνια και, μετά από πολλές μυστικιστικές εμπειρίες, συνειδητοποίησε ότι ο νους του είχε ενωθεί με την Υπερβατική Πραγματικότητα. Συνέχισε να μένει στη Βομβάη, κάνοντας την εργασία του και συμβούλευε όσους έρχονταν κοντά του για πνευματικά ζητήματα. Ήταν τότε πάνω από ογδόντα ετών και ζούσε με το γιο του σε ένα διαμέρισμα τριών δωματίων. Είχε επίσης δημιουργήσει ένα μικρό πατάρι στο καθιστικό όπου περνούσε την περισσότερη ώρα του. Τον συναντήσαμε εκεί.

«Ελάτε μέσα, ελάτε μέσα. Έρχεσαι από το Αρουνάτσαλα, έτσι δεν είναι; Το γράμμα σου ήρθε χτες. Απολαμβάνεις γαλήνη κοντά στον Μαχάρσι;» Ο Μαχαράτζ με ρώτησε πρόσχαρα, νεύοντάς μου να καθίσω δίπλα του. Αμέσως ένιωσα έντονη γαλήνη κοντά του, ένα σίγουρο σημάδι για μένα ότι ήταν μεγάλη ψυχή!

«Ξέρεις τι εννοώ όταν λέω γαλήνη;» με ρώτησε. «Όταν βάλεις ένα ντόνατ σε βραστό λάδι, θα βγουν πολλές φουσκάλες, μέχρι όλη η υγρασία να φύγει από το ντόνατ. Επίσης κάνει πολύ θόρυβο, έτσι δεν είναι; Τελικά επικρατεί ησυχία και το ντόνατ είναι έτοιμο. Η σιωπηλή κατάσταση του νου που επέρχεται με μια ζωή διαλογισμού λέγεται γαλήνη. Ο διαλογισμός είναι σαν το βραστό λάδι. Θα αναγκάσει όλα όσα είναι στο νου να βγουν έξω. Μόνο τότε επιτυγχάνεται η γαλήνη. Ήταν μια πολύ παραστατική και ακριβής εξήγηση της πνευματικής ζωής, παρόλο που είχα ακούσει και τόσες άλλες!

«Μαχαράτζ, σου έχω γράψει για τις πνευματικές πρακτικές που έχω κάνει μέχρι τώρα. Έχεις την καλοσύνη να μου πεις τι περισσότερο μένει να κάνω;» ρώτησα.

«Παιδί μου, έχεις κάνει περισσότερα από αρκετά. Είναι αρκετό να συνεχίσεις να επαναλαμβάνεις το Θεϊκό Όνομα μέχρι να φτάσεις στο στόχο σου. Η αφοσίωση στον Γκουρού είναι το δικό σου μονοπάτι, πρέπει να γίνει τέλεια και χωρίς διακοπές από σκέψεις. Ό,τι και να έρθει σε σένα δέξου το ως το θέλημα της χάρης Του για το καλό σου. Με δυσκολία μπορείς να καθίσεις, έτσι δεν είναι; Δεν πειράζει. Τα σώματα μερικών ανθρώπων αρρωσταίνουν όταν ασχοληθούν ειλικρινά με διαλογισμό και άλλες πνευματικές πρακτικές. Εξαρτάται από τον οργανισμό του καθενός. Δεν πρέπει να εγκαταλείψεις τις πρακτικές σου, αλλά να επιμείνεις μέχρι που να φτάσεις το στόχο σου ή μέχρι το σώμα να πεθάνει», είπε.

Γυρίζοντας προς την Ανάντα τη ρώτησε: «Τι είδους πνευματική πρακτική κάνεις;»

«Απλά σκέφτομαι όλη την ώρα ότι είμαι το Υπέρτατο Ον», απάντησε με έναν τόνο περηφάνιας.

«Ώστε έτσι; Δεν έχεις ακούσει ποτέ για τη Μιραμπάι; Ήταν μια από τις μεγαλύτερες αγίες που γεννήθηκαν ποτέ στην Ινδία. Από την παιδική της ηλικία, ένιωθε ότι ο Κύριος Κρίσνα ήταν ο Αγαπημένος της και περνούσε τις πιο πολλές από τις μέρες και τις νύχτες της λατρεύοντάς τον και ψάλλοντας ύμνους προς αυτόν. Στο τέλος είχε ένα μυστικιστικό όραμα Εκείνου και ο νους της ενώθηκε μαζί Του. Από τότε έψαλλε ύμνους για τη δόξα και την ευδαιμονία που δίνει η κατάσταση της Συνειδητοποίησης του Θεού. Στο τέλος της ζωής της μπήκε σε ένα ναό του Κρίσνα και εξαφανίστηκε μέσα στο ιερό. Πρέπει να περπατήσεις στο ίδιο μονοπάτι όπως εκείνη, αν θέλεις να επιτύχεις τη Συνειδητοποίηση», είπε ο Μαχαράτζ με χαμόγελο.

Η Ανάντα χλόμιασε. Ο Μαχαράτζ είχε κάνει σκόνη το βουνό της Βεδάντα της με ένα χτύπημα! Δεν μπορούσε να μιλήσει.

«Μπορεί να μιλήσω για τη Βεδάντα σε μερικούς ανθρώπους που θα έρθουν εδώ», ο Μαχαράτζ συνέχισε. «Δεν είναι για σένα και δεν θα πρέπει να δίνεις καμιά προσοχή τι λέω στους άλλους. Το βιβλίο με τους διαλόγους μου δεν θα έπρεπε να θεωρείται ως η τελευταία λέξη της διδασκαλίας μου. Έχω δώσει απαντήσεις σε συγκεκριμένους ανθρώπους. Εκείνες οι απαντήσεις απευθύνονταν σε εκείνους τους ανθρώπους και όχι στον καθένα. Οι οδηγίες μπορούν να δοθούν μόνο σε προσωπική βάση. Δεν μπορεί να χορηγηθεί το ίδιο φάρμακο σε όλους.

«Στις μέρες μας οι άνθρωποι είναι γεμάτοι από διανοητική έπαρση. Δεν πιστεύουν στις αρχαίες παραδοσιακές πρακτικές που οδηγούν στη Γνώση του Εαυτού. Τα θέλουν όλα σερβιρισμένα σε ασημένιο πιάτο. Το μονοπάτι της γνώσης τους φαίνεται ενδιαφέρον και γι' αυτό θέλουν να το ακολουθήσουν. Μετά ανακαλύπτουν ότι χρειάζεται περισσότερη συγκέντρωση από όση μπορούν να έχουν και σιγά σιγά, καθώς γίνονται πιο ταπεινοί, τελικά αναλαμβάνουν ευκολότερες πρακτικές, όπως η επανάληψη ενός μάντρα ή η λατρεία μιας μορφής. Σταδιακά η πίστη σε μια Δύναμη μεγαλύτερη από εκείνους αρχίζει να αναδύεται και μια γεύση αφοσίωσης ανθίζει στην καρδιά τους. Τότε μόνο θα είναι δυνατό γι' αυτούς να αποκτήσουν αγνότητα του νου και συγκέντρωση. Οι αλαζόνες θα πάνε από ένα πολύ μακρύτερο δρόμο. Επομένως, εγώ λέω ότι η αφοσίωση είναι αρκετή για σένα», ο Μαχαράτζ κατέληξε.

Ήταν η ώρα του μεσημεριανού φαγητού κι έτσι φύγαμε. Καθώς φεύγαμε με ρώτησε αν θα έμενα λίγες μέρες στη Βομβάη.

«Δεν ξέρω. Δεν έχω σχέδια» απάντησα. «Πολύ καλά. Τότε έλα απόψε το βράδυ εδώ μετά τις τέσσερις» είπε.

Το βράδυ με βρήκε πίσω στο δωμάτιο του Μαχαράτζ. Μου ζήτησε να καθίσω κοντά του. Αν και τον ήξερα μόνο λίγες ώρες, αισθανόμουν σαν παιδί του, ότι ήταν η μητέρα μου ή ο πατέρας μου. Ένας Ευρωπαίος ήρθε και έβαλε ένα χαρτονόμισμα μεγάλης αξίας μπροστά στον Μαχαράτζ.

«Σε παρακαλώ, πάρε το πίσω. Δεν με ενδιαφέρουν τα χρήματα κανενός. Ο γιος μου είναι εδώ και με τρέφει και φροντίζει τις ανάγκες μου. Όταν αποκτήσεις λίγη γαλήνη στο νου, θα υπάρχει αρκετός χρόνος για αυτά τα πράγματα. Πάρε τα χρήματά σου, πάρε τα!» αναφώνησε.

Με μεγάλη δυσκολία κάθισα και παρακολούθησα τι γινόταν εκεί μέχρι τις επτά. Αισθανόμουν πλήρως ευχαριστημένος και γαλήνιος και σκεφτόμουν ότι δεν μπορούσα να λάβω τίποτα παραπάνω από ό,τι ο Μαχαράτζ μου είχε πει. Σκεφτόμουν να πάω πίσω στο Αρουνάτσαλα την επόμενη μέρα. Του το είπα και ζήτησα την ευλογία του.

«Αν νιώθεις έτσι, τότε μπορείς να πας. Ξέρεις ποια είναι η ευλογία μου για σένα; Μέχρι που να αφήσεις το σώμα σου, είθε να έχεις πλήρη αφοσίωση και παράδοση στον Γκουρού σου.» Ο Μαχαράτζ με κοίταξε με συμπάθεια. Συγκινημένος από την καλοσύνη του άρχισα να κλαίω, αλλά συγκρατήθηκα. Ακόμα κι έτσι όμως λίγα δάκρυα κύλησαν στα μάγουλά μου. Χαμογέλασε και μου έδωσε ένα φρούτο. Μετά σηκώθηκε, πήρε ένα πελώριο ζευγάρι κύμβαλα και άρχισε να τραγουδά τραγούδια θρησκευτικής αφοσίωσης που υμνούσαν τον

Γκουρού του. Εγώ υποκλίθηκα μπροστά του και πήγα να ξεκουραστώ στο δωμάτιό μου. Δεν είχα δει την Ανάντα από το πρωί. Σκεφτόμουν ότι η ταπείνωση θα έπρεπε να ήταν μεγάλη για εκείνην και δεν ήθελε να δείχνει το πρόσωπό της. Επομένως προσπάθησα μόνος μου και κάπως τα κατάφερα να γυρίσω στο Αρουνάτσαλα, χωρίς την στεναχωρημένη, αλλά σοφότερη Ανάντα. ✎

Κεφάλαιο 6

Πηγαίνοντας στην Άμμα

Κατά τη διάρκεια των επόμενων λίγων μηνών στο Αρουνάτσα-λα σταμάτησα να κάνω προσπάθειες για τη βελτίωση της υγεί-ας μου. Ο Μαχαράτζ μου είχε πει ότι η αιτία ήταν πνευματική. Επίσης είχα ακούσει γι' αυτά τα πράγματα πριν. Ο Μαχάρσι είχε μια φορά εξηγήσει σε ένα πιστό ότι, αν και η ενέργεια της ζωής κυλάει προς τα έξω μέσω των αισθήσεων στους περισ-σότερους ανθρώπους, ένας πνευματικός αναζητητής πασχίζει να την στρέψει πίσω και να την κάνει να συγχωνευθεί με την πηγή της ξανά. Αυτό προξενεί ένταση στα νεύρα, κάτι σαν να δημιουργείς ένα φράγμα σε ένα ποταμό. Η ένταση μπορεί να εκδηλωθεί με πολλούς τρόπους, όπως πονοκεφάλους, πόνους στο σώμα, πεπτικά προβλήματα, καρδιακά προβλήματα και άλλα συμπτώματα. Η μόνη θεραπεία είναι να επιμείνει κανείς στην πρακτική του.

Έτσι εγκατέλειψα τη συνεχή προσπάθεια για θεραπεία και αυτό είχε ως αποτέλεσμα πολλή γαλήνη στο νου. Έμενα την περισσότερη ώρα στο κρεβάτι, συνέχιζα να επαναλαμβά-νω το μάντρα μου, όπως με είχε συμβουλεύσει ο Μαχαράτζ, και περίμενα να δω τι μου επιφυλάσσει το μέλλον. Αν ήταν θάνατος ή ζωή, αυτό ήταν στα χέρια του Ραμάνα.

Μια νύχτα είδα ένα πολύ ζωντανό όνειρο, το τελευταίο όνειρο που είδα με τον Μαχάρσι. Ήμουν στο άσραμ, κοντά στο νοσοκομείο εκεί. Ένα μεγάλο πλήθος από πιστούς τριγύριζαν περιμένοντας κάτι. Ρώτησα τι συμβαίνει και μου είπαν ότι ο Ραμάνα ήταν στο νοσοκομείο και θα έβγαινε γρήγορα. Ένας άνθρωπος ήρθε κοντά και μου πρόσφερε μια ταμπλέτα για τη βελτίωση της υγείας μου. «Όχι, ευχαριστώ, έχω δοκιμάσει όλα τα φάρμακα και τίποτα δεν βοηθά», του είπα. Ακριβώς τότε η μπροστινή πόρτα του νοσοκομείου άνοιξε και ο Μαχάρσι βγήκε έξω και κάθισε στο έδαφος μπροστά από το νοσοκομείο σε μια ανοιχτή αυλή. Πήγα κι έκανα μια βαθιά υπόκλιση μπροστά του. Καθώς έσκυβα, έβαλε το χέρι του στο κεφάλι μου και το πέρασε πάνω από τη σπονδυλική μου στήλη μέχρι το μέσον της πλάτης. Μετά σήκωσα το βλέμμα και είδα το λαμπερό του πρόσωπο. Χαμογέλασε και είπε: «Δεν ξέρω πόσο πολύ υποφέρεις; Μην ανησυχείς.» Εγώ τότε σηκώθηκα, γιατί σκέφτηκα ότι και άλλοι άνθρωποι θα ήθελαν να πάνε κοντά του κι εκείνη τη στιγμή ξύπνησα. Αν και δεν το ήξερα εκείνη την ώρα, οι καταστάσεις σύντομα θα είχαν μια πολύ απροσδόκητη εξέλιξη.

Λίγες μέρες αργότερα ένα χτύπημα ακούστηκε στην πόρτα μου.

«Μπορώ να περάσω;» ακούστηκε η φωνή ενός νεαρού άνδρα.

«Ναι, πέρασε,» του είπα.

«Ίσως μπορείς να με βοηθήσεις. Έρχομαι από την Κεράλα. Μια νεαρή γυναίκα με έστειλε εδώ στο Τιρουβαναμαλάι και μου είπε να πάρω όρκο σιωπής για σαράντα μία ημέρες. Επίσης μου είπε να αποφύγω αυστηρά τη συντροφιά των γυναικών όσο θα είμαι εδώ. Προσπάθησα να βρω κατάλυμα στο λόφο σε μια σπηλιά, αλλά ο μοναχός που μένει εκεί περνάει πολύ ώρα μιλώντας με τους επισκέπτες από την πόλη για τις ερωτικές υποθέσεις διαφόρων ανθρώπων. Έφυγα τρέχοντας και ψάχνω ένα μέρος να μείνω έτσι ώστε να μπορέσω να εκπληρώσω τον όρκο μου. Ξέρεις κανένα τέτοιο μέρος;» με ρώτησε.

222

Τον κοίταξα προσεκτικά. Έμοιαζε λίγο με τον Ράτναμτζι, όπως φανταζόμουν ότι θα ήταν σ' αυτήν την ηλικία. Πρέπει να ήταν περίπου είκοσι πέντε χρόνων. Φαινόταν να ήταν σοβαρός με τον διαλογισμό.

«Υπάρχει άλλο ένα σπίτι δίπλα σ' αυτό. Ανήκε στον πνευματικό μου οδηγό. Τώρα εκείνος δεν υπάρχει πλέον. Μπορείς να μείνεις εκεί», του είπα. Καθώς έλεγα αυτά τα λόγια, είχα την αίσθηση ότι θα ξεσπούσα σε δάκρυα χωρίς φανερό λόγο. Για την ακρίβεια τα μάτια μου ήταν γεμάτα δάκρυα και αισθάνθηκα ξαφνικά ένα κύμα αγάπης να γεμίζει την καρδιά μου. Δεν μπορούσα να μιλήσω για λίγα λεπτά και αναρωτιόμουν ποια ήταν η γυναίκα που είχε στείλει αυτό το αγόρι εδώ. Θα πρέπει σίγουρα να ήταν μια μεγάλη αγία. Με κάποιο άγνωστο τρόπο, η δύναμή της με είχε ευλογήσει τη στιγμή που πρόσφερα κατάλυμα σ' αυτό το παιδί της. Αν και μπορεί να μην ακούγεται πολύ λογικό, αυτό είναι το συμπέρασμα που έβγαλα εκείνη τη στιγμή. Αργότερα αποδείχτηκε ότι ήταν εντελώς σωστό!

Αφού τον βοήθησα να εγκατασταθεί στο σπίτι, του έδωσα κάτι να φάει. Είδα πως δεν είχε ρολόι και του έδωσα ένα παραπανίσιο ώστε να ξέρει την ώρα για να τηρεί το καθημερινό του πρόγραμμα. Καθώς του έφερνα το ρολόι, τα μάτια μου έπεσαν σε ένα κομποσκοίνι, το οποίο σκέφτηκα πως θα του ήταν χρήσιμο και του το έδωσα κι αυτό.

«Όταν έφευγα από την Άμμα, της ζήτησα ένα ρολόι και ένα κομποσκοίνι. Με μάλωσε και μου είπε ότι θα έπρεπε να ζητάω μόνο το ύψιστο αγαθό, που είναι ο Θεός. Επίσης μου είπε ότι θα έβρισκα τα πράγματα που θα χρειαζόμουν για τις πρακτικές μου χωρίς να τα ζητήσω. Τώρα εσύ μού δίνεις ακριβώς αυτά τα πράγματα», είπε φανερά συγκινημένος.

«Ποια είναι η Άμμα;» ρώτησα με λίγη περιέργεια.

«Υπάρχει ένα μικρό ψαροχώρι στην Κεράλα, περίπου τριάντα μίλια βόρεια από την πόλη Κιλόν. Είναι ένα νησί ανάμεσα στην Αραβική θάλασσα στα δυτικά και τη λιμνο-θάλασσα στα ανατολικά. Η Άμμα είναι η κόρη ενός από τους χωρικούς εκεί. Για περίπου πέντε ή έξι χρόνια τώρα θεραπεύει πολλούς ανθρώπους από αθεράπευτες αρρώστιες, όπως καρκί-νο, παράλυση και λέπρα με τις πνευματικές της δυνάμεις. Οι άνθρωποι έρχονται σ' αυτήν με όλων των ειδών τα εγκόσμια προβλήματα και αυτά με κάποιο τρόπο λύνονται με τις ευλο-γίες της. Τρεις φορές την εβδομάδα κάθεται όλη τη νύχτα και δέχεται ανθρώπους. Τότε αποκαλύπτει την ταυτότητά της ως Κρίσνα και Θεϊκή Μητέρα.

«Τι εννοείς μ' αυτό;» τον διέκοψα. Καταλαμβάνεται από κάποια θεϊκή δύναμη εκείνη την ώρα;»

«Λοιπόν, υποθέτω ότι εξαρτάται από το τι θέλεις να πιστέψεις. Όσο για μένα, είναι η ίδια η Θεϊκή Μητέρα. Αλλά οι χωρικοί πιστεύουν ότι ο Κρίσνα την κατέχει το πρώτο μισό της νύχτας και μετά η Ντέβι ή η Θεϊκή Μητέρα έρχεται για το υπόλοιπο της νύχτας. Πριν και μετά, φαίνεται να είναι ένα εντελώς διαφορετικό πρόσωπο και δεν θυμάται τι είπε εκείνη την ώρα», μου εξήγησε.

Είχα δει πολλούς τέτοιους ανθρώπους μέσα στα χρόνια, ενώ ταξίδευα με τον Αβαντχουτέτρατζι και με τον Ράτναμτζι. Μερικοί ήταν χωρίς αμφιβολία κανάλια για τη θεϊκή δύναμη, αλλά επειδή ο νους τους ήταν διαφόρων βαθμών καθαρότητας, δεν μπορούσε κανείς να πάρει τα λόγια τους σαν ευαγγέλιο. Η συνηθισμένη τους συνειδητότητα φαινόταν να αναστέλλεται για λίγο και μετά δεν θυμόνταν τι έκαναν ή τι είπαν. Όμως, πραγματικά, αντλούν κάποιου είδους ωφέλεια από αυτή την παροδική επαφή τους με το Θείο, με τη μορφή ενόρασης διαφόρων βαθμών. Αλλά είχα ζήσει με πραγματικούς αγίους. Γιατί να θέλω να δω ένα τέτοιο πρόσωπο; Θα μπορούσε ίσως να με βοηθήσει να ξαναβρώ λίγη υγεία για να μη χρειάζεται να είμαι ξαπλωμένος στο κρεβάτι όλη την ώρα. Με αυτήν τη

224

σκέψη είπα στο νεαρό άνδρα για την κατάστασή μου και τον ρώτησα αν η Άμμα θα μπορούσε να κάνει κάτι για μένα. «Θα της γράψω και ελπίζω να απαντήσει. Αλλά μόνο μετά από τις σαράντα μία ημέρες του όρκου μου μπορώ να σε πάω εκεί». Μετά μου μίλησε για μερικές από τις περιπτώσεις που είχε θεραπεύσει. Ένας ήταν ένας λεπρός που είχε πληγές που έβγαζαν πύον από το κεφάλι μέχρι τα πόδια. Ήταν πιο πολύ νεκρός παρά ζωντανός. Για την ακρίβεια τα αδέλφια του είχαν ήδη πεθάνει από την ίδια ασθένεια. Τα μάτια του, τα αυτιά του και η μύτη του μόλις που διακρίνονταν εξαιτίας του καταστρεπτικού αποτελέσματος της ασθένειας. Η δυσωδία που έβγαινε από το σώμα του ήταν τόση, ώστε έπρεπε να αφήνει το κύπελο της ζητιανιάς περίπου σαράντα πέντε μέτρα από εκεί που στεκόταν, έτσι ώστε αυτοί που τον λυπόντουσαν να του βάλουν μέσα λίγο φαγητό. Μια μέρα, κάποιος του είπε ότι υπήρχε μια γυναίκα που εκδήλωνε θεϊκή δύναμη σε ένα διπλανό χωριό και ότι ίσως μπορούσε να τον βοηθήσει.

Με τη σκέψη ότι δεν θα έχανε τίποτα, πήγε εκεί, αλλά δίσταζε να πάει κοντά στο πλήθος. Η Άμμα που καθόταν μέσα στο ναό ως Ντέβι, τον εντόπισε στο βάθος, σηκώθηκε πάνω και τον φώναξε: «Ω, γιε μου, μην ανησυχείς. Έρχομαι». Έτρεξε κοντά του, τον αγκάλιασε παρηγορητικά και του είπε λόγια που του έδωσαν θάρρος. Εκείνος έτρεμε σαν το φύλλο, φοβόταν τι θα μπορούσε να συμβεί σε εκείνην αλλά και στον ίδιον. Τον έλουσε με δοχεία νερό, ενώ στεκόταν εκεί φορώντας τα ρούχα του και τελικά άλειψε με χούφτες ιερή στάχτη όλο του το σώμα. Τον συμβούλευσε να έρχεται κάθε βδομάδα, τις τρεις νύχτες που Εκείνη θα ήταν στο ναό. Μετά πήγε και άλλαξε τα ρούχα της που είχαν λερωθεί με πύον από τις πληγές του και κάθισε όλη την υπόλοιπη νύχτα να φροντίσει όλους τους άλλους.

Ο λεπρός ερχόταν τακτικά τις επόμενες έξι εβδομάδες και εκείνη τον φρόντιζε με τον ίδιο τρόπο. Μετά από τις έξι εβδομάδες οι πληγές του σταμάτησαν να πυορροούν και άρχισε να θεραπεύεται. Τώρα είναι τελείως θεραπευμένος από την αρρώστια του, αλλά υπάρχουν οι ουλές στο δέρμα του. Αν η Άμμα δει έστω και μια μικρή αμυχή στο δέρμα του, τη γλύφει και αυτή έχει κλείσει μέχρι την επόμενη μέρα.

Σαράντα μία ημέρες αργότερα, ο καινούργιος μου φίλος ο Τσαντρού κι εγώ ήμασταν μέσα στο τρένο που πήγαινε στην Κεράλα, περίπου πεντακόσια μίλια νοτιοδυτικά του Αρουνάτσαλα. Το τοπίο ήταν συναρπαστικό. Η Κεράλα θεωρείται ο κήπος της Ινδίας. Όπου κι αν κοιτάξει κανείς οργιάζει η βλάστηση. Μπορείς να δεις δέντρα μπανάνας και καρύδας να φυτρώνουν σε κάθε αυλή. Η συγκεκριμένη περιοχή όπου ζούσε η Άμμα ήταν ένα πυκνό δάσος από καρύδες, τόσες πολλές που δεν μπορούσαν να μετρηθούν και απλωνόταν για μίλια προς όλες τις κατευθύνσεις. Ήταν σαν επίγειος Παράδεισος, τελείως αντίθετος από το ξηρό, ζεστό κλίμα του Τιρουβαναμαλάι. Μόλις κατεβήκαμε από το τρένο, αγοράσαμε μερικά φρούτα και άλλα τρόφιμα για να τα δώσουμε στην Άμμα και πήραμε ένα ταξί για τα υπόλοιπα δέκα μίλια που έμεναν μέχρι το χωριό της. Ευτυχώς ο Τσαντρού με συνόδευε, γιατί αλλιώς δεν θα μπορούσα να είχα κάνει αυτό το ταξίδι. Ήμουν τόσο αδύναμος, ώστε με δυσκολία μπορούσα να κάνω λίγα βήματα.

Καθώς ο Τσαντρού είχε να δει την Άμμα δυο μήνες, φανταζόμουν ότι θα ήθελε να περάσει λίγο χρόνο μόνος μαζί της, χωρίς να αποσπάται από την παρουσία μου. Κάθισα στη βεράντα ενός κοντινού σπιτιού και του είπα να προχωρήσει και να γυρίσει να με πάρει μετά από όσο χρόνο ήθελε να περάσει μαζί της. Προς έκπληξή μου, όμως, γύρισε μέσα σε λίγα λεπτά και μπροστά του πήγαινε μια νεαρή γυναίκα ντυμένη με λευκή φούστα και μπλούζα και με ένα λευκό σάλι στο κεφάλι της. Είχα δει μόνο μια μικρή φωτογραφία της Άμμα, βγαλμένη λίγα χρόνια πριν. Δεν την αναγνώρισα ως το ίδιο πρόσωπο.

Η Άμμα σε σαμάντι (πνευματική έκσταση) – 1978

Σηκώθηκα όμως επάνω και όταν ο Τσαντρού είπε: «Αυτή είναι η Άμμα», υποκλίθηκα μπροστά της. Εκείνη πρότεινε τα χέρια της για να πιάσει τα δικά μου, αλλά εγώ δίσταζα. Για δώδεκα χρόνια δεν είχα αγγίξει γυναίκα ούτε είχα επιτρέψει σε καμιά γυναίκα να με αγγίξει. Αυτό ήταν μέρος της πειθαρχίας που θεωρείται δεδομένη για έναν άγαμο μοναχό. Τώρα τι να έκανα; Κοίταξα απεγνωσμένα γύρω και εντόπισα τα φρούτα που είχα φέρει για εκείνην. Τα έβαλα στα χέρια της, ανακουφισμένος που είχα βρει μια λύση στο πρόβλημα. Η ανακούφισή μου, όμως, ήταν μόνο για λίγο. Εκείνη έδωσε τα φρούτα στον Τσαντρού και άπλωσε ξανά τα χέρια της. Επαναλαμβάνοντας το όνομα του Θεού και θεωρώντας την αγία μάλλον παρά μια συνηθισμένη γυναίκα, έβαλα τα χέρια μου στα δικά της κι εκείνη με οδήγησε σ' ένα μικρό ναό, όπου περνούσε τον περισσότερο χρόνο της. Δεν ήταν ούτε τρία τετραγωνικά μέτρα και είχε μόνο ένα είδος σκαμνιού ή καθίσματος στο κέντρο. Οι τοίχοι ήταν καλυμμένοι από εικόνες ινδουιστικών θεών και αγίων. Δεν φαινόταν να υπάρχει μια κεντρική μορφή τοποθετημένη για τη λατρεία. Η Άμμα πήρε μια κόκκινη σκόνη και πίεσε το σημείο ανάμεσα στα φρύδια μου, στο μέρος όπου οι γιόγκι λένε ότι βρίσκεται το τρίτο μάτι ή το μάτι της ενόρασης. Το χέρι της παλλόταν όλη την ώρα. Ένιωσα ένα είδος μέθης, αλλά με δυσκολία μπορούσα να σταθώ για περισσότερο από πέντε λεπτά.

Μετά, με οδήγησε σε ένα αχυρένιο υπόστεγο κοντά στο ναό, όπου ο Τσαντρού και η Άμμα κάθισαν να μιλήσουν. Εγώ ξάπλωσα κάτω και την παρατηρούσα προσεκτικά. Ήταν δεν ήταν πέντε πόδια ψηλή, με μικροσκοπικά χέρια και πόδια και με σκούρο δέρμα. Δεν ήταν πάνω από είκοσι πέντε χρόνων. Δεν μπορούσα να αντιληφθώ καμιά λάμψη ή φως που λάμπει συνήθως στο πρόσωπο ενός μεγάλου αγίου. Για την ακρίβεια το πρόσωπό της φαινόταν ένα συνηθισμένο ανθρώπινο πρόσωπο. Ήταν πολύ στοργική στον Τσαντρού σαν να ήταν μητέρα του.

Έμεινα ξαπλωμένος εκεί για λίγες ώρες και είπα στον Τσαντρού: «Κοίτα, μιλάς πολλή ώρα. Ήδη έχει περάσει το μεσημέρι. Δεν σκέφτεσαι ότι η Άμμα μπορεί να πεινάει; Το πρωί όταν είχε βάλει το δάχτυλό της ανάμεσα στα φρύδια μου στο ναό, την ένιωσα να τρέμει, σαν ένας άνθρωπος που είναι αδύναμος από την πείνα. Μπορεί να νιώθει πολύ αδύναμη. Γιατί δεν της δίνεις να φάει κάτι;»

Ο Τσαντρού μετάφρασε αυτά που είχα πει στην Άμμα και γέλασαν και οι δυο με την καρδιά τους.

«Το τρεμούλιασμα δεν οφείλεται σε αδυναμία. Είναι εκεί πάντοτε. Οφείλεται στη δύναμη που δονείται συνέχεια μέσα της. Κοίταξε τα χέρια της προσεκτικά. Πάντα κινούνται ελαφρά με αυτόν τον τρόπο. Δεν έχει να κάνει με αρρώστια ή αδυναμία», ο Τσαντρού απάντησε.

Πήγαμε μέσα σε ένα σπίτι που βρισκόταν δίπλα στο ναό. Μου είπαν ότι εκεί ζούσαν οι γονείς της και τα άλλα τους παιδιά. Φαίνεται ότι εκείνη προτιμούσε να ζει μόνη στο ναό ή έξω στην άμμο. Μου είπαν ότι ακόμα και την εποχή των βροχών μπορούσε κανείς να τη βρει να κοιμάται ή να κάθεται μέσα στη βροχή, ξεχνώντας το σώμα της. Ήρθε και κάθισε πίσω μου και έβαλε το χέρι της ακριβώς στο σημείο της σπονδυλικής μου στήλης, όπου εντοπιζόταν ο μεγαλύτερος πόνος.

Γυρίζοντας προς εμένα η Άμμα είπε: «Γιέ μου, όλοι πρέπει να υποφέρουν τα αποτελέσματα των προηγούμενων πράξεών τους. Υποφέρεις τώρα εξαιτίας κακών πράξεων στην προηγούμενη γέννησή σου. Αλλά όλα είναι τελικά μόνο για το καλό σου. Νομίζω ότι κανένας γιατρός δεν θα μπορέσει να βρει την αιτία γι' αυτήν την αρρώστια. Έρχεται με τη θέληση του Θεού για να σε κάνει να πας ψηλότερα στην πνευματική ζωή. Θα ήταν λάθος για την Άμμα να την θεραπεύσει. Αν υπομείνεις την αρρώστια σου με χαρά ως προερχόμενη από το Θεό και κλάψεις για Εκείνον, προσηλώνοντας το νου σου σ' Εκείνον, τότε δεν θα χρειαστεί να γεννηθείς ξανά. Από τη άλλη, αν η Άμμα πάρει αυτό το πρόβλημα από εσένα, θα πρέπει σίγουρα να γεννηθείς ξανά και να υποφέρεις ακόμα περισσότερο απ' ότι τώρα». Ο Τσαντρού τότε ζήτησε λίγο ζεστό νερό και έφτιαξε με σκόνη λίγο γάλα για μένα και μου έδωσε λίγο ψωμί.

«Για πόσο καιρό κάνεις αυτήν τη διατροφή;» ρώτησε η Άμμα.

«Για περίπου τρεις μήνες. Ό,τι και να φάω προκαλεί δυνατό πόνο στην κοιλιά. Ακόμα και αυτό προκαλεί πόνο, αλλά κάτι πρέπει να φάω, έτσι δεν είναι;» απάντησα. Με έβαλαν σε ένα δωμάτιο του σπιτιού με ένα ράντσο. Εξαντλημένος αποκοιμήθηκα και ξύπνησα στη μέση της νύχτας για να δω τον Τσαντρού και την Άμμα να κουβεντιάζουν στο δωμάτιο. Μου έδωσε ξανά κάτι να φάω και ξανακοιμήθηκα. Όταν ξύπνησα στις τέσσερις , τους βρήκα ακόμη να μιλάνε. Δεν κοιμάται; Αναρωτήθηκα. Αργότερα έμαθα ότι πραγματικά κοιμόταν συνήθως μόνο δύο ή τρεις ώρες, είτε κατά τη διάρκεια της μέρας είτε τη νύχτα, όποτε ήταν βολικό.

Το επόμενο πρωί ο Τσαντρού και η Άμμα ήρθαν και κάθισαν κοντά μου και άρχισαν να μιλούν.

«Ποια είναι η πνευματική πρακτική που κάνεις;» με ρώτησε.

«Επαναλαμβάνω το Θεϊκό Όνομα και επίσης κάνω Αυτοεξέταση. Πιστεύεις ότι είναι απαραίτητο να μυηθώ σε ένα μάντρα; Υπάρχει διαφορά ανάμεσα στην επανάληψη του ονόματος του Θεού και στο μάντρα που δίνεται από ένα Γκουρού;» ρώτησα.

«Με την επανάληψη του ονόματος του Θεού μπορεί κανείς χωρίς αμφιβολία να συνειδητοποιήσει το Θεό, αλλά η μύηση από ένα Γκουρού θα δώσει στον μαθητή δυνατή πίστη για να

Ο παλιός ναός του ντάρσαν και το σπίτι της Άμμα – 1979

συνεχίσει την πρακτική του με εμπιστοσύνη ότι έχει τη δύναμη του Γκουρού πίσω του», απάντησε η Άμμα. «Περπατάς στο μονοπάτι της γνώσης πολύ καιρό και ακόμα δεν έχεις επιτύχει αυτό που ξεκίνησες να κατακτήσεις. Γιατί δεν προσπαθείς να κλάψεις στο Θεό ή στον Γκουρού σου τον Ραμάνα; Μπορεί να επιτύχεις μ' αυτόν τον τρόπο».

«Πώς είναι δυνατόν να κλάψω χωρίς λόγο; Πρέπει να υπάρχει μια αιτία για να κλάψει κανείς, έτσι δεν είναι;» τη ρώτησα.

«Δεν είναι η αρρώστια σου αρκετός λόγος; Με δυσκολία μπορείς να κινηθείς και πρέπει να είσαι ξαπλωμένος στο κρεβάτι όλη την ώρα. Δεν μπορείς ούτε να φας. Θα έπρεπε να πάρεις μια φωτογραφία του Γκουρού σου, να την έχεις κοντά σου και να κλαις σ' αυτόν να σου αποκαλυφθεί και να σου πάρει όλη τη θλίψη σου. Προσπάθησε δεν είναι αδύνατο, όπως το νομίζεις», μου είπε. «Πρέπει να πάμε στο σπίτι ενός από τους συγγενείς μας στην άλλη άκρη του νησιού. Θα γυρίσω πίσω μέσα σε δυο τρεις ώρες». Λέγοντας αυτά, σηκώθηκε και έφυγε με τη μητέρα της.

Τέσσερις ώρες είχαν περάσει και η Άμμα δεν είχε ακόμα γυρίσει. Ήθελα να φάω και ζήτησα από τον Τσαντρού να μου δώσει τα συνηθισμένα, γάλα και ψωμί. Την ώρα που έβαζα το κουτάλι στο στόμα μου, άρχισα να κλαίω. «Τι είναι αυτό;» σκέφτηκα και έβαλα κάτω το κουτάλι. Το κλάμα σταμάτησε. Έβαλα ξανά το κουτάλι στο στόμα μου και ξανάρχισε το κλάμα. Προσπάθησα τρεις τέσσερις φορές αλλά επαναλαμβανόταν το ίδιο πράγμα. Ο Τσαντρού με κοίταζε με την ανησυχία ζωγραφισμένη στο πρόσωπό του.

«Πονάει πολύ το στομάχι σου;» με ρώτησε.

«Όχι, δεν ξέρω τι είναι. Ξαφνικά η εικόνα της Άμμα άστραψε στο νου μου και άρχισα να κλαίω σαν μωρό. Ένιωσα μια τεράστια νοσταλγία και ανησυχία να την δω εκείνη τη στιγμή. Ίσως εκείνη έχει κάνει κάτι για να με κάνει να νιώσω έτσι», απάντησα.

«Θα καθίσω έξω στον ήλιο και θα επαναλαμβάνω το μάντρα μου. Ίσως αυτό την κάνει να επιστρέψει γρηγορότερα», είπε ο Τσαντρού και βγήκε έξω. Σηκώθηκα και πήγα στο διπλανό δωμάτιο. Μια φωτογραφία της Άμμα κρεμόταν εκεί. Μόλις τα μάτια μου έπεσαν επάνω της, άρχισα να κλαίω. Ένιωθα σαν να έβλεπα τον Θεό στη φωτογραφία. Ο πυρήνας της ύπαρξής μου είχε ταρακουνηθεί και ο νους μου ήταν καρφωμένος εκεί. Πήγα πίσω και κάθισα στο κρεβάτι.

Ακριβώς εκείνη τη στιγμή η μητέρα της Άμμα μπήκε τρέχοντας στο δωμάτιο. «Η Άμμα έρχεται. Ήμασταν στην άλλη μεριά της λιμνοθάλασσας και δεν μπορούσαμε να βρούμε βάρκα για να μας φέρει εδώ. Η Άμμα άρχισε να φωνάζει: "Ο Τσαντρού κάθεται εκεί στον καυτό ήλιο και ο Νιλ κλαίει για να με δει. Αν δεν βρεις σύντομα μια βάρκα, θα πάω κολυμπώντας!" Κάπως τα καταφέραμε και βρήκαμε μια βάρκα σύντομα μετά από αυτό». Λέγοντας αυτά, κοίταξε το δακρύβρεχτο πρόσωπό μου με απορία. Η Άμμα μπήκε μέσα στο δωμάτιο ακριβώς εκείνη τη στιγμή.

«Κλαις;» με ρώτησε αθώα σαν να μην ήξερε τίποτα. Δεν μπορούσα να σηκώσω το κεφάλι μου να την κοιτάξω. Με είχε ταπεινώσει και ένιωθα ένα τίποτα μπροστά της. Ο νους και η καρδιά μου ήταν παιχνίδια στα χέρια της. Ο Τσαντρού ήρθε μέσα και της διηγήθηκε τι είχε συμβεί ενόσω έλειπε. Εγώ δεν είχα διάθεση να μιλήσω και καθόμουν σιωπηλός περιμένοντας.

«Σήμερα είναι το Ντάρσαν. Πολλοί άνθρωποι θα έρθουν εδώ για να δουν τον Κρίσνα και τη Θεϊκή Μητέρα. Τώρα θα αρχίσουν τα μπάτζαν. Τσαντρού, δείξε στο Νιλ πού να καθίσει όταν αρχίσει το Μπάβα». Η Άμμα έδωσε αυτές τις οδηγίες και βγήκε από το δωμάτιο. Ντάρσαν ήταν η ευλογία που η Άμμα έδινε στους ανθρώπους τρεις νύχτες την εβδομάδα και Μπάβα ήταν η λέξη της για την μεταμόρφωση που της συνέβαινε εκείνες τις ώρες.

Τα μπάτζαν συνεχίστηκαν για περίπου μια ώρα και η Άμμα σηκώθηκε και μπήκε μέσα στο ναό. Ο Τσαντρού μου είπε να καθίσω στη βεράντα του ναού για να μπορώ να βλέπω καθαρά τι συνέβαινε. Η Άμμα τότε τραγούδησε έναν ύμνο που απευθυνόταν στον Κρίσνα και, όταν είχε φτάσει περίπου στη μέση, το σώμα της ξαφνικά άρχισε να τρέμει. Αισθάνθηκα σαν ένα αόρατο κύμα δύναμης να βγαίνει από το ναό και να με παρασύρει. Οι τρίχες μου ήταν όρθιες και ένιωθα γεμάτος από πνευματική ευδαιμονία. Το βάρος στην καρδιά μου, που ήταν εκεί από την παρατεταμένη αρρώστια μου, εξαφανίστηκε σε μια στιγμή. Ο Τσαντρού ήρθε και με πήρε μέσα στο ναό.

Η Άμμα στεκόταν εκεί στη γωνία. Ήταν ντυμένη σαν Κρίσνα και φορούσε μια μικρή κορώνα, που είχε ακόμα και ένα φτερό παγωνιού επάνω. Δεν ήταν απλά μια ενδυμασία. Το πρόσωπό της έλαμπε με Θεϊκό Μεγαλείο και ένιωθε κανείς ότι βλέπει τον ίδιο τον Κρίσνα. Ο Τσαντρού με έσπρωξε κοντά της. Εκείνη με αγκάλιασε με στοργή και πέρασε το χέρι της κατά μήκος της πονεμένης σπονδυλικής μου στήλης. Ολόκληρο το σώμα της δονούνταν με μια εκπληκτική ταχύτητα. Τότε με κοίταξε κατευθείαν στα μάτια. Εκείνα τα μάτια, πού είχα δει τέτοια μάτια; Ο Ράτναμτζι είχε τέτοια μάτια τις στιγμές που ήταν απορροφημένος, ο Ραμάνα είχε τέτοια μάτια πάντα. Ήταν τα μάτια του ανθρώπου που είναι ένα με την Υπέρτατη Πραγματικότητα, που με ένα τρόπο χορεύει γεμάτος γαλήνη, γεμάτος εσωτερική ευδαιμονία. Εκείνη με αγκάλιασε ξανά με στοργή και ξέσπασα σε δάκρυα!

Αν ο Θεός υπήρχε στη γη, τότε ήταν στο πρόσωπο της Άμμα. Είχα επιτέλους φτάσει στο Θησαυρό των θησαυρών. Μου έγνεψε να σταθώ κοντά της. Από εκεί, παρακολουθούσα πώς φρόντιζε τον κάθε άνθρωπο που ερχόταν κοντά της.

Αγκάλιαζε στοργικά τον καθένα και πίεζε το δάχτυλό της ανάμεσα στα φρύδια τους για μια στιγμή. Μετά τους έδινε ένα κομμάτι μπανάνα να φάνε και λίγο αγιασμένο νερό να πιούν και τους έλεγε ενθαρρυντικά λόγια. Αν είχαν κάποια αρρώστια τους άγγιζε στο πονεμένο μέρος. Τα μικρά παιδιά είχαν την άδεια να πάνε πρώτα κοντά της στο ναό. Έρχονταν πρώτα από όλα για τη μπανάνα! Η έκφραση της Θεϊκής Ευδαιμονίας και η ακλόνητη γαλήνη δεν άλλαξαν στην Άμμα ούτε για ένα λεπτό. Στεκόταν εκεί για πέντε ή έξι ώρες μέχρι που και ο τελευταίος άνθρωπος έλαβε το Ντάρσαν της. Δεν υπήρχε βιασύνη. Έδειχνε την ίδια υπομονή και φροντίδα για τους άνδρες όσο και για τις γυναίκες, για τα παιδιά όσο και για τους ηλικιωμένους, για τους φτωχούς όσο και για τους πλούσιους. Αυτή ήταν μια πραγματικά ισότιμη αντιμετώπιση. Είχε τέλεια συνείδηση και επίγνωση για το κάθε τι που συνέβαινε. Δεν υπήρχε τίποτα κοινό με ανθρώπους που είχα δει και είχαν γίνει αποδέκτες της Θείας χάρης. Εκεί ήταν μια Συνειδητοποιημένη στο Θεό Ψυχή, εδραιωμένη σε τέλεια ηρεμία πνεύματος. Τι θαύμα που ήταν το ότι μπορούσε να κρύβει τον εαυτό της τόσο τέλεια, ώστε κανένας να μην μπορεί να καταλάβει ποια ήταν ή τι ήταν! Καθόμουν εκεί έκπληκτος! Σ' αυτό το μικρό ψαροχώρι ζούσε ένα τέτοιο ον χωρίς να το γνωρίζει κανείς. Είχα ακούσει ότι τέτοιοι άνθρωποι υπάρχουν, που κρύβουν την ταυτότητά τους ως τελειοποιημένοι άγιοι. Τώρα έβλεπα κάποιον με τα μάτια μου. Είχα έρθει για λόγους υγείας. Τώρα ντρεπόμουν για τον εγωισμό και τις ταπεινές μου σκέψεις και αποφάσισα να ζητήσω καταφύγιο σ' αυτή τη Μεγάλη Ψυχή, για να μου δείξει το δρόμο προς τη Συνειδητοποίηση του Θεού.

Με μεγάλη απροθυμία βγήκα από τον ναό και ξάπλωσα στο σπίτι. Από τον πόνο και την αδυναμία δεν μπορούσα να καθίσω ή να σταθώ εκεί περισσότερο, αν κι επιθυμούσα να μείνω για πάντα. Στο τέλος του Κρίσνα Μπάβα, η Άμμα ήρθε

Η Άμμα το 1979

μέσα στο δωμάτιό μου μαζί με μερικούς άλλους πιστούς και κάθισαν στο πάτωμα. Σηκώθηκα από το κρεβάτι και ξάπλωσα στο πάτωμα. Ένιωσα πολύ ταπεινός να βρίσκομαι ξαπλωμένος σε ένα επίπεδο ψηλότερο απ' ό,τι καθόταν εκείνη.

«Σου άρεσε ο Κρίσνα;» ρώτησε.

«Άμμα, μας ξεγελάς. Προσποιείσαι ότι δεν ξέρεις τίποτα ενώ στην πραγματικότητα ξέρεις τα πάντα», απάντησα. Εκείνη γέλασε.

«Αλήθεια, δεν ξέρω τίποτα», είπε. «Είμαι μόνο ένα τρελό κορίτσι». Τρελό, πράγματι!

Μετά από μισή ώρα, η Άμμα ξαναμπήκε στο ναό. Αυτή τη φορά τραγούδησε ένα τραγούδι στην Ντέβι, τη Θεϊκή Μητέρα. Ξανά το σώμα της έτρεμε και μετά από λίγα λεπτά στεκόταν εκεί ως Κάλι, η άγρια εκδοχή της Θεϊκής Μητέρας. Αν και είναι η ίδια η Συμπόνια και η Χάρη, η Θεϊκή Μητέρα παίρνει άγρια μορφή για να ενσταλάξει το φόβο στο ανθρώπινο γένος, έτσι ώστε οι άνθρωποι να διορθώσουν με σοβαρότητα τα λάθη τους. Ένας καλός γονιός πρέπει να είναι στοργικός και γεμάτος αγάπη, αλλά συγχρόνως δεν θα πρέπει να διστάζει να τιμωρήσει ή να πειθαρχήσει ένα παιδί που παίρνει λάθος δρόμο. Αν το παιδί δεν έχει αίσθηση του φόβου και του σεβασμού για τους γονείς του, δεν θα διστάσει να κάνει ό,τι του αρέσει, καλό ή κακό. Οι αρχαίοι ποτέ δεν πίστευαν, όπως οι σημερινοί ψυχολόγοι, ότι θα πρέπει να επιτρέψουμε στα παιδιά να μεγαλώσουν όπως θέλουν, σαν αγριόχορτα. Η ζωή έχει ένα σκοπό και ένα στόχο και για να τον επιτύχουμε, πρέπει να καλλιεργηθεί στην παιδική ηλικία μια ξεκάθαρη αίσθηση του σωστού και του λάθους. Είναι το καθήκον των γονιών να διδάξουν αυτές τις αξίες στα παιδιά τους. Η αίσθηση της ηθικής δεν είναι φυσική στο ανθρώπινο ζώο, αλλά πρέπει να διδαχτεί και να κατακτηθεί.

Η άγρια μορφή της Άμμα, που κρατούσε ξίφος στο ένα

χέρι και μια τρίαινα στο άλλο, ενέπνεε τους ανθρώπους που έρχονταν σε εκείνην για να τους ικανοποιήσει διάφορες επιθυμίες, να κρατήσουν το νου τους αγνό, τουλάχιστον όση ώρα βρίσκονταν στην παρουσία της. Ένας πιστός που ζούσε στον κόσμο και συνήθως δεν μπορούσε να συγκεντρωθεί στο Θεό ούτε ένα λεπτό στις είκοσι τέσσερις ώρες, μπορούσε να επιτύχει τέλεια συγκέντρωση τις λίγες ώρες που βρισκόταν κοντά της. Με το πέρασμα του χρόνου, καθώς όλο και περισσότεροι πνευματικοί αναζητητές έρχονταν σ' εκείνην, η άγρια όψη της Άμμα κατά τη διάρκεια του Ντέβι Μπάβα σταδιακά άλλαξε μέχρι που έγινε τελείως ήρεμη και γαλήνια. Σταμάτησε ακόμα και να κρατά το ξίφος ή την τρίαινα στα χέρια της και κατέληξε να κρατάει μόνο λουλούδια.

Μπήκα στο ναό και μου ζήτησε να καθίσω κοντά της. Κρατούσε το κεφάλι μου στην ποδιά της και μου χτυπούσε απαλά την πλάτη. Ένιωθα ότι ήμουν πραγματικά στην ποδιά της Ίδιας της Θεϊκής Μητέρας! Η εμφάνισή της και η προσωπικότητά της ήταν τελείως διαφορετικές από του Κρίσνα ή της Άμμα. Αναρωτιόμουν πώς αυτές οι τόσο ξεχωριστές προσωπικότητες μπορούσαν να υπάρχουν συγχρόνως σε ένα πρόσωπο. Προφανώς είχε πλήρη επίγνωση του τι συνέβαινε όλες τις ώρες. Το πρόσωπο ήταν το ίδιο, αλλά η προσωπικότητα και η εμφάνιση άλλαζαν. Αποφάσισα να την ρωτήσω σχετικά με αυτό αργότερα.

Κάθισα όσο μπορούσα και μετά πήγα και ξάπλωσα στο σπίτι. Το Ντάρσαν τελείωσε στις τέσσερις το πρωί και εκείνη την ώρα με κάλεσε στο ναό, αφού είχε ξαναγυρίσει στη κανονική της διάθεση. Είχα φέρει ένα μικρό κασετόφωνο μαζί μου, όπως μου είχε υποδείξει ο Τσαντρού, για να μπορέσει η Άμμα να ακούσει μερικά τραγούδια του Αβαντχουτέτρατζι. Μου ζήτησε να τα παίξω. Καθώς τα άκουγε, είχε κλειστά τα μάτια της και δάκρυα κυλούσαν στα μάγουλά της. Προφανώς βρισκόταν σε έκσταση. Ήταν αυτό το ίδιο πρόσωπο που είχα δει ως τον Θεό τον ίδιο λίγες ώρες πριν; Κάθισα μαζί της για λίγο και μετά πήγα να ξαπλώσω, αλλά ο ύπνος δεν ερχόταν. Αισθανόμουν φορτισμένος με ένα δυνατό ρεύμα ευδαιμονίας που περνούσε μέσα από το σώμα μου και έκανε τον ύπνο αδύνατο. Για την ακρίβεια, τις επόμενες τρεις μέρες δεν κοιμήθηκα καθόλου.

Το επόμενο πρωί η Άμμα ήρθε να δει πώς ήμουν. Αποφάσισα να εκμεταλλευτώ την ευκαιρία για να ξεκαθαρίσω τις αμφιβολίες μου.

«Θα ήθελες να μου πεις ποια είναι η εμπειρία σου την ώρα του Μπάβα;» ρώτησα.

«Όταν τραγουδώ στον Κρίσνα ή στην Ντέβι, βλέπω εκείνη τη συγκεκριμένη εκδοχή του Υπέρτατου. Προσφέροντας τον εαυτό μου πλήρως σ' Αυτό, αισθάνομαι να βυθίζομαι σε Εκείνον ή σε Εκείνην και να ταυτίζομαι μαζί τους». Λέγοντας αυτά, έκανε ένα σήμα όπως το 'V' με τα δυο της δάχτυλα και, φέρνοντάς τα μαζί, μου έδειξε ότι τα δυο έγιναν ένα.

«Γιατί προσποιείσαι ότι δεν ξέρεις τίποτα σχετικά με αυτό που συμβαίνει στο Μπάβα; Είναι φανερό ότι έχεις πλήρη επίγνωση. Έχω ακούσει από τον Τσαντρού ότι έχεις υποφέρει πολύ στα χέρια των συγγενών σου και μερικών αγροίκων χωρικών, που πιστεύουν ότι είσαι τρελή. Δεν θα μπορούσες να τους έχεις πει την αλήθεια;» τη ρώτησα.

«Έχω αναλάβει μια συγκεκριμένη εργασία που μου την εμπιστεύτηκε ο Θεός. Θέλω οι άνθρωποι να λατρεύουν το Θεό, όχι εμένα. Νιώθουν ότι ο Θεός με καταλαμβάνει τρεις νύχτες την εβδομάδα και με αυτήν την πίστη έρχονται εδώ και τα προβλήματά τους λύνονται. Επιπλέον, οι περισσότεροι από αυτούς τους ανθρώπους δεν ξέρουν ούτε το αλφάβητο της πνευματικής ζωής. Ακόμα κι αν τους έλεγα την αλήθεια ποιος θα καταλάβαινε; Και πάνω από όλα αν κανείς τα βλέπει όλα ως

Θεό, θα υπάρχει καμία αίσθηση ότι εγώ και οι άλλοι είμαστε διαφορετικοί; Κάποιος που νιώθει ότι είναι κάτι το ιδιαίτερο και ότι οι άλλοι παραδέρνουν μέσα στην άγνοια έχει σίγουρα πολύ δρόμο να βαδίσει για να συνειδητοποιήσει το Θεό».

Με μεγάλη δυσκολία έμαθα λίγη από την ιστορία της Άμμα. Καθώς ήταν από τη φύση της ταπεινή, μιλούσε για τον εαυτό της μόνο μετά από πολλή πίεση. Ακόμα και τότε, γινόταν ανήσυχη και έφευγε προτού ολοκληρώσει μια συγκεκριμένη ιστορία.

Ο σπόρος της αφοσίωσης βρισκόταν μέσα στην καρδιά της από τα πρώτα της χρόνια. Ο Κρίσνα ήταν ο αγαπημένος της και άρχισε να συνθέτει τραγούδια για Εκείνον ήδη από την ηλικία των πέντε χρόνων. Πάντοτε κρατούσε μια μικρή εικόνα Του στο φόρεμά της και κάθε τόσο την έβγαζε και του μιλούσε. Όταν έγινε οκτώ ή εννιά χρόνων, η μητέρα της αρρώστησε και το βάρος του νοικοκυριού έπεσε στους ώμους της. Αναγκάστηκε να σταματήσει το σχολείο, αν και πήγε σε ένα κοινοτικό σχολείο για να μάθει να ράβει. Η μητέρα της και ο αδελφός της επέβαλαν αυστηρή πειθαρχία και δεν δίσταζαν να την χτυπήσουν ή να την κλωτσήσουν, όταν έβρισκαν κάτι στη διαγωγή της που δεν το θεωρούσαν σωστό. Ο αδελφός της ιδιαίτερα ήταν πηγή μεγάλης ταλαιπωρίας γι' αυτήν, επειδή ήταν αντίθετος με την πίστη της στο Θεό και συχνά την κακομεταχειριζόταν επειδή τραγουδούσε δυνατά το Θεϊκό Όνομα.

Από τις τρεις το πρωί μέχρι τις έντεκα το βράδυ ήταν απασχολημένη ώστε να προλάβει να σκουπίσει την αυλή, να ταΐσει τις αγελάδες, να μαγειρέψει το φαγητό, να πλύνει τα σκεύη της κουζίνας, να πλύνει τα ρούχα της οικογένειας και να κάνει πολλές άλλες δουλειές. Σαν να μην ήταν αυτά αρκετά, την έστελναν στα σπίτια των συγγενών τους, για να βοηθήσει κι εκεί στις δουλειές του νοικοκυριού. Αλλά όλη αυτήν την ώρα εκείνη επαναλάμβανε ψιθυριστά το Θεϊκό

Όνομα, περιμένοντας τη μέρα που θα μπορούσε να δει τον αγαπημένο της Κύριο, τον Σρι Κρίσνα. Είχε επίσης τη συνήθεια να δίνει οτιδήποτε υπήρχε στο σπίτι στους φτωχούς και στους πεινασμένους, γεγονός που προκαλούσε τιμωρίες, όταν την ανακάλυπταν. Μια φορά την έδεσαν σε ένα δέντρο και την χτύπησαν μέχρι που έβγαλε αίμα, γιατί είχε χαρίσει το χρυσό βραχιόλι της μητέρας της σε μια πεινασμένη οικογένεια.

Στην εφηβεία της άρχισε να έχει συχνά οράματα του Κρίσνα και αισθανόταν ότι γινόταν ένα μαζί Του. Κλεινόταν στο μικρό δωμάτιο της προσευχής στο σπίτι της και χόρευε και τραγουδούσε σε θεϊκή έκσταση ή έμενε βυθισμένη για ώρες σε βαθύ διαλογισμό, ξεχνώντας εντελώς τα πάντα γύρω της. Μερικές φορές την έβρισκαν να κάθεται αναίσθητη στο μπάνιο με τα δάκρυα να τρέχουν ασυγκράτητα στο πρόσωπό της, μουρμουρίζοντας «Κρίσνα, Κρίσνα». Μόνο με μεγάλη δυσκολία μπορούσε να επανέλθει στην εξωτερική επίγνωση με την επέμβαση της μητέρας της. Τελικά η εσωτερική της Συνειδητοποίηση έγινε φανερή στον έξω κόσμο.

Ενώ μάζευε χόρτο για τις αγελάδες μια μέρα, άκουσε να γίνεται συζήτηση για τον Κρίσνα σε ένα γειτονικό σπίτι. Της ήταν αδύνατο να ελέγξει τον εαυτό της, έτρεξε σ' εκείνο το μέρος και στάθηκε εκεί μεταμορφωμένη στον ίδιο τον Κρίσνα. Οι χωρικοί δεν μπορούσαν να καταλάβουν τι ακριβώς είχε συμβεί στο μικρό κορίτσι. Πολλοί πίστευαν ότι την καταλάμβανε ο Κρίσνα, άλλοι απλά σκέφτονταν ότι είχε ένα είδος κατάληψης. Κανένας, φυσικά, δεν μπορούσε να καταλάβει ότι ταυτιζόταν μαζί Του. Άρχισαν να συγκεντρώνονται πλήθη. Της ζήτησαν να κάνει ένα θαύμα για να αποδείξει ότι ήταν ο Κρίσνα. Στην αρχή αρνιόταν, λέγοντάς τους να δουν το αληθινό θαύμα, τον Θεό μέσα τους, αλλά αργότερα συμφώνησε με το αίτημά τους.

Ζήτησε από έναν άνθρωπο να φέρει ένα μικρό δοχείο με νερό και να βουτήξει μέσα το δάχτυλό του. Και να! Το νερό είχε γίνει ένα είδος γλυκίσματος που μοιράστηκε σε όλους τους παρευρισκόμενους. Από εκείνο το μικρό δοχείο σχεδόν χίλιοι χωρικοί πήραν το μερίδιό τους και ακόμα το δοχείο ήταν γεμάτο. Από τότε πολλοί πίστεψαν ότι ο Κρίσνα είχε πράγματι έρθει να ευλογήσει το χωριό.

Αυτά όλα δεν ήταν με κανένα τρόπο μια ευλογία για την Άμμα. Πιστεύοντας ότι όλα ήταν απάτη και εκείνη στίγμα για το όνομα της οικογένειας, πολλοί χωρικοί και ακόμη και στενοί συγγενείς έβαλαν τα δυνατά τους να την σκοτώσουν. Έβαλαν δηλητήριο στο φαγητό της και έφτασαν ακόμα και στο σημείο να προσπαθήσουν να τη σκοτώσουν με μαχαίρι. Όμως, απέτυχαν σε όλες τους τις απόπειρες και για την ακρίβεια διάφορες συμφορές τους συνέβησαν μετά.

Περίπου έξι μήνες πέρασαν έτσι, όταν μια μέρα η Άμμα ένιωσε την επιθυμία να δει τη Θεϊκή Μητέρα, ακριβώς όπως προηγουμένως ποθούσε το όραμα του Κρίσνα. Με τη σκέψη ότι μέσα από τον διαλογισμό και τις αυστηρές πρακτικές θα μπορούσε να κερδίσει την εύνοια της Ντέβι, περνούσε όλη την ώρα της βυθισμένη σε βαθύ διαλογισμό στη μορφή Της. Μερικές φορές ξεχειλίζοντας από αγωνία για το όραμα της Θεϊκής Μητέρας, έκλαιγε όπως κλαίει ένα μικρό παιδί για τη μητέρα του. Πολλές φορές την έβρισκαν να κείτεται στην άμμο, με το πρόσωπο της χαρακωμένο από δάκρυα και τα μαλλιά της, τα αυτιά της και τα μάτια της γεμάτα λάσπη. Δεν σκεφτόταν να προφυλάξει το σώμα της από τα στοιχεία της φύσης και καθόταν ή ξάπλωνε κάτω από τον ήλιο του μεσημεριού ή την καταρρακτώδη βροχή. Μέσα από την ένταση της επιθυμίας της και τις συνεχείς σκέψεις της για τη Ντέβι, άρχισε να αντιλαμβάνεται ολόκληρο το σύμπαν ως τη μορφή Της. Φιλούσε τα δέντρα κι αγκάλιαζε το χώμα, έκλαιγε στο άγγιγμα της αύρας, γιατί την ένιωθε να είναι γεμάτη από την Παρουσία της Μητέρας. Αλλά παρόλη την επιθυμία της και

τις αυστηρές πρακτικές, δεν μπορούσε να δει την προσωπική μορφή της Θεϊκής Μητέρας, που ήταν το αντικείμενο της επιθυμίας της.

Τελικά, η Θεϊκή Μητέρα εμφανίστηκε μπροστά της με ζωντανή μορφή και της μίλησε. Είπε στην Άμμα ότι είχε γεννηθεί για το καλό του κόσμου και ότι θα έπρεπε να δείξει στους ανθρώπους τον τρόπο να γίνονται ένα με τον Αληθινό Εαυτό. Χαμογελώντας με χάρη, η Θεϊκή Μητέρα μεταμορφώθηκε ύστερα σε μια εκτυφλωτική λάμψη και ενώθηκε με την Άμμα. Όπως είπε η ίδια η Άμμα: «Από εκείνη τη στιγμή και μετά έπαψα να βλέπω εξωτερικά αντικείμενα και άρχισα να τα βλέπω όλα σαν τον Εαυτό μου». Κατάφερε να συνειδητοποιήσει την Αληθινή της Φύση ως άμορφη και περιέχουσα όλες τις μορφές συνειδητότητα, ακόμα και η μορφή του Θεού βρισκόταν μέσα της. Από τότε, εκτός από το Κρίσνα Μπάβα άρχισε και να εκδηλώνει και το Ντέβι Μπάβα. Αυτό, όμως, καθόλου δεν σήμαινε το τέλος των προβλημάτων για την Άμμα.

Ίσως από συναισθήματα ζήλιας, επειδή τόσο μεγάλα πλήθη ανθρώπων έρχονταν στην Άμμα, ή απλά για να διασκεδάσουν δημιουργώντας φασαρίες, μερικοί άνθρωποι συνέχισαν να την παρενοχλούν. Κάποιοι ενημέρωσαν την αστυνομία και προσπάθησαν να την συλλάβουν με τη δικαιολογία ότι διαταράσσει τη γαλήνη, αλλά όταν βρέθηκαν μπροστά στη λαμπρή και ευλογημένη παρουσία της, οι αστυνομικοί υποκλίθηκαν και έφυγαν. Ένας δολοφόνος, που τον είχαν πληρώσει για να την σκοτώσει την ώρα του Ντάρσαν μπήκε στο ναό με ένα μαχαίρι κρυμμένο στα ρούχα του. Η Άμμα του χαμογέλασε με λαμπερή αγαθότητα, που τον γέμισε με μεταμέλεια για τον μοχθηρό σκοπό του. Έπεσε στα πόδια της, την παρακάλεσε να τον συγχωρήσει και έγινε ένας άλλος άνθρωπος. Όταν εγώ πήγα εκεί τα πράγματα είχαν λίγο πολύ ηρεμήσει, αν και υπήρχε ακόμη ένας αριθμός χωρικών που ήταν εναντίον της.

Μια μέρα ο πατέρας της, έχοντας μπουχτίσει από τα προβλήματα που είχαν δημιουργηθεί από τη Θεϊκή Παρουσία και από τα πλήθη που συγκεντρώνονταν, την πλησίασε κατά τη διάρκεια του Ντέβι Μπάβα και θεωρώντας ότι η Θεά κατείχε το σώμα της, την παρακάλεσε: «Θέλω η κόρη μου να ξαναγίνει όπως ήταν πριν έρθεις. Σε παρακαλώ, φύγε».

«Αν φύγω» εκείνη απάντησε, «η κόρη σου θα είναι ένα πτώμα». Μη δίνοντας προσοχή στα λόγια της, ο πατέρας της επέμενε να ικανοποιηθεί η απαίτησή του. Εκείνη τη στιγμή η Άμμα έπεσε κάτω νεκρή. Για οχτώ ώρες δεν υπήρχε ίχνος ζωής στο σώμα της. Ακολούθησε μεγάλη ταραχή και ο πατέρας της κατηγορήθηκε ότι ήταν η αιτία για τον άδικο θάνατο της. Οι άνθρωποι άναψαν λυχνάρια γύρω από το νεκρό της σώμα και πρόφεραν προσευχές στο Θεό να την φέρει πίσω στη ζωή. Ο πατέρας της συνειδητοποιώντας το λάθος του και μετανιώνοντας πικρά, έπεσε στη γη και προσκύνησε μπροστά από το ναό και κλαίγοντας φώναξε «Συγχώρεσέ με, ω Θεϊκή Μητέρα! Είμαι ένας αγροίκος. Ποτέ δεν θα ξαναπώ τέτοια λόγια. Σε παρακαλώ φέρε την κόρη μου πίσω στη ζωή». Σιγά σιγά, άρχισε να κινείται απαλά το σώμα της Άμμα. Τελικά, ξαναγύρισε στη φυσιολογική της κατάσταση. Από εκείνη την ώρα και μετά οι γονείς της έπαψαν να της επιβάλουν περιορισμούς και λίγο πολύ την άφηναν να κάνει ό,τι ήθελε.

Η Άμμα είχε δυο ανύπαντρες αδελφές που ασχολούνταν με το νοικοκυριό και επίσης πήγαιναν σχολείο. Αρκετοί νέοι άνδρες που είχαν προσελκυστεί από τη μητρική στοργή και τις πνευματικές διδασκαλίες της Άμμα, ήθελαν να περνούν περισσότερη ώρα μαζί της μετά το Ντάρσαν, αλλά ο πατέρας της δεν το επέτρεπε. Φοβόταν ότι οι προθέσεις τους δεν ήταν τόσο αθώες και ότι θα προέκυπταν προβλήματα σε σχέση με τις άλλες του κόρες. Μόλις το Ντάρσαν τελείωνε, έδιωχνε εκείνους τους νέους.

Ο Τσαντρού ήταν ένας από αυτούς τους νέους και πονούσε με τη συμπεριφορά του πατέρα της. Μια μέρα της είπε παρακλητικά: «Αν ο πατέρας σου συνεχίσει να συμπεριφέρεται έτσι, πώς θα μπορέσει αυτό το μέρος να γίνει ποτέ άσραμ ή καταφύγιο για ειλικρινείς πνευματικούς αναζητητές; Είναι σκληρός μαζί σου και με όσους θέλουν να μένουν κοντά σου. Επιπλέον, δεν υπάρχει κανείς εδώ να φροντίσει τις ανάγκες σου. Δεν έχεις ούτε μια κουβέρτα να σκεπαστείς ούτε κανονικό φαγητό να φας. Δεν μπορώ να βλέπω να συνεχίζεται αυτή η κατάσταση».

Η Άμμα τον παρηγόρησε και του είπε: «Γιε μου, μην στεναχωριέσαι. Πήγαινε στο Αρουνάτσαλα και πάρε όρκο σιωπής για σαράντα μία ημέρες. Όλα θα τακτοποιηθούν όταν θα γυρίσεις. Στο Αρουνάτσαλα θα βρεις τους ανθρώπους που θα φροντίσουν εμένα και το μελλοντικό άσραμ. Επίσης θα βρεις παιδιά που έρχονται από άλλες χώρες εκτός της Ινδίας και είναι δικά μου. Θα δεις. Θα έρθει η μέρα που ο πατέρας θα σε καλωσορίσει σαν γιο του με αγάπη και στοργή». Ο Τσαντρού είχε πράγματι έρθει στο Αρουνάτσαλα και είχαμε συναντηθεί εκεί.

Ήταν τώρα η τρίτη μέρα της παραμονής μου με την Άμμα. Όλη τη μέρα μύριζα μια ουράνια ευωδιά. Σκεφτόμουν ότι ίσως ήταν λιβάνι που χρησιμοποιούσαν στο ναό, αλλά δεν μπορούσα να το βρω εκεί. Ρώτησα την Άμμα πού θα μπορούσα να βρω αυτό το λιβάνι. Γέλασε και μου είπε: «Αυτό το άρωμα δεν υπάρχει σε κανένα κατάστημα. Αυτή η ευωδιά βρίσκεται μέσα στον καθένα, αλλά μόνο οι γιόγκι ξέρουν πώς να την βγάλουν προς τα έξω».

Είχα ακούσει ότι ο Μαχάρσι είχε ευλογήσει μερικές φορές τους πιστούς του με τη δύναμη των ματιών του. Ήταν σαν να έβγαιναν από τα μάτια του ακτίνες από λεπτό φως και όταν άγγιζαν κάποιον, αυτός είχε διάφορες πνευματικές εμπειρίες.

Ρώτησα την Άμμα αν ήθελε ή αν μπορούσε να κάνει το ίδιο. «Εγώ είμαι ένα τρελοκόριτσο. Δεν μπορώ να κάνω τίποτα», απάντησε γελώντας.

Εκείνη τη νύχτα γινόταν το Ντάρσαν. Έμεινα μέσα στο ναό όσο περισσότερο μπορούσα κατά τη διάρκεια και των δύο Μπάβα. Ένιωθα την ατμόσφαιρα μέσα στο ναό φορτισμένη με πνευματική γαλήνη. Ο διαλογισμός ήρθε με πολύ μικρή προσπάθεια. Πήγα και ξάπλωσα πίσω από το ναό. Δεν ήθελα να πάω στο σπίτι. Ήθελα να είμαι όσο το δυνατόν πιο κοντά στην Άμμα. Το Ντάρσαν τελείωνε και ο Τσαντρού ήρθε να με φωνάξει. Είπε ότι η Ντέβι με καλούσε να πάω μπροστά από το ναό. Ήρθα στο εμπρός μέρος του ναού και στάθηκα κοιτάζοντάς την. Όταν με είδε, περπάτησε ζωηρά προς εμένα και μου έδωσε μια στοργική αγκαλιά. Μετά σκύβοντας ψιθύρισε στο αυτί μου. «Γιε μου, μην ανησυχείς, το σώμα σου θα καλυτερεύσει.» Μετά οπισθοχώρησε προς το ναό και στάθηκε στη μπροστινή πόρτα κοιτάζοντάς με. Καθώς με κοίταζε, παρατήρησα ότι το πρόσωπό της γινόταν όλο και πιο λαμπερό. Σταδιακά η λαμπρότητα απλώθηκε τόσο πολύ που αγκάλιασε ολόκληρο το σώμα της και μετά το ναό και όλα εκεί γύρω. Δεν μπορούσα να δω τίποτα άλλο παρά αυτό το λαμπρό, αλλά καταπραϋντικό φως. Ξαφνικά η λάμψη συμπυκνώθηκε στο μέγεθος μιας κουκίδας και η λαμπρότητα με έκανε να αλληθωρίσω. Ένα λεπτό αργότερα σταμάτησε. Ακόμα μια φορά είδα την Άμμα να μου χαμογελά. Οι πόρτες του ναού έκλεισαν και το Ντάρσαν τελείωσε.

Ένιωθα ξεκάθαρα ότι η Άμμα είχε μπει μέσα μου. Ο νους μου ήταν γεμάτος από τη σκέψη της μόνο και ένιωθα καθαρά την παρουσία της μέσα μου. Ένιωθα πως είχα ρίξει μια ματιά στην αληθινή της μορφή, το Θεϊκό Φως. Θαύμαζα τον επιδέξιο τρόπο της να κρύβει την ταυτότητά της ως μεγάλη αγία και να εμφανίζεται εντελώς απλή και ακόμα και τρελή μερικές φορές.

Ήταν πραγματικά μια μοναδική προσωπικότητα. Υπήρχαν άγιοι που μετά από σαράντα ή πενήντα χρόνια εντατικού διαλογισμού, κάπως κατόρθωναν τη Συνειδητοποίηση του Εαυτού, αλλά αυτή ήταν μια εντελώς διαφορετική περίπτωση. Από την ηλικία των δεκαέξι ή των δεκαεφτά ήταν εδραιωμένη στην Υπέρτατη Κατάσταση και Την χρησιμοποιούσε με αυτόν το μοναδικό τρόπο για το καλό των συνηθισμένων ανθρώπων, χωρίς να αποκαλύπτει την ταυτότητά της και χωρίς να νοιά- ζεται για τις κακές συμπεριφορές που αντιμετώπιζε. Ποτέ δεν έχανε την υπομονή της, αλλά έδειχνε την ίδια αγάπη σε όλους όσους την αναζητούσαν, ακόμα κι αυτούς που ήθελαν να της κάνουν κακό.

Μιλώντας σχετικά με τους ανθρώπους που προσπάθησαν να της κάνουν κακό είπε μια μέρα: «Είναι οι λανθασμένες τους αντιλήψεις που τους έκαναν να μιλήσουν και να συμπεριφερ- θούν με αυτό τον τρόπο. Δεν μπορούσαν να συνειδητοποιή- σουν τη σημασία και το σκοπό της πνευματικής ζωής. Και αφού έτσι έχουν τα πράγματα, γιατί να θυμώνουμε μαζί τους; Κοιτάξτε αυτά τα όμορφα τριαντάφυλλα. Τι όμορφη ευωδιά! Εμείς όμως τι τους δίνουμε για να μεγαλώσουν; Κοπριά! Πόσο μεγάλη είναι η διαφορά ανάμεσα στο ωραίο λουλούδι και στην δύσοσμη κοπριά. Με τον ίδιο τρόπο, τα εμπόδια είναι το λίπασμα που μας κάνει να μεγαλώνουμε πνευματικά. Είναι η φύση των ανθρώπων που βρίσκονται σε άγνοια να δημιουρ- γούν φασαρίες. Εμείς πρέπει να προσευχόμαστε στο Θεό να τους συγχωρήσει και να τους οδηγήσει στο σωστό μονοπάτι».

Το επόμενο πρωί η Άμμα ήρθε και με ρώτησε αν είχα απολαύσει το Ντάρσαν την προηγούμενη νύχτα. Της είπα για την εμπειρία μου.

«Είσαι πολύ τυχερός. Ένιωσα σαν το εσωτερικό φως να βγαίνει από τα μάτια μου και να εισχωρεί μέσα σου. Αναρω- τιόμουν αν ένιωσες κάτι», είπε.

Ο εορτασμός για την εκατοστή επέτειο από τη γέννηση του Μαχάρσι επρόκειτο να αρχίσει σε τρεις μέρες. Θα γινόταν μεγάλη γιορτή. Αν και ήθελα να μείνω με την Άμμα, ήθελα επίσης να παρακολουθήσω την τελετή στο Αρουνάτσαλα. Γνωρίζοντας την καρδιά μου, η Άμμα μού είπε να πάω πίσω στο Αρουνάτσαλα και να παρευρεθώ στη γιορτή εκεί. Είπε στον Τσαντρού ότι έπρεπε να έρθει μαζί μου για να με βοηθάει όσο τον χρειαζόμουν. Η Άμμα ένιωθε ότι, καθώς εκείνος δεν μπορούσε να παραμείνει μαζί της, έπρεπε τουλάχιστον να έχει τη συντροφιά ενός πνευματικού αναζητητή στο μονοπάτι. Επιπλέον, εγώ χρειαζόμουν κάποιον να με φροντίζει. Τη ρώτησα αν μπορούσα να επιστρέψω και να μείνω μόνιμα μαζί της, γιατί αυτή ήταν η διακαής μου επιθυμία.

«Αν ο πατέρας δεν έχει αντίρρηση, μπορείς να έρθεις και να μείνεις» απάντησε. Πλησίασα τον πατέρα της και του ζήτησα να μου επιτρέψει να μείνω. Συμφώνησε, αλλά είπε ότι θα ήταν καλή ιδέα να φτιάξω μια καλύβα για μένα. Αφού αυτή ήταν η μόνη προϋπόθεση, του είπα ότι θα επέστρεφα σύντομα. Η Άμμα τότε μου είπε ότι η επιρροή κάποιας αρνητικής δύναμης ήταν πάνω μου και ήταν εν μέρει υπεύθυνη για την αρρώστια μου. Είπε ότι θα έπρεπε να μείνω στο Τιρουβαναμαλάι για σαράντα μία ημέρες και να εκτελώ μια συγκεκριμένη ιεροτελεστία που θα εξουδετέρωνε αυτή την ενέργεια. Επίσης μου εξήγησε τις λεπτομέρειες της ιεροτελεστίας.

Η Άμμα κάλεσε τον πατέρα της και του ζήτησε να μας κάνει μια επίδειξη χορού. Όταν ήταν νέος είχε μάθει τον παραδοσιακό χορό της Κεράλα, το Κατακάλι. Άρχισε να χορεύει γύρω στο δωμάτιο. Δεν ήταν πια νέος, τα πόδια του είχαν στραβώσει και είχε μια πελώρια κοιλιά, σαν αερόστατο. Η Άμμα κυλιόταν στο πάτωμα από τα γέλια. Όσο πιο πολύ γελούσαμε τόσο πιο γρήγορα εκείνος χόρευε και αναπηδούσε σαν τεράστια μπάλα. Τελικά σταμάτησε ξέπνοος.

Καθώς έφευγα, η Άμμα έβγαλε το ροζάριο από χάντρες ρουντράκσα από το λαιμό μου. «Μου αρέσει αυτό», είπε. Της είπα ότι θα περνούσα τις χάντρες σε ασημένια αλυσίδα και θα της το έφερνα όταν θα γύριζα. Με αγκάλιασε μητρικά και μου είπε: «Μην ανησυχείς, η Άμμα είναι πάντοτε μαζί σου. Κατάλαβε ότι ο Ραμάνα Μαχάρσι και η Άμμα είναι στην ίδια κατάσταση συνειδητοποίησης του Εαυτού. Οι διαφορές είναι μόνο στο σώμα και στην προσωπικότητα». Μετά με συνόδεψε μέχρι την αποβάθρα και έμεινε εκεί μέχρι που φτάσαμε στην απέναντι πλευρά της λιμνοθάλασσας.

Ένα ταξί περίμενε για να μας πάει στο σπίτι του Τσαντρού, περίπου σαράντα μίλια από εκεί. Μόλις μπήκα στο ταξί ξέσπασα σε κλάματα, αναπολώντας τη στοργή που μου είχε δείξει. Δεν μπορούσα να ελέγξω τον εαυτό μου παρά μόνο αφού είχαμε διανύσει τέσσερα ή πέντε μίλια. Ο Τσαντρού με κοίταζε με απορία. Αυτό το κλάμα δεν ήταν πια κάτι καινούργιο κι έτσι απόφυγε να με ρωτήσει τι συνέβαινε. Μια απερίγραπτη ευδαιμονία γέμιζε το νου μου και δεν μπορούσα να σκεφτώ τίποτα άλλο εκτός από την Άμμα. Ο Τσαντρού άρχισε να μιλάει για κάτι, αλλά δεν μπορούσα να του απαντήσω. Το μυαλό μου απλά αρνιόταν να σκεφτεί. Αν και ήμουν ακόμη άρρωστος και αδύναμος, δεν με ένοιαζε πια πολύ για το σώμα μου. Εκείνη είχε πει ότι θα γινόμουν καλύτερα. Έτσι θα γίνει, σκεφτόμουν.

Όταν φτάσαμε στο σπίτι του Τσαντρού, ένιωσα πείνα για πρώτη φορά μετά από μήνες. Παρακάλεσα τη μητέρα του να ετοιμάσει λίγο ρύζι με λαχανικά και τα έφαγα χωρίς να νιώθω πόνο στο στομάχι. Από εκείνη τη μέρα και μετά μπορούσα να τρώω κανονικό φαγητό. Για το λόγο αυτό άρχισα σιγά σιγά να παίρνω δύναμη κι έτσι μπορούσα να κινούμαι κι ακόμα να κάνω μικρές δουλειές. Αν και η αδυναμία και ο πόνος στην πλάτη επέμεναν, δεν ήταν όπως όταν είχα πάει στην Άμμα.

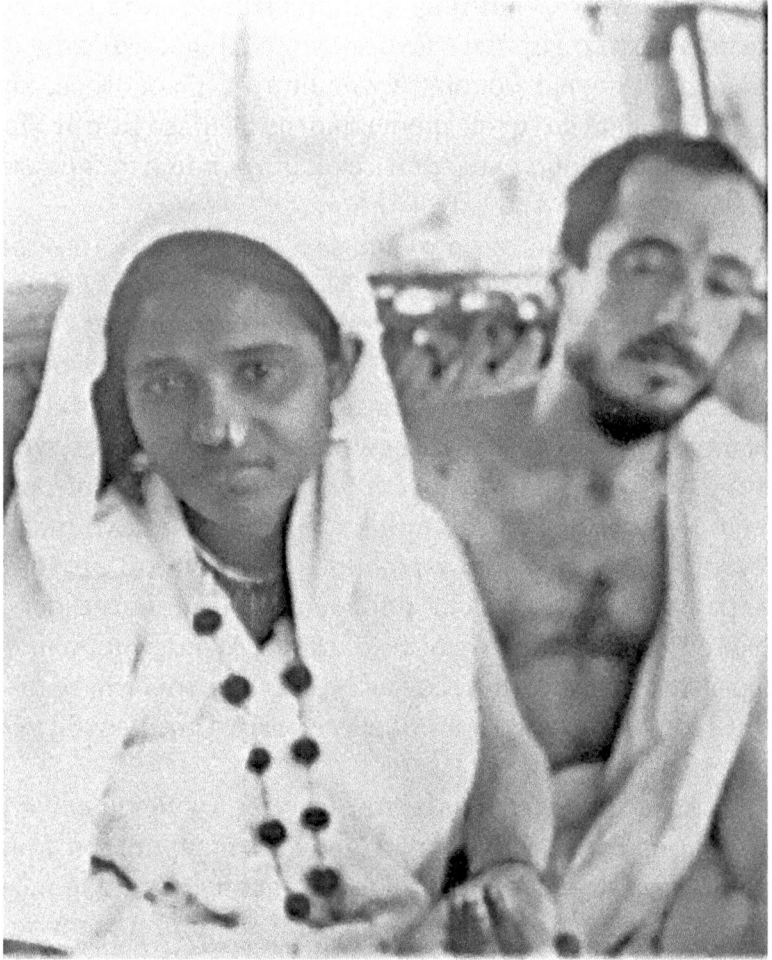

Η Άμμα και ο Νιλ – 1980

Την επόμενη μέρα πήραμε το τρένο για το Τιρουβανα-μαλάι. Αφού ταξιδέψαμε για περίπου μισή ώρα, άρχισα να μυρίζω τη θεϊκή ευωδιά που είχα μυρίσει στην παρουσία της Άμμα. Έψαξα μέσα στις τσάντες μου και βρήκα ότι η ευωδία αναδίνονταν από το ροζάριο που είχε αγγίξει. Ήταν τόσο δυνατή, σαν να είχε κάποιος ρίξει άρωμα επάνω. Το έβαλα σε μια πλαστική σακούλα και το έβαλα μέσα στα πράγματά μου. Μετά από λίγα λεπτά αντιλήφθηκα ξανά την ίδια μυρωδιά. Άρχισα να νιώθω ότι θα βάλω τα κλάματα. Ξαφνικά η μυρωδιά άλλαξε σε άρωμα γιασεμιών, μετά σε φρέσκα λεμόνια, σε συνηθισμένο λιβάνι και τελικά σε μαγειρεμένη ρίζα ταπιόκα, όλα πράγματα που μπορούσαν να βρεθούν κοντά στην Άμμα. Τον καιρό που την είδαμε έτρωγε ρίζα ταπιόκα αντί για ρύζι ως κύριο φαγητό.

Κάλεσα τον Τσαντρού και τον ρώτησα αν μπορούσε να μυρίσει κάποιο από αυτά τα πράγματα. Δεν μπορούσε. Του ζήτησα να βάλει τη μύτη του κοντά στη δική μου και να δει αν θα μπορούσε να μυρίσει κάτι. Οι υπόλοιποι επιβάτες θα είχαν απορία για το τι κάνουμε. Όμως δεν μπορούσε να μυρίσει τίποτα, αν και οι μυρωδιές γέμιζαν τα ρουθούνια μου σαν να είχα αυτά τα πράγματα ακριβώς μπροστά στη μύτη μου. Πρέπει να είναι τα παιχνίδια της Άμμα, σκεφτόμουν. Ο Τσαντρού κάθισε στη θέση του. Μετά από δυο λεπτά αναφώνησε: «Τώρα μυρίζω! Τώρα μυρίζω!» Κατά τη διάρκεια των δεκαέξι ωρών του ταξιδιού οι μυρωδιές έρχονταν και έφευγαν μαζί με μια αίσθηση της παρουσίας της Άμμα. Χωρίς αμφιβολία, είναι μια αφηρημένη ιδέα ότι κάποιος μπορούσε να είναι παρών, αλλά όχι ορατός. Αυτή όμως ήταν η αίσθησή μας και αργότερα επιβεβαιώθηκε από την ίδια την Άμμα.

Τις επόμενες σαράντα μία μέρες μείναμε στο Τιρουβανα-μαλάι. Ο εορτασμός της εκατό χρόνων από τη γέννηση του Ραμάνα ήταν πραγματικά μεγαλειώδης και πραγματοποιήθηκε

σε μια εντυπωσιακή κλίμακα. Ήμουν χαρούμενος που ήμουν παρών, αλλά αν και στεκόμουν μπροστά στον τάφο του Ραμάνα, ο νους μου ήταν με την Άμμα. Ένιωθα σαν κάποιον που, αν και κρατιέται από ένα δέντρο, παρασύρεται από τον ανεμοστρόβιλο. Για έντεκα χρόνια το κέντρο και το στήριγμα στη ζωή μου ήταν ο Ραμάνα. Ακόμα και η σύνδεσή μου με τον Ράτναμτζι και τον Αβαντχουτεντράτζι φαινόταν πως είχε δοθεί και καθοδηγηθεί από τον Ραμάνα. Από τον τάφο του ένιωθα μια ζωντανή παρουσία που είχε υπάρξει πηγή βοήθειας και παρηγοριάς στον συχνά μπερδεμένο νου μου. Για την ακρίβεια, ακόμη και το λεπτό φως ή το ρεύμα της επίγνωσης που γινόταν αισθητό μέσα στο νου μου, με κάποιο τρόπο είχε ταυτιστεί με την παρουσία του Ραμάνα.

Η Άμμα μπροστά από την πρώτη καλύβα – 1980

Τώρα, αν και στεκόμουν μπροστά του, αισθανόμουν ότι αυτή η εσωτερική παρουσία ήταν η Άμμα. Ήταν αυτό το αποτέλεσμα του ότι εκείνη είχε εισέλθει μυστικά μέσα μου τη νύχτα πριν από την αναχώρησή μου από κοντά της; Δεν είχα αμφιβολία ότι έτσι ήταν και δεν λυπόμουν καθόλου γι' αυτό. Η συντροφιά και η καθοδήγηση μιας φωτισμένης Ψυχής που είναι ζωντανή σε ένα σώμα είναι πάντα προτιμότερη από εκείνην που έχει αφήσει το φυσικό της περίβλημα. Παρηγορούσα τον εαυτό μου με τη σκέψη ότι ο Πατέρας είχε αποφασίσει να με στείλει στη Μητέρα, αφού με είχε μεγαλώσει λίγο.

Η ιεροτελεστία που η Άμμα με είχε συμβουλέψει να κάνω συμπεριελάμβανε το να πηγαίνω μπροστά από ένα ναό της Ντέβι πριν από τις δύο τα ξημερώματα και, ενώ προσευχόμουν στο Θεό να πάρει την ενέργεια που με επηρέαζε, να κουνάω μια αναμμένη δάδα πάνω και γύρω από το κεφάλι μου. Αυτό το έκανα επί σαράντα μία ημέρες. Κατά τη διάρκεια αυτής της περιόδου, ο Τσαντρού είχε βάλει τα δυνατά του να εξυπηρετεί τις ανάγκες μου. Ήταν μια περίοδος δοκιμασίας για εκείνον. Ο Ράτναμτζι με είχε εκπαιδεύσει τόσο αυστηρά, που η κάθε πράξη έπρεπε να γίνεται με ένα συγκεκριμένο τρόπο. Ακόμα και ένα σπιρτόκουτο δεν έπρεπε να τοποθετηθεί τυχαία. Επέμενα ο Τσαντρού να κάνει το ίδιο. Εκείνος, φυσικά, έπρεπε να αγωνιστεί, αλλά αργότερα παραδέχτηκε ότι του χρησίμεψε, όταν χρειάστηκε να φύγει από την Άμμα τα επόμενα τέσσερα χρόνια για να σπουδάσει Βεδάντα στη Βομβάη.

Εκείνη την περίοδο συνάντησα την Γκαγιάτρι. Ήταν από την Αυστραλία και είχε έρθει στο Αρουνάτσαλα χωρίς να το έχει σχεδιάσει από πριν. Την είχαν οδηγήσει κατά κάποιο τρόπο οι περιστάσεις και ζούσε εκεί τα τελευταία δυο χρόνια, μαγειρεύοντας για κάποιους τοπικούς πιστούς και ζώντας μια πολύ ασκητική ζωή. Δεν είχε καθόλου χρήματα και κάποιες μέρες έπρεπε να μαζεύει φύλλα από τα δέντρα για να έχει κάτι να δώσει στους άλλους να φάνε και να φάει η ίδια. Με κάποιο μυστήριο τρόπο λίγα χρήματα ή τρόφιμα έρχονταν σ' εκείνην πότε πότε και τα κατάφερνε να ζει έτσι. Είχε ακούσει για την Άμμα από τον Τσαντρού κατά τη διάρκεια μιας συζήτησης και είχε έντονη επιθυμία να την δει. Για την ακρίβεια επιθυμούσε να μπορέσει να πάει κοντά στην Άμμα και να την υπηρετήσει σαν προσωπική της ακόλουθος.

Η Γκαγιάτρι είχε έναν ασυνήθιστα αθώο νου και δεν μπορούσε να κρατήσει κακία σε κανέναν, όσο άσχημα και αν της είχε φερθεί. Επιπλέον δεν ήθελε να ζήσει την κοσμική ζωή και εξαρτιόταν μόνο από τον Θεό να την φροντίζει και να της δείχνει το δρόμο για να Τον συνειδητοποιήσει. Μια μέρα, ενώ διαλογιζόταν, είδε μια αστραπή από φως και μέσα σε αυτήν την Άμμα σαν μια ζωντανή μορφή. Μια κραυγή «Μητέρα, Μητέρα, Μητέρα» βγήκε αυθόρμητα από μέσα της και μετά όλα βυθίστηκαν σε βαθιά σιωπή. Από τότε ανυπομονούσε να πάει στην Άμμα. Όταν άκουσε ότι εμείς θα φεύγαμε σύντομα για να γυρίσουμε στην Άμμα, μας ζήτησε να την πάρουμε μαζί μας. Ο Τσαντρού με κοίταξε και είπε: «Νομίζω ότι αυτό το κορίτσι μπορεί να γίνει ακόλουθος της Άμμα. Ας την πάρουμε μαζί μας». Αφού κανονίσαμε με κάποιον να προσέχει τα σπίτια στο Τιρουβαναμαλάι, ξεκινήσαμε οι τρεις μας. Καθόλου δεν γνωρίζαμε ότι μια εντελώς καινούργια ζωή ανοιγόταν μπροστά μας.

«Η Άμμα έχει πάει να κάνει μπάνιο. Θα γυρίσει σύντομα.» Ήταν ένας από τους νέους που συνήθιζαν να επισκέπτονται την Άμμα τις μέρες που δεν είχε ντάρσαν. Καθόταν μπροστά από το ναό και διαλογιζόταν. Καθίσαμε και περιμέναμε την Άμμα. Μέσα σε λίγα λεπτά ήρθε τρέχοντας σαν μικρό κοριτσάκι και μας χαιρέτησε με αγάπη. Εμείς υποκλιθήκαμε στα πόδια της και της συστήσαμε την Γκαγιάτρι. Κοίταξε ερευνητικά την

Γκαγιάτρι και κάθισε κοντά μας. Ο Τσαντρού της είπε για την εμπειρία μας μέσα στο τρένο.

«Όταν φύγατε από δω, ήσουν πολύ άρρωστος» είπε κοιτάζοντάς με. «Σε σκεφτόμουν και γι' αυτό ένιωσες την παρουσία μου».

«Άμμα, είναι αρκετό για σένα να σκεφτείς έναν άνθρωπο και τότε εκείνος θα νιώσει σαν να είσαι εκεί; Πώς είναι δυνατό;» τη ρώτησα.

«Γιε μου, χρειάζεται συγκέντρωση και μόνο τότε είναι δυνατόν. Πρώτα σκέφτομαι "Ο τάδε είναι σε ένα συγκεκριμένο μέρος. Αλλά αυτό το μέρος και όλα τα μέρη είναι μέσα μου." Με αυτή τη σκέψη ο νους μου πηγαίνει σ' αυτόν τον άνθρωπο. Αν ο νους του είναι λίγο αγνός, σίγουρα θα νιώσει κάτι. Αν με ρωτήσεις γιατί πρέπει να πάω σε ένα συγκεκριμένο άνθρωπο, δεν μπορώ να πω. Μου έρχεται έτσι, αυτό είναι όλο». Λέγοντας αυτά, άρχισε να γελάει. Κάποια μικρά παιδιά έπαιζαν εκεί κοντά. Σηκώθηκε και άρχισε να τρέχει πίσω τους, παίζοντας κυνηγητό. Έτρεχε και ξεφώνιζε όπως εκείνα. Αν εξαιρούσες το μέγεθός της, θα μπορούσες να σκεφτείς ότι ήταν περίπου έξι ή επτά χρόνων. Μετά από περίπου δεκαπέντε λεπτά ξαναγύρισε κοντά μας λαχανιασμένη.

«Πρέπει κανείς να περνάει κάθε μέρα λίγο χρόνο με μικρά παιδιά» είπε. «Η αθωότητά τους θα μας ξυπνήσει και θα απολαμβάνουμε την ευτυχία ενός παιδιού. Για την ακρίβεια, η πραγματική μας φύση είναι να είμαστε ένα αθώο παιδί του Θεού, αλλά εμείς το αφήνουμε αυτό να καλύπτεται από πράγματα όπως η λαγνεία, ο θυμός και η απληστία. Την ίδια αθωότητα που βλέπεις στα μάτια ενός παιδιού μπορείς να την δεις και στα μάτια ενός ανθρώπου που έχει συνειδητοποιήσει τον Θεό».

Η Άμμα, γιατί έτσι την αποκαλούσαμε, ζήτησε από την Γκαγιάτρι να καθίσει κοντά της και να διαλογιστεί. Μετά από λίγα λεπτά, πίεσε το δάχτυλο της ανάμεσα στα φρύδια της Γκαγιάτρι και την κοίταξε επίμονα. Φαινόταν να έχει ένα συγκεκριμένο σκοπό που το έκανε αυτό. Αφού κράτησε το δάχτυλό της με αυτόν τον τρόπο για λίγα λεπτά, ξαφνικά χαμογέλασε. Ό,τι ήταν αυτό που ήθελε να κάνει, προφανώς το είχε κάνει. Η Γκαγιάτρι άνοιξε αργά τα μάτια της. Ήταν πολύ ντροπαλή και διστακτική μπροστά στην Άμμα.

«Μην είσαι τόσο ντροπαλή, κόρη μου. Αν ένα κορίτσι θέλει να προχωρήσει στην πνευματική ζωή, αυτή η ντροπή πρέπει να φύγει. Μερικές από τις ποιότητες ενός άνδρα όπως η απόσπαση και το θάρρος πρέπει να αφομοιωθούν από τη γυναίκα, αν αυτή θέλει να επιτύχει. Οι γυναίκες γενικά δεν ενδιαφέρονται να απαρνηθούν την εγκόσμια ζωή για να συνειδητοποιήσουν τον Θεό. Ποιος θα βοηθούσε τη δημιουργία να λειτουργεί; Αλλά αν το ενδιαφέρον τους για την πνευματική ζωή για κάποιο λόγο αφυπνιστεί, τότε μπορούν να προοδεύσουν γρηγορότερα από τους άνδρες».

Αποφασίστηκε ότι εγώ θα έμενα στο σπίτι, η Άμμα και η Γκαγιάτρι θα κοιμόταν μέσα στο ναό και ο Τσαντρού θα αναπαυόταν όπου μπορούσε να βρει ένα μέρος μακριά από το κρύο και τη βροχή. Εκείνη τη νύχτα η Άμμα έβαλε την Γκαγιάτρι να κοιμηθεί δίπλα της και αποκοιμήθηκε με τα πόδια της στα πόδια της Γκαγιάτρι. Η παιδική αθωότητα της Άμμα συνδυασμένη με τη μητρική της στοργή και τις συμβουλές της άγγιξαν την καρδιά της Γκαγιάτρι και δέθηκε αμέσως μαζί της. Από τη δεύτερη μέρα είχε αποφασίσει να μην ξαναγυρίσει ποτέ στο Αρουνάτσαλα.

Εκείνο τον καιρό, εκτός από την ώρα που βρισκόταν σε κατάσταση διαλογισμού, η Άμμα περνούσε όλη την ώρα της μαζί μας, μας τάιζε με τα χέρια της, αστειευόταν μαζί μας ή τραγουδούσε και έλεγε ενδιαφέρουσες ιστορίες. Δεν υπήρχε ούτε μια βαρετή στιγμή και ανακαλύψαμε, καθώς οι μέρες περνούσαν, ότι μόνο η Άμμα υπήρχε στη σκέψη μας.

Το ντάρσαν άρχιζε στις έξι το απόγευμα και συνεχιζόταν μέχρι τις έξι ή τις επτά το επόμενο πρωί. Ακόμα και μετά από αυτό, η Άμμα καθόταν μπροστά από το ναό και συζητούσε με τους επισκέπτες πιστούς μέχρι τις δέκα ή τις έντεκα. Δεν μπορούσαμε να καταλάβουμε πώς άντεχε τόση κούραση κάθε μέρα. Δεν είχαμε την επιθυμία να κοιμηθούμε εκείνες τις τρεις νύχτες. Όταν η Άμμα έμενε άγρυπνη όλη τη νύχτα για να βοηθάει τους ανθρώπους, πώς μπορούσαμε εμείς να κοιμόμαστε άνετα; Αρχικά οι ντόπιοι δεν μπορούσαν να καταλάβουν γιατί δυο ξένοι ήθελαν να μείνουν σε ένα μικρό ψαροχώρι με ένα «τρελό» κορίτσι σαν την Άμμα, αλλά σύντομα άρχισαν να μας βλέπουν σαν δικούς τους ανθρώπους, που απλά νιώθαμε μια δυνατή έλξη, όπως και εκείνοι, για την Άμμα. Η Άμμα μας απαγόρευε να αποκαλύπτουμε την πραγματική της ταυτότητα ως μαχάτμα στους επισκέπτες ή στους χωρικούς. Ένιωθε ότι δεν πρέπει να διαταράξουμε την πίστη τους, γιατί με αυτή την πίστη λύνονταν τα προβλήματά τους.

«Όλα θα έρθουν την κατάλληλη στιγμή, παιδιά. Ποιος σας έφερε εδώ; Αυτός ο Ίδιος θα φέρει ό,τι χρειάζεται, όταν αυτό είναι απαραίτητο. Ας κάνουμε το καθήκον μας χωρίς να έχουμε επιθυμία για τους καρπούς. Η Άμμα δεν χρειάζεται προπαγάνδα. Εκείνοι που έχουν αγνή καρδιά και πίστη στον Θεό θα έρθουν και θα την αναζητήσουν και θα καταλάβουν». Συνέχισε να παίζει το διπλό ρόλο της Θεάς κατά τη διάρκεια του Ντάρσαν και ενός κάπως τρελού, αλλά σαγηνευτικού κοριτσιού την υπόλοιπη ώρα.

Μετά από λίγο καιρό αφότου ήρθαμε να εγκατασταθούμε κοντά στην Άμμα μόνιμα, κατασκευάστηκε μια καλύβα που έγινε το πρώτο κτήριο του άσραμ. Ήταν ένα μόνο δωμάτιο, αρκετά μεγάλο, ώστε το μισό μπορούσε να χρησιμοποιείται ως κουζίνα και το άλλο μισό ως μέρος για να καθόμαστε και να κοιμόμαστε. Η Άμμα και η Γκαγιάτρι έμεναν στη μια πλευρά και ο Μπαλού, ένας από τους νεαρούς που ήταν αρκετά τυχερός ώστε να πάρει την άδεια του πατέρα για να μείνει μαζί μας, και εγώ μέναμε στην άλλη πλευρά. Το μαγείρεμα γινόταν από την Γκαγιάτρι. Αν και η καλύβα είχε κατασκευαστεί από φύλλα του δέντρου της καρύδας, ήταν αρκετή για να μας προστατεύει από τα στοιχεία της φύσης. Δυστυχώς, επειδή ήταν το μόνο διαθέσιμο κατάλυμα, πολλοί επισκέπτες στριμώχνονταν και το γέμιζαν τις νύχτες του Ντάρσαν κι έτσι δεν έμενε χώρος για να ξαπλώσουμε εμείς.

Ο περισσότερος χρόνος μας περνούσε προσπαθώντας να προσαρμοστούμε στη συνεχή ροή ανθρώπων που μπαινόβγαιναν στην καλύβα όλες τις ώρες της μέρας και της νύχτας. Έγινε εργασία πλήρους απασχόλησης να συγκρατούμε τους ανθρώπους να μην ενοχλούν την Άμμα, όταν επιτέλους είχε πάει να κοιμηθεί. Εκείνοι έρχονταν όποτε έβρισκαν χρόνο και ποτέ δεν λάμβαναν υπόψη τους ότι μπορεί να μην είχε κοιμηθεί για δυο ή τρεις μέρες. Πολλές φορές χρειαζόταν να ξαπλώσω στο κατώφλι, ώστε κανείς να μην μπει μέσα κι έτσι να επιτρέψουμε στην Άμμα να ξεκουραστεί για λίγες ώρες. Ήταν η μεγαλύτερη χαρά μου να την βλέπω να ξεκουράζεται ανενόχλητη. Ο κόσμος επαινεί ανεπιφύλακτα έναν άνθρωπο που εκδηλώνει μια μικρή ανιδιοτέλεια μια φορά στο τόσο. Η Άμμα ήταν η ενσάρκωση της ανιδιοτέλειας. Ήταν έτοιμη να δώσει τη ζωή της μόνο και μόνο για να ανακουφίσει τον πιο συνηθισμένο άνθρωπο από τα βάσανά του. Για να το κάνει αυτό απαρνιόταν τον ύπνο της, το φαγητό της και οτιδήποτε μπορούσε να ονομαστεί δικό της. Ένα παράδειγμα είναι αρκετό για να δείξει αυτή την αλήθεια.

Μια νύχτα το Ντάρσαν τελείωσε λίγο νωρίς, γύρω στις τέσσερις το πρωί. Ήταν η εποχή των βροχών κι έτσι τα πλήθη δεν ήταν τόσο μεγάλα όσο άλλες φορές. Μετά από το Ντάρσαν η Άμμα κάθισε στη βεράντα του ναού σχεδόν μέχρι τις πέντε και μισή και μιλούσε με κάποιους πιστούς. Αφού την καλοπιάσαμε και επιμείναμε, τελικά συμφώνησε να έρθει μέσα στην καλύβα να ξεκουραστεί. Είχαμε μόλις ξαπλώσει και κλείσει τα φώτα, όταν ακούσαμε μια φωνή στην πόρτα. Ήταν μια κυρία που είχε χάσει το λεωφορείο καθώς ερχόταν. Είχε περπατήσει μεγάλη απόσταση όλη τη νύχτα για να φτάσει ως εδώ και να δει την Άμμα κατά τη διάρκεια του Ντάρσαν. Όταν είδε ότι το Ντάρσαν είχε τελειώσει, σκέφτηκε ότι τουλάχιστον μπορούσε να δει την Άμμα πριν γυρίσει πίσω. Εμείς δεν σκοπεύαμε να ανοίξουμε την πόρτα.

«Ανοίξτε την πόρτα», η Άμμα επέμενε. «Δεν είμαι εδώ για να απολαμβάνω την ξεκούραση και την άνεση. Αν μπορώ να ελαφρύνω τα βάσανα των ανθρώπων έστω και λίγο, είναι αρκετό για μένα. Η ευτυχία τους είναι η ευτυχία μου. Συνειδητοποιείτε με πόσο μεγάλη δυσκολία αυτή η γυναίκα έχει έρθει εδώ να αποθέσει το φορτίο της καρδιάς της σ' εμένα; Μερικοί από τους ανθρώπους που έρχονται εδώ είναι τόσο φτωχοί, που πρέπει να εξοικονομούν τις δεκάρες τους μέρες για να πληρώσουν το εισιτήριο του λεωφορείου. Πριν έρθετε όλοι εσείς εδώ, ήμουν ελεύθερη να συναντώ όποιον ερχόταν, όποτε κι αν ερχόταν. Στο μέλλον επίσης πρέπει να μου επιτρέψετε να κάνω το ίδιο, αλλιώς θα κοιμάμαι έξω, όπως έκανα και πριν. Χρειάζομαι αυτή την κουβέρτα ή το μαξιλάρι; Δεν είχα τίποτα πριν και ακόμα και τώρα δεν χρειάζομαι τίποτα. Μόνο για να σας ευχαριστήσω χρησιμοποιώ αυτά τα πράγματα». Σηκώθηκε πάνω και μίλησε με την κυρία και μόνο αφού την είχε παρηγορήσει πήγε να κοιμηθεί.

Η Άμμα, αφού με είχε τραβήξει κοντά της με τη στοργική της φροντίδα, άρχισε να με καθοδηγεί με αργό και λεπτό τρόπο. Ποτέ δεν μου έδινε μεγάλες εξηγήσεις, αλλά απλά έλεγε λίγα λόγια ή πρότεινε μια μικρή αλλαγή στον τρόπο που σκεφτόμουν και έπραττα. Μόνο τρεις ή τέσσερις μέρες αφότου είχα φτάσει, παρατήρησε ότι ο ναός δεν είχε καθαριστεί αν και ήταν επτά το πρωί. Με φώναξε. Ακόμη πολύ αδύναμος και με πονεμένο σώμα, περνούσα τον περισσότερο χρόνο ξαπλωμένος. Όντας η ίδια εντελώς αποσπασμένη από το σώμα της και θέλοντας κι εγώ να πλησιάσω στο επίπεδό της, αν και αυτό ήταν εντελώς αδύνατο, μου είπε να καθαρίσω το ναό και άρχισε η ίδια να εκτελεί αυτή την εργασία. Εγώ αγωνιζόμουν και υπέφερα, αλλά κάπως κατάφερνα να το κάνω. Ήταν ικανή να βρίσκει πάντα μια δουλειά που μόνο εγώ μπορούσα να κάνω. Δεν ήταν ότι δεν ήθελα να εργαστώ. Η σωματική εργασία σήμαινε πόνο κι εγώ προσπαθούσα να τον αποφύγω. Παρόλο που ήξερα ότι αυτό ήταν ένα εμπόδιο στην πνευματική πρόοδο, δίσταζα να υποφέρω τον πόνο.

Λέγεται ότι ακριβώς όπως υπάρχουν τρία είδη γιατρών έτσι υπάρχουν και τρία είδη πνευματικών δασκάλων. Ο πρώτος γιατρός συμβουλεύει τον ασθενή και φεύγει, χωρίς καν να νοιάζεται αν ο ασθενής έχει πάρει το φάρμακο. Αυτός είναι όπως ένας γκουρού που συμβουλεύει τους μαθητές του, αλλά δεν τον ενδιαφέρει να δει αν αυτοί ακολουθούν τη συμβουλή του κι αν βελτιώνονται. Ο δεύτερος τύπος γιατρού γράφει τη συνταγή για το φάρμακο και παροτρύνει τον ασθενή να το πάρει. Αυτός είναι όπως ένας γκουρού, ο οποίος, επειδή είναι πιο ειλικρινής, δείχνει μεγάλη υπομονή με τον μαθητή και αναλαμβάνει ατέλειωτους κόπους και παροτρύνει τον μαθητή να δρα σύμφωνα με τη συμβουλή που δόθηκε. Ο τελευταίος και ο καλύτερος τύπος γιατρού δεν διστάζει να πατήσει πάνω στο στήθος του ασθενούς και να σπρώξει με τη βία το φάρμακο μέσα στο στόμα του, ξέροντας ότι δεν θα το πάρει με άλλο τρόπο. Η Άμμα ήταν σαν τον τελευταίο τύπο γιατρού. Ξέροντας ότι δεν θα εγκατέλειπα την προσκόλλησή μου στο σώμα από μόνος μου, το έκανε υποχρεωτικό για μένα. Ακόμη και κατά τη διάρκεια του Ντάρσαν, όταν ήμουν έτοιμος να σηκωθώ πάνω, μου έλεγε να καθίσω και να βρω κάποιο λόγο για τον οποίο να μείνω εκεί.

«Είμαι η ίδια η Σάκτι (Δύναμη)», έλεγε. «Δεν θα σου δώσω αρκετή δύναμη να καθίσεις εδώ; Επειδή ανησυχείς για το πώς θα νιώθεις αύριο, θέλεις να σηκωθείς να φύγεις σήμερα». Αν και ήμουν ανήσυχος και υπέφερα από τον πόνο και την αδυναμία, με έκπληξη ανακάλυψα ότι μπορούσα να καθίσω στο ναό δίπλα της μέχρι το τέλος του Ντάρσαν. Για την ακρίβεια, εκείνες τις μέρες, έκανα τους καλύτερους διαλογισμούς.

Μια μέρα, κατά τη διάρκεια της εποχής των βροχών, κρύωσα ελαφρά και είχα πυρετό. Όταν υποχώρησε ο πυρετός, άρχισε ο βήχας. Αυτός ο βήχας έγινε τόσο σοβαρός και επίμονος που νόμιζα ότι είχα πάθει κάποια αρρώστια των πνευμόνων. Συνέχισε για σχεδόν ένα μήνα. Τη νύχτα καθόμουν έξω, μακριά από την καλύβα, και έβηχα για ώρες, προσπαθώντας να μην ενοχλώ τον ύπνο της Άμμα και των άλλων. Τελικά πήγα σε ένα γιατρό, που μου έδωσε ένα φάρμακο και μου είπε να το πάρω για μια εβδομάδα.

Επιστρέφοντας στο άσραμ, έβαλα το φάρμακο στο χέρι της Άμμα και της ζήτησα να το ευλογήσει. Αυτή ήταν η συνηθισμένη τακτική των ανθρώπων που ήθελαν να πάρουν ένα φάρμακο, αλλά επίσης είχαν πίστη ότι με τη χάρη της Άμμα θα γίνονταν σίγουρα καλύτερα. Εκείνη έκλεισε τα μάτια της για λίγα λεπτά και μου επέστρεψε το φάρμακο. Είχε πάρει μια απόφαση ή «σανκάλπα», όπως λέγεται, με τη δύναμη της οποίας μπορούσε κανείς να είναι σίγουρος ότι θα θεραπευόταν. Πιστεύεται ότι η δύναμη της θέλησης ενός Φωτισμένου είναι τέλεια και μπορεί να κατορθώσει το προφανώς αδύνατο. Αν πάρει μια σταθερή απόφαση, η πραγματοποίησή της είναι σίγουρη, όποια κι αν είναι τα εμπόδια.

Πήρα το φάρμακο για μία ή δυο μέρες, αλλά δεν ένιωσα καμιά βελτίωση. Είχα σοβαρό πόνο στο στήθος κατά την αναπνοή και αναζητούσα εναγωνίως μια ανακούφιση. Αποφάσισα να πάω σε έναν άλλο γιατρό και να πάρω άλλο φάρμακο. Πάλι το έβαλα στα χέρια της Άμμα και πάλι έκλεισε τα μάτια της και μου το επέστρεψε. Το δοκίμασα για λίγες μέρες αλλά δεν ένιωσα καμιά ανακούφιση. Υπήρχε κάποιο λάθος στη δύναμη της απόφασης; Εκείνη τη μέρα πήγε σε ένα κοντινό χωριό να επισκεφτεί κάποιον πιστό που την είχε προσκαλέσει εκεί. Νιώθοντας ότι μπορεί να ήμουν βάρος στους άλλους, αποφάσισα να μπω σε ένα ιδιωτικό νοσοκομείο και να μείνω εκεί μέχρι να γίνω καλύτερα. Ήξερα ότι η Άμμα, με την τόσο έντονη μητρική της αγάπη, δεν θα συμφωνούσε να με αφήσει να φύγω και να μείνω σε νοσοκομείο. Επομένως εκμεταλλεύτηκα την ευκαιρία όταν έλειπε και πήγα με τον πατέρα της σε ένα νοσοκομείο περίπου δέκα μίλια μακριά.

Έμεινα εκεί τρεις μέρες αλλά πάλι δεν υπήρξε καμιά βελτίωση. Μου έδωσαν πολλά αντιβιοτικά, αλλά χωρίς αποτέλεσμα. Στο μεταξύ η Άμμα έμαθε πως είχα φύγει, αλλά δεν είπε τίποτα. Την τρίτη νύχτα της παραμονής μου άρχισα να νιώθω την παρουσία της έντονα, έκλαιγα ανεξέλεγκτα και ανυπομονούσα να πάω σ' εκείνην. Αλλά πώς ήταν αυτό δυνατό; Είχα αποφασίσει να μην φύγω από το νοσοκομείο αν δεν γινόμουν καλά. Το επόμενο πρωί ο γιατρός ήρθε μέσα και μου έδωσε μερικά χάπια, λέγοντας ότι ίσως υπέφερα από ένα είδος αλλεργίας και όχι από κάποια φλεγμονή. Ακριβώς εκείνη τη στιγμή η Άμμα μπήκε μέσα με περίπου δεκαπέντε ανθρώπους.

«Γιε μου, την περασμένη νύχτα άρχισα να σε σκέφτομαι έντονα. Ένιωσα έντονα τα βάσανά σου και έγραψα αυτό το τραγούδι στη Θεϊκή Μητέρα!»

Ισβαρι Τζαγκαντισβαρι

Ω Θεά, Θεά της Οικουμένης
Ω Εσύ που συντηρείς, Εσύ που δίνεις τη χάρη
Ω Εσύ που δίνεις την Αιώνια Σωτηρία
Παρακαλώ ελευθέρωσέ με από όλες μου τις λύπες.

Έχω δει τις απολαύσεις της εγκόσμιας ζωής
Που είναι γεμάτες από θλίψεις.
Σε παρακαλώ μην με κάνεις να υποφέρω
Όπως το έντομο που πετάει μέσα στη φωτιά.

Πιασμένος στη θηλιά της επιθυμίας από εμπρός
Και στη θηλιά του θανάτου από πίσω
Ω Μητέρα, δεν είναι κρίμα
Να παίζεις δένοντας και τις δυο μαζί;

Δείχνοντάς μου όχι το λάθος μονοπάτι
Ω Αθάνατη, στείλε μου τη Χάρη Σου
Ω Μητέρα, που καταστρέφεις τη δυστυχία,
Σε παρακαλώ πάρε από μένα το φορτίο των θλίψεων.

Αυτό που βλέπουμε σήμερα δεν υπάρχει αύριο,
Ω Αγνή Συνειδητότητα, όλα είναι το παιχνίδι σου.
Αυτό που «είναι» δεν καταστρέφεται,
Ό,τι καταστρέφεται είναι εφήμερο.

Ω Μητέρα της Οικουμένης,
Με ενωμένα χέρια προσεύχομαι,
Να επιτύχω τον στόχο της ανθρώπινης γέννησης
Ω Θεά της Οικουμένης, Ω εσύ μέσα σε όλες τις μορφές
Υποκλίνομαι στα πόδια σου.

«Αποφάσισα ότι σήμερα έπρεπε να έρθω εδώ και να σε πάρω.

Πρέπει να έρθεις πίσω στο άσραμ. Μην ανησυχείς. Θα γίνεις σύντομα καλύτερα», είπε.

«Άμμα γιατί τα φάρμακα που ευλόγησες δεν είχαν αποτέλεσμα;» ρώτησα.

«Όταν πήρα την απόφαση σκέφτηκα: "Ας γίνει καλύτερα παίρνοντας αυτό το φάρμακο", αλλά εσύ δεν το πήρες παρά μόνο για μια δυο μέρες. Δεν έπρεπε να είσαι πιο υπομονετικός και να δώσεις στην απόφαση την ευκαιρία να αποδώσει; Σαν ανήσυχο παιδί έτρεχες από τον ένα γιατρό στον άλλο. Ακόμα κι αν εγώ ευλογήσω το φάρμακο, εσύ πρέπει να το πάρεις για να έχει αποτέλεσμα», είπε.

Ο γιατρός, φυσικά, συμφώνησε να με αφήσει να φύγω και επιστρέψαμε στο άσραμ. Εκείνη τη νύχτα γινόταν Ντάρσαν. Ο βήχας ήταν ακόμα δυνατός. Κατά τη διάρκεια του Κρίσνα Μπάβα πήγα στην Άμμα. Έβαλε το ένα της χέρι στο κεφάλι μου και το άλλο στην καρδιά μου και στάθηκε έτσι, χαμογελώντας μου για λίγα λεπτά. Μετά μου έκανε νόημα να καθίσω σε μια γωνιά του ναού. Όταν κάθισα και κοίταξα γύρω, είδα προς μεγάλη μου έκπληξη ότι ένα Θεϊκό Φως φαινόταν καθαρά στα πρόσωπα όλων όσων κοίταζα. Επίσης, ένιωθα το σώμα μου σαν καμωμένο από ξύλο –όχι βαρύ, αλλά αναίσθητο. Αν και έβηχα, δεν με ένοιαζε καθόλου. Απολάμβανα μια έντονη αποδέσμευση από το φυσικό μου περίβλημα και μια μέθη γεμάτη ευδαιμονία στο νου μου.

Σηκώθηκα και βγήκα από το ναό. Το δείπνο μας σερβίρονταν σε μια συγκεκριμένη ώρα και μπήκα στην κουζίνα, αλλά δεν μπορούσα να φάω τίποτα. Το φαγητό φαινόταν και είχε τη γεύση πλαστικού. Ποιος ήθελε φαγητό σε μια τέτοια ώρα; Ποιος μπορούσε ακόμα και να το σκεφτεί; Πήγα ξανά μέσα στο ναό και έμεινα εκεί άλλη μια ώρα. Μετά από περίπου τρεις ώρες ξαναγύρισα αργά στη συνηθισμένη μου κατάσταση. Μέσα σε δυο μέρες ο βήχας άρχισε να υποχωρεί και σύντομα εξαφανίστηκε εντελώς. ⚜

Κεφάλαιο 7

Με τη Θεϊκή Μητέρα

Η Άμμα είναι η μητέρα όλων όσων έρχονται σ' εκείνην, είτε είναι άνδρες ή γυναίκες, γέροι ή νέοι. Μας βλέπει όλους σαν παιδιά της. Αυτό με τη σειρά του εμπνέει τους ανθρώπους να την βλέπουν ως μητέρα τους. Το γεγονός αυτό έχει φέρει μεγάλη επανάσταση στο νου πολλών από τους ανθρώπους που αναζητούσαν την παρουσία της. Είδαν ότι δεν ζητούσε τίποτα από κανέναν, αλλά αντίθετα πρόσφερε τον χρόνο, το φαγητό, την υγεία, ακόμα και την ξεκούρασή της σε όλους, χωρίς όρια, ανεξάρτητα από το ποιοι ή τι μπορούσαν να είναι. Ένιωθαν ότι τέτοια ανιδιοτελής αγάπη δεν υπήρχε πουθενά πάνω σ' αυτή τη Γη. Η μητέρα κάποιου μπορούσε να θυμώσει αν δεν την υπάκουαν ή την αψηφούσαν, αλλά η Άμμα συγχώρησε ακόμα και αυτούς που προσπάθησαν να την σκοτώσουν και τους αγαπούσε σαν να ήταν απλώς άτακτα παιδιά. Ποτέ δεν ζήτησε τίποτα από κανέναν και τους δεχόταν όλους όπως ήταν, βρώμικους, καθαρούς ή όπως αλλιώς.

Αυτή η χωρίς προσδοκίες αγάπη δημιούργησε σε πολλούς ανθρώπους έναν δυνατό δεσμό με την Άμμα. Πολλοί συνειδητοποίησαν ότι μόνο κοντά της μπορούσαν να βρουν νόημα στις ζωές τους. Ήταν παρούσα συνεχώς στις σκέψεις τους. Άρχισαν να νιώθουν ότι πρέπει να απαλλαγούν από τα ελαττώματά τους, γιατί δεν ταίριαζαν στα παιδιά της, αν και εκείνη ποτέ δεν τους το είπε. Μερικοί από αυτούς, ακόμα και παρά τις διαμαρτυρίες της ότι δεν μπορούσε να στηρίξει ούτε να θρέψει κανέναν, ήρθαν να εγκατασταθούν κοντά της, αφήνοντας τα σπίτια, τις δουλειές ή τις σπουδές τους. Οι άνθρωποι που αποφάσισαν να παραμείνουν κοντά της, ανεξάρτητα από το τι έλεγε εκείνη ή οι άλλοι, ήταν κυρίως νέοι άνδρες που είχαν πτυχία κολλεγίων αλλά έβρισκαν, μέσα στο φως της δικής της θαυμάσιας, αγνής και ανιδιοτελούς αγάπης, ότι η εγκόσμια ζωή δεν είχε την προοπτική της αληθινής ευτυχίας.

Όταν μιλούσε σ' αυτούς τους νέους, τόνιζε την ψευδαίσθηση του να αναζητάς την ευτυχία στην εγκόσμια ζωή, πως για λίγες στιγμές ευχαρίστησης κανείς πληρώνει με χρόνια πόνου. Ο άνθρωπος γίνεται ανήσυχος εξαιτίας της επιθυμίας για απολαύσεις και ακόμα και αφού τις αποκτήσει, οι επιθυμίες αναδύονται ξανά και ξανά. Η επαναλαμβανόμενη απόλαυση όχι μόνο δεν εξασφαλίζει την αληθινή ικανοποίηση, αλλά οδηγεί στην ανία και τελικά στην απελπισία. Αν η αληθινή και διαρκής ευτυχία δεν βρίσκεται στην ατέλειωτη απόλαυση των αισθήσεων, τότε πού βρίσκεται;

Η Άμμα έδειχνε σ' αυτούς τους νεαρούς άνδρες ότι η ίδια ενέργεια που χρησιμοποιούνταν για εγκόσμιους σκοπούς μπορούσε να κατευθυνθεί έτσι, ώστε να αποφέρει την εμπειρία της εσωτερικής ευδαιμονίας και της Θεϊκής Γνώσης. Η εγκόσμια απόλαυση εξαντλεί την ενέργεια του ανθρώπου και είναι ένας αργός θάνατος, ενώ η πνευματική εμπειρία τον γεμίζει με ενέργεια και τον οδηγεί στη χώρα της συνειδητοποίησης και της εξευγενισμένης ευδαιμονίας, που είναι άγνωστες στον συνηθισμένο άνθρωπο. «Το νέκταρ είναι αποθηκευμένο στην κορυφή του κεφαλιού, στον μυστικό χιλιοπέταλο λωτό, αλλά ο άνθρωπος ποτέ δεν νοιάζεται να κοιτάξει εκεί, απασχολημένος καθώς είναι με τις πέντε αισθήσεις χαμηλότερα», έλεγε. Έχοντας η ίδια συνειδητοποιήσει την Αλήθεια, τα λόγια της είχαν ισχύ που καμιά γνώση προερχόμενη από βιβλία δεν είχε.

Εκείνη ζούσε όλα όσα δίδασκε. Δεν πίεζε, όμως, κανέναν να ξεκινήσει την πνευματική άσκηση, αλλά μόνο τους μιλούσε γι' αυτές τις ιδέες.

Δυο χρόνια μετά την άφιξή μου, μια ομάδα από έξι νεαρούς άνδρες ήρθε και εγκαταστάθηκε κοντά στην Άμμα. Δεν υπήρχε κατάλυμα για κανέναν κι έτσι κοιμόντουσαν έξω στην ύπαιθρο, κάτω από ένα δέντρο ή στη βεράντα του ναού. Δεν έδιναν σημασία στο φαγητό ούτε στα ρούχα, αλλά απλά τα κατάφερναν με ό,τι ερχόταν. Η Άμμα τους έλεγε επανειλημμένα ότι δεν μπορούσε να τους συντηρήσει, αλλά παρόλα αυτά εκείνοι δεν ήθελαν να φύγουν. Η συντροφιά της και τα λόγια της ήταν όλα όσα επιθυμούσαν. Ήταν αξιοθαύμαστο το πνεύμα της απάρνησης. Αν και δεν καίγονταν από την επιθυμία για τη συνειδητοποίηση του Εαυτού, όμως ένιωθαν ότι η εγκόσμια ζωή δεν ήταν η λύση στο πρόβλημα της αναζήτησης της ευτυχίας. Ήταν αδιάφοροι σε όλες τις εγκόσμιες απολαύσεις και έβρισκαν ότι η συντροφιά της Άμμα ήταν η μόνη πηγή γαλήνης και ευτυχίας.

Εκτός του ότι έκλειναν, όμως, τα μάτια τους για λίγα λεπτά ή τραγουδούσαν θρησκευτικούς ύμνους κατά τη διάρκεια του Ντάρσαν, δεν μπορούσε κανείς να πει ότι αυτοί βρίσκονταν στο πνευματικό μονοπάτι. Αν και είχα επίγνωση των κινήτρων τους και της σχέσης τους με την Άμμα, η έλλειψη σοβαρότητας στην πνευματική πρακτική άρχισε να με ενοχλεί. Η στάση τους προς την Άμμα ήταν αυτή του παιδιού προς τη μητέρα του. Το παιδί δεν θέλει να κάνει τίποτα εκτός από το να είναι με τη μητέρα. Γιατί να προσπαθήσει να γίνει σαν κι εκείνην; Η ευτυχία της συντροφιάς της είναι αρκετή.

Έχοντας αναζητήσει την καθοδήγηση της Άμμα για να προχωρήσω πνευματικά και θεωρώντας την πνευματική Δασκάλα και οδηγό μου, πονούσα γιατί κάποιοι από αυτούς τους νέους δεν της έδειχναν τον σεβασμό που οφειλόταν σε μια Συνειδητοποιημένη Ψυχή. Εκείνη μου έλεγε ξανά και ξανά ότι τα αγόρια αυτά δεν την κοίταζαν όπως εγώ και επομένως δεν μπορούσα να περιμένω να κάνουν ό,τι έκανα εγώ. Αυτό άρχισε να με εκνευρίζει και για την ακρίβεια αναρωτιόμουν γιατί παρέμενα εκεί. Η συντροφιά ενός αγίου είναι χωρίς αμφιβολία η μεγαλύτερη βοήθεια που υπάρχει για πνευματική πρόοδο, αλλά και η περιρρέουσα ατμόσφαιρα πρέπει επίσης να είναι βοηθητική. Αυτός ήταν ο ειρμός της σκέψης μου.

Επιθυμώντας και προσδοκώντας να υπάρχει μια ατμόσφαιρα άσραμ γύρω από την Άμμα και μη βρίσκοντάς την, ένιωθα ότι έφταιγαν αυτοί που είχαν εγκατασταθεί εκεί. Άρχισα να βλέπω τα λάθη τους και την έλλειψη της πνευματικότητας αντί για τις καλές τους ιδιότητες και την απόσπασή τους από την εγκόσμια ζωή. Ο νους μου έγινε πολύ ανήσυχος και σκεφτόμουν να γυρίσω πίσω στο Αρουνάτσαλα. Ίσως είχα κάνει λάθος επιλογή με το να έρθω να εγκατασταθώ εδώ για πάντα. Δεν περίμενα ότι τα πράγματα θα έπαιρναν τέτοια τροπή. Είχα ελπίσει ότι η Άμμα θα αναγνωριζόταν και θα γινόταν σεβαστή ως μια Φωτισμένη Ψυχή και ότι γύρω της θα γινόταν ένα άσραμ. Ήμουν απογοητευμένος.

Όταν είχα τελικά αποφασίσει να φύγω από αυτό το μέρος, είδα ένα όνειρο ένα βράδυ. Είδα ότι η Άμμα με κοίταζε, με την πανσέληνο να λάμπει στον ουρανό στα αριστερά της και τον ήλιο στα δεξιά της. Έδειξε τον ήλιο και είπε: «Βλέπεις τη λαμπερή ακτίνα του ήλιου; Όπως αυτήν την ακτίνα, προσπάθησε να βλέπεις την ακτίνα του Θεϊκού Φωτός στα μάτια του καθενός». Ξύπνησα νιώθοντας πολύ ευτυχισμένος. Ρώτησα την Άμμα γι' αυτό το επόμενο πρωί.

«Ναι» είπε, «πρέπει να προσπαθήσεις να βλέπεις αυτό το Φως στον καθένα. Αν δεν μπορείς να παραβλέπεις τα λάθη των άλλων, πώς θα μπορέσεις να δεις το αθώο Φως; Πρέπει να προσπαθήσεις να δεις αυτήν την αθωότητα στον καθένα».

Μπάτζαν τον παλιό καιρό

Κατάλαβα ότι αυτή ήταν μια πολύ ταιριαστή συμβουλή. Για την ακρίβεια, αν κάποιος την τελειοποιούσε, πού θα βρισκόταν το έδαφος για λαγνεία, θυμό, ζήλεια ή αντιπάθεια; Εκείνη μπορούσε να βλέπει καθαρά τα Θεϊκό Φως σε όλα και γι' αυτό μπορούσε να συμβουλεύει και τους άλλους να κάνουν το ίδιο. Δεν ήταν ολόκληρη η ζωή της η έκφραση αυτής της εμπειρίας; Επίσης πρόσθεσε ότι, ακόμα κι αν στην αρχή πρέπει κανείς να φαντάζεται ότι βλέπει τον Θεό σε όλους, σαν μια πρόβα πριν από την παράσταση, αργότερα αυτό θα γινόταν μια άμεση εμπειρία. Ακολουθώντας τη συμβουλή της, βρήκα ότι η αποστροφή μου για τους επισκέπτες και τους κατοίκους διαλυόταν και έφτασα σε ένα καινούργιο επίπεδο εσωτερικής γαλήνης, που επηρεαζόταν όλο και λιγότερο από τις εξωτερικές συνθήκες. Επιθυμούσα ακόμα να γίνεται σεβαστή η Άμμα, αλλά αυτό δεν θα γινόταν παρά μετά από λίγα χρόνια. Έπρεπε να προσπεράσω όλες τις καλές μου ιδέες και τις υψηλές προσδοκίες και να προχωρήσω βαθύτερα στη λεπτή παρουσία της Άμμα μέσα μου, χωρίς να νοιάζομαι για τίποτα άλλο.

Οι μέρες που ήρθαν βρήκαν περισσότερους ανθρώπους να φτάνουν και να εγκαθίστανται κοντά στην Άμμα. Εκείνη δεν επέμενε να κάνουν διαλογισμό ή να έχουν κάποιο είδος καθημερινού προγράμματος. Ο λόγος ήταν προφανής: οι άνθρωποι που έρχονταν σ' εκείνην δεν αναζητούσαν τη συντροφιά της από επιθυμία για πνευματική συνειδητοποίηση, αλλά μάλλον για την ευτυχία και τη γαλήνη που απολάμβαναν στην παρουσία της. Αν επέμενε για οποιοδήποτε είδος πειθαρχίας, θα έτρεχαν πίσω στα σπίτια τους και στις εγκόσμιες δραστηριότητές τους. Η ανιδιοτελής αγάπη είχε αρχίσει να δημιουργεί το δεσμό μαζί της. Στον σωστό χρόνο θα άρχιζε να τους πλάθει πνευματικά.

Αυτός είναι ο τρόπος ενός αληθινού Γκουρού. Δεν είναι η φιλοσοφία του ή τα ιδεώδη του που θα διατηρήσουν τη σχέση ανάμεσα σ' εκείνον και τους μαθητές του ανέπαφη κατά τη διάρκεια της ακόλουθης κοπιαστικής και παρατεταμένης πορείας πνευματικής άσκησης, αλλά μόνο η γνώση του μαθητή ότι ο Γκουρού έχει ατέλειωτη και χωρίς όρια αγάπη για αυτόν. Ένας αληθινός Γκουρού, αφού συνδέσει τον μαθητή μαζί του μέσα από την αγάπη, θα οδηγήσει σταδιακά τον μαθητή σε μια πορεία πειθαρχίας για να του αποκαλύψει αργά όλη τη λειτουργία του νου, και του χονδροειδούς και του λεπτοφυέστερου, μέχρι το πιο λεπτό σημείο όπου η ίδια η ύπαρξη του νου αρχίζει. Φτάνοντας στον «πυθμένα του νου», ο μαθητής καταλήγει να δει την Αλήθεια να λάμπει μέσα του ως Εαυτός και βρίσκει ότι το σώμα και ο νους είναι ψεύτικες προβολές αυτού του Εαυτού, της Αληθινής του Φύσης. Αυτή η διαδικασία είναι παρατεταμένη για τους περισσότερους αναζητητές και μπορεί να πάρει περισσότερες από μια ζωές. Υπάρχουν πολλές δοκιμασίες και ταλαιπωρίες κατά μήκος του μονοπατιού της Γνώσης του Εαυτού και της απάρνησης του ψεύτικου νου. Η αγάπη είναι η πρωταρχική δύναμη κίνησης του σύμπαντος και μόνο η αγάπη μπορεί να κρατήσει κάποιον σ' αυτό το μονοπάτι μέχρι το τέλος, παρά τις δυσκολίες που θα συναντήσει προχωρώντας. Αν λείπει η αγάπη από την αρχή, ο μαθητής θα φύγει όταν η πορεία γίνει λίγο δυσκολότερη. Είναι, επομένως, το καθήκον του Γκουρού να ενσταλάξει την αίσθηση της αγάπης και της εμπιστοσύνης στην καρδιά του μαθητή από την αρχή της σχέσης, παραβλέποντας κάθε τι άλλο.

Η αντοχή στην αντιμετώπιση του πόνου, φυσικού ή νοητικού είναι μια απαραίτητη ποιότητα για να επιτύχουμε την παραμονή στον Εαυτό, όπου ακόμα και ο μεγάλος πόνος ή η θλίψη αφήνουν την εσωτερική ευδαιμονία ανέγγιχτη. Ένιωσα ότι για να με βοηθήσει να φτάσω σ' αυτήν την κατάσταση, η Άμμα μου έδινε πολλές ευκαιρίες για πρακτική εξάσκηση.

Για την ακρίβεια, πείστηκα για αυτό σε σύντομο χρονικό διάστημα, με αφορμή ένα παράξενο γεγονός.

Μια μέρα η Άμμα προσκλήθηκε να επισκεφτεί το σπίτι ενός πιστού περίπου δέκα μίλια μακριά. Θα τραγουδούσαν θρησκευτικά τραγούδια για περίπου δυο ώρες τη νύχτα. Εκείνον τον καιρό υπήρχαν τέσσερις άνθρωποι που μπορούσαν να παίξουν αρμόνιο (ένα όργανο που φουσκώνει με το χέρι), που είναι απαραίτητο ως μουσική συνοδεία. Ένας από αυτούς ήταν ένας νέος που είχε πάει σε μια δουλειά και δεν είχε επιστρέψει ακόμη. Εγώ ήμουν άλλος ένας. Υπέφερα όλη τη μέρα από ισχυρό πονοκέφαλο και με δυσκολία μπορούσα να καθίσω. Η Άμμα με κάλεσε να πάω μαζί της.

« Άμμα, το κεφάλι μου κοντεύει να σπάσει», παραπονέθηκα. «Δεν μπορεί κάποιος άλλος να έρθει μαζί σου για να παίξει αρμόνιο;»

«Τι;» αναφώνησε. «Πώς είναι δυνατόν; Δεν θα είναι καλό να μην έρθεις. Πρέπει να έρθεις».

Είχα αποφασίσει να παραδοθώ στον Γκουρού μου ό,τι κι αν γινόταν. Τώρα είχα την ευκαιρία να το βάλω σε εφαρμογή. Τη συνόδεψα στο σπίτι και κάθισα να παίξω. Δάκρυα κυλούσαν από τα μάτια μου, όχι επειδή ένιωθα θλίψη ή αφοσίωση, αλλά εξαιτίας της πίεσης και του πόνου στο κεφάλι μου. Ήμουν αναγκασμένος να αποσυνδέσω το νου μου από το σώμα μου και έπαιξα χωρίς να με νοιάζει για τις συνέπειες. Σκεφτόμουν εκείνη τη φορά ότι έτσι πρέπει να είναι ο θάνατος. Πρέπει κανείς απλά να αντέξει τον πόνο, μιας και είναι αδύνατο να κάνει οτιδήποτε άλλο. Αργότερα, όταν το φαγητό σερβιρίστηκε, δεν μπορούσα να φάω, γιατί είχα μια αίσθηση ναυτίας στο στομάχι μου. Όταν γυρίσαμε στο σπίτι, τελικά αποκοιμήθηκα. Την επόμενη μέρα, καθώς η Άμμα περπατούσε δίπλα μου, ανέφερε σε κάποιον που στεκόταν εκεί: «Κοίταξε πόσο σκληρή είμαι! Αν και είχε τόσο τρομερό πονοκέφαλο, τον έβαλα να

Η Άμμα και ο Νιλ

παίξει αρμόνιο». Για την ακρίβεια, είχε νιώσει πως αυτός ήταν ο κατάλληλος τρόπος για να με κάνει να εξελιχθώ πνευματικά. Αυτό δεν πρέπει να μας οδηγήσει να πιστέψουμε πως η Άμμα είναι σκληρή με τα παιδιά της. Πραγματικά, συμβαίνει το ακριβώς αντίθετο, αλλά δεν θα διστάσει να κάνει αυτό που γνωρίζει πως είναι για το πνευματικό καλό των μαθητών της, ευχάριστο ή οδυνηρό.

Σε μια άλλη περίσταση, όταν είχα ένα παρόμοιο πονοκέφαλο, η Άμμα με κάλεσε και άρχισε να μιλάει για κάτι. Της είπα ότι μου είναι αδύνατο να συγκεντρωθώ σ' αυτά που λέει εξαιτίας της έντασης του πόνου. Μου είπε να πάω να ξαπλώσω. Πήγα στο δωμάτιό μου κι εκείνη πήγε μπροστά στο ναό για τα βραδινά θρησκευτικά τραγούδια. Σταμάτησε να τραγουδάει στη μέση του δεύτερου τραγουδιού. Ακριβώς εκείνη τη στιγμή, ένα καταπραϋντικό φως παρουσιάστηκε στο νοητικό μου πεδίο και μετά εξαφανίστηκε. Μετά από λίγα λεπτά εμφανίστηκε ξανά και απορρόφησε μέσα του, κατά κάποιο τρόπο, όλο τον πόνο. Μετά εξαφανίστηκε και η Άμμα άρχισε να τραγουδά ξανά. Αισθανόμουν εντελώς καλά για αυτό σηκώθηκα και πήγα στο ναό και κάθισα να ακούσω τα υπόλοιπα τραγούδια.

Υπήρχαν κι άλλες περιπτώσεις που η Άμμα με ανακούφισε από δυνατό πόνο. Κατά τη διάρκεια του Κρίσνα Μπάβα μια μέρα, μπήκα στο ναό και στάθηκα στη γωνιά κοιτάζοντάς την. Είχα ασυνήθιστα δυνατούς πόνους στο σώμα μου. Μπήκα στο ναό με την πρόθεση να διαλογιστώ. Γύρισε και με κοίταξε με σταθερό βλέμμα και ένιωσα όλο τον πόνο να παρασύρεται έξω από το σώμα μου. Συνειδητοποίησα ότι στην παρουσία της ο διαλογισμός μου γινόταν βαθύς πολύ γρήγορα και κυλούσε σαν ρεύμα νερού. Αυτό που δεν μπορούσε να κατορθωθεί με πολλά χρόνια μοναχικού διαλογισμού γινόταν εύκολα στη θεϊκή παρουσία της Άμμα!

Καθώς οι μέρες περνούσαν, άρχισα σιγά σιγά να

καταλαβαίνω πόσο μεγάλη πνευματική Δασκάλα ήταν η Άμμα. Όσοι άνθρωποι κι αν έρχονταν σ' εκείνην, καταλάβαινε το πνευματικό τους επίπεδο, τα προβλήματά τους, τη νοητική τους κατάσταση και πώς να τους ανυψώσει πνευματικά και, αν ήταν απαραίτητο, υλικά. Ήξερε ακριβώς πώς να ενεργήσει κάθε στιγμή με οποιονδήποτε αριθμό ανθρώπων. Οι πράξεις της δεν φαινόταν να απαιτούν καμιά σκέψη, αλλά μάλλον κυλούσαν από μια αυθόρμητη πηγή πάντοτε κατάλληλη για την περίσταση. Αυτό που είναι φάρμακο για τον έναν είναι δηλητήριο για τον άλλον και αυτή η αρχή τής ήταν πλήρως γνωστή. Για την ακρίβεια, κάτι που ήταν φάρμακο για κάποιον μια φορά μπορούσε να βλάψει το ίδιο πρόσωπο μια άλλη φορά.

Στη σχέση μου μαζί της, βίωσα μια σταδιακή, αλλά καθοριστική αλλαγή. Στην αρχή, όταν ήρθα σ' εκείνην, με κατέκλυσε με τη μητρική της αγάπη. Μέχρι που με τάιζε με τα ίδια της τα χέρια. Περνούσε τον περισσότερο από τον χρόνο της με εμένα και έναν ή δυο άλλους που ζούσαν εκεί. Καθώς ένιωθα ανήσυχος όταν δεν μπορούσα να είμαι κοντά της ακόμα και για λίγα λεπτά, της το είπα. «Σύντομα θα με νιώθεις μέσα σου πάντοτε και δεν θα σε ενδιαφέρει η εξωτερική παρουσία», με διαβεβαίωσε. Τα λόγια της αποδείχτηκαν προφητικά.

Πηγαίνοντας βαθύτερα μέσα μου, μέρα με τη μέρα, ως αποτέλεσμα των οδηγιών της και των ιδιαίτερων καταστάσεων που ζούσα, άρχισα να νιώθω τη λεπτή της παρουσία καθαρά μέσα στο νου μου. Προτιμούσα να είμαι μόνος και να συγκεντρώνομαι σ' αυτή μάλλον παρά να βρίσκομαι κοντά της. Φυσικά, την ώρα του Ντάρσαν, ένιωθα έναν ιδιαίτερα έντονο βαθμό συγκέντρωσης και έκανα καλή χρήση αυτής της συγκέντρωσης, αλλά καθώς πήγαινα βαθύτερα, αντιλήφθηκα μια ιδιαίτερη αλλαγή στη στάση της Άμμα προς εμένα. Όποτε ερχόμουν κοντά της, με αγνοούσε. Ακόμα και όταν της μιλούσα, σηκωνόταν απότομα και έφευγε. Στην αρχή δεν μπορούσα

278

να καταλάβω αυτήν την αλλαγή στη στάση της απέναντί μου. Μετά συνέβη κάτι που μου άνοιξε τα μάτια.

Αν και διαλογιζόμουν για πολλά χρόνια, η ευδαιμονία της ένωσης με τον Θεό φαινόταν ακόμη μακριά. Ήξερα ότι μια Συνειδητοποιημένη Ψυχή είχε τη δύναμη να παραμερίσει το παραπέτασμα της άγνοιας που καλύπτει την Αλήθεια στο νου του μαθητή. Είχα ρωτήσει την Άμμα γι' αυτό και είχε παραδεχτεί ότι μπορούσε να γίνει, αλλά μόνο αν ο μαθητής ήταν τέλεια ώριμος για κάτι τέτοιο. Έπρεπε να έχει εξαγνίσει τον εαυτό του μέσα από την πνευματική πρακτική σε τέτοιο βαθμό, ώστε να έχει γίνει σαν το ώριμο φρούτο, έτοιμο να πέσει από το δέντρο. Αποφάσισα να ρωτήσω την Άμμα γιατί δεν με είχε ευλογήσει με αυτή τη χάρη, αφού προσπαθούσα τόσο πολύ καιρό. Δεν συνειδητοποιούσα, φυσικά, ότι η ερώτησή μου υπονοούσε ένα ορισμένο βαθμό αλαζονείας, επειδή πίστευα ότι είχα φτάσει στην κατάσταση της τέλειας ωριμότητας. Την πλησίασα όταν ήταν μόνη.

«Άμμα, έχεις πει ότι οι Φωτισμένοι έχουν τη δύναμη να ελευθερώνουν τους μαθητές τους. Δεν θα κάνεις το ίδιο για μένα;» ρώτησα. «Έχω επίσης ακούσει πολλές περιπτώσεις, όπου ο Γκουρού έχει ευλογήσει τον μαθητή με την Υπέρτατη Κατάσταση». Συνέχισα να διηγούμαι ιστορίες μεγάλων αγίων που είχαν κερδίσει την ύψιστη Συνειδητοποίηση με τη χάρη του Γκουρού τους.

«Είχαν ύψιστη αφοσίωση στον Γκουρού τους», είπε. «Όταν ένας μαθητής έχει για τον Δάσκαλό του τέτοια αφοσίωση που υπερβαίνει το εγώ, τότε ακόμα και χωρίς να του το ζητήσει, η σκέψη εμφανίζεται στο νου του Γκουρού να ευλογήσει τον μαθητή με την τέλεια εξάλειψη της άγνοιας και την ακόλουθη κατάσταση της απελευθέρωσης. Μέχρι τότε, αν κάποιος δεν έχει φτάσει αυτόν το βαθμό της ωριμότητας, ακόμα κι αν ξαπλώσει μπροστά μου και αυτοκτονήσει,

Η Άμμα – 1982

λέγοντας ότι πρέπει να τον ευλογήσω με την Συνειδητοποίηση δεν μπορώ να το κάνω και δεν θα το κάνω. Τη στιγμή που θα είσαι έτοιμος γι' αυτό, θα λάμψει μέσα στο νου μου να το κάνω και όχι νωρίτερα».

«Τι θα κάνω μέχρι τότε;» ρώτησα. «Απλά θα περιμένω;» «Αν απλά περιμένεις, θα πρέπει να περιμένεις πολύ καιρό πραγματικά. Να μην περιμένεις, να εργάζεσαι!» είπε με έμφαση.

«Δεν μπορείς να μου προτείνεις κάτι που μπορώ να κάνω και το οποίο θα με ευλογήσει με τη χάρη σου;» εγώ επέμεινα.

Η Άμμα παρέμεινε σιωπηλή. Περίμενα υπομονετικά πέντε λεπτά και της έκανα ξανά την ίδια ερώτηση. Εξακολούθησε να παραμένει σιωπηλή. Τι θα μπορούσε να πει; Μου είχε ήδη απαντήσει και δεν έμενε τίποτα άλλο να πει. Στο τέλος σηκώθηκε και έφυγε.

Λίγες μέρες αργότερα, την πλησίασα ξανά με την ίδια παράκληση. Ξανά μου απάντησε με σιωπή. Σταδιακά κατάλαβα ότι η σιωπή της σήμαινε ότι έπρεπε κι εγώ να μείνω σιωπηλός. Για την ακρίβεια η ίδια η ερώτηση που είχε αναδυθεί σήμαινε ότι η παράδοσή μου και η πίστη μου σ' εκείνην δεν ήταν πλήρεις και, αν έτσι είχαν τα πράγματα, πού ήταν η πλήρης ωριμότητα; Αν μπορούσα να κάνω το νου μου τελείως χωρίς επιθυμίες, θα μπορούσα να συνειδητοποιήσω μέσα από την άμεση εμπειρία μου ότι ο εσώτατος Εαυτός μου, κρυμμένος κάτω από ένα σύννεφο από διάφορες λεπτές και χονδροειδείς επιθυμίες, ήταν ακριβώς εκείνο που αναζητούσα. Με το να ζητώ από την Άμμα να μου αποκαλύψει την Αλήθεια, έκανα το πέπλο πιο χοντρό και καθυστερούσα τη συνειδητοποίηση ακόμα περισσότερο. Το να κρατώ στη σκέψη μου την Άμμα εσωτερικά και να εμποδίζω όλες τις άλλες σκέψεις να εμφανιστούν φαινόταν να είναι η ουσία όλης της πνευματικής πρακτικής. Αποφάσισα να την επιδιώξω με όλη μου την καρδιά

στο εξής. Παρά την απόφασή μου όμως, έκανα ερωτήσεις στην Άμμα και άλλες λίγες φορές σχετικά με μερικές περιττές αμφιβολίες, αλλά αντί για απάντηση παρέμενε σιωπηλή. Η σιωπή ήταν μια ένδειξη για μένα ότι έπρεπε να ελέγξω το νου μου και να τον κάνω τέλεια σιωπηλό. Δεν υπήρχε άλλος τρόπος.

Επειδή ένας ξένος δεν μπορεί να ζήσει στην Ινδία περισσότερο από έξι μήνες εκτός και αν ανήκει σε κάποιο ίδρυμα με σκοπό σπουδές ή εργασία, θεωρήθηκε απαραίτητο να πάρει το άσραμ επίσημη άδεια από το κράτος. Στη συνέχεια, η Άμμα ένιωσε ότι οι πιστοί που έμεναν εκεί έπρεπε να αρχίσουν να ακολουθούν κάποιο είδος πειθαρχίας. Για τον σκοπό αυτό, σχεδίασε ένα υποχρεωτικό πρόγραμμα για εκείνους που επέλεγαν να ζήσουν κοντά της. Ολόκληρη η στάση της άρχισε να αλλάζει εκείνον τον καιρό από αυτήν της μητέρας σ' εκείνην της πνευματικού οδηγού. Αν και η ίδια μητρική φροντίδα και υπομονή ήταν εκεί, άρχισε με όλη της την καρδιά να συμβουλεύει τους πιστούς της να ακολουθούν κάποια μορφή πνευματικής πρακτικής. Για την ακρίβεια, έφτασε στο σημείο να πει ότι εκείνοι που δεν ήθελαν να κάνουν διαλογισμό και άλλες πνευματικές πρακτικές μπορούσαν να γυρίσουν στο σπίτι τους με το επόμενο λεωφορείο. Αυτό ήταν κατά κάποιο τρόπο ένα σοκ για όσους είχαν ζήσει μια ξέγνοιαστη ζωή, νομίζοντας ότι θα ήταν έτσι για πάντα.

Για μένα ήταν μεγάλη ανακούφιση και κατά κάποιον τρόπο έκπληξη να βλέπω την Άμμα να παίρνει στα χέρια της τα ηνία για να μετατρέψει τα παιδιά της σε αγίους. Άρχισα να νιώθω πιο πολύ στο σπίτι μου και η ατμόσφαιρα άρχισε να αλλάζει από αυτήν ενός μεγάλου σπιτιού σε εκείνην ενός άσραμ γεμάτου από πνευματικούς αναζητητές δεσμευμένους σε ζωή πειθαρχίας και αφοσίωσης. Η Άμμα μου ζήτησε να παρακολουθώ την πειθαρχία των κατοίκων κατά ένα γενικό τρόπο, καθώς ήταν αδύνατον για εκείνην να είναι με όλους όλη την ώρα. Θα της ανέφερα κάθε παράβαση στο καθημερινό πρόγραμμα.

Ενώ γίνονταν τεράστιες αλλαγές στη ζωή στο άσραμ, τα πράγματα έξω από αυτό επίσης άλλαξαν. Όλο και περισσότεροι άνθρωποι άρχισαν να αναγνωρίζουν την Άμμα ως μια ζωντανή αγία που είχε συνειδητοποιήσει την Υπέρτατη Αλήθεια. Η μοναδική συμπαντική της αγάπη, η υπομονή και η φροντίδα της για όλους έγινε ευρέως γνωστή. Την προσκάλεσαν σε όλους τους σημαντικούς ναούς της Κεράλα και έγινε δεκτή με όλες τις τιμές. Επίσης, το είδος των ανθρώπων που επισκέπτονταν το άσραμ άλλαξε και περισσότεροι από αυτούς που αποζητούσαν πνευματική πρόοδο άρχισαν να συρρέουν. Τα πράγματα είχαν, επιτέλους, γίνει όπως είχα επιθυμήσει πολύ καιρό πριν. Απολαμβάνοντας βαθιά εσωτερική γαλήνη, ανακαλούσα τα λόγια της Άμμα, όπως τα έλεγε σε ένα τραγούδι που περιέγραφε το σκοπό της ζωής της:

Χορεύοντας στο Μονοπάτι της Ευδαιμονίας,
οι προτιμήσεις και οι αποστροφές εξαφανίστηκαν
και, ξεχνώντας τον εαυτό μου, έγινα ένα
με τη Θεϊκή Μητέρα, εγκαταλείποντας όλες τις απολαύσεις.

Αμέτρητοι είναι οι γιόγκι που, γεννημένοι στην Ινδία,
έχουν ακολουθήσει τις μεγάλες αρχές της Θεϊκής Σοφίας,
όπως έχουν αποκαλυφθεί από τους Αρχαίους.
Αναρίθμητες είναι οι γυμνές αλήθειες που εκφράζονται από αυτούς
και μπορούν να σώσουν το ανθρώπινο γένος από τη δυστυχία.
Η Θεϊκή Μητέρα μου είπε να εμπνεύσω τους ανθρώπους

με την επιθυμία για Απελευθέρωση.
Έτσι κι εγώ κηρύττω σε όλο τον κόσμο την
Ύψιστη Αλήθεια που μου υπαγόρευσε:

«Ω Άνθρωπε, γίνε ένα με τον Εαυτό σου!
Ω Άνθρωπε, γίνε ένα με τον Εαυτό σου!» ∽

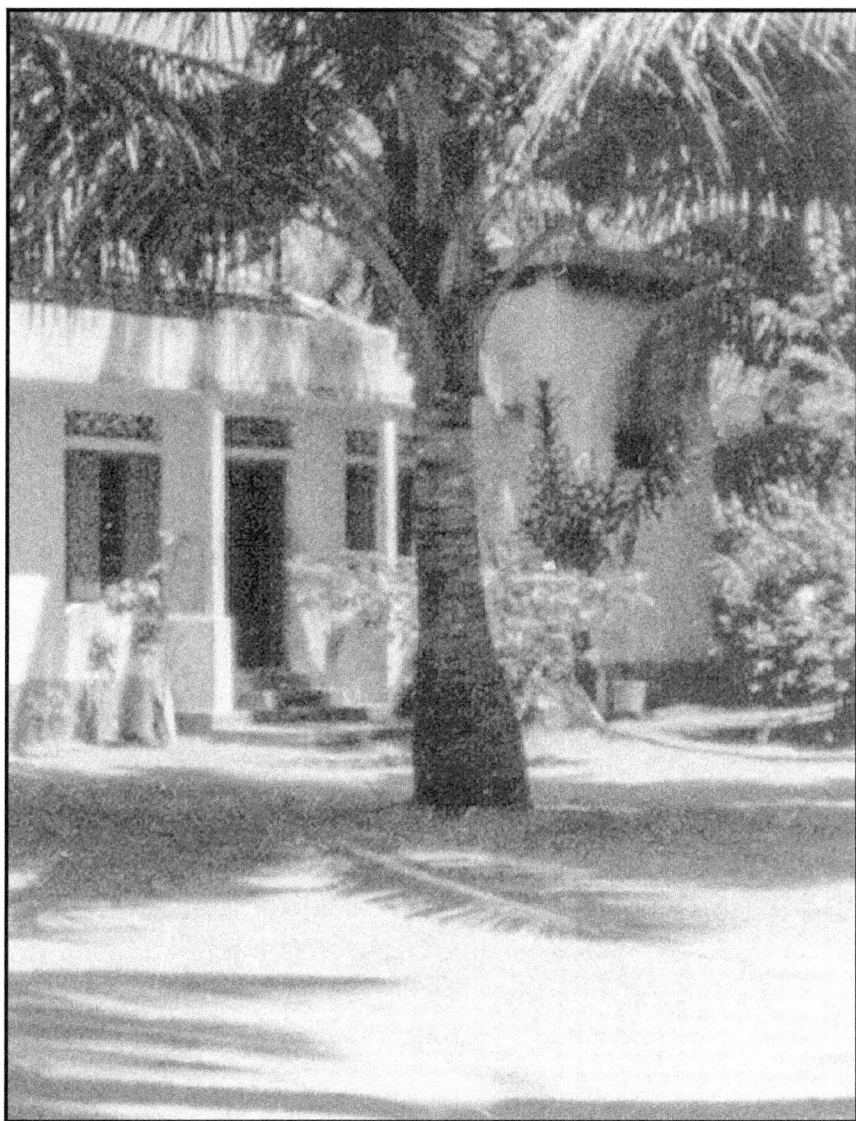

Ο παλιός ναός του ντάρσαν και το σπίτι της Άμμα – 1979

Ο παλιός ναός του ντάρσαν – 1979

www.ingramcontent.com/pod-product-compliance
Lightning Source LLC
Chambersburg PA
CBHW071207090426
42736CB00014B/2745